Б. Г. ФЕДОРОВ

АНГЛО-РУССКИЙ ТОЛКОВЫЙ СЛОВАРЬ ВАЛЮТНО-КРЕДИТНЫХ ТЕРМИНОВ

МОСКВА
«ФИНАНСЫ И СТАТИСТИКА»
1992

ББК 46.2.3
Ф 33

Рецензент д-р экон. наук В.Т.Мусатов

Ф33 Федоров Б.Г.
Англо-русский толковый словарь валютно-кредитных терминов. — М.: Финансы и статистика, 1992. — 240 с.
ISBN 5-279-00482-0.

Впервые в советской экономической литературе создан справочник, соединяющий черты специализированного англо-русского словаря и краткой энциклопедии банковской, биржевой и валютно-кредитной практики. В словаре представлено свыше 8 тыс. терминов, названий различных банков и организаций, бирж, регулирующих органов и законов. Словарь уникален по широте охвата и современности материала, универсальности как для советской, так и для зарубежной справочной литературы.

Для работников банков, бирж, внешнеэкономических организаций и финансовых органов, экономистов, преподавателей, студентов, переводчиков, всех интересующихся современными международными валютно-кредитными отношениями.

$$\Phi \frac{4602030000-002}{010(01)-92} 34-91$$

ББК 46.2.3

ISBN 5-279-00482-0

© Б.Г. Федоров, 1992

ПРЕДИСЛОВИЕ

Настоящий словарь представляет собой необычное для советской экономической литературы справочное издание. Он сочетает черты англо-русского словаря и краткой энциклопедии по банковскому делу. Впервые в максимально полном объеме представлена западная банковская, валютно-кредитная и финансовая терминология, в том числе и не отраженная ни в одном советском издании.

Словарь построен по принципу отдельных статей с предельно кратким разъяснением терминов, а не "гнезд".[1] Это означает, что автор не пытался дать все возможные сочетания тех или иных терминов, а акцентировал внимание на наиболее важных понятиях, на банковских и валютно-кредитных реалиях с отсылкой при необходимости к другим статьям. Словарь строго специализирован, т.е. число общеэкономических терминов сознательно ограничено. Основное внимание сосредоточено на терминологии банковского дела, валютных и кредитных рынков, международных валютно-кредитных отношений, биржевых, товарообменных операций, новых финансовых инструментов, финансирования внедрения технологических нововведений. В словарь включены названия многих международных валютно-финансовых организаций (и терминология их деятельности), различных специализированных институтов, фондовых и срочных бирж, банковских группировок, профессиональных ассоциаций, регулирующих органов и наиболее важных законов, а также банков стран Восточной Европы, занимающихся международными операциями. По всем этим институтам дается минимальный объем информации.

Выбор терминов основан, во-первых, на стремлении сделать словарь удобным пособием для практических работников и экономистов и, во-вторых, на желании отразить современную деловую практику. Именно поэтому в словаре приведено сравнительно мало исторических справок или теоретических отсылок, но много места уделено профессиональному жаргону, чисто техническим терминам, сокращениям[2] (акронимам). Помещение в словарь различного рода названий обосновано исключительно частым их упоминанием в профессиональной литературе. Автор не задавался целью внести в словарь, например, все биржи, деловые газеты или профессиональные ассоциации.

При разработке словника и метода подачи материала автор основывался главным образом на деловой практике Великобритании и США и на издаваемых в этих странах специальных справочниках. В словаре получила отражение главным образом англо-американская и международная терминология, хотя включены и отдельные термины на французском, немецком и некоторых других языках, встречающиеся в англоязычной литературе[3]. Выбор таких терминов был весьма произвольным, но в целом дает необходимый минимум.

Словарь содержит свыше 8000 терминов, синонимов, наименований. В большинстве случаев даются перевод термина и его разъяснение, но отсутствие прямых эквивалентов в советской банковской практике затруднило эту работу и подчас сделало невозможным однозначный перевод. Для удобства пользования в приложении приведены сокращения многих терминов.

Помимо различного рода советских и иностранных словарей и справочников источником лексического материала для настоящего издания послужила финансовая пресса (прежде всего "Файнэншл таймс", "Бэнкер", "Юромани"), бюллетени и годовые отчеты банков, брошюры бирж, некоторые специальные монографии. Автор собрал и использовал большое число глоссариев, публиковавшихся в книгах, журналах, брошюрах и т. д. Особое внимание уделено терминам, которые появились в 80-е годы.

Учитывая, что данный словарь является первым опытом достаточно полного освещения банковской, валютно-кредитной и финансовой терминологии, автор будет благодарен за отклики, замечания, советы по его совершенствованию.

---

1 Термины следуют в алфавитном порядке, при этом словосочетания расположены как слитно написанные слова (при расположении терминов по алфавиту слова или буквы в скобках не учитывались).

2 Сокращения указаны в скобках после терминов.

3 При переводе и толковании терминов там, где это необходимо, указана страна применения данного термина или происхождения рассматриваемого института.

УСЛОВНЫЕ СОКРАЩЕНИЯ И ОБОЗНАЧЕНИЯ

БМР — Банк международных расчетов
брит. — британский
букв. — буквально
бухг. — бухгалтерский
вал. — валютный
ВНП — валовой национальный продукт
в т.ч. — в том числе
голл. — голландский (нидерландский)
гос. — государственный
ден. — денежный
др. — другой
долл. — доллар США
ЕВС — Европейская валютная система
жарг. — жаргон, жаргонный
исп. — испанский
итал. — итальянский
лат. — латинский
МБРР — Международный банк реконструкции и развития
МВФ — Международный валютный фонд
мор. — морской
напр. — например
нац. — национальный
нем. — немецкий

разг. — разговорный
СДР — специальные права заимствования
см. — смотри
техн. — технический
т. к. — так как
т. н. — так называемый
тр. — тройский
физ. — физический
фин. — финансовый
фикс. — фиксированный
франц. — французский
ФРС — Федеральная резервная система (США)
ф. ст. — фунт стерлингов
швед. — шведский
экон. — экономический
ЭКЮ — европейская валютная единица
юр. — юридический
яп. — японский
Fr. — французский
NL — нидерландский
UK — британский
USA — характерный для практики США
= — синоним

ЛИТЕРАТУРА

Англо-русский экономический словарь/Под ред. Цаголовой. — М.: Изд-во Московского университета.
Большой англо-русский словарь. В 2-х томах. — М.: Русский язык, 1979.
Валюты стран мира: Справочник. — М.: Финансы, 1976.
Валюты стран мира: Справочник. — М.: Финансы и статистика, 1987.
Великобритания. Лингвострановедческий словарь. — М.: Русский язык, 1980.
Краткий англо-русский толковый словарь экономических и финансовых терминов. — М.: Финансы и статистика, 1987.
Мюллер В.К. Англо-русский словарь. — М.: Русский язык, 1970.
Федоров Б.Г. Англо-русский глоссарий новых валютно-кредитных терминов. — М.: ИМЭМО, 1988.
Финансово-кредитный словарь. В 3-х томах. — М.: Финансы и статистика, 1984—1988.
Aussenwirtschafts-Alphabet. — Frankfurt a. M., Deutsche Bank, 1986.
Coninx R. Foreign Exchange Dealer's Handbook. — Cambridge, 1982.
Dictionary of Economics and Business/Ed. by S.E.Stiegler. — L., 1986.
Downes J., Goodman J.E. Dictionary of Finance and Investment Terms. — N.Y., 1987.
Fawcett F.D. Cyclopedia of Initials and Abbreviations. — L., 1963.
Foreign Exchange Quotations Edition 1988/89. — Zurich, Union Bank of Switzerland, 1988.
Friedman J.P. Dictionary of Business Terms. — N.Y., 1987.
Gilpin A. Dictionary of Economic Terms. — L., 1973.
Hindle T. The Economist Pocket Banker. — Oxford — N.Y., 1985.
Link A.N., Woelfel C.J. The Complete Executive's Encyclopedia of Accounting, Finance, Investing, Banking and Economics. — Chicago, 1989.
Munn G.G. Encyclopedia of Banking and Finance. — Boston, 1973.
Nisberg Jay N. The Random House Handbook of Business Terms. — N.Y., 1988.
Perry F.E. A Dictionary of Banking. — Plymouth, 1983.
Phithian B.A. A Concise Dictionary of English slang. — L., 1984.
A Reference Guide to Banking and Finance. — Wash., 1985.
Slater J.A. Pitman's Business Man's Guide. — L., 1921.
Taylor P. A New Dictionary of Economics. — L., 1966.
Thomson's Dictionary of Banking. — L., 1978.
UBS Dictionary of Banking and Finance. — Zurich, Union Bank of Switzerland, 1981.
Valentine S. International Dictional of the Securities Industry. — L., 1978.

A

A+ — высший рейтинг фин. положения страховых компаний агентства Беста; см. Best's ratings.

Aaa — рейтинг высшего качества агентства Муди для облигаций; см. Moody's ratings.

AAA (Triple A) — высший рейтинг агентства Стэндард энд Пур для облигаций и привилегированных акций; см. Standard and Poor's ratings.

AI — 1) первоклассный, отличный; 2) первоклассный рейтинг судна в регистре Ллойда.

AAA securities = Triple A securities.

abandon — выйти из сделки (отказаться от обязательства) путем уплаты премии или штрафа.

ABC agreement — соглашение между брокерской фирмой и ее служащим относительно прав фирмы при покупке ему места на фондовой бирже (США; членом Нью-Йоркской фондовой биржи может быть только физическое лицо и пределы его полномочий определяются заранее).

ability to pay — способность платить, выполнять обязательства, обслуживать долг.

above par — 1) цена выше номинала; 2) ценная бумага с рыночной стоимостью выше номинала.

above par issue — выпуск (эмиссия) ценных бумаг по цене выше номинала.

above-the-line payments and receipts — платежи и поступления "выше черты" (Великобритания): основная часть гос. бюджета страны (с 1965 г. термин не используется): поступления — налоги; платежи — расходы на оборону и гражданские статьи, услуги консолидированного фонда (министерство финансов не имеет полномочий осуществлять заимствования для таких платежей или использовать такие поступления для обслуживания гос. долга); см. Consolidated Fund standing services; supply services; below-the-line payments and receipts.

above the market — цена, превышающая текущий рыночный уровень.

abrasion — потеря монетами стандартного веса в результате износа в процессе обращения.

absolute monopoly — абсолютная монополия: полный контроль за всем производством данного товара или вида услуг (при отсутствии субститутов) со стороны одного производителя или поставщика.

absorbed — абсорбированный: 1) поглощенный (о компании); 2) распроданный инвесторам (о займе); 3) косвенный (о производственных издержках).

absorption = amalgamation; merger; take-over.

abusive tax shelter — 1) товарищество с ограниченной ответственностью, требующее чрезмерных налоговых скидок; 2) использование незаконных методов уменьшения налогового бремени.

accelerated depreciation — ускоренная амортизация (списание стоимости капитальных активов).

acceleration clause — оговорка об ускорении: оговорка в соглашении о займе, ипотечном кредите о досрочном наступлении срока погашения невыплаченной суммы в случае тех или иных событий (невыплаты процентов, нарушения графика).

acceptance — 1) акцептованный переводной вексель ("акцепт"); 2) акцепт, согласие на выполнение обязательства или его подтверждение (обычно признание должником векселя); 3) принятие предложения.

acceptance company = sales finance company.

acceptance credit — акцептный кредит: метод платежа в международной торговле (экспортер выписывает векселя на банк, который их акцептует и часто сам учитывает на ден. рынке, т. е. экспортер имеет возможность быстро получить платеж).

acceptance cross-facility — акцептная программа кросс-кредитования: соглашение между двумя банками, которые имеют одного и того же крупного клиента, акцептовать половину векселей последнего и учитывать векселя, акцептованные другим банком.

acceptance facility — 1) акцептная кредитная программа; 2) краткосрочное кредитование на основе акцепта и продажи векселей.

acceptance for honour = acceptance supra protest.

acceptance house — 1) accepting house; 2) sales finance company.

acceptance letter = allocation letter.

acceptance price — цена, которую банки-андеррайтеры выплачивают эмитенту ценных бумаг (разница между этой ценой и ценой эмиссии, по которой инвесторы покупают бумаги, составляет прибыль банков; букв.: цена согласия между заемщиком и банками).

acceptance supra protest — акцепт или оплата векселя после его опротестования.

accepted — "акцептовано": надпись на акцептованном векселе.

accepting bank — банк-акцептант: банк, который по условиям аккредитива акцептует тратты.

accepting house — акцептный дом (Великобритания): торговый банк, специализирующийся на финансировании внешней торговли (в т. ч. с помощью акцепта векселей), операциях на фин. рынках; см. merchant bank.

Accepting Houses Committee (AHC) — Комитет акцептных домов (Великобритания): влиятельная профессиональная организация акцептных домов, закрытая для иностранных учреждений (основан в 1914 г., прекратил существование в 1987 г. в связи с созданием Британской ассоциации торговых банков и компаний по ценным бумагам).

acceptor — акцептант: тот, кто акцептует вексель.

Access — "Аксесс": кредитная карточка, принадлежащая брит. банкам Нэшнл Вестминстер, Мидлэнд, Ллойдс и Вильямс энд Глинс (введена в 1972 г.; является членом систем "Мастеркард" и "Еврокард").

accomodation — кредит или возможность его получить.

accomodation bill — вексель, который выставлен, акцептован или индоссирован исключительно с целью переучета и получения денег на короткий срок ("дружеский" вексель).

accomodation party — лицо, гарантирующее "дружеский" вексель; см. accomodation bill.

account (A/c; Acct) — 1) счет, банковский вклад; 2) бухг. счет (форма учета операций); 3) операционный период (цикл) на Лондонской фондовой бирже (обычно 10 рабочих дней или 2 календарные недели; в году 24 операционных периода; эта система не распространяется на гос. облигации).

accountant (Acct) — 1) бухгалтер; 2) = auditor.

accountant's opinion (USA) = auditor's certificate.

account day — расчетный день на Лондонской фондовой бирже: день, когда проводятся расчеты по всем сделкам, заключенным в течение операционного периода (четвертый день расчетного периода); см. settlement 2.

account dealing — купля-продажа ценных бумаг в пределах одного операционного периода на Лондонской фондовой бирже (клиент только получает или вносит разницу между ценами сделок и оплачивает услуги брокера); см. account 3.

account executive (AE) = registered representative.

accounting — бухг. учет: проведение операций компании по счетам для выявления ее реального фин. положения и эффективного управления.

accounting entry — 1) бухг. проводка, запись; 2) строка в отчетности.

accounting period = financial year 2.

account-only check = crossed check.

account period = account 3.

accounts = annual accounts.

accounts receivable — ожидаемые поступления: суммы, которые должны быть получены от клиентов за уже поставленные товары.

account statement = bank statement.

accredited investor — аккредитованный инвестор (США): инвестор, который по правилам Комиссии по ценным бумагам и биржам допущен к участию в размещении ценных бумаг; см. placing.

accretion — прирост, наращивание, увеличение.

accrual basis — принцип наращивания: принцип бухг. учета, при котором доходы и расходы признаются в момент их возникновения, хотя наличными они еще не получены или не выплачены.

accrued charges = accrued liabilities.

accrued dividend — дивиденд, который еще не объявлен и не выплачен, но фактически существует и учитывается.

accrued interest — процентный доход, который еще не выплачен, но на который уже есть право.

accrued liabilities (expenses) — расходы, которые уже понесены, но еще не выплачены, напр. невыплаченные зарплата, проценты, страховые премии; см. prepaid expenses.

accumulated principal — кумулятивная сумма основного долга, на которую начисляются проценты.

accumulation — накопление, аккумуляция; аккумулирование; 1) трансформация части прибыли в капитал; 2) постепенная скупка большой суммы акций без негативного воздействия на цены; 3) наращивание капиталовложений путем реинвестирования прибыли или регулярных денежных взносов.

accumulation area — зона аккумуляции: движение цены в техн. анализе в определенном коридоре в период накопления покупателями акций, за которым следует резкий подъем.

accumulation profits tax — налог на прибыль, аккумулированную сверх определенного уровня (на резервы); некоторые компании не распределяют прибыль, чтобы избежать высоких подоходных налогов, и данный налог призван защитить от злоупотреблений.

accumulative dividend — кумулятивный (накапливаемый) дивиденд: дивиденд, который не был выплачен вовремя, превратился в пассив компании и должен быть распределен в будущем; см. cumulative preference share; non-cumulative dividend.

ACE (AIBD, CEDEL, EUROCLEAR) settlement system — электронная система расчетов по ценным бумагам (с подтверждением на следующий день), принадлежащая Ассоциации дилеров по международным облигациям, СЕДЕЛ и Юроклир.

acid-test ratio — отношение текущих активов компании минус запасы и незавершенное производство к текущим пассивам: показатель фин. состояния компании (букв.: коэффициент лакмусовой бумажки); см. current assets; current liabilities; current ratio; quick ratio.

acknowledgement — признание, подтверждение подписи на документе, операции, информации.

acquired surplus — некапитализированная часть собственных средств компании, приобретенная при ее поглощении.

acquisition — 1) приобретение; 2) поглощение (компании); см. take-over.

across the board — "по всей бирже" (доске с ценами акций): движение цен на фондовом рынке, затрагивающее все акции.

acting in concert — "действуя сообща": совместные действия двух и более инвесторов (напр., скупка акций компании с целью поглощения).

active bond crowd — дилеры, специализирующиеся на "активных" облигациях, т. е. с большим объемом торговли (США).

active box — "активный сейф": обеспечение ссуд фондовых брокеров или позиций клиентов в форме ценных бумаг на хранении в сейфе.

active circulation — активное ден. обращение: часть банкнотной эмиссии Банка Англии, которая находится в обращении в данный момент.

active market — активный рынок: рынок по определенному виду ценных бумаг или товару, который является объектом частых и крупных сделок.

active stocks — активные акции: регулярно публикуемый в фин. прессе список ценных бумаг, по которым заключается наибольшее число сделок.

active partner — активный член товарищества, т. е. участвующий в управлении и несущий материальную ответственность; см. sleeping partner.

actual price — действительная (фактическая) цена (сделки).

actuals — физ. (наличные) товары на срочных товарных биржах (в отличие от срочных контрактов).

actuarial risk — актуарный риск: риск, покрываемый страховой компанией в обмен на уплату премии.

actuary — актуарий: служащий страховой компании, специализирующийся на расчете страховых рисков и премий с помощью математических и статистических методов.

A-day — день "А": 29 апреля 1988 г. — день принятия в Великобритании закона о фин. услугах; см. Financial Services Act.

add a fraction — повыситься менее чем на 1 долл. (о курсе акции).

addendum — дополнение или приложение к документу.

additional paid-in capital = paid-in capital.

ad hoc — для данного случая, для данной цели, специальный (лат.).

adjust — 1) корректировать, изменять курсы, цены; 2) исправлять ошибки.

adjustable mortgage loan (AML) = adjustable rate mortgage.

adjustable peg — гибкая система фиксации валютного курса, позволяющая периодически изменять базу; см. crawling peg.

adjustable rate mortgage (ARM) — ипотека с плавающей ставкой или др. изменяющимися условиями.

adjustable rate preferred stocks (ARPS) — привилегированные акции с плавающей процентной ставкой (впервые появились в США в 1981 г.).

adjustable rate refunding operation (ARRO) — муниципальные облигации, которые выпускаются в виде краткосрочных ценных бумаг с плавающей ставкой и автоматически конвертируются в долгосрочные бумаги с фикс. ставкой, когда среднее значение кратко- и долгосрочных рыночных процентных ставок достигает предусмотренного уровня.

adjusted capital base — откорректированная "капитальная база" (собственные средства) банка: суммарный капитал минус оценка "престижа" (см. goodwill), оборудование, участие в капитале др. компаний, кредитование, по сути аналогичное капиталовложению, чрезмерные вложения в ценные бумаги др. банков.

adjustment bonds — облигации урегулирования: облигации, выпущенные в обмен на старые облигации в ходе рекапитализации корпорации, которой грозит банкротство (выпускаются с согласия владельцев облигаций и приносят проценты только в случае наличия прибыли); см. recapitalization.

adjustment on conversion — сумма, выплачиваемая при конверсии займа держателю облигации или эмитенту ввиду несовпадения ставок процента и периодов его выплаты, выпуска новых бумаг не по номиналу.

adjustment program — стабилизационная программа: система экономических мер, являющаяся элементом и условием некоторых форм кредитования МВФ (включает денежно-кредитные, налоговые, ценовые меры); также любая программа оздоровления экономики.

administration of assets — управление активами (собственностью) по поручению их владельца.

administrator (Adm) — администратор: 1) лицо, назначенное судом для урегулирования дел о наследовании в случае отсутствия завещания или исполнителя воли умершего; 2) в Великобритании — лицо, назначенное судом для выправления дел компании на грани банкротства.

Admission of Securities to Listing (ASL) — "Допуск к биржевой котировке": буклет с требованиями к допуску к биржевой котировке, выпускаемый Лондонской фондовой биржей; по цвету обложки также называется "желтой книгой"; см. listing.

admission to stock exchange trading = listing.

ad valorem (Ad val) — "по стоимости" (лат.): метод расчета налога или комиссионного вознаграждения в форме фикс. процента от стоимости товара, сделки.

ad valorem tax — пошлина (налог), исчисляемая в форме процента от стоимости товара.

advance (Adv) — 1) кредит; ссуда; 2) авансовый платеж.

advance against goods as security — ссуда под обеспечение товарами: разновидность ломбардного кредита; см. lombard credit.

advance commitment — обязательство предоставить кредит, провести определенную операцию, участвовать в консорциуме и т. д.

advance corporation tax (ACT) — авансовый корпорационный налог (Великобритания): налог, уплачиваемый при выплате дивидендов и равный сумме нетто-дивидендов, помноженной на частное от деления базовой ставки подоходного налога на чистый доход акционеров (напр., при ставке в 30% сумма нетто-дивидендов умножается на 30/70); уплаченные суммы учитываются при исчислении корпорационного налога; см. mainstream corporation tax; grossing up; corporation tax; tax credit.

advance-decline (A-D) — рост-падение: оценка числа акций, цены которых выросли или упали в течение определенного периода; соответствующий график демонстрирует общую тенденцию развития фондового рынка.

advance freight — авансовый фрахт: авансовая оплата перевозки груза.

advance purchase — "обусловленная" закупка: тип "связанной" товарной сделки, в которой одна сторона покупает товары при обязательстве др. стороны купить позднее товары на равную сумму.

advance refunding — досрочное рефинансирование гос. облигаций с помощью новых выпусков.

advances = receivables.

advances portfolio — кредитный портфель банка: все предоставленные кредиты.

adverse balance — пассивный (платежный) баланс.

advice — авизо, уведомление, извещение.

advised line — кредитная линия, о которой клиент официально уведомлен; см. bank line.

advise fate — "сообщите о судьбе": просьба банка к другому банку сообщить об оплате чека.

affidavit (Afft) — аффидавит: юридически заверенный документ (напр., относительно происхождения или принадлежности ценной бумаги).

affiliate = affiliated company.

affiliated company — аффилиированная компания: компания, в которой имеется пакет акций меньше контрольного (обычно 5—50%), или одна из двух компаний, являющихся дочерними компаниями третьей.

affiliated person — аффилиированное лицо: физ. лицо (инвестор), способное оказывать прямое влияние на деятельность компании (директор, владелец более 10% капитала и т. д.).

à forfait — "а форфэ" (отказ от права — франц.), "форфэтинг": финансирование торговли путем учета векселей без права регресса (покупатель векселя принимает на себя весь риск неплатежа импортера).

African Development Bank (AFDB) — Африканский банк развития (АфБР): региональный институт с участием стран ОЭСР, предоставляющий африканским странам кредиты (в основном на развитие сельского хозяйства и инфраструктуры) и другие услуги; финансируется главным образом развитыми странами-членами (основан в 1963 г. с местопребыванием в Абиджане).

African Development Fund (AFDF) — Африканский фонд развития: филиал Африканского банка развития, предоставляющий льготные кредиты беднейшим странам (основан в 1973 г.); см. African Development Bank.

after acquired clause — условие ипотечного соглашения, по которому любая собственность, приобретенная заемщиком после подписания соглашения, становится дополнительным обеспечением ипотеки.

after date (a/d) — "после даты": надпись на векселе для обозначения срока оплаты (через столько-то дней после выставления).

after-hours dealings — сделки, заключенные после официального закрытия биржи (считаются первыми сделками следующего рабочего дня): часть внебиржевого рынка; см. over-the-counter market.

after market — "после рынка": 1) = after hours dealings; 2) = secondary market; 3) = over-the-counter market.

after-payment — доплата, последующий платеж.

after sight bill — вексель, подлежащий оплате через определенное время после предъявления для акцепта (с надписью "после предъявления").

after tax — после уплаты налога; за вычетом налога.

against the box — "против сейфа": "короткая" продажа владельца "длинной" позиции по тем же акциям (проданные бумаги находятся на хранении в банке (в сейфе), т. е. продавец имеет бумаги, но не раскрывает этого факта и все равно берет акции взаймы для покрытия сделки); см. short selling; long position 2.

aged fail — просроченный контракт: сделка между двумя биржевиками, расчет по которой не проведен через 30 дней после заключения (США).

Agence économique et financière (AGEFI) — Агентство экономической и финансовой информации (АЖЕФИ) и его газета (Брюссель).

agencies — "агентства": ценные бумаги федеральных агентств в США (учреждений, созданных при участии правительства).

agency (Agcy) — 1) агентство, учреждение; 2) агентские услуги: купля-продажа фин. инструментов по поручению и за счет клиента; 3) = agencies.

agent (Ag; Agt) — агент: лицо, получившее право действовать от имени принципала (клиента); см. Register of Agents.

agent bank — банк-агент: банк, которому члены синдиката поручают обслуживать кредит в течение всего его срока.

agent de change — член фондовой биржи (франц.).

aggregate demand — совокупный спрос: суммарный спрос или расходы всех покупателей на потребительские и инвестиционные товары в рамках данного рынка или экономики.

aggregate exercise price — суммарная цена исполнения: произведение количества акций в опционном контракте на цену исполнения (или номинальной стоимости инструмента, лежащего в основе опциона, на цену исполнения).

aggregation — агрегирование: 1) в Великобритании — суммирование стоимости дарений для определения ставки налога на передачу капитала; см. capital transfer tax; 2) расчет платежей при досрочном завершении свопов в рамках одного общего соглашения.

aging schedule — классификация активов (поступлений) компании по срокам возникновения (погашения).

agio — ажио, лаж, премия; см. premium 1.

agio securities = discount securities.

Agreed Minute — многостороннее соглашение о пересмотре условий задолженности развивающихся стран.

agreement among underwriters — соглашение между андеррайтерами (участниками синдиката) о назначении менеджеров, распределении ответственности, сроке действия синдиката; см. также underwriting agreement.

agreement value — согласованная стоимость долгосрочных свопов, используемая в расчетах при досрочном завершении сделки или замене одной из сторон (средняя или минимальная котировка основных участников рынка).

agressive portfolio — агрессивный портфель ценных бумаг: содержит бумаги, курсы которых, как ожидается, будут расти (больший доход при большем риске).

Agricultural Credit Corporation (ACC) — Корпорация сельскохозяйственного кредита (Великобритания): учреждение, созданное в 1964 г. для предоставления фермерам среднесрочных ссуд на пополнение основного капитала; гарантирует банковские кредиты фермерам; спонсор — Национальная ассоциация фермеров; государство компенсирует часть убытков по гарантиям.

Agricultural Mortgage Corporation — Корпорация сельскохозяйственного ипотечного кредита (Великобритания): кредитное учреждение, созданное в 1928 г. для средне- и долгосрочного кредитования фермеров (до 30 лет, в основном на покупку земли); капитал принадлежит Банку Англии и коммерческим банкам, а источником ресурсов служат гос. дотации и выпуск облигаций.

AIBD basis — система расчета доходности облигаций Ассоциации дилеров по международным облигациям (годовая база в отличие от полугодовой в США); см. Association of International Bond Dealers.

aid-tying — "привязка" помощи: обусловленность предоставления помощи определенными требованиями (напр., об использовании полученных средств для закупок в стране-доноре).

air bill all risks — страховой документ, покрывающий все обычные риски при перевозке груза авиатранспортом.

aircraft mortgage — требование (кредит), обеспеченное закладной на самолет, внесенный в авиарегистр.

air pocket — "воздушная яма": резкое падение курсов ценных бумаг после того или иного информационного сообщения негативного характера.

air pocket stock — акция, которая имеет тенденцию резко падать в цене после сообщений негативного характера.

AIRS terms (Australian Interest Rate Swaps terms) — условия процентных свопов в австралийских долларах (рекомендованные в Австралии).

airway bill (AUB) — авианакладная: товарораспорядительный документ в авиаперевозках.

Aktiebolaget (A/B) — акционерное общество (швед.).

à la criée — "голосом", "путем выкрикивания" (франц.): метод биржевой торговли, при котором служащий биржи зачитывает названия ценных бумаг с ценой последнего закрытия, а дилеры выкрикивают свои цены продавца или покупателя (сделки тут же регистрируются, а цены указываются на табло); также зачитывается список валют и фиксируются курсы, при которых балансируются спрос и предложение (в основном в континентальной Европе); = open outcry; см. fixing 1; auction market.

Aladin bonds — "Аладиновы облигации": новый выпуск облигаций, предлагаемый в обмен на старый (разг.).

alien corporation (USA) = foreign corporation.

allied member — ассоциированный член: старший менеджер фирмы — члена Нью-Йоркской фондовой биржи, который в личном качестве не является полным членом биржи (США).

alligator spread — спред "аллигатор": опционный спред, который "ест инвестора живьем" из-за комиссионных расходов, практически исключающих прибыль инвестора даже при благоприятном движении конъюнктуры.

Allkonto — универсальный счет, позволяющий использовать чеки, получать проценты по остатку и пользоваться кредитом (впервые введен в середине 70-х годов Свенска Хандельсбанк).

allocation — 1) распределение ценных бумаг в полном или частичном объеме заявок; 2) передача фьючерсного контракта биржевым брокером или дилером третьему лицу.

allocation letter (notice) — документ, уведомляющий подписчика о числе выделенных ему бумаг и необходимости их оплатить.

allonge — аллонж: дополнение к ценной бумаге (напр., векселю) при нехватке места для передаточных надписей.

all or any part — "все или любую часть": приказ клиента брокеру исполнить сделку в полной сумме или частично по его усмотрению.

all-or-none (AON) — 1) выпуск новых ценных бумаг, который может быть аннулирован в случае неудачи с гарантийной подпиской; 2) = all-or-none order.

all-or-none order (AON) — рыночный или ограниченный приказ клиента биржевому брокеру, который должен быть сразу выполнен в полной сумме (США); см. fill-or-kill order; limit order; market order.

allotment = allocation.

allotment letter = allocation letter.

allotment subscribed = apportion.

allowance — 1) налоговая скидка; 2) денежное содержание, карманные деньги.

alloy — 1) лигатура, примесь: примесь неблагородного металла в изделии из золота, серебра; 2) сплав.

all savers certificate (ASC) — сберегательный сертификат, выпускавшийся в США в 1981—1982 гг. в рамках программы оздоровления экономики (с фикс. ставкой и сроком 52 недели; не облагался налогом).

alphabetism — алфавитизм: преимущество в рекламе, которое имеют компании с названиями, начинающимися с букв в верхней части алфавита, т. к. в различных списках они всегда впереди.

alternate deposit — вклад (счет) на два имени.

alternative investments — альтернативные инвестиции: инвестиции, альтернативные недвижимости и ценным бумагам, предметы искусства, марки, старинные монеты и т. д.

alternative order — альтернативный приказ (клиента брокеру): приказ с выбором действий (выполнение одного отменяет другое).

amalgamation — слияние компаний (брит.); = merger.

amendment — поправка, изменение, дополнение (при правильном оформлении имеет полную силу оригинального документа).

American account — "американский счет" (Великобритания): обозначение США, Канады и ряда латиноамериканских стран в системе брит. вал. контроля до введения в 1958 г. обратимости фунта стерлингов (в этих странах фунт стерлингов был обратим в доллары США); см. transferable account.

American Bankers' Association (ABA) — Ассоциация американских банкиров (США): нац. организация банков, созданная в 1875 г.; ежегодно проводит конвенции и имеет собственный журнал.

American depositary receipt (ADR) — свободнообращающаяся расписка на иностранные акции, депонированная в банке США (форма международной торговли акциями с 1927 г.); резиденты США в настоящее время могут покупать сотни видов иностранных акций в форме АДР.

American Eagles — "американские орлы": вид американских золотых и серебряных монет (объект торговли в тезаврационных целях); см. Eagle; Double Eagle.

American-form type share certificate — американская форма сертификата акции (Великобритания): разновидность сертификата, имеющая черты документа на предъявителя (сертификат выписывается на имя зарегистрированного владельца (часто банка), но с помощью индоссамента может перейти новому владельцу); см. marking names.

American Loan = Washington Agreement.

American option — "американский опцион": опцион, который может быть исполнен в любой момент в течение оговоренного срока.

American Plan = White Plan.

Americans — "американцы": американские акции на Лондонской фондовой бирже.

American Shares Amsterdam System (ASAS) — система торговли акциями компаний США в Амстердаме; действует с 1980 г. на основе двух дочерних компаний фондовой биржи Амстердама (в долларах, расчет на 5-й день после заключения сделки).

American Stock Exchange (Amex, ASE) — Американская фондовая биржа (Амекс): вторая по значению (после Нью-Йоркской) фондовая биржа США (расположена в Нью-Йорке), специализируется на акциях небольших компаний (свыше 1000), опционах (в т. ч. индексных); основана как "уличная" биржа (первое помещение — в 1921 г.), до 1953 г. носила название "Curb Exchange".

Amerikaanse Aandelen Amsterdamse Usance (NL) — American Shares Amsterdam System.

Amex Options Switching System (AMOS) — система оперативной связи клиентов с брокерами в торговом зале биржи для передачи приказов и деталей сделок с опционами, созданная Американской фондовой биржей; см. American Stock Exchange.

amortization — амортизация: 1) ежегодное списание стоимости актива; 2) постепенное погашение кредита по определенному графику; см. sinking fund.

amortization loan — амортизационный кредит: кредит, выплачиваемый по частям (равномерными взносами).

amortizing swap — "амортизационный" своп: своп, по которому основная сумма уменьшается в соответствии с определенным графиком.

amounts differ — "суммы не сходятся": надпись на чеке или векселе при несовпадении сумм прописью и цифрами (обычно документ возвращается, хотя по закону сумма прописью считается определяющей).

Amsterdam interbank offered rate (AIBOR) — ставка предложения межбанковского депозитного рынка в Амстердаме (АИБОР).

Amsterdam Interprofessional Market System (AIMS) — Амстердамская межпрофессиональная рыночная система для крупных сделок с ценными бумагами между кредитными институтами (свыше 1 млн. гульденов по акциям и 2,5 млн. гульденов по облигациям).

Amsterdam Security Account System (ASAS) — система счетов по ценным бумагам в Амстердаме: система совершения сделок и расчетов по иностранным акциям (американским и японским) на условиях соответствующих внутренних рынков (основана в 1980 г.).

amtlicher Markt — официальный рынок на фондовых биржах ФРГ (нем.): рынок акций и облигаций, допущенных к официальной котировке; см. Einheitskurs; variabler Kurs; Freiverkehr; geregelter Freiverkehr.

analyst — аналитик: сотрудник банка или брокеровской фирмы, анализирующий положение группы компаний, сектора фин. рынка, валюты и дающий рекомендации.

and interest — "и проценты": обозначение котировки облигаций, означающее, что покупатель получит наросшие проценты.

angel — "ангел": облигация с рейтингом, приемлемым для инвесторов; см. fallen angel; investment grade securities.

Anglo-Romanian Bank — Англо-румынский банк: консорциальный банк, 50% капитала которого принадлежат Румынскому банку для внешней торговли, 30% — Барклайз бэнк, 20% — Маньюфэкчурерс Гановер холдингс (основан в 1973 г. с местопребыванием в Лондоне).

Anglo-Yugoslav Bank — Англо-югославский банк: консорциальный банк, 25% капитала которого принадлежат Барклайз бэнк, 25% — Маньюфэкчурерс Гановер холдингс, 50% (по 6,25%) — 8 югославским банкам (основан в 1980 г. с местопребыванием в Лондоне).

annual accounts — годовая отчетность: отчетность, представляющая собой часть годового отчета (включает баланс на конец фин. года, счет прибылей и убытков, заключение внешнего аудитора).

annual basis — годовое исчисление: приведение тех или иных данных к периоду в 12 месяцев.

annual general meeting (AGM) — ежегодное общее собрание акционеров (принимает отчет директоров, фин. отчетность, устанавливает величину окончательного дивиденда, выбирает директоров и аудиторов).

annual(ized) percentage rate (APR) — 1) фактическая стоимость кредита, включающая помимо номинальной ставки комиссионные и другие расходы; выражается в форме процентной ставки (США); 2) процентная ставка в годовом исчислении; см. United States rule.

annual report and accounts — годовой отчет компании (включает собственно отчет правления и соответствующую фин. отчетность — баланс); см. annual accounts.

annuitant (Annuit) — лицо, получающее ренту.

Annuities — бессрочные облигации брит. правительства ("рента"); в настоящее время существует два выпуска ренты с купонами 2,5 и 2,75%.

annuitize — начать рентные платежи.

annuity (Anny) — 1) рента, регулярно поступающие платежи; 2) соглашение или контракт, по которому физ. лицо приобретает право на регулярно поступающие суммы (часто пожизненно).

annuity bond = perpetual bond.

annuity certain — рента с фикс. сроком.

annuity tables — статистические таблицы для расчета текущей стоимости фин. актива, реальной доходности ценной бумаги с фикс. ставкой дохода.

anomaly switch — аномальный "свитч": "переброска" инвестиций из одних ценных бумаг в другие (со сходными сроками и фикс. ставками) для получения прибыли от аномального движения конъюнктуры; см. switch 2.

antecessor — предыдущий владелец.

anticipated holding period — ожидаемый срок владения фин. активом.

anticipation — ожидание, предвосхищение: 1) досрочное погашение обязательства; 2) досрочная оплата векселя.

anticipation bond = flower bond.

anticipatory long hedge — "предупреждающий" "длинный" хедж: срочное страхование планируемых покупок ценных бумаг, платежей, размещения депозитов; см. hedge.

anticipatory short hedge — "предупреждающий" "короткий" хедж: срочное страхование планируемых заимствований, продаж ценных бумаг и т. д.; см. hedge.

anti-dumping duty — антидемпинговая пошлина: таможенный тариф, вводимый для борьбы с ввозом товаров по бросовым ценам.

anti-trust laws — антитрестовские законы (США): законодательство, предназначенное для сдерживания создания и контроля за деятельностью трестов (монополистических объединений); первым был антитрестовский закон Шермана (1890 г.); другие законы: Клейтона (1914 г.), Робинсона—Пэтмана (1936 г.), Селлера—Кефаувера (1950 г.).

any-and-all-bid — предложение заплатить одинаковую цену за акции, предъявленные в течение фикс. срока (США).

"A" ordinary shares — безголосые акции (Великобритания); см. non-voting shares.

Appendix 39 — приложение 39 к правилам Лондонской фондовой биржи со ставками минимальных комиссий брокеров (до 1986 г.); эти комиссии нельзя было делить с агентами, которые помогли найти клиента.

Appendix 41 — приложение 41 к правилам Лондонской фондовой биржи со ставками минимальных комиссий, используемыми в случае необходимости поделить их с агентами, которые помогли найти клиента и внесены в специальный регистр (до 1986 г.); брокер имел право уступить 20—25% комиссионного вознаграждения; см. Register of Agents.

application — 1) обращение за кредитом или открытием счета, признанием в качестве банка, брокера; 2) заявка на приобретение вновь выпускаемых ценных бумаг.

application for a letter of credit — письменное обращение клиента к банку об открытии аккредитива.

application form — бланк заявки на получение акций при их публичной эмиссии (инвестор заполняет бланк, который находится в проспекте или публикуется в газетах).

application money — денежная сумма, сопровождающая заявку на приобретение новых ценных бумаг.

apportion — 1) ценные бумаги, выделенные подписчику, если число заявок превышает сумму эмиссии (распределение идет пропорционально заявкам); 2) доля в займе; 3) распределение займа по заявкам.

apportionment — 1) процесс выделения ценных бумаг подписчику в случае, когда заявок больше суммы предложения (см. apportion 1); 2) на Лондонской фондовой бирже процесс расчетов между сторонами.

appraisal fee — плата за оценку стоимости недвижимости, предложенной в качестве обеспечения (напр., кредита).

appreciation — 1) повышение стоимости актива; 2) повышение курса валюты; см. revaluation 1.

appropriation — 1) бюджетное ассигнование (на конкретную цель); 2) распределение прибыли компании на дивиденды, пополнение резервов и налог.

appropriation account — часть баланса компании, отражающая распределение прибыли.

approved delivery facility — одобренное место поставки товара и фин. инструмента по фьючерсному контракту (банк, склад).

approved securities — ценные бумаги, которые банки считают пригодными для инвестиций клиентов.

approximate-limit order — ограниченный приказ биржевому брокеру с определенной свободой действий при исполнении (желаемая цена указывается приблизительно).

appurtenance lien — право или условие, тесно связанное с конкретной недвижимостью и обычно с ней переходящее к новому владельцу.

Arab Bank for Economic Development of Africa (ABEDA) — Арабский банк экономического развития Африки: институт, кредитующий неарабские страны Африки (создан в 1973 г. с местопребыванием в Хартуме).

Arab Currency-Related Unit (Arcru) — арабская денежная единица: искусственная денежная единица, базирующаяся на корзине валют 12 арабских стран (создана в 1974 г.).

Arab Monetary Fund (AMF) — Арабский валютный фонд: кредитный орган стран — членов Лиги арабских государств (создан в 1976 г. со штаб-квартирой в Абу-Даби).

arb business — арбитражный бизнес (операции).

arbitrage — арбитраж: одновременная купля и продажа одного фин. инструмента (или сходных инструментов) на разных рынках с целью получения прибыли от расхождения цен; см. interest rate arbitrage; currency arbitrage.

arbitrage bonds — арбитражные облигации: облигации, выпускаемые муниципалитетом в порядке досрочного рефинансирования других облигаций для получения выигрыша на разнице в процентных ставках (США).

arbitrage tunnel — "арбитражный туннель": разница между ценами фин. инструментов, позволяющая проводить арбитражные операции.

arbitrage(u)r (Arb) — арбитражер: лицо, занимающееся арбитражными операциями.

arbitration — арбитраж: способ разрешения споров, при котором стороны обращаются к арбитрам (третейским судьям).

arm's length transaction — сделка "на расстоянии вытянутой руки": сделка, проводимая так, как будто между сторонами нет никаких связей, для избежания конфликта интересов.

around — около, вокруг: отклонение вал. курса от центрального уровня или цены от номинала (в обе стороны).

arrearage — 1) сумма просроченного долгового обязательства; 2) невыплаченные проценты по облигации или дивиденды по кумулятивным акциям.

arrears — задолженность, вовремя не выплаченные суммы, дивиденды.

Article 8 — статья 8 устава МВФ, определяющая, что главным признаком обратимости валюты является отсутствие ограничений по текущим операциям.

Article 8 currency — свободно конвертируемая валюта (по крайней мере по текущим операциям).

Article 65 — аналог закона Гласса—Стиголла в Японии; см. Glass—Steagall Act.

articles of association — устав банка, компании.

articles of incorporation — устав корпорации в США, утверждаемый властями штата путем выдачи сертификата об инкорпорации (лицензии); вместе они составляют уставные документы, подтверждающие законность создания корпорации; см. charter.

articles of partnership — устав товарищества, определяющий взаимоотношения между его членами, но не затрагивающий их обязательства по отношению к третьим лицам.

ascending tops = ascending triangle.

ascending triangle — поднимающийся треугольник (в техн. анализе): несколько циклов повышения цены со все большей амплитудой и возвращением на прежний уровень, укладывающихся на графике в прямоугольный треугольник (прямой угол справа в основании треугольника); см. descending triangle.

"A" shares = non-voting shares.

Asian Clearing Union — Азиатский клиринговый союз: система взаимных расчетов и кредитования, в которой участвуют Индия, Иран, Шри-Ланка, Пакистан, Бангладеш, Непал, Ньянма (основан в 1974 г.).

asian currency market = asian dollar market.

Asian Currency Unit (ACU) — азиатский валютный отдел: отдел банка в Сингапуре, уполномоченный на проведение международных (азиавалютных) операций.

Asian Development Bank (ADB) — Азиатский банк развития: региональный институт, представляющий азиатским странам-членам кредиты на развитие различных отраслей, техн. и др. услуги; наименее развитым странам кредиты предоставляются на сроки 10—30 лет с 2—7 летним льготным периодом (основан в 1965 г. с местопребыванием в Маниле).

Asian Development Fund (ADF) — Азиатский фонд развития: филиал Азиатского банка развития, представляющий льготные кредиты беднейшим странам (основан в 1973 г.).

asian dollar market — рынок азиатских долларов (азиавалют): часть международного рынка ссудных капиталов (еврорынка), базирующаяся в Юго-Восточной Азии (главным образом в Сингапуре и Гонконге); примерно 90% операций приходится на доллар США.

asian dollars — азиатские доллары: доллары США, используемые для фин. операций в Юго-Восточной Азии (главным образом в Сингапуре и Гонконге).

Asian monetary unit (AMU) — азиатская ден. единица, используемая для расчетов в Азиатском клиринговом союзе; равна 1 СДР.

as if and when — в эмиссии ценных бумаг термин, обозначающий само событие (эмиссию), возможность его ненаступления и дату операции.

asked (price) = offered (price).

as per advice — согласно уведомлению (авизо).

assay — 1) проба драгоценного металла; 2) анализ чистоты металла, определение пробы.

assent — согласие владельца ценной бумаги на изменение условий займа или выпуска акций (процентных выплат, сроков погашения), а также на предложение приобрести акции.

assented bonds — согласованные облигации: облигации, по которым нарушен график выплаты процентов или погашения основной суммы с согласия инвесторов в рамках программы реорганизации компании или пересмотра условий задолженности (т. е. держатели согласились на изменение условий займа).

assented shares — согласование акции: акции, владельцы которых согласились с условиями предложения о поглощении компании.

assessed valuation — оценка стоимости недвижимости для целей налогообложения.

asset — актив, авуар: собственность юр. или физ. лица; активы могут быть финансовые (кредиты, ценные бумаги), капитальные (недвижимость, машины и оборудование), нематериальные (репутация, патенты).

asset allocation decision — решение о распределении средств между различными видами инвестиционных активов: элемент "портфельной теории"; см. portfoilio theory.

asset-backed securities (ABSs) — 1) ценные бумаги, обеспеченные активами; 2) ценные бумаги на основе пула кредитов или с обеспечением.

asset backing — обеспечение активами: чистые активы, поделенные на число оплаченных акций; см. asset cover.

asset-based financing — кредитование под обеспечение активами компании.

asset-based swap — своп на основе активов: своп, позволяющий превратить один вид ценных бумаг в другой (напр., инвестор обменивает фикс. купон на плавающий и фактически приобретает новый вид бумаг); см. synthetic security.

asset cover(age) — покрытие активами долга (компании): нетто-активы, поделенные на долг (или на привилегированные акции, весь собственный капитал); см. asset backing.

asset deficiency — нехватка активов: ситуация, когда активы компании меньше пассивов и она не может выполнить свои обязательства.

asset-liability management — управление активами и пассивами путем установления между ними определенных соотношений по срокам, уровню ставок и др. показателям для снижения рисков.

asset management — управление активами: набор методов и принципов оптимизации дохода от размещенных средств без существенного увеличения их объема и на основе учета факторов риска, сроков, ликвидности.

asset management account (AMA) — счет управления активами в банке или брокерской фирме, сочетающий банковские услуги (кредитов и дебетовые карточки, чеки) с возможностью совершать сделки с ценными бумагами (в т. ч. в долг) и обеспечивающий единство учета.

asset play — "игра активами": получение дешевого доступа к активам путем покупки ценных бумаг, текущая рыночная цена которых не отражает стоимость активов компании (занижена).

asset quality — качество активов: оценка активов с точки зрения риска, ликвидности, доходности.

assets — активы: собственность в самой различной форме — недвижимость, машины и оборудование, кредитные требования, ценные бумаги и т. д. (все, что имеет денежную оценку).

asset sale — продажа активов: 1) = loan sale; 2) = privatization.

asset sale and repurchase — продажа актива с последующим совершением обратной сделки; см. sale and repurchase agreement.

asset stripping — поглощение компании, чьи акции на рынке котируются ниже стоимости активов: активы, не приносящие прибыли, распродаются, а остальная часть компании начинает действовать под новым руководством (букв. "освобождение от активов").

asset swap — обмен активами: 1) = asset-based swap; 2) = sovereign debt swap.

asset value — стоимость активов компании (текущая, балансовая, ожидаемая при реализации).

asset value per share = net assets worth.

assignee — цессионарий: лицо, приобретающее право или требование у его владельца (при сделке уступки).

assignment — уступка, передача: 1) уведомление

продавца опциона о его использовании покупателем; 2) продажа соглашения о свопе (при согласии первоначального партнера); 3) продажа (уступка) международного банковского кредита.

assignment check — чек, оплачиваемый через чужой почтовый чековый счет (в странах с почтовой чековой системой).

assignment credit — кредит на базе переуступки требования.

assignment in blank — "бланковая уступка": уступка акции, облигации, права и т. д., при которой владелец актива не указывает на документе имя нового владельца и дату сделки.

assignor — цедент: владелец права или актива (требования), уступающий его третьему лицу.

assimilation — ассимиляция: абсорбация (приобретение) новых ценных бумаг инвесторами после их полной распродажи синдикатом андеррайтеров.

associate — коллега, партнер: в области слияний и поглощений лицо, которое связано с участниками операции (поглощаемой компанией и компанией, делающей предложение) и прямо заинтересовано в ее исходе (директор компании, пенсионного фонда, крупный акционер).

associated bank (company) — ассоциированный банк (компания): банк, участие в капитале которого не дает права полного контроля (обычно 20—50%); в принципе равнозначно дочернему банку (компании).

Associated Banks' of Europe Corporation (ABECOR) — Корпорация ассоциированных банков Европы: банковская группировка, включающая 10 членов (в т. ч. Дрезднербанк, Барклайз бэнк, Альгемене банк Недерланд, Банка национале дель лаворо, Банк Брюссель Ламбер) из 8 стран (основана в 1974 г. со штаб-квартирой в Брюсселе).

associated states — ассоциированные страны (заключившие с ЕЭС соглашения об ассоциации, дающие определенные льготы в торговле).

associate member — ассоциированный член фондовой биржи в Великобритании (имеет необходимую квалификацию, сдал экзамен и работает в фирме — члене биржи, но не является ее совладельцем; может получать зарплату, половину комиссии по организованной им сделке, премии).

Association cambiste internationale (Forex-Club) — Международная ассоциация валютных дилеров, основанная в 1955 г. в Цюрихе и включающая свыше 10 тыс. индивидуальных членов (дилеров).

Association for Payment Clearing Services (APACS) — Ассоциация систем клиринговых платежей: организация, координирующая деятельность межбанковских клиринговых систем (создана в 1985 г. со штаб-квартирой в Лондоне); см. Bankers' Automated Clearing Services; Cheque and Credit Clearing Co.; Clearing House Automated Payment System and Town Clearing.

Association française des investisseurs en capital risqué (AFIC) — Французская ассоциация "рисковых" инвесторов.

Association of British Factors — Ассоциация британских факторинговых компаний: профессиональная организация, занимающаяся анализом деловой практики, обучением, распространением информации (создана в 1976 г.).

Association of Co-operative Saving and Credit Institutions of the European Economic Community — Ассоциация кооперативных сберегательных и кредитных институтов Европейского экономического сообщества: организация, представляющая интересы кооперативных банков в отношениях с Комиссией и другими органами ЕС (создана в 1968 г.).

Association of Corporate Treasurers (ACT) — Ассоциация казначеев (фин. директоров) корпораций в Великобритании (создана в 1979 г.).

Association of Futures Brokers and Dealers (AFBD) — Ассоциация брокеров и дилеров по фьючерским операциям (орган саморегулирования, Великобритания).

Association of German Stock Exchanges — Ассоциация немецких фондовых бирж: ассоциация 8 бирж ФРГ.

Association of International Bond Dealers (AIBD) — Ассоциация дилеров по международным облигациям, созданная в 1969 г. в Цюрихе для разработки правил и стандартов торговли на международном рынке ценных бумаг и насчитывающая свыше 650 членов — банков и специализированных компаний.

Association of Investment Trust Companies (AITC) — Ассоциация инвестиционных трестов (Великобритания): организация, представляющая интересы примерно 175 компаний в отношениях с правительством, регулирующими органами и др. фин. институтами (создана в 1932 г.).

assumable mortgage — ипотека, условия которой предусматривают смену должника, при этом новый заемщик должен удовлетворять определенному стандарту платежеспособности (США).

assumption — взятие ответственности по обязательствам др. стороны (обычно оговаривается в соглашении).

assurance — страхование: как правило, страхование от событий, которые рано или поздно обязательно произойдут (прежде всего страхование жизни); см. insurance.

assured — страхователь: владелец страхового полиса при страховании жизни.

assurer — страховщик: компания, специализирующаяся на страховании жизни.

asymmetrical regulation — асимметричное (различное) регулирование внутренних и международных операций банков национальными властями.

at a discount — со скидкой (о цене акции, которая ниже цены эмиссии или номинальной стоимости; о котировке форвардного курса).

at a premium — с премией (о цене акции, которая выше цены эмиссии или номинальной стоимости).

at best = market order.

at call = call money 1.

at discretion — приказ клиента брокеру заключить сделку по цене на его усмотрение.

at limit = limit order.

at market = market order.

ATM network — сеть автоматических кассовых машин, которая может принадлежать одному или нескольким банкам; см. automated teller machine.

at or better — приказ клиента биржевому брокеру о совершении сделки по указанной или лучшей цене.

at par — по номинальной стоимости.

at risk — под риском (об активе, инвестиции, по которым возможны убытки).

at short notice — при коротком уведомлении: условие кредитного соглашения о погашении онкольной ссуды через 7 или 14 дней после требования кредитора.

at (on) sight — по первому требованию (об оплате векселя или др. обязательства: надпись на векселе "по предъявлению").

at the back door = back door.

at the close (closing) — при закрытии биржи (о сделке, операции).

at the front door = front door.

at the market = market order.

at-the-money (option) — опцион, текущая цена фин. инструмента в основе которого примерно равна цене исполнения (т. е. "внутренняя" стоимость опциона равна нулю); см. intrinsic value.

at the opening — при открытии биржи: 1) приказ брокеру о заключении сделки по лучшей цене при открытии биржи; 2) о сделке в начале утренней сессии.

attributable level — 1) чистая прибыль или убыток компании за определенный период; 2) итоговая строка счета прибылей и убытков в годовом отчете.

auction — аукцион: разновидность торга, при котором товар получает тот, кто предлагает наивысшую цену; см. Dutch auction.

auction market — аукционный рынок ценных бумаг: торговля ценными бумагами с помощью различных методов аукциона (торга); см. open outcry; à la crièe; par casiers; par opposition; double auction market.

auction value = liquidating value.

audit — аудит: проверка (ревизия) бухг. отчетности компании на предмет ее соответствия установленным правилам.

audit committee — внутренний аудиторский комитет банка или компании по проверке правильности отчетности и учета.

auditor — аудитор, бухгалтер-ревизор: независимая компания, удостоверяющая правильность отчетности ревизуемой фирмы акционерам последней.

auditor's certificate (report) — заключение внешнего аудитора, включаемое в годовой отчет (о соответствии отчетности требованиям закона и реальному положению дел в компании).

audit trail — "аудиторский след": "отслеживание" валютно-кредитных или фин. сделок регулирующими органами при проверках на основе бухг. отчетности.

Ausfuhrkredit-Gesellschaft — mbH (AKA) — АКА: западногерманская компания, принадлежащая 58 коммерческим банкам и специализирующаяся на представлении экспортных кредитов со сроками более 1 года (создана в 1952 г. во Франкфурте-на-Майне).

Aussie (dollar) — "Осси": австралийский доллар (жарг. вал. дилеров).

Australian Associated Stock Exchanges (AASE) — Австралийские ассоциированные фондовые биржи: координирующий орган 6 австралийских фондовых бирж (создан в 1937 г.).

Australian Associated Stock Exchanges (AASE) Indices — индексы австралийских ассоциированных фондовых бирж (введены в 1980 г.): базовое значение — 500, базовая дата — 31 декабря 1979 г.

Austral Plan — "план Аустраль": аргентинская стабилизационная программа, включавшая замену песо на новую ден. единицу (аустраль).

autarcky — автаркия: стремление отдельной страны к максимальной степени самообеспечения (независимости от внешней торговли).

Autex system — электронная система Аутекс для оповещения фондовых брокеров о намерении других брокеров совершить сделку с крупной партией акций (США).

authentication — удостоверение подлинности документа или подписей путем их проверки уполномоченными специалистами.

authenticity — 1) аутентичность, подлинность (ценной бумаги, документа); 2) удостоверенное содержание драгоценного металла в слитке.

authority bonds — облигации, выпущенные правительственным агентством по управлению гос. предприятием (напр., портом) и оплачиваемые из его доходов (США).

authorization — выдача лицензии, разрешения (напр., новому банку).

authorized bank — уполномоченный банк: банк, который имеет право совершать те или иные операции (напр., вал. операции в условиях вал. контроля).

authorized capital — 1) уставный капитал: акционерный капитал, зафиксированный в уставе компании (не обязательно оплаченный в полной сумме); 2) максимальная номинальная сумма (число) акций, которые может выпустить компания.

authorized clerk — уполномоченный клерк (Великобритания): служащий фирмы — члена биржи, уполномоченный на заключение сделок от ее имени.

authorized dealer = authorized bank.

authorized depositary — уполномоченный депозитарий (Великобритания): учреждение, которое в период существования вал. ограничений было уполномочено хранить иностранные ценные бумаги, принадлежащие брит. резидентам.

authorized investments — разрешенные инвестиции (Великобритания): инвестиции, которые разрешено осуществлять попечителям (доверенным лицам) по закону 1961 г.

authorized shares = authorized capital.

authorized signatures (list of) — (собранные в альбоме) образцы подписей сотрудников банка, уполномоченных от его имени подписывать платежные документы и корреспонденцию.

automated bond system (ABS) — автоматическая облигационная система: служба Нью-Йоркской фондовой биржи, которая представляет котировки и др. информацию по 80% облигаций, а также исполняет, накапливает и взаимозачитывает приказы о совершении сделок.

automated clearing house (ACH) — автоматизированная клиринговая палата: компьютеризированная система расчетов между учреждениями-членами.

Automated Real-Time Investments Exchange (ARIEL) — Автоматическая инвестиционная биржа в режиме реального времени (Ариель): компьютеризированная система торговли акциями в Великобритании, с помощью которой можно торговать практически всеми видами ценных бумаг без посредничества брокеров (создана торговыми банками в 1974 г.).

automated teller (telling) machine (ATM) — автоматическая кассовая машина: электронный терминал, с помощью которого можно на расстоянии проводить операции между банком и его клиентом (прежде всего для выдачи наличности, получения справки о состоянии счета, заказа чековой книжки или кредитной карточки); "ключом" является пластиковая карточка; см. plastic card.

automatic exercise — автоматическое исполнение опционных контрактов клиринговой палатой при наступлении их сроков.

automatic telling machine (UK) = automated teller machine.

automatic transfer service (ATS) — форма услуги, предоставляемой банками США своим клиентам: чеки, выписанные по чековым счетам, дебетуются по сберегательным, т. е. клиент фактически имеет чековый (текущий) счет с выплатой процентов.

auxiliary capital — вспомогательный капитал: все оборудование, используемое в производстве.

available earnings — чистая прибыль компании после вычета всех издержек, налогов, дивидендов по привилегированным акциям; может быть распределена в виде дивидендов по обыкновенным акциям.

aval — аваль: гарантия по векселю (в виде надписи), которая превращает гаранта перед лицом закона в должника; "концепция аваля" характерна для стран континентальной Европы (кодекс Наполеона).

avalising bank = avalist.

avalist — авалист: банк, который гарантирует вексель путем нанесения надписи об авале; см. aval.

average (Av) — 1) средний, среднее: метод измерения движения фондовой конъюнктуры путем расчета индексов цен акций; см. share index; 2) авария: убыток от аварии судна или его распределение.

average collection period — средний срок получения платежа по определенным долгам (отношение годовых поступлений компании к продажи в кредит в расчете на один день).

average down — 1) стратегия снижения средней цены купленных акций (напр., вместо покупки 1000 акций сначала покупаются 400, а остальные — блоками по 200 акций по мере снижения цены); 2) продажа акций ниже цены покупки для реализации убытка в налоговых целях.

average due date — средний срок платежа для нескольких сумм (векселей) с разными датами платежа.

average equity — средний дневной остаток на операционном счете клиента брокерской фирмы (США).

average life — средневзвешенный срок непогашенной части кредита (суммы взвешиваются в соответствии с графиком погашения).

average rate of tax — средняя ставка налога (определяется путем деления суммы уплаченного налога на суммарный доход).

average term — средний срок погашения облигационного займа: половина срока между конечной и самой ранней датами погашения.

average up — покупки акций при подъеме конъюнктуры для снижения средней покупной цены (несколько покупок по разным ценам); тактика имеет математическую, но не экономическую основу.

averaging — усреднение: 1) покупка ценных бумаг при падении конъюнктуры для снижения средней покупной цены; 2) продажа ценных бумаг для повышения средней продажной цены; 3) = constant dollar plan.

away (from the market) — "в сторону" (от рынка): котировка, заметно отличающаяся от текущего уровня цен на рынке.

B

baby bond — "детская облигация": облигация номиналом менее 1 тыс. долл., обычно 25 — 500 долл. (такие облигации дают доступ к мелким инвесторам, но сопряжены с повышенными издержками по выпуску).

back bond — 1) облигация, выпущенная в результате использования варранта к основной облигации, дающего право на приобретение дополнительных ценных бумаг; см. host bond; 2) документ, который удостоверяет, что титул собственности держится по доверенности.

back contracts = back months.

backdating — датировка задним числом: установление в качестве законной даты документа или сделки прошедшего числа.

back door — "черный вход": метод повышения Банком Англии ликвидности ден. рынка через посредничество одного из учетных домов (анонимность снижает риск ненужного воздействия на процентные ставки); см. front door.

back door listing — получение биржевой котировки с "черного входа": поглощение компании, которая уже имеет биржевую котировку.

back-end load(ing) — разовый комиссионный сбор, который инвестор платит при реализации капиталовложения во взаимный фонд (для предотвращения оттока средств); см. front-end load(ing).

backing — обеспечение, поддержка, гарантия.

backing away — идти на попятную (США): отказ участника рынка ценных бумаг от заключения сделки по прокотированной цене.

backlog — 1) стоимость невыполненных заказов промышленной компании; 2) задолженность.

back months — фьючерсные контракты с наибольшими сроками (обращающиеся в данный момент на рынке).

back office — отдел банка (брокерской фирмы), занимающийся оформлением конверсионных и депозитных операций, расчетами по ценным бумагам; см. front office.

back office crush (crunch) — операционная "давка": замедление оформления операций в период большой активности на рынке.

back positions = deferred futures.

back-to-back credit — компенсационный аккредитив: аккредитив на основе др. аккредитива.

back-to-back deal — компенсационная операция (на базе одного контракта).

back-to-back loan — компенсационный кредит: кредит, близкий по сути к вал. свопам — две компании в разных странах кредитуют друг друга на равную сумму (в одной стране компания-кредитор, в другой — заемщик); используется для защиты от вал. риска, освобождения заблокированных средств, обхода вал. ограничений.

back up — 1) поворот тенденции движения цен (обычно неожиданный); 2) поддержка, гарантия; 3) ситуация, когда доходность ценных бумаг на рынке растет, а цены падают; 4) обмен одной ценной бумаги на другую с меньшим сроком.

back-up facility — банковская поддержка в евронотных программах в виде гарантии (обязательства) купить евроноты; обеспечить кредит.

back up line — кредитная линия банка в поддержку эмиссии коммерческих бумаг в США на случай невозможности продать их.

backwardation (back, Bk) — "бэквардейшн" (депорт): 1) ценовая структура, при которой наличные или ближние срочные цены выше цен на более далекие сроки, и разница между этими ценами; 2) в Великобритании — возможность и стоимость отсрочки платежа (поставки) по "короткой" продаже на Лондонской фондовой бирже; см. contango.

bad and doubtful debts — "плохие" или "сомнительные" долги: долги, которые скорее всего не будут возвращены (для их покрытия создаются резервы).

bad delivery — "плохая поставка": ценная бумага (сертификат), которая оформлена неправильно.

Bahnhofstrasse — Банховштрассе: улица в Цюрихе, где сосредоточены ведущие банковские учреждения.

Bahrein interbank offered rate (BIBOR) — ставка предложения межбанковского депозитного рынка в Бахрейне (БИБОР).

Baker countries — страны, на которые распространяется "план Бейкера"; см. Baker Plan.

Baker Plan — "план Бейкера": план бывшего министра финансов США Джеймса Бейкера по урегулированию долговой проблемы, включая возобновление кредитования развивающихся стран (осуществляется с 1985 г.).

balance (Bal) — 1) баланс, сальдо, остаток: разница между дебетом и кредитом счета; 2) = balance sheet.

balance an account — 1) закрыть счет; 2) исчислить остаток средств на счете (включая проценты) на определенную дату.

balance carried forward — перенесенный остаток: остаток средств, не использованных в завершившемся периоде, перенесенный в новый отчетный период.

balance certificate — остаточный (балансовый) сертификат (Великобритания): сертификат на акции, выдаваемый инвестору, который продал часть своих акций, на оставшиеся у него акции; см. share certificate.

balanced mutual fund — сбалансированный взаимный фонд: фонд, который инвестирован в ценные бумаги с целью получить максимальный доход при низком риске путем диверсификации между обыкновенными и привилегированными акциями и облигациями.

balance of payments (BOP) — 1) платежный баланс: учет всех платежей и поступлений резидентов государства относительно всех нерезидентов за определенный период; включает текущий баланс и баланс движения капиталов; см. current account 1, capital account; 2) сальдо расчетов по торговле товарами и услугами, движения капиталов.

balance of trade (BOT) — торговый баланс: учет торговых сделок резидентов с нерезидентами, т. е. товарного экспорта и импорта страны за определенный период (часть текущего баланса).

balance sheet (BS) — баланс компании: 1) активы и пассивы в разбивке по установленной форме на определенную дату; 2) отчет о фин. положении компании (активы должны равняться пассивам плюс средства акционеров).

balance sheet analysis — анализ баланса: оценка данных и соотношений баланса и счета прибылей и убытков для определения фин. положения, кредитоспособности компании, надежности ее ценных бумаг.

balance sheet footings — суммарные активы или пассивы.

balance sheet ratios — балансовые коэффициенты: показатели фин. состояния банка, используемые как основа для принятия решений и банковского регулирования; см. cash ratio; liquidity ratio; reserve assets ratio.

balancing item — балансирующая статья: статья в платежном балансе, вводимая для его сбалансирования (равна нетто-сумме ошибок и пропусков по всем др. статьям).

balloon interest — более высокий уровень процента по серийным облигациям с отдаленными сроками; см. serial bonds.

balloon maturity — облигационный заем или долгосрочный кредит, погашение которого осуществляется возрастающими со временем взносами.

balloon mortgage = balloon payment.

balloon payment — платеж "воздушный шар": 1) большой одноразовый платеж, необходимый для выплаты основной суммы кредита или аренды в конце оговоренного периода; 2) последний платеж в погашение кредита, который значительно больше предыдущих.

ballot — жеребьевка участников займа при избыточном числе заявок (крупные заявки обычно удовлетворяются частично, а среди мелких устраивается жеребьевка).

Baltic International Freight Futures Exchange (BIFFEX) — Балтийская международная срочная фрахтовая биржа, созданная в 1985 г. в Лондоне (торгуют фьючерскими контактами на фрахтовый индекс).

Baltic Mercantile and Shipping Exchange (Baltic Exchange) — Балтийская товарная и фрахтовая биржа в Лондоне (3000 членов): рынок, специализирующийся на организации мор. и воздушных перевозок (фрахта), а также включающий срочную биржу зерна и др. сельскохозяйственных товаров и срочную фрахтовую биржу БИФФЕКС; см. Baltic International Freight Futures Exchange.

Banca d'Italia — Банк Италии: центральный банк Италии (создан в 1893 г.; единый эмиссионный банк с 1926 г.).

Banca Italo-Romena — Банка Итало-Ромена (Итало-румынский банк): коммерческий банк, 50% капитала которого принадлежит Румынскому банку для внешней торговли, 30% — Банко ди Сицилиа, 20% — Иституто Банкарио Сан Паоло ди Торино (основан в 1980 г. в Милане).

Banco Ambrosiano — Банко Амброзиано: один из крупнейших частных банков Италии, тесно связанный с Ватиканом и масонами; в 1982 г. обанкротился с долгами в 450 млн. долл., а его председатель Роберто Кальви был найден повешенным под мостом в Лондоне; на базе обанкротившегося банка был создан Нуово банко Амброзиано.

Banco de Espana — Банк Испании: центральный банк Испании (создан в 1856 г.; единый эмиссионный банк с 1874 г.; национализирован в 1962 г.).

Banco de Portugal — Банк Португалии: центральный банк Португалии (создан в 1846 г.; единый эмиссионный банк с 1931 г.; национализирован в 1974 г.).

Bancomat — Банкомат: система автоматических кассовых аппаратов в Италии, Швейцарии, Лихтенштейне.

Banco Nacional de Cuba — Национальный банк Кубы: центральный банк Республики Куба (основан в 1950 г.).

bancor — банкор: международная ден. единица, которую в 1944 г. предлагал ввести Дж.М. Кейнс; см. Keynes Plan.

band — диапазон, интервал: предел колебания курса.

bang the market (to) — "сбить" рынок: неосторожно продать акции и тем самым сбить на них цены.

bank (Bk) — банк: компания, специализирующаяся на проведении фин. операций: приеме вкладов, осуществлении расчетов, кредитовании и т. д.; см. central bank; commercial bank; investment bank; merchant bank.

bank acceptance = bankers' acceptance.

bank account — банковский счет (текущий, депозитный или сберегательный); см. current account 2; deposit account; savings account.

bank advance — банковский кредит, предоставляемый по овердрафту или ссудному счету; см. overdraft; loan account.

bank balance sheet — баланс банка: данные об активах и пассивах банка на определённую дату (на конец фин. года); крупные банки обязаны публиковать также промежуточный баланс (interim balance sheet).

bank bill — bankers' acceptance.

bank card — банковская карточка: кредитная, дебетовая или иная платежная карточка, выпущенная банком; см. store card; plastic card.

bank check = bank draft.

bank clearing (BC) — банковский клиринг: зачет взаимной задолженности, возникающей в результате межбанковских платежей (через банковскую расчетную палату).

bank commission — банковская комиссия: плата за услуги банка, покрытие риска.

bank declaration — банковская декларация: документ, который что-либо удостоверяет или подтверждает.

bank deposit — банковский депозит: вклад клиента в банк, средства клиента в банке (обязательство банка перед клиентом).

bank draft (BD) — чек, выписанный одним банком на другой или самого себя и используемый клиентом, когда его кредитор отказывается принимать личный чек (клиент оплачивает банку чек при его выписке); такой чек приравнивается к наличным.

banker — банкир: физ. лицо, занимающееся банковскими или фин. операциями в качестве владельца банка или менеджера.

Banker — "Бэнкер" ("Банкир"): ведущий ежемесячный журнал, посвященный банковским проблемам; издается в Лондоне (с 1926 г.) и широко распространяется во всем мире.

Banker 500 — список 500 крупнейших международных банков, ежегодно публикуемый журналом "Бэнкер" в июльском номере (ранжирование по активам).

bankers' acceptance — банковский (банкирский) акцепт: вексель, акцептованный банком (на который он выставлен) и используемый в финансировании торговли; высоколиквидный инструмент ден. рынка.

Bankers' Automated Clearing Services (BACS) — Банкирская автоматическая клиринговая система: межбанковская система электронных платежей в Лондоне, которая производит взаимозачет крупных платежей (создана брит. банками в 1968 г. под названием Межбанковского компьютерного бюро); см. Association for Payment Clearing Services.

bankers' bank — банк банков: банк, обслуживающий др. кредитные институты; см. central bank.

banker's order = standing order.

bankerspeak — банкирский язык (разг.); формальный и избегающий крайних оценок стиль деловых бумаг.

Bank for Foreign Economic Affairs of the USSR — Банк для внешнеэкономической деятельности СССР (до 1988 г. — Банк для внешней торговли, основанный в 1924 г.): специализированный гос. банк для международных операций (имеет отделения и представительства в ряде зарубежных стран).

Bank for Foreign Trade of The Socialist Republic of Vietnam — Банк для внешней торговли СРВ (основан в 1963 г.).

Bank For Foreign Trade of the USSR — Bank for Foreign Economic Affairs of the USSR (с 1988 г.).

Bank for International Settlements (BIS) — Банк международных расчетов (БМР) в Базеле: созданный в 1930 г. по Гаагскому соглашению о германских репарациях орган консультаций и сотрудничества центральных банков, исследовательский центр; проводит различные валютно-кредитные операции; акционерами БМР являются центральные банки основных развитых государств (США — через Ситибэнк и др. банки) и восточноевропейских стран, а также ряд частных лиц.

Bank for New Economic Initiatives (Mineral Bank) — Банк экономических проектов (создан в 1980 г.; до декабря 1982 г. назывался Минералбанком): акционерный банк в Болгарии, специализирующийся на обслуживании и создании хозяйственных организаций (в т. ч. с иностранным участием).

Bank for Russian Trade — Банк для русской торговли (первоначально назывался Аркос бэнкинг корпорейшн): коммерческий банк с советским капиталом, действовавший в Лондоне в 1923—1932 гг.; в 1932 г. был поглощен Московским народным банком.

bank giro = credit transfer.

Bank Handlowy w Warsawie — Банк хандлёвы в Варшаве (Торговый банк): специализированный внешнеэкономический банк Польши (акционерное общество; основан в 1870 г., в 1963 г. ему были переданы функции Народного банка по обслуживанию внешнеторгового оборота).

bank holidays — банковские праздники: общественные праздники, в которые банки не работают; в Великобритании — нерелигиозные общественные праздники (попадают обычно на понедельники), установленные по закону 1871 г.

bank hours — часы работы банков; в Великобритании банки обычно работают с 9 ч утра до 3 ч дня.

Banking Act 1979 — Банковский закон 1979 г. (Великобритания): первый банковский закон в стране, определивший критерии признанного банка и лицензированного депозитного учреждения, порядок регистрации и использования термина "банк" в названиях; см. recognised bank; licenced deposit taking institution.

Banking Act 1987 — Банковский закон 1987 г. (Великобритания): действующий в стране закон, определяющий правила создания, функционирования и надзора за банками; содержит полномочия Банка Англии и Совета банковского надзора, принципы привлечения депозитов и защиты вкладчиков; ликвидировал деление банков на признанные и депозитные институты; см. Board of Banking Supervision.

banking center — банковский центр: город, в котором сосредоточено большое число банков (дочерних компаний, отделений, представительств).

banking club — банковский клуб, группировка: объединение банков, созданное для сотрудничества и взаимопомощи в международных операциях, обслуживании клиентов (создание совместных дочерних компаний и представительств в третьих странах, представление интересов друг друга, корреспондентские отношения, реклама и публикации, обмен опытом, объединение информационных и операционных систем); обычно объединяются однотипные банки нескольких стран; банки-члены сохраняют полную самостоятельность; см. Associated Banks' of Europe Corporation; Europartners; European Banks' International Company S. A.; Inter-Alpha; Unico Banking Group.

Banking Federation of the European Community — Банковская федерация Европейского сообщества: организация, объединяющая банковские ассоциации стран ЕС (штаб-квартира в Брюсселе).

bank(ing) holding company — банковская холдинговая компания: организация, которая имеет более 25% акций в одном или нескольких банках; в США по закону 1956 г. такая компания обязана зарегистрироваться в Совете управляющих ФРС.

banking house — банк, банкирский дом.

Banking, Insurance and Finance Union (BIFU) — Союз банковских, страховых и финансовых работников (Великобритания): крупнейший банковский профсоюз страны, насчитывающий 150 тыс. членов (до 1979 г. — Союз банковских служащих).

banking law — банковский закон: закон, регулирующий деятельность всей банковской системы или отдельных видов банков.

banking secrecy — банковская тайна: обязательство банка и его служащих хранить в секрете информацию о клиентах.

Banking Technology — "Бэнкинг текнолоджи" ("Банковская технология"): ежемесячный журнал, посвященный технологии, используемой банками и другими кредитно-фин. институтами; издается в Лондоне.

Banking World — "Бэнкинг уорлд" ("Банковский мир"): банковский ежемесячный журнал, издаваемый в Великобритании Институтом банкиров с 1983 г. (образовался в результате слияния "Джорнал оф Инститьют оф бэнкерз" и "Бэнкерз мэгазин").

bank-issued medium-term note — банковская среднесрочная облигация: долговое обязательство (на 3 — 8 лет), выпускаемое банком на регулярной основе при наличии спроса (напр., в Швейцарии для финансирования ипотечного бизнеса); см. Euro medium-term note.

bank line — кредитная линия: моральное (не контрактное) обязательство банка кредитовать клиента до определенного максимума (обычно в течение года); как правило, клиент обязан держать в банке депозит в 10% от суммы линии плюс 10% от выбранных кредитов, а комиссия за обязательство не берется.

bank money — деньги, депонированные в банке, банковские депозиты.

banknotes (BNs) — банкноты: бумажные деньги, выпускаемые банком и представляющие обязательство выплатить определенную сумму предъявителю (в настоящее время гарантируемые центральными банками); в Великобритании помимо Банка Англии ограниченное право эмиссии банкнот сохранили шотландские и североирландские банки.

bankocracy — банкократия: власть банков.

Bank of Canada — Банк Канады: центральный банк Канады (создан в 1934 г.; полностью национализирован в 1938 г.).

Bank of China (BoC) — Банк Китая: специализированный внешнеэкономический банк КНР; имеет широкую сеть отделений и представительств в международных фин. центрах (создан в 1912 г.).

Bank of England (BE; BoE) — Банк Англии: центральный банк Великобритании (создан в 1694 г., национализирован в 1946 г.; с 1921 г. имеет монополию на банкнотную эмиссию в Англии и Уэльсе); проводит ден.-кредитную и вал. политику правительства; является банком правительства и коммерческих и др. банков; осуществляет надзор за деятельностью банков и фин. рынков; возглавляется управляющим и его 4 заместителями, назначаемыми на 5 лет вне зависимости от выборов; имеет 5 отделений, 3 агентства в ведущих городах страны, типографию для производства банкнот, свыше 5000 сотрудников; деятельность банка традиционно разделена на эмиссионный и банковский департаменты; см. Old Lady of Threadneedle Street; Governor of the Bank of England.

Bank of Greece — Банк Греции: центральный банк Греции (создан в 1928 г.).

bank of issue — эмиссионный банк: банк, который в законодательном порядке уполномочен выпускать деньги в обращение; см. central bank.

Bank of Japan — Банк Японии: центральный банк Японии (создан в 1882 г.; государству принадлежат 55% капитала, остальные акционеры не имеют права голоса).

bank paper — 1) банкноты; 2) векселя и др. ценные бумаги банков.

bank payment order — банковское платежное поручение: приказ клиента банку осуществить платеж в пользу третьего лица.

Bank Polska Kasa Opieki — Банк Польска каса опеки: польский коммерческий и сберегательный банк, специализирующийся на вал. обслуживании населения и мелких предприятий (создан в 1929 г.; 98,6% капитала принадлежат министерству финансов).

bank publicity — банковская реклама: использование рекламы, проспектов, плакатов, телевидения для ознакомления публики с банком и теми или иными его услугами, стимулирования развития бизнеса.

Bank Rate — банковская ставка: официальная учетная ставка Банка Англии до 1972 г.; см. Minimum Lending Rate.

bank reconciliation statement — документ, разъясняющий разночтения между выпиской с банковского счета и записями в бухг. книгах компании.

Bank Return — еженедельный отчет о состоянии баланса Банка Англии (публикуется в газетах).

bankruptcy — банкротство: официальное объявление о неплатежеспособности с реализацией имеющихся активов в пользу кредиторов (обычно в отношении физ. лиц); см. default; hammering; winding-up.

banks for cooperatives — банки для кооперативов: кооперативные кредитно-фин. институты, входящие в Федеральную систему фермерского кредита США и предоставляющие кредиты сельскохозяйственным кооперативам; см. Federal Farm Credit System.

banks' right to vote customers' deposited shares — право банка голосовать по доверенности по акциям, помещенным в него на сохранение или в порядке управления активами.

bank statement — выписка с банковского счета: информация о платежах и поступлениях, сальдо, начисленных процентах за определенный период, предоставляемая банком клиенту (раз в квартал или полгода).

bank trust department — трастовый отдел банка: отдел, занятый операциями по доверенности, агентскими услугами, наследствами, управлением пенсионными программами.

BankWire — "БэнкУайр": система электронной связи, принадлежащая коммерческим банкам США (250 банкам из 75 городов) и используемая для межбанковских платежей (крупных переводов), получения различной фин. информации.

Banque commerciale pour l'Europe du Nord (Eurobank) — Коммерческий банк для Северной Европы (Эйробанк): коммерческий банк в Париже, основанный в 1921 г.; капитал принадлежит Госбанку СССР, Внешэкономбанку СССР и др. советским организациям.

banque d'affaires — деловой банк (франц.): учреждение, сходное с инвестиционным или торговым банками (во Франции).

Banque de France (BF) — Банк Франции: центральный банк Франции (создан в 1800 г.; единый эмиссионный банк с 1948 г.; национализирован в 1945 г.).

banque de virement — клиринговый банк (франц.): коммерческий банк, играющий важную роль в системе ден. расчетов (во Франции).

Banque Franco-Roumaine — Франко-румынский банк: консорциальный банк в Париже, 50% капитала которого принадлежат Румынскому банку для внешней торговли, по 10,25% — Креди лионнэ, Банк Насьональ де Пари, Сосьете женераль, а остальные 19,25% — 5 др. франц. банкам (основан в 1971 г.).

Banque Nationale de Belgique — Национальный банк Бельгии: центральный банк Бельгии (создан в 1850 г.; половина капитала выкуплена государством в 1948 г.).

bar — 1 млн. ф. ст. (жарг. дилеров).

bar chart — разновидность графика, используемого в техн. анализе: ежедневная амплитуда колебаний цены (курса) отмечается вертикальной линией с фиксацией перпендикулярными черточками уровня на момент закрытия биржи (рынка); см. point-and-figure chart.

Barclaycard — "Барклайкард": старейшая в Великобритании кредитная карточка Барклайз бэнк (введена в 1966 г.).

bare shell — "пустая раковина": 1) корпорация, которая юридически не ликвидирована, но не функционирует (есть акции без активов и пассивов); иногда специально созданная компания — "почтовый ящик" с минимальным капиталом (для уклонения от налогов); 2) сертификат акции или облигации без купонов и талона.

bargain (Barg) — биржевая сделка (в т. ч. на Лондонской фондовой бирже).

bargain hunting — покупка акций, цены которых недавно упали (США).

barometer — барометр: 1) набор экон. и рыночных показателей, которые служат индикаторами тенденций (напр., широко используются показатели потребительских расходов и числа начатых строиться жилых домов, процентные ставки и фондовые индексы); 2) ценная бумага, цена которой отражает состояние всей конъюнктуры рынка (напр., акция Дженерал моторз).

Barron's confidence index — индекс "уверенности" Бэррона (США): индекс, публикуемый еженедельно фин. газетой Бэррона (фирмы Доу Джонс); измеряет соотношение между ценами 10 первоклассных и 40 "средних" облигаций корпораций (при увеличении разрыва считается, что "уверенность" рынка в перспективах развития конъюнктуры уменьшается).

barter — бартер: обмен товарами на базе одного контракта без каких-либо ден. расчетов.

barter-switch houses — компании, специализирующиеся на товарообменных операциях.

base drift — "сдвиг (дрейф) базы": уменьшение государством целевой установки на будущий год для создания иллюзии контроля за положением в условиях таргетирования роста ден. массы, когда реальные цифры обычно превышают запланированные (база нового года подстраивается под реальные результаты прошлого).

base market value — базовая рыночная стоимость: средняя рыночная цена группы ценных бумаг на данный момент времени, используемая в качестве базы для расчетов индексов.

base metals — неблагородные металлы.

base period — базовый период (при расчете экон. показателей или индексов: месяц, год и т. д.).

base rate — базовая ссудная ставка брит. банков (меньше ставки для первоклассных заемщиков примерно на 1%); более 60% кредитов клиринговых банков привязано к этой ставке.

base year — базовый год (при расчете индекса).

basic balance — базисный платежный баланс: текущий платежный баланс и баланс движения долгосрочных капиталов (включая прямые инвестиции).

basic price = target price 1.

basis — базис: 1) разница между фьючерской и наличной ценой, между любыми двумя ценами одного инструмента; 2) доход облигации при погашении при данной рыночной цене; 3) разница между ценами инвестиционного актива при покупке и последующей продаже.

basis grade — базисный сорт (товара во фьючерской торговле; лежит в основе срочного контракта и поставляется при исполнении сделки).

basis point — базисный пункт: 1) сотая часть процента; показатель, используемый для характеристики разницы в процентных ставках, изменения дохода по ценным бумагам и т. д.; 2) = minimum price fluctuation.

basis price — базисная цена: 1) = exercise price; 2) цена, используемая инвестором для расчета капитального дохода по инвестиции; см. basis 3; 3) цена, устанавливаемая в конце торговой сессии официальным лицом биржи для нестандартной сделки в случае расхождения цен продавца и покупателя более чем на 2 долл. и отсутствия стандартных сделок (США).

basis rate swap — базисный своп: процентный своп, в котором происходит обмен обязательства с плавающей ставкой на обязательство с фикс. ставкой; = plain vanilla swap.

basis risk — "базисный риск": риск неблагоприятного изменения соотношения между фьючерской и наличной ценой в период действия срочного контракта.

basket of currencies — корзина валют: составная

ден. единица, базирующаяся на ряде валют, взвешенных в соответствии с тем или иным критерием.

Basle Committee — Базельский комитет; = Committee on Banking Regulation and Supervisory Practices.

Basle Concordat — Базельский конкордат: документ, подготовленный комитетом по банковскому надзору и регулированию при БМР (BIS) и принятый управляющими ведущих центральных банков в декабре 1975 г.; устанавливает принципы надзора за банками, действующими более чем в одной стране.

Bayerisch-Bulgarische Handelsbank — Баварско-болгарский торговый банк: коммерческий банк, созданный в 1987 г. в Мюнхене для обслуживания экон. отношений ФРГ—Болгария (Внешторгбанку Болгарии принадлежат 49%).

bd (brought up to date) form — документ (постоянно обновляемый), который каждая фирма подает в Комиссию по ценным бумагам и биржам (США); содержит данные о фин. положении и руководителях компании.

bear — "медведь": продавец ценной бумаги (или др. фин. инструмента), который надеется купить ее обратно по более низкой цене через некоторое время (может не иметь продаваемой ценной бумаги).

bear call spread — "колл" спред "медведей": комбинация покупки опциона "колл" с меньшей "внутренней" стоимостью и продажи опциона "колл" с большей (сроки исполнения одинаковы); см. intrinsic value.

bear closing — закрытие позиций "медведей": обратная покупка "медведями" акций, которые они продали до этого в надежде на снижение цен, но реально не имели.

bear covering = bear closing.

bearer — владелец векселя или др. платежного средства на предъявителя.

bearer bond — облигация на предъявителя (напр., все еврооблигации).

bearer eurodollar collateralized securities (BECS) — евродолларовые облигации на предъявителя с фикс. ставкой, обеспеченные брит. гос. ценными бумагами (в т. ч. облигациями с плавающей ставкой).

bearer mortgage note — ипотечная ценная бумага на предъявителя.

bearer securities — ценные бумаги на предъявителя (эмитент не регистрирует владельцев).

bearer share — акция на предъявителя; см. registered share.

bearish covered write — продажа опциона "пут" против "короткой" форвардной позиции (в условиях относительной устойчивости конъюнктуры).

bearish opinion — мнение "медведя": расчет на предстоящее падение цен товаров или фин. инструментов.

bear market — "рынок медведей": период понижения фондовой конъюнктуры, от которого выигрывают "медведи".

bear position — "медвежья" позиция: ситуация, когда продажи ценных бумаг биржевика превышают его покупки и он выигрывает от снижения цен.

bear put spread — "пут" спред "медведей"; комбинация покупки опциона "пут" с большей "внутренней" стоимостью и продажи опциона "пут" с меньшей (сроки исполнения одинаковы); см. intrinsic value.

bear raid — "налет медведей": активная продажа определенных ценных бумаг или товаров с целью понижения их цен и последующей покупки на более выгодных условиях.

bear spread — "медвежий" спред: опционная стратегия для использования падения конъюнктуры — покупка комбинации опционов "колл" и "пут" на один фин. инструмент с различной ценой исполнения или покупка опционов "пут" с коротким и длинным сроками.

bear squeeze — ситуация на фин. или товарных рынках, когда спекулянты, играющие на понижение ("медведи"), сталкиваются с повышением или стабильностью цен и вынуждены ликвидировать свои позиции с убытком.

beat(ing) the index — "превзойти индекс": ситуация, когда индивидуальный инвестиционный портфель растет в цене больше или падает меньше, чем в среднем весь рынок.

beat the market — "обогнать" рынок: получить больший прирост капитала, чем основная масса участников рынка.

bed-and-breakfast(ing) — "кровать и завтрак": брит. практика краткосрочной купли-продажи акций в налоговых целях — инвестор, купивший акции по цене выше текущей, до конца фин. года (5 апреля) продает их для реализации убытка (учитываемого при уплате налога на прирост капитала), а на следующий день покупает и остается с неизменным инвестиционным портфелем; введение в 1982 г. индексации налога на прирост капитала уменьшило привлекательность данной практики; см. indexation of capital gains tax; capital gains tax.

being short = short position.

Belg — "белг": бельгийский франк (жарг. вал. дилеров).

Belgian Dentist — "бельгийский дантист": традиционный индивидуальный инвестор в Западной Европе.

bell — "колокол": сигнал, который подается при открытии и закрытии биржи (настоящий колокол или гудок).

bellweather stocks — "акции-лидеры": акции ведущих компаний, которые определяют движение биржевой конъюнктуры, растут в цене быстрее других, являются "барометром" рынка.

below market — ниже рыночной (о цене, которая ниже текущей рыночной).

below par — ниже номинала (о ценной бумаге с рыночной стоимостью ниже номинала).

below par issue — выпуск ценных бумаг по цене

ниже номинала (цена эмиссии ниже номинальной цены).

below-the-line payments and receipts — платежи и поступления "ниже черты" (Великобритания): часть гос. бюджета страны (с 1965 г. термин не используется), отражающая движение капиталов (погашение предоставленных государством кредитов, проценты по таким кредитам; госкредиты и капитальные платежи, часть процентов по госдолгу, оплачиваемая за счет получаемых процентов); по таким платежам министерство финансов имеет право осуществлять заимствования, по поступлениям — использовать для обслуживания долга; см. above-the-line payments and receipts.

benchmark — база, ориентир, отправная точка: процентная ставка-ориентир (напр., ЛИБОР).

beneficial owner — подлинный владелец ценной бумаги, которая зарегистрирована на др. имя.

beneficiary — бенефициар: 1) наследник по завещанию; 2) получатель возмещения по страховому полису; 3) лицо, в чью пользу выписан аккредитив; 4) получатель ренты; 5) лицо, в пользу которого попечитель управляет фин. ресурсами.

benefit — право, которое дает владельцу акция (на дивиденд, участие в новом займе, получение бесплатных акций).

Benelux (Begium, Netherlands, Luxembourg) — Бенилюкс: таможенный союз между Бельгией, Люксембургом и Нидерландами, созданный сразу после второй мировой войны.

benign neglect policy — политика невмешательства в формирование вал. курса, состояние внешних расчетов (обычно о политике США в отношении курса доллара и дефицита платежного баланса до "соглашения Плаза" в 1985 г.; см. Plaza agreement).

bequest — наследство, подарок по завещанию.

Berne Union = International Union of Credit and Investments Insurers.

best (at best) = market order.

best efforts — "лучшие условия": организация инвестиционным банком или синдикатом выпуска ценных бумаг без принятия фин. обязательств и гарантии размещения (относительно редкая форма); см. bought deal 2; competitive bid; negotiated bid; non-competitive bid; firm commitment.

best efforts syndication (syndicate) — синдицирование "на лучших условиях": синдицированный кредит или облигационный заем, в котором банки-менеджеры заранее не гарантируют получение средств ("не подписываются"); см. bought deal.

best execution rule — правило наилучшего исполнения (Великобритания): правило, по которому дилер по ценным бумагам обязан исполнить приказ клиента по наилучшей цене, имеющейся на рынке в момент заключения сделки.

Best's ratings — рейтинги Беста: рейтинги фин. положения страховых компаний, рассчитываемые и публикуемые агентством Беста в США (высший рейтинг — А+).

Beta coefficient — коэффициент "бета" (США): показатель относительной неустойчивости цен акций — ковариация акции относительно остального рынка (индекс Стэндард энд Пур 500 имеет "бету" со значением 1; акция с "бетой" больше 1 — более неустойчива, с "бетой" меньше 1 — более устойчива; консервативные инвесторы предпочитают акции с низким уровнем "беты").

Beursplein 5 — "Берсплайн 5": фондовая биржа Амстердама (по названию улицы, где она находится).

Beurswet — закон 1914 г. о фондовой бирже в Нидерландах.

biased view = naked writer.

bid — предложение: 1) предложение купить ценные бумаги, валюту, депозиты на соответствующем рынке; см. bid price; 2) предложение одной компании приобрести акции др. компании; см. take-over bid; merger.

bid and asked = bid-asked spread.

bid-and-offered price = bid asked spread.

bid-asked spread — 1) разница между ценами (курсами) продавца и покупателя; 2) котировка ведущим участником рынка одновременно цен покупателя и продавца, по которым он готов вступить в сделку.

bid bond — гарантия предложения: обязательство, которое берет на себя продавец в случае принятия предложения покупателем; может быть гарантировано банком (напр., в размере 1—10% цены контракта); см. performance bond.

bidding up — практика постепенного повышения цены покупателя (напр., в случае необходимости покупки инвестором по частям большой партии акций при повышении конъюнктуры).

bid invitation — приглашение подавать заявки (напр., на торги).

bid market = buyers' market.

bid price — цена покупателя: цена (курс), по которому покупатель согласен купить валюту или ценные бумаги, взять межбанковский депозит.

bid wanted (Bw) — "необходимо предложение о покупке": объявление владельца ценных бумаг о желании продать их и приглашение назвать цены.

Big Bang — "Биг бэнг": реорганизация Лондонской фондовой биржи 27 октября 1986 г. — отмена минимальных фикс. комиссий, допуск на биржу банков и иностранных учреждений, разрешение членам биржи совмещать функции брокера и джоббера (принципала); см. также May Day.

Big Board — Нью-Йоркская фондовая биржа (букв. "большое табло"): термин отражает не столько размеры табло биржи, сколько присутствие на нем акций крупнейших компаний США); см. New York Stock Exchange.

big eight — "большая восьмерка" аудиторских фирм США: Артур Андерсен; Куперс энд Лайбрэнд; Эрнст энд Уинни; Делойт Хаскинс энд Селлз; Пит,

Марвик Митчелл; Прайс Уотерхаус; Туш Росс; Артур Янг.

big figure = big number.

big five — "большая пятерка": крупнейшие лондонские клиринговые банки до 1968 г. — Барклайз бэнк, Мидлэнд бэнк, Ллойдс бэнк, Нэшнл провиншиал бэнк и Вестминстер бэнк; в 1968 г. два последних образовали Нэшнл Вестминстер бэнк и "пятерка" превратилась в "большую четверку"; см. big four.

big five currencies — пять ведущих валют: доллар США, немецкая марка, швейцарский франк, фунт стерлингов, японская иена.

big four — "большая четверка" лондонских клиринговых банков: Барклайз бэнк, Мидлэнд бэнк, Нэшнл Вестминстер бэнк, Ллойдс бэнк; до 1968 г. — "большая пятерка"; см. big five.

Biggins, John — Джон Биггинс: сотрудник Национального банка Нью-Йорка, который, как считают, изобрел в 1946 г. кредитную карточку.

big number — "большое число": в котировке ценной бумаги так обозначаются цифры до десятичного знака (напр., 98 в 98,625) или такие очевидные цифры, что их не нужно называть (напр., в Великобритании цена 261—264 пенсов будет котироваться как 61—64, т. е. 2 — "большое число"); см. tail 1.

big ticket item — дорогой потребительский товар долговременного пользования.

big ticket leasing — крупномасштабный лизинг, осуществляемый консорциумами специализированных компаний и банков (обычно на сумму свыше нескольких миллионов долларов).

bilateral clearing — двусторонний клиринг: взаимные расчеты двух стран на основе платежного соглашения с целью сбалансирования экспорта и импорта по стоимости (превышение допустимого сальдо должно погашаться свободно конвертируемой валютой).

bilateral monopoly — двусторонняя монополия: рынок, на котором одному покупателю противостоит единственный продавец; см. monopoly.

bilateral oligopoly — двусторонняя олигополия: рынок, на котором немногие продавцы противостоят немногим покупателям; см. oligopoly.

bilateral trade — двусторонняя торговля: торговля между двумя государствами на основе соглашения о сбалансированности товарных потоков и платежей (клиринг).

bill — 1) переводный вексель (тратта); казначейский вексель; 2) банкнота; 3) счет за услуги, купленный товар; 4) документ о передаче права собственности на товар; 5) документ о признании долга, используемый в операциях с ценными бумагами (напр., акции продаются без права на дивиденд до его выплаты и покупатель выписывает на имя продавца документ на сумму дивиденда).

Bill and Ben — "Билл энд Бен": японская иена (жарг. вал. дилеров); по созвучию с англ. названием японской иены.

bill auction — вексельный аукцион (напр., казначейские векселя в США продаются на еженедельных аукционах); см. competitive bid; non-competitive bid.

bill broker = discount house.

billets de trésorerie — казначейские векселя компаний (франц.): франц. вариант "коммерческих бумаг"; см. commercial paper.

bill for collection — вексель, предъявленный в банк для инкассации (а не для учета).

bill guarantee — гарантия векселя: обязательство оплатить вексель в случае, если этого не сделает трассат.

bill holdings = bill portfolio.

bill in a set — переводный вексель, выписанный в трех экземплярах (дубликаты необходимы для снижения риска утери при пересылке).

billing cycle — периодичность выставления счетов за проданные товары и предоставленные услуги (обычно раз в месяц).

bill of credit = letter of credit.

bill of exchange (BE) — переводный вексель, тратта: безусловный приказ лицу, на которое выставлен вексель, выплатить предъявителю векселя определенную сумму (выписывается на заемщика).

bill of lading (B/L) — коносамент: документ на отгружаемые товары, в котором приводятся описание товара и условия перевозки; подписывается владельцем судна и отправляется получателю груза (дает право на получение груза); может быть документом на предъявителя.

bill of sale (BS) — купчая: юр. документ о передаче собственности на определенный товар одним лицом другому.

bill portfolio — 1) вексельный портфель, набор векселей; 2) отдел банка, занимающийся векселями и чеками.

bill rate — вексельная ставка: процентная ставка, по которой учитывается вексель (дисконт); = discount rate.

bill renewal — пролонгирование срока векселя.

bimetallism — биметаллизм: ден. система, основанная на двух металлах (обычно золоте и серебре); оба металла являются законным платежным средством и обязательны к приему в неограниченных количествах, а соотношение между их весовыми количествами в ден. единице фиксируется; см. mint ratio.

Black Friday — "черная пятница": нарицательный термин для обозначения резкого падения конъюнктуры на фин. рынках; происходит от "черного понедельника" 24 сентября 1869 г., когда группа финансистов попыталась поставить под контроль рынок золота и вызвала панику, за которой последовала депрессия (в 1873 г. паника началась в пятницу).

black market — "черный" рынок: рынок товаров и валюты, на котором заключаются незаконные сделки по ценам и курсам, существенно отличающимся от зафиксированных государством.

Black Monday — "черный понедельник": 19 октября 1987 г., когда в Нью-Йорке и др. фин. центрах произошло резкое падение фондовой конъюнктуры, ознаменовавшее биржевой крах; см. crash.

Black-Scholes Options Pricing Model — модель опционного ценообразования Блэка-Шоулза (разработана в 1973 г. экономистами Ф. Блэком и М. Шоулзом), используемая для установления цен на опционы, оценки опционных портфелей.

blank — бланковый: чистый, незаполненный.

blank check — бланковый чек: подписанный чек, в котором не проставлена сумма (подразумевается, что ее впишет получатель средств); как правило, на чеке делается надпись, ограничивающая максимальную сумму.

blank draft — бланковая тратта: переводный вексель, который не полностью заполнен трассантом (по соглашению с ним окончательное оформление осуществляется получателем векселя).

blank endorsement — бланковый индоссамент: передаточная надпись на векселе без указания имени бенефициара (индоссата), т. е. имеется только подпись индоссата.

blanket — общий, полный, всеобъемлющий.

blanket assignment — общая (полная) уступка прав (требований).

blanket credit line — общая кредитная линия: кредитная линия, которой можно свободно пользоваться в рамках фикс. максимальной суммы (в каждый конкретный момент заимствования не могут превышать эту сумму).

blanket fidelity bond — общая гарантия доверия: страхование потерь от нечестности служащих; в США брокерские фирмы обязаны быть застрахованы от этого риска.

blanket mortgage — полная (общая) ипотека (на всю собственность, предложенную в обеспечение кредита, а не ее часть).

blanket policy — общий полис: страховой полис, покрывающий под одной суммой несколько страхуемых объектов.

blanket recommendation — общая рекомендация: советы покупать или продавать определенные ценные бумаги, рассылаемые брокером всем клиентам независимо от размера портфеля или инвестиционной стратегии.

blank transfer — бланковая передача акций: бумаги передаются не указанному лицу, и на документе передачи оставляется пропуск.

blended rate = effective rate.

blended rate mortgage — ипотека со смешанной ставкой (США): ипотека, по которой произошла смена заемщика и была изменена ставка, т. е. фактическая ставка является "смесью" старой и новой ставок.

blind broker — "слепой" брокер: брокер по ценным бумагам, который не раскрывает при заключении сделки имени своего клиента.

blind pool — "слепой" пул (США): товарищество с ограниченной ответственностью, не объявляющее заранее объект инвестиций; см. specified pool.

blip — "всплеск" конъюнктуры: внезапное незначительное движение цены вверх, а затем вниз (или наоборот).

block = block of shares.

blocked accounts — блокированные счета: банковские счета, использование которых ограничено правительством (обычно для перевода средств за границу).

blocked assets — блокированные ("замороженные") активы: различная собственность, банковские счета и др. активы отдельных государств и лиц, которые находятся в юрисдикции данных нац. властей и по политическим и иным мотивам не могут быть реализованы, вывезены или переведены за границу, использованы в сделках.

blocked currency — замкнутая (блокированная) валюта: валюта, которая в силу вал. ограничений или политических причин может использоваться только на территории данного государства.

blocked funds = blocked assets.

blocked period — блокированный период: период, в течение которого владелец не может свободно распоряжаться своими ценными бумагами (напр., при использовании их в качестве обеспечения кредита).

blocked units — 1) ценные бумаги, которые по той или иной причине нельзя продать до определенной даты; 2) ценные бумаги, занесенные в список утерянных или похищенных.

block of shares — блок (партия) акций (США): большое число акций компании в одних руках или крупная сделка с акциями одной компании; крупной считается партия более чем в 10 000 акций или 200 тыс. долл.

block positioner — биржевик, который открывает позиции по ценным бумагам в надежде выиграть от изменения цены.

block trading — торговля крупными партиями акций (США); см. block of shares.

blowout — 1) быстрая продажа всех акций нового выпуска; 2) "горячий" заем, пользующийся повышенным спросом; = hot issue.

Blue Button — неуполномоченный клерк на Лондонской фондовой бирже: служащий фирмы — члена биржи, который не имеет права заключать сделки от ее имени (букв. "голубая пуговица", т. к. такие клерки должны носить голубой значок).

blue chip — 1) первоклассный; 2) первоклассная промышленная акция или вообще ценная бумага (по цвету самой дорогой фишки в покере).

blue chip rate — процентная ставка по кредиту банка первоклассному заемщику: базовая ставка плюс примерно 1% (брит. вариант прайм рейт).

blue-chip securities = Triple A securities.

Blue List (of current municipal offerings) — "голубой список" (США): список муниципальных облигаций, ежедневно с 1935 г. публикуемый фирмой Стэндард энд Пур; содержит цены, доходность и др. данные по облигациям, предлагаемые 700 дилерами и банками.

blue-sky laws — "законы голубого неба" (США): законы ряда штатов, предназначенные для защиты от мошенничества в области эмиссии и торговли ценными бумагами (требуют регистрации и публикации необходимой информации); считается, что термин связан с высказыванием одного судьи о том, что определенный выпуск акций стоит столько же, сколько кусочек голубого неба.

Blunden Committee = Committee on Banking Regulations and Supervisory Practices.

board broker — брокер — служащий опционной биржи Чикаго, выполняющий приказы с ценами, которые далеки от текущего уровня; см. Chicago Board Options Exchange.

board of arbitration — арбитражная комиссия: в США 3—5 лиц, выбранных для разбора споров между биржевиками, любыми участниками рынка ценных бумаг.

Board of Banking Supervision — Совет банковского надзора: высший орган банковского регулирования, в который входят управляющий, его заместитель и один из директоров Банка Англии, а также пять независимых членов.

board of directors — совет директоров: руководители корпорации, избранные общим собранием акционеров и имеющие закрепленные в уставе полномочия; директора могут быть "внутренними" (осуществляют текущее руководство) и "внешними" (советники); см. inside directors, outside directors.

Board of Governors of the FRS = Federal Reserve Board.

board room — 1) помещение, в котором заседает совет директоров компании; 2) помещение в брокерской фирме, где клиенты могут наблюдать за электронным дисплеем с информацией о ценах и сделках.

bob — 1) шиллинг; 2) доллар; 3) деньги (жарг.).

bobtail pool — формальное объединение группы участников рынка, действующих практически независимо друг от друга (букв.: "пул с обрезанным хвостом").

boilerplate — стандартные юр. положения и формулировки в контрактах или др. документах (часто мелким шрифтом).

boiler room — "котельная" (США): разг. название комнаты, в которой работают дилеры по ценным бумагам, в т. ч. сомнительным.

Bolsa Brasileira de Futuros — Бразильская срочная биржа: срочная биржа в Рио-де-Жанейро (операции с местными казначейскими векселями, золотом).

Bolsa de Mercadorias de Sao Paulo — срочная товарная биржа Сан-Паулу (операции с золотом).

bonanza — бонанза: доходное предприятие, "золотое дно".

bond — облигация, долговое обязательство: ценная бумага с фикс. процентной ставкой, выпущенная правительством, гос. или частной компанией для получения фин. ресурсов на оговоренный срок (иногда конечный срок не оговаривается); облигации имеют круглую номинальную сумму и обычно свободно обращаются (существуют облигации на предъявителя или в регистрируемой форме); см. debenture 2.

bond anticipation note (BAN) — краткосрочный долговой инструмент, выпускаемый штатами и муниципалитетами в США в промежутке до эмиссии облигаций.

bond broker — облигационный брокер: брокер, специализирующийся на операциях с облигациями.

bond-buy-back — выкуп корпорацией собственных облигаций (при снижении их цен).

Bond Buyer — "Бонд байер" ("Покупатель облигаций"): ежедневная газета в США, посвященная статистике и тенденциям рынка муниципальных и гос. облигаций с фикс. ставками.

Bond Buyer index — индекс цен первоклассных муниципальных облигаций, публикуемый в ежедневной газете "Бонд байер" (США).

bond certificate — сертификат облигации: обращающаяся ценная бумага, удостоверяющая владение облигацией.

bond crowd — члены фондовой биржи, торгующие облигациями (США).

bondholder — владелец (держатель) облигаций.

bond investment trust — облигационный инвестиционный трест (фонд): учреждение, специализирующееся на инвестициях в облигации.

bond issue in default — облигационный заем, по которому нарушены условия выплаты процентов или погашения основной суммы.

bond issue without fixed maturity — облигационный заем без фикс. срока: гос. или частный облигационный заем, по которому гарантируется выплата процентов, а основная сумма может быть погашена только по желанию эмитента.

bond market — рынок облигаций с фикс. ставкой (обычно вторичный).

bond power — документ передачи права собственности на именные облигации (дает право перерегистрации облигации в учетной книге).

bond rating — 1) рейтинг облигации: оценка возможности неплатежеспособности эмитента облигаций специальными агентствами (Мудиз, Стэндард энд Пур и др.); 2) отношение суммы облигаций компании (со сроками более 1 года) к ее капитализации (облигации плюс акции); отношение свыше 33% считается большим.

bond stripping = coupon stripping.

bond swap — облигационный своп: купля одних облигаций и одновременная продажа других.

bond warrant — облигационный варрант, обычно дающий право на приобретение дополнительных облигаций, в т. ч. др. типа.

bond-washing — "стирка" облигаций: продажа ценных бумаг до выплаты дивидендов и процентов по ним и их покупка после такой выплаты (для выигрыша при уплате налогов: разница в цене бумаг облагается как прирост капитала по более низкой ставке, чем дивиденды); см. cum dividend; ex dividend.

bond with put — облигация с опционом "пут": облигация, которую инвестор имеет право продать эмитенту по фикс. цене (обычно по номиналу) в оговоренный период, по его истечении или на какую-то дату.

bond yield — доходность облигации; см. flat yield; redemption yield.

BONEX (Bonos Externos) bonds — облигации Бонекс (внешние облигации): долларовые облигации, выпускаемые центральным банком Аргентины в порядке урегулирования платежных проблем (с 1970 г.).

bons du trésor — казначейские облигации (франц.): кратко- и среднесрочные ценные бумаги, выпускаемые правительством Франции (от 3 месяцев до 3 лет).

bonus issue = scrip issue.

bonus share — бесплатная акция: акция, выпущенная в порядке капитализации резервов компании; см. scrip issue.

book — учет, записи операций, биржевых приказов; форма учета и носители информации могут быть различными (в случае биржевика — блокнот с записями приказов).

book crowd = cabinet crowd.

booked — зарегистрированный, учтенный (в т. ч. о сделке, совершенной за рубежом).

book entry securities — ценные бумаги, существующие только в форме бухг. записей (в памяти ЭВМ).

book entry transfer (BET) — система регистрации сделок с акциями путем соответствующих записей в регистре компании без использования сертификатов (напр., в ФРГ, во Франции).

book-keeping = accounting.

book loss — "бумажный", книжный убыток: убыток, который образовался в результате переоценки активов по более низкой цене или пассивов по более высокой (т. е. не реализован и существует только на бумаге).

book profit — "бумажная", книжная прибыль: прибыль, которая образовалась в результате переоценки активов по более высокой цене или пассивов по более низкой (т. е. не реализована и существует только на бумаге).

book squaring — точное балансирование продаж и покупок.

book value — 1) балансовая стоимость активов в бухг. книгах компании (обычно стоимость за вычетом амортизации); 2) = net assets worth.

books of account — бухг. книги (также магнитные ленты, диски) компаний: различные формы учета повседневных операций компании.

boom — 1) = bull market; 2) бум, быстрый экономический подъем: значительный рост деловой активности, часто сопровождающийся усилением инфляции и увеличением спекуляции на фин. и товарных рынках.

borrowed reserves — заемные резервы: средства, которые банк — член ФРС США занимает под ценные бумаги у одного из федеральных банков для поддержания требуемого уровня обязательных резервов; их также называют нетто-заемными резервами, т. к. они равны всем заемным резервам минус свободные (избыточные) резервы.

borrower — заемщик: физ. или юр. лицо, которое привлекает заемные средства путем получения кредита или выпуска ценных бумаг.

borrowers' note — письменное безусловное обещание выплатить определенную сумму такому-то лицу в такой-то срок; см. I.O.U.

Borrower's option for notes and underwritten stand-by (BONUS) = global note facility.

borrowing against bill (or security) pledging — заимствования под залог векселей (ценных бумаг); см. lombard credit.

borrowing power of securities — заемная сила ценных бумаг: 1) сумма, которую клиенты могут инвестировать в ценные бумаги в форме маржи (вносится только определенный процент стоимости бумаг — 50% по акциям и 30% по облигациям); 2) кредит, который можно получить под обеспечение данными ценными бумагами.

borrowing requirement — потребность в заимствованиях (обычно о правительстве).

borrowing short to lend long — заимствования на короткие сроки для кредитования на длинные сроки (приобретения долгосрочных активов).

borsa — биржа (итал.); в Италии 10 фондовых бирж, но на Миланскую приходится 70—80% оборота (также в Риме, Турине, Генуе, Флоренции, Болонье, Неаполе, Венеции, Триесте и Палермо).

Börse — биржа (нем.); в ФРГ 7 фондовых бирж, на крупнейшие во Франкфурте-на-Майне и Дюссельдорфе приходится около 80% оборота (также в Бремене, Гамбурге, Ганновере, Мюнхене и Штутгарте).

Börsengesetz — биржевой закон (нем.): закон 1986 г., по которому были созданы немецкие фондовые биржи.

Boston option — бостонский опцион: гибрид форвардной и опционной валютных сделок — форвардный контракт, который можно не исполнить (премия продавца закладывается в срочный курс); введен в Бэнк оф Бостон в 1984 г.

bottom - "дно": 1) самый низкий уровень цены (в течение того или иного периода), деловой активности в экономическом цикле; 2) цена (уровень) поддержки в техн. анализе; см. bottom dropped out; bottomed out.

bottom dropped out — "дно выпало": ситуация на рынке, когда цена прошла уровень поддержки и начинает падать.

bottomed out — ситуация на рынке, когда цены достигли "дна" и возобновилась повышательная тенденция.

bottom fisher — инвестор, который ищет ценные бумаги с ценами, достигшими "дна" (букв. "придонный рыбак").

bottom line = attributable level 2.

bottom-up approach to investing — подход к инвестициям, предполагающий выбор сначала конкретных ценных бумаг, а затем оценку воздействия экон. тенденций; см. top-down approach to investing.

bought deal — "купленная сделка": 1) организация инвестиционным банком или синдикатом выпуска ценных бумаг с гарантией их покупки по фикс. цене в случае невозможности размещения; 2) в США — заем сразу весь покупается с последующей продажей инвесторам на др. условиях (США); см. best efforts; competitive bid; negotiated bid; non-competitive bid; firm commitment; stand-by commitment.

bought note — уведомление, посылаемое брокером клиенту о совершении покупки по его поручению (указываются детали сделки, брокерская комиссия, гербовый сбор и срок платежа).

bouncing — отказ от оплаты чека в связи с нехваткой средств на счете.

bourse — фондовая биржа (франц.) во Франции и в др. странах континентальной Европы; во Франции 7 фондовых бирж, но на Парижскую приходится более 90% оборота (также в Бордо, Лилле, Лионе, Марселе, Нанси, Нанте); в Бельгии помимо ведущей Брюссельской фондовой биржи существуют небольшие биржи в Генте, Антверпене, Льеже.

bourse de commerce — товарная биржа (франц.).

boutique — "бутик" (франц.): маленькая высокоспециализированная брокерская фирма или инвестиционный банк с ограниченным кругом клиентов и предоставляемых услуг; см. financial supermarket.

box — "коробка": 1) комбинация двух "вертикальных" спредов: купля и продажа двух опционов "колл" по разной цене и одновременная купля и продажа двух опционов "пут" также по разной цене; см. vertical spread; 2) физ. место безопасного хранения ценностей в банке или др. фин. институте (обычно сейф); см. safe custody.

boycott — бойкот: разновидность экон. санкций, применяемая по политическим или экон. причинам — отказ покупать товары и услуги какой-либо страны или продавать этой стране товары и услуги.

bracket — 1) перечень менеджеров и гарантов займов; 2) = tax bracket.

bracket creep — переход в новый налоговый разряд (с более высокой ставкой) по мере повышения доходов для компенсации инфляции; см. tax bracket.

Bradburys — "Брэдбериз" (Великобритания): казначейские бумаги, выпускавшиеся в 1914-1919 гг. (по имени секретаря казначейства Дж. Брэдбери).

Brady Commission — комиссия Брейди по расследованию причин биржевого кризиса (США, 1987 г.).

branch — отделение (банка): банковская контора с ограниченной самостоятельностью (не имеет акционерного капитала, результаты деятельности включаются в общий баланс банка).

branch banking — банковская деятельность на основе отделений: тип банковской системы, в которой в результате слияний и поглощений немногие коммерческие банки имеют обширные сети отделений (Великобритания); см. chain banking; unit banking.

brassage — плата, которую монетный двор взимал за чеканку медной монеты из металла клиента (в Великобритании, отменена в 1666 г.).

breadth of a market — "ширина рынка": 1) число котируемых бумаг, по которым регулярно заключаются сделки; 2) процент ценных бумаг, участвующих в том или ином движении рыночной конъюнктуры (под "хорошей шириной" имеется в виду 2/3 всех бумаг; см. depth of a market; liquidity 4.

break — 1) резкое и быстрое падение цен после подъема; 2) пробел в статистике; 3) удача в рыночных операциях; 4) скидка с цены в случае покупки определенного количества товара.

breakaway gap — "прорывный" разрыв в ценах (на графике техн. анализа); наблюдается в ситуации, когда сильное давление покупателей или продавцов заставляет цены "оторваться" от предыдущего уровня.

break-even-point — точка "при своих": 1) уровень текущей стоимости фин. инструмента, при котором покупатель опциона только покрывает первоначальные затраты (премию); для опциона "колл" — цена исполнения плюс премия, для опциона "пут" — цена исполнения минус премия; 2) цена сделки, при которой нет ни прибыли, ни убытков; 3) цена, при которой продажи компании равны издержкам.

break-forward — "брейк-форвард": форвардный вал. контракт, который может быть исполнен досрочно по специальному курсу (включающему премию); используется для получения прибыли при благоприятном движении конъюнктуры (введен Мидлэнд бэнк в 1986 г.).

breaking the syndicate — прекращение деятельности синдиката, созданного для гарантирования займа.

breakout — "побег": термин, используемый в техн. анализе рыночной конъюнктуры для обозначения нарушения устоявшегося "рисунка" движения цены; см. technical analysis.

breakpoint sale — сумма вклада во взаимный инвестиционный фонд, дающая право на более льготные условия (более низкий уровень комиссии).

break-up bid — поглощение компании с целью распродажи ее акций по частям для получения прибыли (также распродажа ее дочерних компаний).

break-up value = equity 1.

Bretton Woods Agreements — Бреттон-Вудские соглашения: соглашения, принятые на Бреттон-Вудской конференции и вступившие в силу в декабре 1945 г.; включают соглашения (уставы) о МВФ и МБРР.

Bretton Woods Conference — Бреттон-Вудская конференция: конференция по вал.-фин. вопросам 44 стран-союзниц ("объединенных наций") в июле 1944 г. в Бреттон-Вудсе (Нью-Гэмпшир, США); завершилась принятием Бреттон-Вудских соглашений.

Bretton Woods System — Бреттон-Вудская вал. система: послевоенная международная вал. система, оформившаяся на основе соглашений, достигнутых на Бреттон-Вудской конференции; основные положения: золото-долларовый стандарт, фикс. вал. курсы, обратимость валют, создание МВФ и МБРР; прекратила существование в 1971—1973 гг. (приостановка размена долларов на золото и введение плавающих курсов).

bridge financing (loan) — "промежуточное" финансирование: краткосрочный кредит на период до начала действия основной схемы финансирования, выпуска акций и т. д.

bridging loan = bridge financing.

bring forward balances — перенести кредитовое сальдо в новый отчетный период.

Britannia — "Британия": золотые монеты в 1, 1/2, 1/4 и 1/10 унции; впервые выпущены в 1987 г. (объект торговли в тезаврационных целях).

British Bankers' Association (BBA) — Ассоциация британских банкиров (создана в 1919 г.); с 1972 г. могут участвовать иностранные банки, действующие в Великобритании.

British Bankers' Association Interest Rate Swaps terms (BBAIRS terms) — условия процентных свопов, рекомендованные Ассоциацией британских банкиров (1985 г.).

British Export Houses Association (BEHA) — Ассоциация британских экспортных домов: организация факторинговых фин. компаний, специализирующихся на финансировании экспорта.

British funds (BF) = gilt-edged securities 1.

British Insurance Association — Британская страховая ассоциация: профессиональная организация страховых компаний (создана в 1917 г.).

British Merchant Banking and Securities Association — Британская ассоциация торговых банков и компаний по ценным бумагам (создана в 1987 г.).

British overseas banks = overseas banks 2.

British Overseas Banks Association — Ассоциация британских заморских банков: организация брит. банков, имеющих штаб-квартиры в Лондоне, но действующих главным образом в др. странах (создана в 1917 г.).

British savings bonds — брит. сберегательные облигации: гос. облигации с льготными условиями для мелких инвесторов (выпускались в 1968—1987 гг.; не обращались на рынке, продажа в одни руки ограничена, доход выплачивался в виде бонуса к покупной цене при погашении).

broad tape — информационные службы, публикующие помимо цен и котировок фин. и др. новости на ленте тикера, экране (США).

broken date = odd date.

broken period interest — процентные платежи за неполный период выплаты процентов.

broker — брокер, маклер: 1) посредник в операциях с валютой, ценными бумагами, товарами, недвижимостью, в страховании (обычно заключает сделку от своего имени, но за счет клиента); 2) банк, специализированное кредитно-фин. учреждение (в т. ч. член биржи), занимающееся посредничеством за некоторое вознаграждение.

brokerage — комиссия (куртаж), взимаемая биржевым брокером за выполнение поручения клиента (США).

broker-dealer (BD) — брокер-дилер: компания, которая сочетает функции брокера (посредника) и дилера (принципала); участники ведущих рынков ценных бумаг (США, Япония, Великобритания) в настоящее время имеют право быть и брокерами и дилерами одновременно; см. dual capacity.

brokers' contract note — уведомление брокером клиента после заключения сделки по поручению последнего (в тот же день или на следующий; содержит дату сделки, сумму, название ценных бумаг, гербовый сбор, комиссионные брокера; Великобритания).

broker's loan — брокерская ссуда: 1) ссуда под обеспечение легко реализуемыми ценными бумагами; см. lombard credit; 2) в США ссуда, которую получает под ценные бумаги фондовый брокер у банков или др. биржевиков для финансирования своих операций или предоставления кредита клиентам; поскольку обеспечением служат те же ценные бумаги, которыми обеспечены счета клиентов, то в качестве синонима используется термин "перезаклад" (rehypothecation).

broker's loan rate — процентная ставка по ссудам до востребования банков фондовым брокерам.

broker-trader — брокер-трейдер: член срочной биржи (напр., ЛИФФЕ), который проводит операции как за свой счет, так и по поручению клиентов; = broker-dealer.

broking commission = brokerage.

bronze coins — бронзовые монеты: в Великобритании монеты мелкого достоинства (1/2, 1 и 2 пенса) из сплава меди (95 долей), олова (4) и цинка (1); являются средством платежа суммы до 20 пенсов.

Brussels Tariff Nomenclature (BTN) — Брюссельская товарная классификация (тарифная номенклатура): стандартизированная классификация товаров, участвующих в международной торговле (сходна с классификацией ООН); см. Standard International Trade Classification.

Bruxelles interbank offered rate (BIBOR) — ставка предложения межбанковского депозитного рынка в Брюсселе (БИБОР).

Buba — Дойче Бундесбанк (банковский жарг.); см. Deutsche Bundesbank.

bubble — "пузырь" (мыльный пузырь): ситуация, когда биржевая конъюнктура, цена акций конкретной компании или товара поднимается до уровня, который не имеет объективной основы; см. South Sea Bubble; Silver Bubble.

buck — доллар США (жарг.).

bucket shop — незаконная брокерская фирма, которая не является членом биржи, но занимается спекулятивными операциями с ценными бумагами (первоначально термин обозначал игорный притон).

buck the trend — идти против тенденции развития

конъюнктуры рынка (напр., покупать при снижении цен).

budget — бюджет: 1) план (предполагаемые размеры) расходов и доходов правительства на новый фин. год; 2) прогноз фин. положения предприятия в течение определенного периода (расчет затрат и потребностей).

budget account — бюджетный счет: банковский счет, позволяющий клиенту оплачивать крупные суммы (при условии регулярных ежемесячных взносов могут производиться платежи в пределах 12 таких взносов, в т. ч. с овердрафтом).

budget surplus or deficit — актив или дефицит бюджета (разница между доходами и расходами).

budget outlays — бюджетные расходы (ассигнования).

budget receipts — бюджетные доходы (поступления).

Buffer Stock Financing Facility — система финансирования буферных запасов, созданная в рамках МВФ в 1969 г.: странам — членам МВФ выдаются кредиты до 45% квоты для финансирования взносов в буферные запасы в рамках международных соглашений по сахару, какао, олову (на 3—5 лет).

buffer stocks — буферные запасы: запасы сырьевых товаров, используемые для сглаживания колебаний цен.

building and loan association = savings and loan association.

building society — строительное общество: учреждение кооперативного типа в Великобритании (с начала XIX в.) и др. странах, специализирующееся на привлечении сбережений населения и кредитования жилищного строительства (в настоящее время крупные общества по своим функциям сблизились с банками, но регулируются специальным законодательством).

built-in inflation — "встроенная" инфляция: средний уровень инфляции за определенный период времени.

Bulgarian Foreign Trade Bank — Болгарский внешнеторговый банк: специализированный банк для внешнеэкономических операций в Болгарии (создан в 1964 г.).

bulge — "вздутие": краткосрочный подъем цены.
bulge-bracket firms = special bracket firms.

bull — "бык": покупатель ценной бумаги (или др. фин. инструмента), который надеется продать ее по более высокой цене через некоторое время.

bull-and-bear-bonds — облигации "быки и медведи": индексированные (относительно фондового индекса) облигации, выпускаемые двумя равными траншами — первая транша (транша "быков") выгодна при повышении курса облигаций, вторая (транша "медведей") — при падении курса, таким образом эмитент в любом случае защищен от колебаний биржевой конъюнктуры.

bull call spread — "колл" спред "быков": комбинация покупки опциона "колл" с большей "внутренней" стоимостью и продажи опциона "колл" с меньшей (сроки исполнения одинаковы); см. intrinsic value.

Bulldog bond — облигация "Бульдог": разновидность облигаций в фунтах стерлингов, выпущенных на лондонском рынке нерезидентами.

bullet — "пуля": облигация, погашение которой производится единовременно (без постепенной амортизации, досрочного погашения).

bull floater — облигация "быка"; = yield curve adjustable note.

bullion — золото или серебро (как правило, в форме стандартных слитков, но также значительная масса металла в любой др. форме).

bullion coin — золотая или серебряная (полновесная) монета.

bullion market = gold market.
bullion points = gold points of exchange.

bullish covered write — продажа опциона "колл" против "длинной" форвардной позиции.

bullish opinion — мнение "быка": вера в (или расчет на) предстоящее повышение цен товаров или фин. инструментов.

bull market — "рынок быков": период повышения фондовой конъюнктуры, от которого выигрывают "быки".

bull position — позиция "быка": ситуация, когда покупки ценных бумаг биржевика превышают его продажи и он выигрывает от повышения цен.

bull put spread — "пут спред быков": комбинация покупки опциона "пут" с меньшей "внутренней" стоимостью и продажи опциона "пут" с большей (сроки исполнения одинаковы); см. intrinsic value.

bull spread — спред "быков": опционная стратегия на основе комбинации покупок и продаж опционов, которая приносит прибыль при подъеме конъюнктуры; различают вертикальный и календарный (горизонтальный, диагональный) варианты; см. vertical spread; calendar spread; horisontal spread; diagonal spread.

bunching — 1) практика суммирования нескольких приказов в одну сделку для исполнения в торговом зале биржи (США); 2) информация на ленте тикера о нескольких сделках с одним видом ценных бумаг.

Bundesobligationen = Bunds.

Bunds (Bundesobligationen) — Бундсы: федеральные (правительственные) облигации ФРГ, с 1988 г. — объект торговли на Лондонской международной бирже финансовых фьючерсов (ЛИФФЕ).

bunny bonds — облигации с варрантами, дающими право на реинвестирование купонного дохода в новые облигации того же типа (букв. "кроличьи облигации", т. к. могут быстро увеличиваться в числе); см. reinvestment warrant.

buoyancy — оживление на рынке, повышательная тенденция.

bureau de change — бюро по обмену иностранной валюты (франц.).

Bureau of the Mint — Монетное бюро Министерства финансов США; руководит несколькими монетными дворами и пробирочными палатами.

Burgschaft — гарантия (нем.): форма гарантии по векселям, которая действительна лишь при законности торговой операции, обеспечиваемой этими векселями (используется редко); см. bill guarantee.

burnout — прекращение действия преимуществ данной фирмы в области уменьшения налогового бремени (инвестор получает доход, который облагается налогом).

Business Conduct Committee — Комитет делового поведения (США): комитет, который ежегодно назначается в каждом из 13 округов Национальной ассоциации дилеров по ценным бумагам для разбора жалоб на членов ассоциации; см. National Association of Securities Dealers.

business cycle — деловой цикл: период подъема и падения деловой активности (полный цикл).

business day — рабочий день: время работы рынков, банков, предприятий.

Business Environment Risk Information Index (BERI index) — индекс делового риска ("БЕРИ" индекс): показатель "странового" риска; см. sovereign risk.

Business Expansion Scheme (BES) — "схема расширения бизнеса": правительственная программа поощрения капиталовложений в мелкие предприятия (принята в Великобритании в 1983 г.); по этой программе инвесторы получают скидки с налогов по суммам до 40 тыс. ф. ст.

business segment (line of business) reporting — раздельный учет результатов деятельности частей компании или дочерних предприятий для целей сравнения.

Business Week — "Бизнес Уик" ("Деловая неделя"): ведущий деловой журнал США (выходит в Нью-Йорке еженедельно); широко распространяется в др. странах (основан в 1929 г., тираж ок. 800 тыс. экз.).

butterfly call spread — спред "бабочка" для опционов "колл": опционная стратегия, позволяющая получать прибыль при неизменной или уменьшающейся неустойчивости цен; используются четыре опциона "колл" с одинаковым сроком исполнения; покупается один опцион по низкой цене исполнения и один — по высокой, а два опциона продаются по средней; прибыль получается при движении наличной цены в запланированных рамках, а потери ограничены величиной разницы между уплаченными и полученными премиями; см. butterfly spread.

butterfly put spread — спред "бабочка" для опционов "пут"; см. butterfly spread.

butterfly spread — спред "бабочка": опционная стратегия на основе комбинации спреда "быков" и спреда "медведей" (две разновидности — "колл" и "пут"); см. bear call spread; bull call spread; butterfly call spread; butterfly put spread.

Buttonwood Tree Agreement — "соглашение платанового дерева" (США): соглашение 24 фондовых брокеров о создании первой организованной фондовой биржи в Нью-Йорке, подписанное 17 мая 1792 г. под платаном на месте нынешней Уолл стрит (дом 68); см. New York Stock Exchange.

buy — 1) покупать; 2) = bargain.

buy and hold strategy — инвестиционная стратегия, заключающаяся в покупке и владении акциями определенной компании в течение длительного времени.

buy and write strategy — опционная стратегия, заключающаяся в покупке акций с последующей продажей покрытых опционов "колл" на них; инвесторы получают и дивиденды и премии, но есть риск продажи акций по цене ниже рыночной.

buy a spread — купить спред (маржу): купить фьючерсный контракт на близкий срок и продать на далекий; см. sell a spread.

buy-back — обратная покупка: 1) форма долгосрочной товарообменной операции, при которой поставки машин и оборудования оплачиваются произведенной с их помощью продукцией; обычно используется для строительства крупных предприятий и включает значительный кредитный элемент; 2) открытие "длинной" позиции для покрытия "короткой": прикуп ценных бумаг для покрытия "короткой" продажи; = short cover; 3) = bond buy-back; share buy-back; 4) = sale and repurchase agreement.

buyer of an option — покупатель опциона, уплативший премию за право купить или продать определенный фин. инструмент в течение некоторого периода.

buyer's credit — кредит покупателя: средне- или долгосрочный экспортный кредит, который предоставляется банком продавца непосредственно иностранному покупателю на сумму до 85% контракта, что дает последнему возможность расплатиться с экспортером наличными.

buyers' market — рынок покупателей: рынок, на котором производители, поставщики, торговцы испытывают трудности с реализацией продукции (т. е. покупатели в какой-то мере могут диктовать свои условия); = soft market.

buyer's option (BO) — опцион покупателя: 1) право покупателя на определение отдельных условий контракта; 2) = call option.

buy hedge = long hedge.

buy-in — 1) покупка продавцом опциона недостающих активов в случае необходимости исполнить свое обязательство (напр., передать покупателю определенное количество ценных бумаг); 2) закрытие (зачет) "короткой" позиции; 3) покупка участия в капитале компании; 4) прикуп брокером ценных бумаг, если его партнер (продавец) не выполнил своего обязательства перед покупателем.

buying climax — "кульминация покупателей": резкий подъем цен акций после спокойного их повышения; в техн. анализе часто интерпретируется как предзнаменование скорого падения цен.

buying forward — форвардная покупка: обязательство купить валюту, ценные бумаги или товары в будущем по фикс. цене.

buying-in — 1) право Лондонской фондовой биржи в случае непоставки продавцом ценных бумаг поставить их покупателю и отнести на счет продавца дополнительные расходы, которые могут возникнуть при получении того же числа бумаг на рынке; 2) скупка властями валюты своей страны для поддержания ее курса на международном рынке; 3) покупка продавцом опциона равнозначного контракта для зачета позиции; = closing buy transaction.

buying on margin — покупка "на марже": покупка ценных бумаг инвестором частично за счет кредита брокера.

buying on shoestring — покупка "на шнурке": покупка ценных бумаг с минимальным доходом (сделка не приносит прибыли).

buying on the bad news — "покупка под влиянием плохих новостей": биржевая стратегия, основанная на допущении, что плохие новости приводят к снижению конъюнктуры, а затем следует ее подъем; см. selling on the good news.

buying power — покупательная способность: сумма денег, имеющаяся в распоряжении инвесторов для покупки ценных бумаг (остаток средств инвесторов на счетах у брокеров, увеличенный на кредит, который может быть получен у брокеров).

buying price = bid price.

buy minus — приказ клиента брокеру купить акцию по цене ниже рыночной (букв. "покупать с минусом").

buy on closing (close) — покупка к концу рабочего дня по ценам на момент закрытия биржи.

buy on opening — покупка в начале рабочего дня по ценам, близким к ценам на момент открытия биржи.

buy or cancel — приказ клиента биржевому брокеру, предусматривающий совершение сделки в тот же день, а в противном случае приказ отменяется (букв. "покупать или отменяй").

buy order — приказ клиента брокеру купить определенное число ценных бумаг по рыночной или др. цене.

buy-out — выкуп: приобретение по крайней мере контрольного пакета акций (путем предложения с фикс. условиями или переговоров).

buy outright — покупка фин. инструмента с уплатой наличными в полном размере.

buy stop order — приказ клиента брокеру совершить покупку при достижении рыночной ценой определенного уровня.

buy the book — приказ клиента брокеру купить все акции данного типа, имеющиеся у брокеров по текущей цене.

bylaws — внутренние правила деятельности корпорации; дополняют устав и могут изменяться директорами.

bypass trust — "обходная" опека: соглашение, позволяющее родителям передавать активы детям для снижения налогов на наследство (фикс. сумма не облагается налогом).

by transfer — переводом: без использования наличных денег.

C

C — сто долларов (жарг.).

cabinet bid — "кабинетная" сделка: возможность избавиться от опционных контрактов с негативной "внутренней" стоимостью по символической цене (1 пенни за контракт) путем продажи основным участникам рынка; см. traded options; out-of-the-money.

cabinet crowd — "кабинетные" дилеры (США): группа дилеров Нью-Йоркской фондовой биржи, специализирующихся на "неактивных" облигациях (дилеры оставляют документ о намерении заключить сделку в специальном шкафу — "кабинете"); см. active bond crowd.

cabinet stock (security) — "кабинетная" ценная бумага (США): сравнительно "вялая" ценная бумага (в основном облигации), т. е. с незначительным оборотом.

cable — "телеграмма": 1) курс фунта стерлингов к доллару США (напоминание о временах, когда вал. сделки заключались с помощью телеграмм); = cable rate; 2) сделка фунт — доллар.

cable desk — рабочее место вал. дилера, специализирующегося на сделках доллар США — фунт стерлингов.

cable rate — вал. курс доллар США — фунт стерлингов.

cable transfer = telegraphic transfer.

cage — "клетка": 1) учетно-расчетный отдел банка, брокерской фирмы; 2) касса (в интересах безопасности помещение, где находятся ценные бумаги и деньги, отгорожено).

calculating agent — расчетный агент: учреждение, уполномоченное проводить расчеты по долгосрочному свопу.

calculating date — расчетная дата: дата уведомления о необходимости внесения регулярных сумм по долгосрочным свопам.

calculating period — процентный период в долгосрочном свопе.

calendar — 1) календарь, расписание выпуска новых ценных бумаг; 2) список ценных бумаг, которые будут предложены для продажи.

calendar spread — календарный спред: опционная стратегия, заключающаяся в одновременной покупке и продаже опционов одного класса с разными сроками; если цены опционов равны, то спред называется горизонтальным; если цены различны — диагональным; см. horizontal spread; diagonal spread; bull spread.

call — 1) = calls; 2) = call option; 3) требование банка к заемщику о досрочном погашении кредита в связи с нарушением его условий; 4) право эмитента досрочно погасить ценные бумаги.

callable bond — облигация, которая может быть погашена досрочно (эмитентом); при этом держателю выплачивается премия к номинальной цене.

callable capital — часть капитала международного банка развития, которая подписана странами-членами, но еще не оплачена и вносится по требованию банка для покрытия каких-либо обязательств (также служит гарантийным фондом); см. paid-in capital.

callable swap — процентный своп, который можно завершить (расторгнуть соглашение) досрочно; такое право предоставлено плательщику процентов по фикс. ставке.

called away — 1) досрочно погашенный (об облигации); 2) исполненный (об опционе, требующем поставки ценной бумаги); 3) требование поставки по "короткой" продаже.

called-up capital — 1) часть цены выпущенных акций, которую необходимо оплатить; при выпуске акций компания может потребовать оплаты только части их номинала (напр., 60 пенсов при номинале в 1 ф. ст.); 2) общая сумма внесенного таким образом капитала; см. uncalled capital; issued capital.

call feature — условие займа, предусматривающее право эмитента досрочно выкупить ценные бумаги.

call in debt — потребовать полного погашения долга в связи с невыполнением должником определенных обязательств.

call loan — ссуда до востребования (может быть погашена заемщиком или истребована к погашению кредитором в любое время).

call loan rate — ставка по кредиту до востребования.

call money — 1) деньги до востребования: ссуда или депозит, которые должны быть возвращены по требованию; см. money at call and short notice; 2) деньги, уплаченные за опцион "колл"; см. call option.

call option — опцион "колл": контракт (соглашение), дающий право купить определенный фин. инструмент по фикс. цене в течение оговоренного срока в обмен на уплату некоторой суммы (премии).

call over – à la criée.

call premium — 1) премия за досрочное погашение займа: любая дополнительная сумма, уплачиваемая эмитентом в случае досрочного погашения займа (выкупа ценных бумаг); 2) премия по опциону "колл" (уплачивается покупателем).

call price — цена, по которой облигации могут быть досрочно выкуплены (обычно выше номинала).

call protection — срок, в течение которого ценная бумага не может быть выкуплена эмитентом досрочно.

call protection warrant — облигационный варрант, защищающий инвестора от досрочного погашения бумаг; см. deferred call option.

call provision = call feature.

call rate — онкольная ставка: процентная ставка по ссудам до востребования.

calls — взносы в оплату новых акций (компания не требует сразу полной оплаты акций, а затем по мере необходимости просит делать взносы).

cambist(e) — камбист: вал. или вексельный дилер или брокер (также справочник вал. дилера).

CAMEL (capital adequacy, asset quality, management quality, earnings, liquidity) — "Верблюд": акроним по заглавным буквам основных критериев "здоровья" банка — достаточности капитала, качества активов, качества управления, доходов, ликвидности.

Canada — "Канада": канадский доллар (жарг. вал. дилеров).

cancellation — аннулирование: 1) аннулирование приказа брокеру, акций (облигаций), которые были обменены на новые или погашены (путем надписей, перфорации, уничтожения); 2) сторно: аннулирование или зачет бухг. записи.

cancelled check — аннулированный чек: чек, который уже оплачен и недействителен.

cap — "кэп" ("шапка"): 1) фикс. максимум процентной ставки в облигационном займе; это условие может отделяться от конкретной облигации и обращаться как самостоятельная ценная бумага; 2) = ceiling agreement.

capacity — роль или функции участника фин. рынка — либо агента (посредника, брокера), либо принципала; см. single capacity; dual capacity.

Cape scrip — южноафриканские акции.

capital — капитал; см. fixed capital; working capital; authorized capital; specific capital; non-specific capital; callable capital; called-up capital; paid-up capital.

capital account (C/a) — баланс движения капиталов: часть платежного баланса, отражающая движение кратко- и долгосрочных капиталов (сделки с ценными бумагами, банковские депозиты, прямые инвестиции).

capital adequacy — достаточность собственного капитала (средств) банка для нормального функционирования; см. capital adequacy ratio.

capital adequacy ratio — коэффициент достаточности собственного капитала банка: установленное законодательством или внутренними правилами банка соотношение собственных средств и активов.

capital allowances — налоговые скидки, которые могут получить компании, делающие инвестиции в основной капитал (машины, оборудование, здания).

capital assets = fixed capital (assets).

capital asset pricing model (CAPM) — модель определения цен фикс. активов (соотношения ожидаемого риска и дохода), основанная на допущении, что инвесторы требуют более высокого дохода при повышенном риске (премию за риск).

capital base — "капитальная база": собственные средства банка — обыкновенные или др. акции, различные резервы и нераспределенная прибыль; см. также primary capital.

capital budget — бюджет долгосрочных расходов компании (на расширение производства, научные разработки, рекламу).

capital cover = capital ratio.

capital currency units (CCUs) — искусственные ден. единицы (на базе корзины валют), в которых выражены акции Скандинэвиан бэнк, Лондон (с 1987 г.).

capital expenditure — расходы на приобретение фикс. активов (основного капитала).

capital exports — экспорт (вывоз) капитала: перелив капитала из страны в страну в форме прямых инвестиций, кредитов, субсидий, покупки ценных бумаг.

capital flight — бегство капиталов за границу по политическим и экон. причинам.

capital formation — создание или увеличение капитала или фикс. активов, с помощью которых производятся др. товары и услуги (в результате происходит рост деловой активности).

capital gain — прирост капитала: положительная разница между вложенной суммой и суммой, полученной при реализации актива (ценных бумаг, недвижимости); такой прирост капитала облагается специальным налогом; см. capital gains tax.

capital gains distribution — распределение между акционерами взаимного инвестиционного фонда прибыли от продажи ценных бумаг (США).

capital gains tax — налог на реализованный прирост капитала: в Великобритании взимается по ставке 30% по сделкам с акциями, недвижимостью, предметами искусства (не облагается налогом продажа личных вещей и жилища, а также гос. облигаций, если они куплены более года назад); с марта 1982 г. учитывается рост капитала сверх роста инфляции.

capital gearing — соотношение между собственным и заемным капиталом; = capital leverage.

capital goods — капитальные товары: средства производства (машины и оборудование).

capital increase — увеличение капитала путем выпуска дополнительных акций или сертификатов участия (акционерная компания) или внесения дополнительного капитала (товарищество).

capital inflow — приток капитала.

Capital Intelligence — Кэпитал интеллидженс: аналитическая фирма в Женеве, специализирующаяся на присвоении банкам кредитных рейтингов.

capital-intensive — капиталоемкий (об отрасли или производстве, которые требуют больших инвестиций в фикс. активы).

capital investment loan — кредит на финансирование фикс. активов (машин, оборудования, зданий).

capitalization — капитализация: 1) = market capitalization; 2) = scrip issue; 3) = capital structure; 4) капитализация дохода: оценка стоимости актива (капитала) на основе дохода от него и оговоренной процентной ставки; 5) = capitalized value; см. capitalize.

capitalization issue = scrip issue.

capitalization of reserves = scrip issue.

capitalization rate — процентная ставка, используемая при капитализации дохода; см. capitalization 4.

capitalization ratio — процентное соотношение различных элементов структуры капитала компании; см. capital structure.

capitalize — капитализировать: 1) превращать регулярный доход в условную сумму капитала путем деления на текущую процентную ставку и умножения на 100; 2) выпускать ценные бумаги для финансирования фикс. активов (основного капитала); 3) превратить арендованный актив в собственный; 4) использовать что-либо для получения экон. выгоды.

capitalized income value = capitalized value.

capitalized value — капитализированная стоимость: оценка стоимости актива на основе приносимого дохода и процентной ставки по сходным активам — напр., капитализированная стоимость актива с доходом в 100 долл. в год при процентной ставке 5% равна 2000 долл. (100:0,05); капитализированная стоимость необязательно отражает рыночную стоимость актива.

capital lease — капитальная аренда: аренда, которая отражается в балансе как актив и соответствующее обязательство (когда арендатор получает все права и обязательства по данному имуществу); см. operating lease.

capital leverage — 1) соотношение между собственными и заемными средствами компании; 2) обеспечение дополнительных доходов путем привлечения дополнительных заемных средств; см. positive leverage; negative leverage.

capital levy — налог на капитал (иногда называется налогом на богатство, т. к. используется для перераспределения частного капитала); скрытой формой такого налога было обложение в Великобритании "незаработанных" доходов по ставке свыше 100%; по политическим и техн. причинам (сопротивление имущих кругов и трудности оценки капитала) используется редко.

capital loss — капитальный убыток: убыток, возникший в результате продажи каких-либо активов (собственности) по цене, которая ниже цены их покупки (обесценение актива в силу износа, старения, порчи к такому убытку не относится); капитальный убыток может быть вычтен из суммы, облагаемой налогом на реализованный прирост капитала; см. capital gains tax; tax loss.

capital market — рынок капиталов: рынок, на котором аккумулируются долгосрочные капиталы (первичный рынок) и обращаются долговые обязательства (вторичный рынок); на внутреннем рынке капиталов заимствования производятся в основном в форме выпуска акций и облигаций.

capital movements — перелив капиталов из одной страны в другую: кратко- и долгосрочные заграничные инвестиции физ. и юр. лиц.

capital not paid in — неоплаченная часть уставного капитала.

capital outflow — отток капитала.

capital outlay = capital expenditure.

capital profit — капитальная прибыль: прибыль, полученная в результате продажи каких-либо активов (собственности) по цене, которая выше цены их покупки.

capital ratio — покрытие капитала (банка): отношение капитала к активам.

capital redemption reserve fund — резервный фонд для погашения срочных привилегированных акций; ежегодно в фонд заносится сумма, необходимая для погашения акций с истекающими сроками.

capital redemption yield — доходность ценной бумаги при погашении (выплате капитала), рассчитанная на основе прироста капитала в годовом исчислении; отличается от брутто-дохода при погашении на величину текущего дохода; см. redemption yield; flat yield; gross redemption yield.

capital repayment — возврат капитала акционерам (если компания хочет уменьшить капитал в соответствии с сократившимся объемом операций).

capital requirements — 1) постоянное финансирование, необходимое для нормального функционирования компании (долгосрочный и оборотный капитал); 2) оценка инвестиций в фикс. активы (основной) и оборотный капитал; 3) требования к уровню собственных средств компании.

capital reserves — капитальные резервы: резервы компании или банка, которые не могут быть распределены между акционерами (включают доходы от продажи акций по цене сверх номинала); см. share premium account.

capital resources = equity 1; net worth.

capital risqué — "рисковый" капитал (франц.) = venture capital.

capital shares — "капитальные" акции: акции инвестиционного фонда, по которым выплачивается прирост капитала на вложенные средства; доход выплачивается по "доходным" акциям фонда; см. income shares.

capital stock — 1) основные фонды (фикс. активы) компании за вычетом амортизации и списаний (устаревшего оборудования); 2) = share capital; authorized capital.

capital structure — структура капитала (компании): включает обыкновенные и привилегированные акции, долгосрочные облигации; см. financial structure.

capital surplus — избыточный капитал: собственные средства компании за вычетом обыкновенных и привилегированных акций и нераспределенной прибыли (напр., доходы от выпуска акций по цене выше номинальной, купле-перепродаже своих акций); см. acquired surplus; paid-in capital; donated surplus.

"capital, surplus and undivided profits" = equity 1.

capital transfer tax (CTT) — налог на передачу капитала: введенный в 1975 г. в Великобритании налог на передачу капитала (собственности) одним физ. лицом другому (в т. ч. по завещанию) сверх определенной суммы; объединяет понятия налога на дарения и налога на наследства; см. gift tax; inheritance tax.

capital turnover — оборот капитала: отношение годовых продаж компании к вложенному капиталу (средней сумме собственных средств).

capitation tax = roll tax.

capped floating rate notes — облигации с фикс. максимумом плавающей ставки (кредитор отказывается от права на более высокий доход при повышении ставок, но получает более высокую маржу сверх ЛИБОР).

capping — установление предела ставки по займу с плавающей процентной ставкой.

caption — "кэпцион": комбинация соглашения "кэп" и опциона (для управления процентным риском); см. cap (ceiling agreement); option.

captive finance company — "кэптивная" фин. компания: дочерняя компания, существующая главным образом для финансирования закупок потребительских товаров (напр., автомобилей) у материнской компании, а также для обслуживания ее фин. потребностей; см. General Motors Acceptance Corporation.

captive funds — "кэптивные" фонды: "рисковый" капитал, вложенный в дочерние компании промышленных и торговых монополий, банков; см. venture capital.

carat (CT) — карат: 1) единица массы драгоценных камней; метрический карат равен 200 мг, английский — 205 мг; 2) единица измерения чистоты сплава драгоценного металла, равная 1/24 массы сплава (напр., 19-каратное золото состоит из 19 частей чистого золота и 5 частей лигатуры).

Carey Street — Кэри стрит: улица в Лондоне, название которой является синонимом банкротства; в прошлом там были расположены все юр. фирмы, специализирующиеся на банкротствах.

Caribbean Development Bank — Карибский банк развития. Основан в 1970 г. в Бриджтауне.

carrot equity — "капитал-морковка": наделение менеджеров или служащих акциями компании для повышения их материальной заинтересованности.

carry — стоимость финансирования срочной биржевой позиции.

carry a loss — зарегистрировать убыток: отнести актив к расходам, рассматривая его как источник негативного дохода.

carry a position — иметь позицию.

carte à mémoire (Fr.) = smart card.

carryback/carryforward = tax loss carryback/carryforward.

carrying charge — 1) стоимость хранения товара во фьючерской торговле (собственно складские расходы, страхование, проценты, упущенная выгода на вложенный капитал); 2) сумма, которую клиент платит брокеру при покупке ценных бумаг в кредит (стоимость финансирования срочной позиции); 3) стоимость кредита при продаже товара в рассрочку; 4) стоимость владения землей (налоги, проценты по кредиту).

carry-over — 1) = contango 1; 2) запасы товара на

начало года, т. е. переходящий остаток; 3) = tax loss carryback/carryforward.

cartel — картель: объединение компаний в целях регулирования цен, объемов производства в какой-либо отрасли; картели могут быть национальными и международными; см. trust 2.

Carter bond — "облигация Картера" (США): среднесрочная облигация американского казначейства, выпущенная за пределами страны (при президенте Дж. Картере в конце 70-х годов).

carve-out — подход к решению проблемы задолженности развивающихся государств, при котором реструктуризуется (пересматриваются условия) весь долг, а не отдельные кредиты (букв. "полное вырезание").

cascading = turnover tax.

cash — наличность, наличный: 1) наличные деньги — банкноты, монета; 2) статья в балансе, отражающая банкноты, монету, чеки и др. активы, приравненные к наличности; 3) наличная сделка, т. е. немедленный платеж.

cash account — наличный (кассовый) счет: счет клиента у брокера с расчетом наличными (в отличие от маржинального счета, по которому предоставляется кредит, см. margin account).

cash against documents (CAD) — "наличные против документов": форма расчетов, при которой экспортер получает платеж после представления в банк отгрузочных документов или импортер получает документы на товар после оплаты.

cash-against-documents client — крупный инвестор, рассчитывающийся с брокером наличными против соответствующих документов (Великобритания).

cash and carry — продажа за наличные без доставки товара на дом (США).

cash and new — форма продления фондовой сделки в Великобритании (разновидность контанго): перед расчетным днем инвестор заключает противоположную сделку и зачитывает позицию, а после расчетного дня возобновляет ее.

cash basis — наличная основа: метод бухг. учета, который признает поступления при получении наличных денег и расходы при выплате наличных.

cash book — кассовая книга: бухг. книга, в которой учитываются наличные платежи и поступления компании; раз в неделю или в месяц записи в этой книге сверяются с выпиской из банковского счета.

cash budget — наличный бюджет: оценка будущих наличных платежей и поступлений компании.

cash card — наличная карточка: банковская карточка, используемая для получения наличности из кассовых автоматов.

cash commodity — наличный товар: товар, который следует принять или поставить в результате заключения наличного контракта (в отличие от фьючерского).

cash conversion cycle — цикл конверсии наличности: срок в днях между датой выделения компанией наличных для покупки сырья и датой получения наличных за реализацию готовой продукции; чем короче цикл, тем меньше компании приходится занимать средств.

cash cover — наличное покрытие (вал. риска): купля-продажа наличной валюты с последующим помещением ее в депозит или привлечением депозита на срок.

cash cow — "наличная корова": бизнес, который дает непрерывный приток наличных денег, или надежная и доходная компания.

cash dealings — операции на Лондонской фондовой бирже, расчет по которым проводится на следующий рабочий день.

cash delivery — наличная поставка: 1) расчет на условиях наличной сделки; 2) расчет наличными по срочному товарному или др. контракту.

cash discount — скидка с цены товара розничному покупателю, который платит наличными.

cash dispenser — раздатчик наличных: аппарат для автоматической выдачи наличных денег на основе пластиковой карточки; не соединен компьютером с банком и не может выполнять др. операции; см. automated teller machine; cashprint.

cash dividend — наличный дивиденд: дивиденд, выплачиваемый наличными, а не акциями или облигациями; см. scrip dividend.

cash earnings — наличные доходы: разница между наличными поступлениями и доходами (нетто-доход плюс амортизация).

cash equivalents — эквивалент наличности: приравненные к наличности фин. инструменты (напр., казначейские векселя).

cash flow — "кэш флоу" ("поток наличности"): разница между всеми наличными поступлениями и платежами компании; отражает способность выполнять текущие обязательства; см. gross cash flow; net cash flow; negative cash flow; positive cash flow.

cashier — кассир.

cashiering department — cage 1.

cashier's check — кассирский чек: чек, который банк выписывает сам на себя.

cash in — превратить в наличные: продать ценную бумагу, реализовать ее.

cash management — управление наличностью: набор методов эффективного использования свободных наличных средств компании.

cash management account (CMA) — счет управления наличностью: разновидность брокерского счета, введенная инвестиционной компанией Меррилл Линч для частных инвесторов в 1977 г. — клиент может его использовать как текущий счет (с чековой книжкой или кредитной карточкой), а остаток автоматически инвестируется в фонд ден. рынка.

cash market — наличный рынок: 1) исполнение сделки не позднее двух дней после заключения; 2) рынок реальных фин. инструментов в отличие от рынка срочных контрактов.

cash on delivery (COD) — оплата наличными в момент поставки: 1) услуга, предоставляемая почтовыми системами компаниям, которые рассылают товары на дом (почтальон взимает плату при доставке); некоторые компании сами предоставляют такую услугу клиентам; 2) требование оплаты ценных бумаг наличными при поставке.

cash option — наличный опцион (в его основе лежит наличный фин. инструмент, а не фьючерский контракт).

cashpoint — компьютеризованный банковский автомат, выдающий наличные деньги и позволяющий получать данные о состоянии счета в банке.

cash position — 1) наличная позиция; 2) цена "спот".

cash price — наличная цена: котировка, полученная на наличном рынке.

cash ratio — 1) коэффициент наличных средств (Великобритания): отношение наличности и депозитов коммерческих банков в Банке Англии (аналогичная категория в США называется резервами) к общей сумме депозитов коммерческих банков; с 1981 г. все банки должны держать в Банке Англии 0,5% "приемлемых" обязательств (см. eligible liabilities), что равнозначно резервному требованию (на практике брит. банки держат больше средств в форме наличности и счетов в Банке Англии); 2) коэффициент ликвидности: отношение наличности и легко реализуемых ценных бумаг к текущим обязательствам; см. также liquidity ratio.

cash reserve — наличный резерв: часть капитала или активов, которую можно легко превратить в наличные.

cash sale — наличная продажа: сделка в торговом зале фондовой биржи с расчетом в тот же день (США) в отличие от обычной практики, подразумевающей расчет на 5-й день по акциям и на следующий день по облигациям; см. regular way delivery.

cash settlement — 1) расчет по биржевым сделкам наличными, а не соответствующими фин. инструментами (по некоторым фьючерским и опционным контрактам предусмотрен только такой расчет); 2) расчет на условиях "спот".

cash surrender value of life insurance (CSVLI) — наличная сумма, которую страховая компания обязана вернуть владельцу полиса при аннулировании последнего.

cash yield = flat yield.

casualty loss — фин. убыток, вызванный порчей, разрушением или утерей собственности в результате непредсказуемого события; может покрываться специальным видом страхования и учитывается при налогообложении.

casualty insurance — страхование от убытков в результате непредвиденных событий.

cats & dogs — "кошки и собаки": спекулятивные акции.

caveat emptor — "пусть покупатель остерегается" (лат.): ответственность покупателя ценных бумаг (собственности) по проверке их качества, наличия дефектов (продавец не обязан по своей инициативе давать информацию, но должен правдиво отвечать на вопросы покупателя).

caveat venditor (subscriptor) — "пусть продавец остерегается" (лат.): ответственность продавца ценных бумаг за их качество и др. аспекты сделки.

C.C.C. — публичная компания с ограниченной ответственностью (сокращение на валлийском языке).

cease and desist order — распоряжение регулирующих органов "прекратить и воздержаться впредь" от каких-либо действий.

ceiling — "потолок": предел кредитования, процентных ставок, установленный регулирующим органом.

ceiling agreement — соглашение "потолок": 1) соглашение сторон, по которому банк гарантирует клиенту фикс. стоимость заемных средств за уплату премии (при повышении рыночных ставок выплачивает компенсацию); 2) серия опционов "колл" относительно ЛИБОР, др. процентной ставки или серия опционов "пут" на базе фьючерской цены для защиты от повышения ставок.

ceiling/floor agreement — соглашение "потолок/пол": 1) соглашение, по которому банк гарантирует клиенту стоимость заимствований в определенных пределах (оговариваются максимум и минимум ссудных ставок); при падении рыночных ставок ниже минимума клиент выплачивает компенсацию банку, при превышении максимума — банк клиенту; 2) комбинация процентных опционов, гарантирующая покупателю "коридор" процентных ставок; см. ceiling agreement 2; floor agreement 2.

ceiling on credit growth — "потолок" роста кредита: ограничение властями прироста кредитования в течение определенного периода.

central bank — центральный банк: 1) гос. банк, который реализует вал. и ден.-кредитную политику правительства, осуществляет эмиссию и управляет официальными вал. резервами, является банкиром правительства и всех др. кредитных институтов; 2) коммерческий банк, который обслуживает группу небольших банков (кооперативных, сберегательных).

central bank money = monetary base.

Central Bank of DPRK — центральный банк КНДР (создан в 1946 г.).

Centrale de livraison de valeurs mobilières (CEDEL S.A.) — Центр поставки ценных бумаг ("СЕДЕЛ"): клиринговая система, учреждение для расчетов между банками на вторичном рынке еврооблигаций и др. ценных бумаг (создана в Люксембурге в 1970 г.); через Ситибэнк предоставляет кредиты участникам рынка в сумме 80—90% от стоимости облигаций.

Central-European International Bank (CEIB) — Центральноевропейский международный банк (ЦЕМБ): консорциальный банк, 34% капитала которого принадлежат Венгерскому национальному банку, по 11% — шести западным банкам (создан в 1979 г. с местопребыванием в Будапеште).

central exchange rates — центральные вал. курсы (также средние курсы): курсы, относительно которых разрешены отклонения в ограниченных пределах (напр., курсы, установленные "группой 10" в декабре 1971 г., а также центральные курсы в ЕВС); см. central rates.

central government borrowing requirement (CGBR) — потребность центрального правительства в заимствованиях: сумма гос. расходов, не покрываемая обычными доходами (налогами и т. д.).

central market — центральный рынок: рынок, имеющий физ. помещение (напр., биржа).

central rates — центральные курсы: фиксированные на договорной основе паритеты валют стран — членов ЕВС к ЭКЮ; объявляются только членами курсового механизма ЕВС.

Central Wechsel-und Creditbank — Центральный валютно-кредитный банк: коммерческий банк, специализирующийся на международных операциях (основан в Вене как отделение одноименного банка в 1918 г.; переоформлен в самостоятельный банк в 1987 г.).

Centro-Internationale Handelsbank (Centrobank) — Центро-интернэшнл Хандельсбанк (Центробанк): консорциальный банк, капитал которого принадлежит польскому Банку хандлёвы в Варшаве (25%), ит. Банко ди Сицилиа (25%), брит. Клейворт Бенсон (25%), австрийскому Геноссеншафтлихе централбанк (25%); занимается финансированием торговли (создан в 1974 г. с местопребыванием в Вене).

century — сумма или банкнота в 100 долл. (жарг.).

certificate (Cert; Certif; CF) — сертификат: 1) свидетельство о праве собственности (на депозит, акцию, облигацию) в письменной или печатной форме; см. certificate of deposit; share certificate; pond certificate; 2) заключение аудитора по балансу компании; 3) =certificate of origin; 4) =certificate of pledge.

certificateless municipals — муниципальные облигации без выпуска сертификатов собственности для каждого держателя (один сертификат на весь заем); см. book-entry securities.

certificate of deposit (CD) — депозитный сертификат: ценная бумага на предъявителя, свидетельствующая о наличии в банке срочного депозита на определенную сумму (инструмент ден. рынка); впервые такие сертификаты начали выпускаться банками в США в 1961 г. (с 1966 г. — на еврорынке); имеют сроки в основном от 3 месяцев до 5 лет.

certificate of incogroration — сертификат инкорпорации: лицензия (разрешение) на функционирование в качестве корпорации, выдаваемая властями штата (США).

certificate of origin — сертификат происхождения товаров.

certificate of pledge — залоговый сертификат (расписка).

certificates for amortizing revolving debt (CARDs) — сертификаты для амортизации возобновляемого долга: ценные бумаги (сертификаты), выпущенные на основе пула ссуд, предоставленных в США с помощью кредитных карточек.

certificates for automobile receivables (CARs) — ценные бумаги (сертификаты), выпущенные на основе пула кредитов на покупку автомобилей в США (т. е. обеспеченные этими кредитами ("КАРЗ" — "машины").

certificates of accrual on Treasury securities (CATS) — разновидность облигаций с нулевыми купонами, выпускаемая в США с 1984 г. на основе казначейских бумаг ("КЭТС" — "кошки").

certified check — чек клиента, гарантированный его банком (США).

certified financial planner (CFP) — дипломированный специалист по фин. планированию (США): специалист по координации банковских, страховых, инвестиционных, налоговых дел клиента.

certified public accountant (CPA) — дипломированный бухгалтер, выдержавший необходимые экзамены (США).

certified transfer — документ о передаче права собственности на акции с пометкой о том, что сертификаты акций направлены соответствующей компании для перерегистрации (Великобритания).

ceteris paribus — при прочих равных условиях (лат.).

chain banking — "цепная" (групповая) банковская деятельность: тип банковской системы, в которой банки объединены путем системы участий (контрольных пакетов) и переплетения директоратов (в США в прошлом таким образом преодолевались ограничения на открытие отделений; сегодня каждый крупный банк представляет собой группу дочерних компаний под контролем холдинга); см. bank(ing) holding company; branch banking; unit banking.

chain letter — "цепное" письмо: вид мошенничества, предполагающий вовлечение все большего числа новых жертв, оплачивающих доходы инициаторов (напр., письмо, предлагающее прислать некоторую сумму и привлечь новых участников, которые будут присылать деньги соблазнившемуся).

chairman of the board — председатель правления (совета директоров) корпорации; может совмещать пост главного исполнительного директора, но часто имеет незначительные полномочия и выполняет представительские функции; см. chief executive officer.

chalk up — зарегистрировать (от записей мелом котировок на досках на фондовых биржах).

chamber of commerce (CC) — торговая палата: ассоциация бизнесменов определенного региона, призванная защищать их общие интересы.

Chamber of Horrors — комната ужасов; помещение в конторе Ллойдса, где вывешиваются объявления о кораблекрушениях и несчастных случаях на судах; см. Lloyd's.

Chambre syndicale de la Compagnie des agents de change — Профсоюзная палата Ассоциации фондовых брокеров (Франция): руководящий орган франц. Ассоциации фондовых брокеров (избирается ежегодно в составе 8 членов); следит за выполнением членами ассоциации ее правил, за нормальным функционированием бирж; см. Compagnie des agents de change.

Chancellor of the Exchequer — канцлер казначейства (казны): министр финансов Великобритании.

'Change — разг. название Лондонской фондовой биржи; см. London Stock Exchange.

charge — 1) плата, ден. сбор; 2) залог активов в обмен на кредит (конкретного актива или всех активов компании).

chargeable assets — активы, продажа которых в Великобритании обязательно облагается налогом на реализованный прирост капитала (недвижимость, акции); см. capital gains tax; non-chargeable assets.

chargeable document — документ, который может быть использован в качестве обеспечения кредита: в Великобритании обычно имеется в виду свидетельство о вкладе в компанию СЕПОН при Лондонской фондовой бирже; см. Stock Exchange Pool Nominees (SEPON).

charge account — кредит по открытому счету (США): в торговом центре для оплаты покупок можно открыть счет, который предусматривает кредит на определенную сумму.

charge card — платежная карточка, владельцу которой ежемесячно представляется счет для оплаты в полной сумме; см. plastic card.

charged security = collateral.

chart — график цен, курсов, ставок, используемый для анализа конъюнктуры.

charter — 1) уставные документы корпорации: устав и сертификат об инкорпорации (лицензия); см. articles of incorporation; certificate of incorporation; 2) зафрахтовать судно.

chartered bank — 1) коммерческий банк, созданный на основе Закона о банках (Канада); 2) банк, созданный на основе королевского декрета (Великобритания).

chartered company — компания в Великобритании, созданная на основе королевского декрета, а не закона о компаниях.

chartism — чартизм: 1) один из методов техн. анализа рыночной конъюнктуры на основе подробных графиков и системы представлений о повторяемости "рисунка" движения цен (в т. ч. усредненных) и др. показателей; см. primary trend; secondary trend; tertiary trend; 2) разновидность методов инвестиционного анализа и прогнозирования (для ценных бумаг и товаров); см. primary trend; secondary trend; tertiary trend.

chartist — чартист: сотрудник банка или посреднической компании, специализирующийся на анализе рыночной конъюнктуры с помощью метода чартизма; см. chartism; fundamentalist.

chattel(s) — движимое имущество.

chattel mortgage — ипотечный кредит под движимое имущество (машины, оборудование).

cheap money = easy money.

check (cheque) (Ck; chq) — чек: 1) переводный вексель, выставленный на банк и оплачиваемый по предъявлении; 2) инструкция банку выплатить сумму означенному на документе лицу; обычно чек выписывают против депонированной на счете суммы, и он не может быть отозван и не требует акцепта; см. crossed check; uncrossed check.

check account — чековый счет: счет в банке или др. кредитном учреждении, по которому можно выписывать чеки.

checkbook (CBK) — чековая книжка: книжка из 10, 25 или 60 бланков чеков, выданная банком клиенту.

checkbook money — деньги чековой книжки: средства на чековом счете в банке.

check (guarantee) card — чековая карточка: разновидность кредитной карточки, которую банки выпускают для своих клиентов в подтверждение их чеков (для сверки подписи и номера счета; в Великобритании — на сумму 50 ф. ст.); см. credit card.

check clearing — чековый клиринг: система централизованных взаимных зачетов по расчетам с чеками (чеки пересылаются в банки, на которые они выписаны, а обратно идут ден. переводы); чековый клиринг осуществляется через клиринговые палаты, систему расчетов по чекам ФРС (в США), непосредственно между банками.

checking — ежедневная компьютерная проверка (сверка) деталей операций биржевых дилеров до начала официального процесса расчетов (Великобритания).

checking account = check account.

checking the market — "проверка" рынка: запрашивание брокером котировок "делателей рынка" до принятия решения о том, с кем заключить сделку; см. market maker.

check made out to cash — чек, выписанный вкладчиком на свой счет для получения наличных.

check rate — чековый курс: стоимость в нац. валюте покупки чека или тратты до востребования, выписанных в валюте др. страны.

Cheque and Credit Clearing Co. — Чек энд кредит клиринг Ко. (Великобритания): компания, специализирующаяся на чековых расчетах и кредитном клиринге (создана в 1985 г. со штаб-квартирой в Лондоне); см. credit clearing; Association for Payment Clearing Services.

Chervonetz — червонец: советская ден. единица 1922—1947 гг. и золотая монета (7,74234 г); с 70-х годов используются новоделы монет.

Chicago Board of Trade (CBOT; CBT) — Чикаго борд оф трейд (США): крупнейшая в мире срочная товарная биржа, специализирующаяся на зерновых и фин. срочных сделках (основана в 1848 г.).

Chicago Board Options Exchange (CBOE) — Чикаго борд опшнз иксчендж: опционная биржа в Чикаго при бирже Чикаго борд оф трейд, специализирующаяся на опционных сделках с акциями (основана в 1973 г.); см. traded options.

Chicago Mercantile Exchange (CME; Merc) — Чикагская товарная биржа (ЧМБ): вторая по объему операций в Чикаго и в США срочная товарная биржа, специализирующаяся на продуктах животноводства и фин. срочных сделках (основана в 1919 г.); фин. сделки производятся через ИММ; см. International Monetary Market.

chief executive officer (CEO) — главный исполнительный директор (корпорации); отвечает за основную часть текущей деятельности корпорации, часто совмещает также пост председателя правления, президента, заместителя председателя и т. д.; см. chairman of the board.

chief financial officer (CFO) — главный фин. директор (корпорации): руководитель корпорации, отвечающий за фин. вопросы (имеет титул вице-президента, казначея, контролера).

chief operating officer — главный операционный директор (корпорации): руководитель корпорации, отвечающий за повседневные операции, текущую деятельность (США).

Chief Register of Friendly Societies — главный регистратор "дружеских" обществ (Великобритания): лицо, отвечающее за надзор за деятельностью строительных обществ перед министерством финансов.

children's assurance — детское страхование (контракт обычно заключают родители в пользу детей до достижения ими определенного возраста или для оплаты будущего обучения).

China International Trust and Investment Corporation (CITIC) — международная доверительно-инвестиционная корпорация Китая: финансово-кредитный институт КНР, специализирующийся на международных инвестиционных операциях; имеет заграничную сеть (основан в 1979 г.).

Chinese Walls — принцип "китайских стен": разделение функций банка во избежание злоупотреблений (для этого создаются изолированные подразделения или специализированные дочерние компании, причем головной банк часто не может быть клиентом последних).

choice — "выбор": ситуация на Лондонской фондовой бирже, когда брокер может купить ценную бумагу по той же цене, по которой ему предлагают ее продать (в отношениях с разными партнерами).

churning — сомнительная практика проведения фондовым брокером сделок за счет средств клиента для увеличения своих комиссионных (запрещена правилами бирж); = twisting.

Cincinnati Stock Exchange (CSE) — Фондовая биржа Цинциннати (основана в 1887 г.): первая полностью компьютеризированная биржа в США (торгового зала нет).

circle — "круг" (США): обозначение потенциальных покупателей новых ценных бумаг и предполагаемых сумм покупок в течение периода регистрации займа; официально торговля в этот период запрещена.

circular letter of credit — циркулярный аккредитив: инструкция банка агентам за границей оплачивать тратты клиента до определенной максимальной суммы.

circulating capital = working capital.

circus swap — своп "цирк": простой процентный своп, заключающийся в обмене процентными платежами в разных валютах.

Citibank Budapest — Ситибэнк Будапешт: совместный коммерческий банк, 80% капитала принадлежат Ситибэнк (США), 20% — венгерскому Центральному валютно-кредитному банку (создан в 1985 г. с местопребыванием в Будапеште).

citiplus — "ситиплюс": инструмент хеджирования, предлагаемый клиентам американским Ситибэнк; = participating forward.

citizen bond — гражданская облигация (США): разновидность муниципальных облигаций без сертификатов; может котироваться на бирже.

City (of London) — Сити: центральная часть Лондона (площадью в 1 квадратную милю), где сосредоточены биржи, банки и др. кредитно-фин. институты, — деловой и фин. центр Великобритании и всего мира (наряду с Нью-Йорком и Токио), олицетворение брит. фин. капитала.

City bank — городской банк (Япония): один из 12 универсальных коммерческих банков страны (особенно активны в обслуживании корпораций и международных операциях).

City Code (on Take-Overs and Mergers) — "Кодекс Сити" (Великобритания): свод правил проведения слияний и поглощений — неофициальный документ, впервые опубликованный в 1968 г. специальным совещательным органом кредитно-фин. институтов по слияниям и поглощениям.

clad coin — плакированная монета (с основой и покрытием из разных металлов для снижения себестоимости).

claim — 1) требование; 2) право; 3) актив; 4) претензия.

class — класс: 1) класс ценных бумаг: акции и облигации, обыкновенные и привилегированные акции, обеспеченные и необеспеченные облигации и т. д.; 2) = class of options.

class A/class B shares = classified stock.

classified stock — классифицированные акции: разделение акций на классы А и Б, которые могут иметь разное число голосов и др. привилегии.

class of options — класс опционов: все опционы "колл" или все опционы "пут" на один и тот же фин. инструмент; класс опционов с одинаковой ценой и сроком называется серией; см. option series.

class of shares — класс акций: все акции компании (эмитента), несущие одинаковые права и обязательства (напр., все обыкновенные акции, все безголосые, все привилегированные).

clawback — возврат ранее данного (Великобритания): изъятие налоговыми органами средств, которые остались у налогоплательщика благодаря тем иным льготам (при изменении статуса плательщика или совершении им каких-либо действий).

Clayton Anti-Trust Act — антитрестовский закон Клейтона (США); см. anti-trust laws.

clean — чистый: 1) свободный от долгов (о балансе компании); 2) без приложения документов; 3) "чистая" сделка с ценными бумагами (совпадение приказов продать и купить); = clean trade.

clean bill of exchange — "чистая" тратта: переводный вексель без приложения каких-либо документов.

clean bill of lading — "чистый" коносамент: коносамент без каких-либо оговорок относительно качества товара или его упаковки.

clean credit (letter of credit) — "чистый" аккредитив: аккредитив, не требующий представления документов и не связанный с товарной поставкой.

clean float(ing) — "чистое" плавание вал. курсов: система плавающих курсов, при которой власти не пытаются воздействовать на рыночные спрос и предложение.

clean price — "чистая" цена: цена облигации с фикс. процентной ставкой без учета процентов за период до оплаты очередного купона; см. accrued interest.

clean trade — "чистая" сделка (США): сделка с ценными бумагами, в которой объемы покупок и продаж точно совпадают и брокеру (дилеру) не нужно поставлять или принимать ценные бумаги.

clean up — получить чистую прибыль в результате завершения фин. сделки.

clear — 1) выплатить средства по чеку клиента; 2) об активе, который не использован в качестве обеспечения и не связан др. обязательствами; 3) получить прибыль; 4) сравнить детали фин. сделки перед расчетом.

clearer = clearing bank.

clearing — клиринг: расчеты путем взаимного зачета требований.

clearing account — клиринговый счет: счет коммерческого банка в центральном банке для проведения расчетов с др. банками.

clearing agreement = bilateral agreement.

clearing bank — клиринговый банк: банк, являющийся членом Лондонской клиринговой палаты и Комитета клиринговых банкиров (также банк — член Шотландского Комитета клиринговых банкиров).

clearing fees — клиринговые комиссионные: комиссионные, которые "неклиринговый" член срочной биржи платит ее "клиринговому" члену за проведение расчетов; см. clearing members.

clearing house (CH) — клиринговая палата: 1) клиринговая (расчетная) палата срочной биржи: палата, регистрирующая, ведущая учет и взаимозачет операций (может быть частью биржи или самостоятельной акционерной компанией); 2) банковская клиринговая палата: учреждение, занимающееся взаимными расчетами между своими членами (напр., по чекам).

Clearing House Automated Payment System (CHAPS) and Town Clearing — компания "ЧЭПС энд таун клиринг", осуществляющая электронные клиринговые расчеты по суммам свыше 10 тыс. ф. ст. в Лондоне (создана в 1984 г. и принадлежит Лондонской клиринговой палате); включает традиционный "Городской клиринг"; см. Association for Payment Clearing Services; Town Clearing.

clearing house funds — средства клиринговой палаты: чеки, расчеты с которыми банки проводят через ФРС США (в течение 3 дней).

Clearing House Interbank Payments System (CHIPS) — "ЧИПС": система межбанковских электронных клиринговых расчетов по крупным суммам в долларах США (Нью-Йорк).

clearing members — "клиринговые" члены (биржи): члены клиринговой палаты срочной биржи (участники биржи, не являющиеся членами палаты, проводят расчеты через них).

clearing organisation = clearing house 1.

clearing system — клиринговая система: система расчетов по платежам, чекам или ценным бумагам, созданная группой фин. учреждений.

clear title = just title.

clients' accounts — клиентские счета: средства клиентов, которые временно находятся у брокера и должны учитываться отдельно от его собственных фин. ресурсов.

climax — кульминация повышательной или понижательной тенденции движения цены (высшая или низшая точка).

clone fund — "отпочковавшийся" фонд: новый инвестиционный фонд, созданный для развития успеха существующего.

close — 1) закрытие биржи, период при закрытии (на срочных биржах обычно имеется в виду 30-минутный период в конце операционного дня); 2) последний (о цене последней сделки в конце рабочего дня); 3) завершение сделки, кредитного соглашения; 4) закрытие бухг. книг в конце учетного периода.

close a position — закрыть позицию: 1) на рынке фьючерсов и опционов — заключить сделку для ликвидации определенного обязательства (зачет ранее заключенной срочной сделки); 2) продать ценные бумаги, т. е. ликвидировать инвестиции.

close(d) company — "закрытая" компания (Великобритания): независимая компания под контролем пяти или менее акционеров или акционеров, которые являются директорами (должны иметь более 65% акций); имеет особый налоговый режим.

close(d) corporation — "закрытая" корпорация (США): корпорация, акции которой принадлежат узкому кругу лиц (обычно управляющему или его семье) и не обращаются на рынке.

closed-end credit — кредит, предоставляемый на фикс. сумму (т. е. по данному кредитному соглашению сумма заимствований не может быть увеличена).

closed-end fund (UK) = closed-end investment trust.

closed-end investment trust (company) — "закрытый" инвестиционный трест: инвестиционное учреждение, которое не выпускает паи (акции), т. е. размер собственных средств зафиксирован как у акционерной компании (акции могут обращаться на бирже); см. open-end investment trust (company).

closed-end management company — "закрытая" управленческая компания: инвестиционная компания, которая управляет взаимным фондом с ограниченным числом акций (паев); см. open-end management company.

closed-end mortgage — "закрытая" ипотека: ипотечный заем, при котором запрещено досрочное погашение облигаций, вторичное использование того же обеспечения; см. open-end mortgage.

closed indent — заказ торговому агенту на покупку определенного импортного товара с указанием конкретного производителя.

closed mortgage = closed-end mortgage.

closed out — закрытый, ликвидированный (о позиции).

closed position — закрытая позиция: срочная позиция, которая зачтена обратной сделкой или по которой произведен расчет.

closely held shares — акции компании, находящиеся в основном в руках немногих лиц (обычно директоров и связанных с ними лиц); торговля оставшимися в свободном обращении акциями затруднена, т. к. даже небольшие сделки оказывают непропорционально сильное воздействие на цены.

close-out basis — базис при закрытии позиции: разница между наличной и срочной ценами (базис) в момент ликвидации срочной позиции для целей хеджирования (обычно уменьшается по сравнению с временем открытия срочной позиции).

close price — "тесная" цена: минимальный разрыв между ценами покупателя и продавца по ценной бумаге.

closing — 1) проведение операции для зачета ранее заключенной сделки; 2) = close.

closing accounts — годовая отчетность компании: баланс и счет прибылей и убытков, подготовленные на конец года.

closing bank — банк, завершающий сделку, в которой участвовало несколько банков.

closing buy transaction — срочная сделка (покупка контрактов), ликвидирующая "короткую" позицию (позицию продавца), в т. ч. по опционам; = short cover; cover 2.

closing costs — издержки по передаче недвижимости от продавца к покупателю (расходы на адвоката, осмотр собственности, страхование, оформление документов).

closing out — "закрытие" открытой позиции равнозначной обратной операцией; см. cover.

closing price — цена закрытия: цена, зарегистрированная при закрытии срочной биржи, в конце рабочего дня (иногда цена последней сделки).

closing price range — наиболее высокие и низкие цены при закрытии биржи; см. closing price.

closing purchase transaction = closing buy transaction.

closing quote — последняя котировка цены покупателя или продавца, зарегистрированная в конце рабочего дня биржи.

closing range = closing price range.

closing sale transaction — срочная сделка (продажа контрактов), ликвидирующая "длинную" позицию (позицию покупателя), в т. ч. по опционам; = liquidation 2.

closing the books — 1) закрытие бухг. книг: подведение итогов на определенную дату; 2) прекращение регистрации покупателей акций перед выплатой дивиденда.

closing transaction = closing out.

club-deal (credit) — "клубная" сделка (кредит): международный банковский кредит, предоставляемый по предварительной договоренности небольшой группой (обычно до десяти) учреждений.

club money — "клубные деньги" (Великобритания): требование к брит. банкам держать не менее 2,5% активов в виде депозитов в учетных домах (для поддержания ликвидности ден. рынка); см. discount house.

Club of Ten = Group of Ten.

cock date = odd date.

cocktail swap — своп "коктейль": соглашение, включающее несколько разнотипных свопов (напр., два валютных и один процентный) с различными партнерами; см. currency swap 1; interest rate swap.

code — 1) код: система слов или символов для кодирования сообщений (расшифровка требует "ключа"); 2) кодекс; закон; сборник правил.

Code of Dealing = Stock Exchange Code of Dealing.

Coffee, Sugar & Cocoa Exchange (CSCE) — Биржа кофе, сахара и какао (США): срочная товарная биржа в Нью-Йорке (помимо товарных котируется фьючерский контракт на основе индекса потребительских цен); основана в 1979 г. в результате слияния Биржи кофе и сахара (1882 г.) и Биржи какао (1925 г.).

co-financing — совместное финансирование, осуществляемое коммерческими банками и международными организациями типа МБРР (с 1974 г.).

coin — монета: стандартный ден. знак из металла (обычно небольшого достоинства).

coinage — 1) металлические деньги; 2) чеканка монеты.

coinage prerogative (monopoly) — монопольное право на чеканку монеты в качестве законного платежного средства.

co-insurance — совместное страхование: страховое покрытие одного риска несколькими страховыми компаниями; см. contribution.

cold comfort letter = comfort letter.

collar — "ошейник", "воротник": 1) = ceiling floor agreement; 2) фикс. максимум и минимум процентной ставки в облигационном займе; может быть отделен от облигации и обращаться как самостоятельная ценная бумага.

collar bond = minimax bond.

collar swap — обмен обязательств по фикс. ставке на обязательства по плавающей ставке, причем последняя имеет минимум и максимум.

collateral (collat) — обеспечение кредита: ценные бумаги и др. собственность (страховые полисы, товары), предлагаемые в качестве обеспечения (гарантии возвратности) кредита (собственность, легко превращаемая в наличные деньги).

collateral bill (note) — обеспеченный вексель (обычно простой).

collateral bond — обеспеченная облигация (США).

collateralize — обеспечивать, гарантировать (кредит, облигационный заем).

collateralized bond — обеспеченная облигация: облигация, для улучшения условий выпущенная с обеспечением в виде др. ценных бумаг (напр. ипотек, казначейских облигаций США).

collateralized mortgage obligation (CMO) — облигация, обеспеченная пулом ипотек (на внутреннем рынке США); такие облигации выпускаются с фикс. ставкой на основе ипотек с разными сроками (кратко-, средне- и долгосрочные).

collateralized RUF (CRUF) — евронотная программа с обеспечением в виде ценных бумаг для улучшения условий (впервые осуществлена Меррилл Линч); см. revolving underwriting facility (RUF).

collateral loan (USA) = lombard credit.

collateral security = collateral.

collateral security margin — разница между рыночной стоимостью обеспечения и суммой кредита, которую банк требует от клиента внести для защиты от риска.

collateral trust bond — облигация корпорации, обеспеченная ценными бумагами (которые находятся у банка или др. попечителя).

collectible — предмет коллекционирования и вложения средств инвесторами (марки, монеты, антиквариат).

collecting banker — инкассирующий банк: банк, инкассирующий по поручению клиента чеки, которые тот внес на свой счет (счет кредитуется после оплаты чеков банком, на который они выписаны).

collection — инкассо, инкассация: 1) предъявление любого долгового обязательства для оплаты; 2) конверсия причитающихся сумм в наличные.

collection-only check = crossed check.

collection period = collection ratio.

collection ratio — средний срок инкассации поступлений: отношение поступлений компании к среднедневным продажам (в днях).

collective bargaining — коллективные переговоры трудящихся через профсоюзы с работодателями.

collective custody of securities — совместное хранение в банке разных ценных бумаг одного или нескольких клиентов; см. separate custody of securities.

collective order — общее платежное поручение: объединение нескольких платежных поручений в одно.

collect on delivery (COD) = cash on delivery 1.

collocation plan = creditor ranking.

co-manager — ко-менеджер: один из банков, входящих в группу организаторов займа (в отличие от простых участников консорциума); см. lead-manager; manager.

combination — комбинация: 1) покупка или продажа равного числа опционов "колл" или "пут" с разными ценами исполнения и/или датами; 2) объединение конкурирующих компаний для укрепления рыночных позиций; 3) объединение нескольких деловых предприятий в одно целое для целей бухг. учета.

combination bond — комбинированная облигация: облигация, обеспеченная всем достоянием эмитента (обычно гос. учреждения) и доходами от проекта, финансируемого выпуском облигаций.

combination order = alternative order.

combined financial statement — комбинированная фин. отчетность двух и более аффилиированных компаний за вычетом сделок между ними (не совпадает с консолидированной отчетностью материнской и дочерних компаний, т. к. в ней не урегулируются вопросы капитала и инвестиций).

Comecon banks — банки СЭВ: Международный банк экономического сотрудничества и Международный инвестиционный банк.

"come on" bid — крайне льготное деловое предложение (даже в убыток предлагающему), имеющее целью завязать отношения и получить прибыльный бизнес на последующих стадиях.

comfort letter — 1) письмо независимого аудитора о том, что информация в проспекте и заявке на регистрацию ценных бумаг правильно подготовлена и нет оснований считать ее неверной ("холодное" (cold) письмо, т. к. аудитор не гарантирует правильности информации); 2) письмо одного партнера другому о том, что определенные действия, четко не оговоренные в соглашении между ними, будут или не будут предприняты.

coming out price — цена эмиссии (подписки): цена, по которой выпускаются новые акции (часто отличается от номинальной цены); = issue price.

commercial bank — коммерческий банк: банк, главным источником ресурсов которого являются депозиты компаний и населения, а основной специализацией — краткосрочное кредитование; в большинстве стран такие банки занимаются всеми видами банковской деятельности.

commercial bill = bill of exchange.

commercial discount = cash discount.

commercial finance (credit) company — коммерческая фин. (кредитная) компания (США): фин. компания, кредитующая производителей и оптовых торговцев под обеспечение различными активами; см. finance company 2.

commercial hedger — коммерческий хеджер: компания, которая оперирует на фьючерском рынке для страхования рисков; = end user.

commercial letter of credit — коммерческий (торговый) аккредитив (используемый для расчетов по внешней торговле); см. documentary letter of credit.

commercial loan — коммерческая ссуда: краткосрочная (обычно 90 дней) возобновляемая ссуда для удовлетворения сезонной потребности компании в оборотном капитале (в США ставка базируется на прайм-рейт).

commercial paper (CP) — "коммерческие бумаги" (векселя): 1) в США — необеспеченные свободнообращающиеся обязательства с большими номиналами и сроками от 2 до 270 дней, используемые корпорациями и банками для краткосрочных заимствований и инвестиций; часто выпускаются на возобновляемой основе в рамках среднесрочных кредитных программ и гарантируются кредитными линиями (банки не гарантируют их размещение); 2) векселя, имеющие торговое происхождение.

commercial paper market — рынок "коммерческих бумаг" (США): рынок краткосрочных обязательств корпораций; см. commercial paper 1.

commercial register — коммерческий регистр: официальный регистр компаний, действующих на коммерческих началах.

commercial risk — коммерческий риск: риск неплатежеспособности.

commercial user = end user.

Commerzbank index — индекс Коммерцбанка (ФРГ): индекс курсов 60 акций ведущих компаний, котируемых на биржах страны; рассчитывается ежедневно; базовый период — 1 декабря 1953 г. (= 100).

commingling — 1) смешение ценных бумаг клиента и брокера: использование обеспечения клиента с его согласия для обеспечения кредита брокера; см. rehypothecation; 2) пул инвестиционных средств индивидуальных вкладчиков, взаимный фонд.

commission — комиссия, комиссионный сбор: плата, взимаемая посредником с клиента за совершение операции по его поручению или др. услугу (напр., процент от стоимости недвижимости или ценных бумаг).

commission broker — комиссионный брокер (США): биржевый брокер, осуществляющий сделки за комиссию; см. commission house.

Commission des opérations de Bourse (COB) — Комиссия по биржевым операциям (Франция): гос. орган по надзору за фондовыми биржами (создан в 1967 г.); следит за предоставлением компаниями, чьи акции котируются на биржах, необходимой информации, предотвращает мошенничество, регистрирует жалобы на фондовые биржи, решает вопрос о допуске бумаг к котировке; см. Compagnie des Agents de Change.

Commissione nazionale per la società e la Borsa (Consob) — Национальная комиссия по акционерным обществам и биржам (Италия): гос. орган, регулирующий торговлю ценными бумагами и биржи (создан в 1974 г.).

commission house — комиссионный дом (розничный брокер): брокерская фирма, специализирующаяся на торговле срочными контрактами по поручению и за счет клиентов (за комиссионные); обычно имеет частные линии связи со своими отделениями и др. участниками рынка; = wire house.

commitment — обязательство: 1) в срочной биржевой торговле — обязательство поставить товар или фин. инструмент; 2) в кредитовании — обязательство предоставить кредит на определенную сумму; 3) портфель ценных бумаг: обязательства, возникшие в связи с приобретением ценных бумаг.

commitment fee — комиссия за обязательство, выплачиваемая банку по неиспользованной части кредита (обычно менее 1%).

commitment period — период, в течение которого действует обязательство банка предоставить кредит.

Committee of London Clearing Bankers (CLCB) — Комитет лондонских клиринговых банкиров: комитет председателей лондонских клиринговых банков, который служит центром обсуждения проблем банковской системы страны и ее взаимоотношений с Банком Англии и министерством финансов.

Committee on Banking Regulation and Supervisory Practices — Комитет по банковскому надзору и регулированию (также Комитет Кука, а ранее Комитет Бландена — по именам председателей): Комитет при Банке международных расчетов (Базель), состоящий из представителей стран "группы 10" и Швейцарии и содействующий сотрудничеству регулирующих органов, координации и совершенствованию систем банковского регулирования этих стран; см. Basle Concordat.

Committee on Uniform Securities Identification Procedures (CUSIP) — Комитет по присвоению ценным бумагам стандартных номеров и кодов (США), напр., акциям Интернэшнл бизнес машинс присвоен номер 45920010 и символ "IBM".

commodities pool — товарный пул: группа торговцев, объединившихся для проведения операций (обычно в форме товарищества).

commodity — товар (как правило, имеются в виду сельскохозяйственные товары, металлы и др. сырьевые товары).

commodity-backed bonds = commodity-linked bonds.

commodity broker — товарный брокер: компания, специализирующаяся на посредничестве в торговле сырьевыми товарами (в т. ч. на биржах).

Commodity Credit Corporation (CCC) — Корпорация товарного кредита (США): гос. учреждение, занимающееся регулированием сельскохозяйственного производства и цен посредством кредитов и закупок, стимулированием экспорта сельскохозяйственной продукции, в т. ч. в порядке помощи (создано в 1933 г.).

commodity exchange — товарная биржа: организованный рынок, на котором торгуют некоторыми видами товаров и фин. инструментов (в форме контрактов, партий, в т. ч. на срок); см. commodity; commodity futures; financial futures; futures market; hedging.

Commodity Exchange (COMEX) — Товарная биржа (КОМЕКС): срочная товарная биржа в Нью-Йорке; крупнейший в мире срочный рынок золота.

Commodity Exchange Center — Центр товарных бирж: помещение Центра мировой торговли в Нью-Йорке, где расположены КОМЕКС, Биржа кофе, сахара и какао, Нью-Йоркская хлопковая биржа и НИМЕКС.

commodity fund — товарный фонд: инвестиционный фонд, вкладывающий средства в товары или срочные контракты на товары.

commodity futures — товарные фьючерсы: срочные биржевые операции с товарами и собственно фьючерсные контракты на товары.

Commodity Futures Trading Commission (CFTC) — Комиссия по срочной биржевой торговле (США): независимое федеральное агентство регулирования биржевых операций — фьючерсов, опционов (создано в 1974 г.).

commodity-linked bond — облигация, индексированная относительно цены какого-либо товара (золота, нефти и т. д.); проценты по таким облигациям выплачиваются с поправкой на изменение цены товара.

commodity paper — кредиты, обеспеченные товарами (товарораспорядительными документами).

commodity-product spread — спред "товар — продукт переработки" на срочной бирже (напр., "длинная" позиция по соевым бобам и "короткая" — по соевому маслу).

Commodity Research Bureau index — индекс Бюро по изучению товарных рынков: наиболее популярный товарный индекс в США.

commodity swap — товарный своп: 1) обмен товарами; 2) условный фин. своп между ЛИБОР и товарным индексом для фиксации фин. позиции производителя или потребителя товара (на базе условных сумм).

common (USA) = ordinary share.

Common Agricultural Policy (CAP) — Общая сельскохозяйственная политика стран — членов ЕЭС; направлена главным образом на поддержку фермеров и сельскохозяйственных цен.

common equity — капитал компании в форме обыкновенных акций.

common (area) gap — обычный разрыв в ценах (на графике), часто наблюдаемый на "вялом", неликвидном рынке и не имеющий большого смысла для техн. анализа конъюнктуры рынка.

Common Market — Общий рынок: Европейское экономическое сообщество.

common stock (USA) = ordinary share.

common stock equivalent — эквивалент обыкновенных акций: привилегированные акции или облигации, конвертируемые в обыкновенные акции (а также варранты на покупку акций).

common stock fund — взаимный фонд, вкладывающий средства в обыкновенные акции.

common stock ratio — соотношение сумм обыкновенных акций и облигаций корпорации (всей капитализации); уровень этого показателя в значительной степени зависит от стабильности прибылей (менее 30% с точки зрения аналитика требует проверки).

Compagnie des agents de change (CAC) — Ассоциация фондовых брокеров (Франция): правила ассоциации официально признаны и обязательны для всех семи бирж страны; ассоциация действует в контакте с регулирующим органом — Комиссией по биржевым операциям (Commission des opérations de Bourse); см. Chambre syndicale de la Compagnie des agents de change.

Compagnie française d'assurance pour le commerce extérieur (COFACE) — Французская компания страхования внешней торговли (КОФАСЕ): полугосударственная организация, специализирующаяся на страховании экспорта и предоставлении экспортных кредитов.

Companies (Company) Act 1980 — Закон о компаниях 1980 г. (Великобритания): закон, который ввел статус публичной компании с ограниченной ответственностью и сделал уголовно наказуемой торговлю ценными бумагами на основе "внутренней" информации; см. public limited company; insider trading; inside information.

Companies (Company) Act 1981 — Закон о компаниях 1981 г. (Великобритания): закон, который разрешил брит. компаниям покупать на рынке собственные акции; см. share buy-back.

company (Co; Coy) — компания: юр. лицо, представляющее собой ассоциацию вкладчиков капитала (акционеров) для осуществления той или иной деятельности (товарищество, акционерная компания); = corporation 2.

company card — карточка компании: кредитная или дебетовая карточка, используемая для оплаты расходов за счет компании; выдается менеджерам и др. сотрудникам для оплаты деловых поездок, приема клиентов и т. д.; см. travel and entertainment card; plastic card.

company doctor — "доктор компании": человек, которого вводят в правление компании для спасения ее от банкротства; часто наделяется широкими полномочиями для принятия решительных действий (Великобритания).

company limited by guarantee — компания с ответственностью, ограниченной гарантиями ее членов (редкая разновидность) в отличие от ограничения ответственности капиталом.

company limited by shares — компания, ответственность акционеров которой ограничена внесенным капиталом (акциями), — наиболее распространенная форма компаний.

comparative statements — фин. отчетность, которая составлена по одному принципу на разные даты и поэтому может использоваться для сопоставлений.

comparison — 1) проверка обеспечения кредита с

помощью. обмена информацией между брокерами или между брокером и банком; 2) = comparison ticket.

comparison ticket (sheet) — сопоставительная записка, которой обмениваются фондовые брокеры для проверки деталей сделки перед расчетом.

compensation — компенсация: 1) = countertrade; 2) товарообменные операции на базе одного контракта; см. partial compensation; triangular compensation.

compensation agreements — Intra-European Payments Agreement.

compensation(ing) balance — компенсационный остаток: часть кредита, которую заемщик обязуется держать в банке-кредиторе в качестве гарантии; общепринят остаток в 10% суммы всего кредита плюс 10% использованного кредита (фактически это увеличивает стоимость кредита).

compensation trade = countertrade.

compensatory balance = compensation balance.

Compensatory Financing Facility — система компенсационного финансирования, введенная в МВФ в 1969 г. для помощи странам-членам в покрытии дефицитов платежного баланса в связи с непредвиденным снижением экспорта; с 1981 г. дополнена системой финансирования дефицитов, вызванных ростом стоимости зернового импорта; по каждой из систем можно получить до 83% квоты страны в МВФ, по обеим сразу — до 105%.

competing (competitive) market maker system — форма организации рынка ценных бумаг, при которой группа дилеров-принципалов конкурирует между собой в борьбе за бизнес участников рынка, являющихся агентами клиентов (Великобритания); см. market maker.

Competition and Credit Control — "Конкуренция и кредитный контроль" (Великобритания): пакет предложений Банка Англии по реформе ден.-кредитной политики, принятых в 1971 г.; в рамках реформы учетная ставка Банка Англии была заменена минимальной ссудной ставкой, привязанной к ставке еженедельного предложения казначейских векселей, уничтожен процентный картель клиринговых банков и модифицирована система резервных требований.

competitive bid(ding) — конкурентная заявка: метод эмиссии ценных бумаг, при котором мандат на организацию займа (контракт гарантии) получает банк, предложивший лучшие условия; см. negotiated bid; bought deal; best efforts; non-competitive bid.

competitive devaluation — "конкурентная" девальвация: девальвация с целью повышения конкурентоспособности нац. экспорта.

competitive trader — член фондовой биржи Нью-Йорка, который полностью или частично торгует за свой счет (как принципал).

complete audit — полный аудит: проверка аудитором всего бухг. учета и системы внутреннего контроля (проверяются все доступные факты).

completed — 1) исполненный (о приказе клиента биржевому брокеру); 2) осуществленный (о выпуске ценных бумаг).

completed contract method — метод заключенного контракта: метод бухг. учета, по которому доходы и расходы (в т. ч. налоги) по долгосрочному контракту учитываются в году заключения контракта (кроме убытков); см. percentage-of-completion method.

completed period — завершенный период (напр., фин. год).

compliance department — департамент фондовой биржи (США), наблюдающий за выполнением правил торговли (ценная бумага может быть снята с котировки, а биржевик — отстранен от торговли).

composite currency — составная валюта: валюта, основанная на корзине валют основных торговых партнеров (напр., ЭКЮ).

composite currency unit = composite currency.

composite index — составной индекс (на основе разнородных показателей).

composite index of 12 leading indicators — составной индекс 12 ведущих экон. показателей: ежемесячный индекс министерства торговли США, отражающий движение экон. цикла; см. leading indicators.

composite rate — составная ставка: налоговая ставка, по которой облагаются депозиты брит. строительных обществ (проценты вкладчикам выплачиваются за вычетом базовой ставки в 30%, а государства общества переводят налог по составной ставке примерно в 25%, т. к. часть вкладчиков не должна платить — государству это удобнее, чем брать налог с каждого отдельного вкладчика).

composition agreement — соглашение между Лондонской фондовой биржей и налоговыми органами, по которому биржа взимает гербовый сбор по акциям и делает платежи в гос. бюджет (букв. "составное" соглашение, т. к. многочисленные платежи составляются в один).

compound growth rate — сложный темп роста (за ряд лет); для определения тенденции роста прибыли компании аналитики берут данные за 5 лет.

compound interest — сложные проценты (на процентные доходы также начисляются проценты);

окончательная сумма $A = P\left(1+x\right)^n$, где P — первоначальная сумма, x — ставка процента, выплачиваемая каждый процентный период, n — число процентных периодов.

compound journal entry — сложная бухг. запись (затрагивает три и более счетов).

comprehensive insurance policy — страхование экспорта (экспортного кредита) одновременно от политического и кредитного рисков.

compte courant (Fr.) = current account.

Comptroller of the Currency — валютный контролер (США); см. Office of Comptroller of the Currency.

compulsory bankruptcy — принудительное банкротство, объявление банкротом по суду.

compulsory liquidation — принудительная ликвидация компании (Великобритания): прекращение деятельности компании в случае неплатежеспособности, бездеятельности, падения числа членов до одного, непредставление отчетности и т. д. по решению суда; см. dissolution.

computer aided (assisted) trading — торговля ценными бумагами, валютой и др. фин. инструментами с помощью компьютеров (специальных программ).

Computer Assisted Execution System (CAES) — Компьютерная система выполнения приказов клиента биржевыми брокерами (США): система, созданная в 1981 г., дополняющая систему "НАСДАК" и обеспечивающая автоматическое осуществление и регистрацию сделок; с 1982 г. подключена к Межрыночной торговой системе; см. National Association of Securities Dealers Automated Quotations; Intermarket Trading System.

Computer Assisted Trading System (CATS) — Компьютерная торговая система: система, созданная на фондовой бирже Торонто в 1979 г., автоматически сопоставляющая приказы на куплю-продажу ценных бумаг и выполняющая их по принципу аукциона.

computerized market timing system — компьютеризированная система анализа рыночной конъюнктуры, помогающая выбрать момент заключения сделок.

concentration risk — риск концентрации: риск, связанный с чрезмерной концентрацией бизнеса.

concerted interventions — согласованные интервенции: одновременные вал. операции двух и более центральных банков с целью повлиять на конъюнктуру вал. рынка.

concert party — физ. или юр. лицо, активно сотрудничающее с другими в попытке получить контроль за той или иной компанией путем приобретения ее акций (Великобритания).

concession — концессия (уступка): 1) уступка права пользования гос. собственностью в течение оговоренного срока; 2) вознаграждение банков, организующих продажу новых ценных бумаг (в расчете на одну акцию или облигацию).

Concordat = Basle Concordat.

conditionality — обусловленность кредитов МВФ требованиями к заемщикам проводить определенную экон. политику (конкретные условия зависят от вида кредита).

condominium ownership of an apartment (USA) = flat property.

confirmation — подтверждение; уведомление: 1) сообщение брокером клиенту деталей сделки; 2) документ, который аудитор компании посылает ее клиентам и поставщикам с просьбой проверить платежи и поступления; см. positive confirmation; negative confirmation.

confirmed copy — копия оригинального документа, имеющая все юр. характеристики (подпись, печать).

confirmed letter of credit — подтвержденный аккредитив: банк-эмитент просит корреспондента подтвердить безотзывный документарный аккредитив, т. е. взять обязательство осуществить платеж против предъявления документов (либо эмитент гарантирует аккредитив).

confirmed line = advised line.

confirming bank — подтверждающий банк: банк, который принимает обязательство платить, акцептовать или вести переговоры по данному аккредитиву (помимо банка-эмитента).

confirming house — конфирмационный дом (Великобритания): учреждение, выступающее посредником между иностранными покупателями и местными продавцами; заключает сделки от имени продавца или от своего имени.

conflict of interest — конфликт интересов: ситуация, когда интересы и обязанности кредитно-фин. учреждения не совпадают (напр., интересы могут не совпадать у брокерской фирмы как агента клиентуры и принципала, торгующего фин. инструментами за свой счет).

conglomerate — конгломерат: диверсифицированная корпорация, созданная на основе поглощения разнородных компаний (или с дочерними компаниями в разных отраслях).

conglomerate merger — конгломератное слияние: слияние компаний, не имеющих горизонтальных и вертикальных связей (т. е. из разных отраслей), — форма диверсификации деятельности.

Consensus — Консенсус; = International Agreement on Officially Supported Export Credit.

consideration — 1) ден. выражение фондовой сделки (напр., произведение числа акций и их цены) до уплаты комиссий, гербового сбора, налогов; 2) определенная сумма, уплачиваемая одной стороной сделки другой в обмен на обязательство что-либо сделать (не оформленное юридически).

consignee = грузополучатель.

consignor = грузоотправитель.

consolidated accounts — консолидированный баланс и счет прибылей и убытков корпорации и ее дочерних компаний (группы): фин. результаты деятельности группы на конец отчетного периода.

consolidated annuites = Consols.

consolidated balance sheet = consolidated accounts.

consolidated debt — консолидированный долг: долгосрочный или бессрочный гос. долг.

consolidated financial statement — консолидированная отчетность корпорации и ее дочерних компаний (США); = consolidated accounts.

Consolidated Fund — консолидированный фонд (Великобритания): счет министерства финансов в Банке Англии, на который поступают налоги и с которого осуществляются расходы правительства; образован в 1787 г. в результате консолидации нескольких счетов правительства.

Consolidated Fund standing services — постоянные услуги консолидированного фонда: статья брит. гос. бюджета, предусматривающая расходы, разрешенные специальным законодательством (не требующие ежегодного утверждения парламентом); включает оплату процентов по гос. долгу, расходы на содержание королевской семьи, зарплату судей; см. supply services.

consolidated stock = Consol.

consolidated tape — тикер, который дает информацию по всем сделкам с ценными бумагами, котируемыми на: Нью-Йоркской фондовой бирже — сеть А, на Американской фондовой бирже — сеть Б (система начала действовать в июне 1975 г.).

consolidated tax return — консолидированная (сводная) налоговая отчетность группы аффилированных компаний (США); критерий участия в группе — не менее 80% акций.

consolidation — консолидация: 1) реинвестирование дохода, полученного в результате продажи акций, или всей суммы от их реализации в менее рискованные ценные бумаги (напр., с фикс. доходом); 2) конверсия краткосрочной задолженности в долгосрочную; 3) укрепление рыночной конъюнктуры; 4) консолидация, сведение воедино балансов компаний группы.

consolidation loan — консолидирующий кредит: кредит, который объединяет или рефинансирует др. кредиты или долг (обычно кредит для уменьшения ежемесячных долговых платежей физ. лица).

consolidation patterns — фигуры движения цен (в техн. анализе), сигнализирующие о консолидации тенденции; см. flag; pennant; rectangle; triangle.

Consols — консоли (Великобритания): выпускаемые с XVIII в. правительственные облигации без фикс. срока (но могут быть погашены); имеют годовой доход в 2,5% и обращаются на рынке по ценам, обеспечивающим доход, сопоставимый с доходом по др. гос. облигациям.

consortium — консорциум: 1) банковский консорциум (синдикат): группа банков, принимающих участие в предоставлении кредита или организации облигационного займа; 2) ассоциация независимых компаний для осуществления какого-либо проекта.

consortium bank — консорциальный банк: самостоятельный банк, принадлежащий двум и более кредитным учреждениям (обычно нескольких стран), причем доля каждого из них, как правило, не превышает 50%; появились в основном после 1964 г. для операций на евровалютном рынке.

constant dollar plan — форма наращивания капиталовложений путем инвестирования фикс. суммы в долларах через регулярные промежутки времени; при повышении цен инвестор покупает меньше акций, чем при более низких ценах, поэтому суммарные издержки ниже, чем при покупке фикс. числа акций (США).

constant dollars (C $) — постоянные доллары: доллары базового периода, используемые для определения реальной покупательной способности (единица измерения покупательной способности).

construction loan — строительный кредит: кредит на строительство или реновацию зданий под обеспечение земельным участком и зданием.

constructive receipt date — дата получения права на дивиденд или др. доход (даже если доход фактически не получен), используемая для целей налогообложения (США).

consular invoice (CI) — консульский счет-фактура: форма счета-фактуры, законность которого удостоверяется консулом в стране-импортере для подтверждения происхождения товара (используется в Латинской Америке).

consumer bank = nonbank bank.

consumer credit — потребительский кредит: формы заимствований населения для приобретения потребительских товаров (кредитные карточки, оплата товаров в рассрочку); в Великобритании регулируется законом 1964 г.

consumer debenture — потребительская облигация, выпускаемая фин. учреждением для продажи широкой публике (США).

consumer finance company — потребительская фин. компания (США): фин. компания, кредитующая физ. лица; см. finance company 2.

consumer goods — потребительские товары: товары для личного, семейного потребления.

consumer price index (CPI) — индекс потребительских цен: показатель изменения цен потребительских товаров по определенному набору (также называется индексом стоимости жизни); см. consumer goods.

consumption tax = value-added tax.

contagion risk — "риск заразиться": риск того, что проблемы дочерних или ассоциированных компаний перекинутся на материнскую компанию.

contango (Cgo) — контанго: 1) отсрочка платежа за купленные акции на Лондонской фондовой бирже до следующего расчетного периода; 2) процентная ставка, уплачиваемая "быком" за отсрочку платежа по покупке; см. backwardation; 3) процентная ставка, получаемая "медведем" при отсрочке платежа, если "быков" больше, чем "медведей"; в противном случае он платит "бэквардейшн"; 4) ситуация, когда фьючерсные цены возрастают с увеличением сроков сделок; 5) расходы, которые следует учитывать в фин. прогнозах.

contango day — день контанго: первый день расчетного периода на Лондонской фондовой бирже (последний день, когда можно организовать контанго); см. account day.

continental depositary receipt (CDR) — континентальная депозитная расписка: инструмент торговли акциями компаний США, Японии и Великобритании в Западной Европе.

Continental Illinois — Континентл Иллинойс: в прошлом крупнейший чикагский банк; в 1982 г. понес большие потери в связи с банкротством банка Пенн скуэр, а в мае 1984 г. в результате массового изъятия вкладов его пришлось спасать Федеральной корпорации страхования депозитов.

contingency reserve — резерв на случай непредвиденных обстоятельств.
contingent liabilitiy = off-balance-sheet liability.
contingent order — условный приказ: 1) приказ клиента брокеру купить или продать ценные бумаги, который должен быть исполнен только после выполнения др. приказа; 2) приказ продать ценные бумаги с условием использования выручки для покупки др. бумаг (могут быть указаны пределы цен).
contingent swap = option swap.
continuation — скидка с комиссионного вознаграждения фондового брокера в случае нескольких покупок акций одной компании в течение ограниченного периода времени (в Великобритании до отмены минимальных комиссий) — комиссия взималась по более низкой ставке с общей суммы нескольких сделок.
continuation day = contango day.
continuously-offered-long-term securities (COLTS) — разновидность долгосрочных облигаций с нулевыми купонами на базе казначейских бумаг США, выпускаемых на регулярной основе ("КОЛЬТС" — "жеребята").
continuous net settlement (CNS) — постоянные нетто-расчеты: метод клиринговых расчетов по ценным бумагам с использованием клиринговой палаты и депозитария ценных бумаг; сделки зачитываются относительно всего портфеля бумаг данного инвестора и постоянно выявляется нетто-позиция.
continuous tender panel (CTP) — форма размещения евронот, при которой евроноты, не размещенные банком-агентом, забирают участники специально созданного аукциона пропорционально своим обязательствам поддержки.
contra account — контрсчет: балансирующий счет, на котором накапливаются средства для последующего вычета из суммы основного счета (напр., счет амортизации, резервы на покрытие сомнительных операций); избавляет от необходимости постоянных вычетов.
contra broker — контрброкер: брокер на др. стороне сделки.
contract — 1) контракт: устное или письменное соглашение, по которому одна из сторон берет обязательство что-либо сделать для др. стороны на определенных условиях; 2) единица торговли на срочных биржах (стандартное соглашение о купле-продаже товара).
contract bond = performance bond.
contract date = trade date.
contract grade — конкретный тип товара или фин. инструмента в основе срочного контракта; указывается в спецификации контракта и при необходимости должен быть поставлен; = deliverable name.
contract market = futures market.
contract month — контрактный месяц: месяц поставки по фьючерскому контракту (предоставления соответствующего фин. инструмента или товара), т. е. месяц истечения его срока.
contract note — контрактное уведомление: уведомление, посылаемое брокером клиенту в подтверждение совершения какой-либо сделки в пользу последнего.
contractor loan — кредит строительному подрядчику на финансирование оборотного капитала (материалов, зарплаты).
contractual plan — контрактный инвестиционный план (США): программа инвестирования фикс. сумм в акции взаимных фондов путем регулярных взносов в течение 10—15 лет; такие фонды называются "плановыми" компаниями; см. plan company.
contractual restrictions — контрактные ограничения: ограничительные условия, изложенные в соглашении (напр., ограничение свободы обращения векселей в форфэтинге).
contractual saving — контрактная система сбережений (населения): система сбережений на основе контракта между трудящимися и сберегательным институтом (в т. ч. страховой полис, пенсионная программа).
contrarian — инвестор, который действует вопреки общим настроениям рынка.
contributed capital — внесенный (оплаченный) капитал.
contribution — участие: участие в выплате страхового вознаграждения в случае покрытия риска несколькими страховщиками (законом запрещено получать возмещение по нескольким полисам сверх реального убытка, и страховщики участвуют в расходах в определенной пропорции).
controlled commodities — контролируемые товары (США): товары, срочная торговля которыми регулируется законом о товарных биржах 1926 г.
controller (comptroller) — контролер, главный бухгалтер компании (США).
controlling interest — контрольный пакет акций: участие в капитале компании, обеспечивающее контроль за ее деятельностью; считается, что контроль даст более 50% акций, но при наличии большого числа мелких акционеров (иногда сотен тысяч) для эффективного контроля обычно достаточно 20—30%.
control person = affiliated person.
control stock — участие в капитале компании, дающее контроль за ее деятельностью; = controlling interest.
convention — конвенция, соглашение (напр., об унификации ставок комиссий по банковским операциям).
conventional options — обычные опционы (в отличие от свободнообращающихся опционов не могут быть перепроданы и не имеют стандартных условий); см. traded options.
convention mortgage — обычная ипотека на жилой дом в США (без гос. гарантии); как правило, такие кредиты имеют фикс. процентную ставку, сроки до 30 лет и погашаются ежемесячными взносами; выдаются банком и ссудо-сберегательными ассоциациями.
convergence — 1) сближение срочных и наличных цен по мере приближения срока исполнения

срочного контракта; 2) сближение систем банковского регулирования.

conversion — конверсия: 1) конверсия займа: выпуск займа для замещения существующего (обычно в целях снижения издержек); 2) обмен облигаций на акции эмитента; 3) возобновление среднесрочного банковского кредита; 4) вал. конверсия: обмен одной валюты на другую; 5) арбитражная стратегия, заключающаяся в покупке форвардного контракта с одновременным открытием "короткой" "синтетической" позиции по опционам (покупка "пут" и продажа "колл"); см. synthetic position.

conversion issue — конверсионный выпуск (ценных бумаг): выпуск облигаций для замены займа с истекающим сроком или акций для обмена на конвертируемые облигации (общая сумма привлеченных средств не увеличивается).

conversion parity — конверсионный паритет: цена акций, по которой конвертируемые облигации обмениваются на акции того же эмитента.

conversion premium — конверсионная премия: сумма, на которую цена конверсии конвертируемых облигаций превышает текущую цену акций (при незначительном уровне премии облигация обращается практически как акция); см. conversion issue.

conversion price — цена конверсии: цена, по которой облигации могут быть обменены на акции того же эмитента.

conversion ratio — конверсионное соотношение: фикс. число акций, на которое может быть обменена конвертируемая облигация (привилегированная акция).

conversion rights — конверсионные права: условия, на которых владелец ценной бумаги может обменять ее на другую.

conversion stocks — облигации брит. правительства, выпущенные для замещения более ранних займов.

conversion value — конверсионная стоимость: 1) цена акций, по которой могут быть обменены конвертируемые облигации; 2) стоимость, созданная путем превращения одной формы собственности (актива) в другую (их обмена).

convertibility — конвертируемость: 1) вал. обратимость: свобода обмена одной ден. единицы на другую по рыночному или официальному вал. курсу (подразумевается отсутствие вал. ограничений); в период золотого стандарта — разменность валюты на золото по фикс. цене; см. Article 8; external convertibility; full convertibility; 2) конвертируемость одних ценных бумаг в другие (напр., облигаций в акции); см. convertible bonds.

convertible adjustable preferred stocks (CAPS) — привилегированные акции с плавающей ставкой дивиденда и опционом конверсии в обыкновенные акции (введены в США в 1983 г.); обращаются на вторичном рынке по ценам близким к номинальным.

convertible bonds — облигации, которые по желанию инвестора могут быть конвертированы в акции (по фикс. цене).

convertible currency — конвертируемая валюта: валюта, которая может быть свободно обменена на другие на рынке при отсутствии в данной стране ограничений по крайней мере по текущим операциям; см. hard currency 3; soft currency 2.

convertible loan stocks = convertible bonds.

convertible preferred stocks — привилегированные акции, которые в определенных условиях и в оговоренной пропорции могут быть обменены на обыкновенные акции.

convertibles = convertible securities.

convertible securities (Cvs) — ценные бумаги корпораций (облигации или привилегированные акции), которые могут быть обменены на другие (как правило на обыкновенные акции) по фикс. цене или в фикс. пропорции.

conveyance — 1) передача собственности одним лицом другому; 2) юр. документ о передаче собственности.

Cooke Committee = Committee on Banking Regulation and Supervisory Practices.

cook the books — подтасовать бухг. данные для создания неправильного впечатления о делах компании.

cooling-off period — 1) = waiting period; 2) период, в течение которого профсоюз не имеет права объявлять забастовку, а работодатель — производить увольнения.

cooperative (co-operative, Co-op) — кооператив: организация, принадлежащая своим членам и призванная обслуживать их (банк, потребительское общество, жилищный кооператив).

cooperative bank — кооперативный банк: кредитный институт на кооперативной основе.

cooperative financing facility (CFF) — программа, по которой Экспортно-импортный банк США финансирует американский экспорт совместно с иностранными кредитными институтами (обычно в равных долях).

Cooperative Transit Bank (Genossenschaftliche Transit Bank) — Кооперативный транзитный банк (Рига): банк всероссийских кооперативных союзов, обслуживавший в 20—30-х годах торговлю, проходившую через Прибалтику.

Coordinating Committee for East — West Trade Policy (COCOM) — Координационный комитет для торговой политики Восток — Запад (КОКОМ): комитет 15 развитых стран — членов НАТО (включая Турцию) для регулирования торговли со странами с централизованной плановой экономикой (создан в 1950 г.); публикует списки запрещенных к экспорту товаров.

co-ownership — совместная собственность двух и более лиц; каждое лицо сохраняет права на свою часть, но весь объект собственности может быть продан только с согласия всех сторон.

Copy (Copey) — "Коупи": датская крона (жарг.

вал. дилеров); от названия столицы Дании Копенгагена.

corbeille — "корзина" (франц.): традиционное место заключения сделок в торговом зале Парижской фондовой биржи (место сбора брокеров и дилеров), см. ring 2; pit.

core capital — "сердцевинный" капитал: основная часть собственных средств ("капитальной базы") банка, включающая обыкновенные акции и резервы, образованные за счет нераспределенного остатка прибыли (по методологии Базельского комитета); см. supplementary capital.

corner — "корнер" ("угол"): 1) ситуация на бирже, когда один или группа членов контролируют определенные товары или фин. инструменты в масштабах, достаточных для манипулирования ценами (что запрещено законом); 2) = ramping.

corporate bond — корпорационная облигация (в отличие от гос. или муниципальной); в США такие облигации имеют номинал в 1 тыс. долл., облагаются налогом, погашаются одной суммой и обращаются на биржах.

corporate card = company card.

corporate debt securities — облигации, выпущенные корпорациями.

corporate doctor = company doctor.

corporate equivalent yield — доходность гос. облигаций, приведенная к эквивалентной доходности корпорационных облигаций, т. е. с учетом налога (США).

corporate finance — корпорационные финансы: термин, обозначающий совокупность вал.-кредитных операций торгово-промышленных корпораций (различные методы финансирования, управления ликвидностью, защиты от рисков).

corporate income fund (CIF) — паевой инвестиционный фонд с фикс. портфелем первоклассных ценных бумаг и др. фин. инструментов (США); сходен с фондом ден. рынка; см. money market (mutual) fund.

corporate insider = insider.

corporate issue — ценная бумага корпорации (акция или облигация).

corporate member — корпорационный член компании: 1) акционер, который сам является корпорацией; 2) в Великобритании — член фондовой биржи или акционер фирмы-члена, которые имеют статус акционерной компании.

corporate shell = shell corporation.

corporate venturing — создание и финансирование новых предприятий промышленными корпорациями; см. venture capital.

corporation (Corp) — корпорация: 1) в США — акционерная компания с ограниченной ответственностью; 2) в Великобритании — местный орган власти.

corporation tax — корпорационный налог: налог, взимаемый с прибыли корпорации (за определенный период); см. advance corporation tax; mainstream corporation tax.

corpus — тело (лат.): 1) собственность в руках попечителей; 2) основная сумма или капитал в отличие от дохода.

correction — коррекция: обратное движение цены или индекса (обычно снижение) — выправление тенденции (исправление отклонения) движения конъюнктуры.

correspondent — корреспондент: фин. институт, который регулярно оказывает др. институту услуги на своем рынке.

correspondent bank — банк-корреспондент: банк — агент др. банков (обычно иностранных), с которыми заключено соответствующее соглашение; выполняет определенные услуги на своем рынке.

correspondent banking — банковская деятельность на основе корреспондентских отношений: обмен информацией, проведение расчетов, совершение сделок по поручению (наличие сети корреспондентов освобождает от необходимости создания заграничных отделений).

corset — "корсет": система дополнительных специальных депозитов (supplementary special deposits scheme) в Банке Англии в 1973—1980 гг. (помещение избыточной банковской ликвидности на беспроцентные счета для ограничения кредитной экспансии).

co-signor — лицо, поставившее подпись на документе и делящее с другими подписавшимися ответственность.

cost accounting — учет издержек: коммерческий расчет (система учета производственных издержек).

cost and freight (C & F) — стоимость и фрахт: условие внешнеторгового контракта, означающее, что экспортер несет расходы по доставке товара в порт отгрузки, погрузке и фрахту до порта назначения, а страхование груза оплачивается импортером.

cost averaging = constant dollar plan.

cost basis — первоначальная цена актива, используемая при расчете прироста капитала (обычно покупная цена).

cost-benefit analysis — анализ издержек и прибыли: оценка эффективности инвестиционного решения путем сопоставления издержек и возможной прибыли.

cost, insurance, freight (CIF) — стоимость, страхование, фрахт (СИФ): условие контракта, означающее, что экспортер несет расходы по доставке товара в порт отгрузки, его страхованию, погрузке и фрахту до порта назначения; импортер оплачивает оговоренную цену товара после предъявления через банк документов (коносамента, страхового полиса, счета-фактуры).

cost of capital — стоимость капитала: стоимость фин. ресурсов, используемых в результате принятия инвестиционного решения.

cost of living index = consumer price index.

cost of carry — издержки по поддержанию инвестиционной позиции.

cost of living adjustment (COLA) — учет роста стоимости жизни: автоматическое повышение заработной платы при росте стоимости жизни (обычное условие трудовых соглашений).

cost records — 1) учет цен, по которым приобретены ценные бумаги для расчета прироста капитала; 2) документы, подтверждающие различные виды производственных издержек.

côte officielle — официальная котировка (франц.): курс ценной бумаги, которая допущена к котировке на Парижской фондовой бирже.

COUGARs — разновидность облигаций с нулевыми купонами.

coulisse — "кулиса" (франц.): неофициальный рынок при Парижской фондовой бирже; деление на официальный и неофициальный рынки существовало до 1962 г., когда они были слиты; см. parquet.

Council for Mutual Economic Assistance (CMEA, COMECON) — Совет экономической взаимопомощи (СЭВ): организация экономического сотрудничества восточноевропейских и ряда др. государств (создана в 1949 г.).

Council of Economic Advisors (CEA) — Совет экономических советников, назначаемый президентом США для помощи в разработке экон. политики.

Council of Foreign Bond Holders — Совет держателей иностранных облигаций: организация владельцев неоплаченных облигаций (в основном в связи с войнами и революциями), существовавшая в Великобритании в 1868—1988 гг.

Council for Securities Industry (CSI) — Совет индустрии ценных бумаг (Великобритания): негос. орган надзора и регулирования рынков ценных бумаг (создан в 1978 г.); в совете представлены все основные ассоциации и органы саморегулирования кредитно-фин. институтов, Совет фондовой биржи (Council of the Stock Exchange), Конфедерация британской промышленности.

Council of the Stock Exchange — Совет фондовой биржи (Великобритания): руководящий орган Лондонской фондовой биржи (56 членов); публикует правила торговли ценными бумагами в Великобритании и Ирландии; включает постоянные комитеты по котировке бумаг, членству, расчетам, техн. услугам; см. London Stock Exchange.

counterfeit money — поддельные (фальшивые) деньги.

counterfoil — корешок чека, остающийся в чековой книжке.

countermand — отменить приказ клиента биржевику.

counterpurchase — "контрпокупка": товарообменная операция на базе двух контрактов; см. parallel deal; gentlemen's agreement 1.

countertrade — "коунтертрейд", встречная торговля: товарообменные операции (оплата поставки одних товаров производится полностью или частично др. товарами); см. compensation 2.

countertrade premium — товарообменная премия: разница между ценой товара, получаемого в порядке компенсации поставки, и ценой этого товара при его переуступке конечному потребителю.

countervailing credit (UK) = back-to-back credit.

countervailing duty — компенсирующая таможенная пошлина: пошлина, компенсирующая акцизный сбор (чтобы импортные и отечественные товары были в равном положении).

country bank — провинциальный банк (Великобритания): самостоятельный коммерческий банк, обслуживающий конкретный район; в результате слияния с крупными клиринговыми банками такие банки перестали существовать в первой половине XX в.

country debt provisioning matrix — матрица (система) для определения резервов по суверенным долгам, разработанная Банком Англии.

country exposure — суммарный объем кредитов за вычетом гарантий и обеспечения, предоставленных заемщикам одной страны: ден. оценка "странового" риска.

country lending limit — страновой кредитный лимит: максимальная сумма, на которую банк в принципе готов предоставить кредит всем заемщикам данной страны; см. legal lending limit.

country risk = sovereign risk.

country risk analysis — анализ "странового" ("суверенного") риска (определение его уровня с помощью специальной модели и набора показателей); см. sovereign risk.

coupon (Cpn) — купон: 1) отрезная часть ценной бумаги на предъявителя (сертификата акции, облигации), обмениваемая на дивиденд или процентный доход (к бумаге может быть прикреплен купонный лист, заменяемый по мере израсходования на новый); 2) доход по ценной бумаге.

coupon bond — купонная облигация: облигация на предъявителя, доход по которой выплачивается с помощью отрезных купонов (раз в полгода предъявляется для оплаты эмитенту или его агенту).

coupon collection — инкассация купона: обмен купона с наступившим сроком оплаты на наличные.

coupon sheet — купонный лист: лист отрезных купонов, прилагаемых к ценным бумагам на предъявителя.

coupon-stripping — отделение купонов: превращение обыкновенных облигаций в бумаги с нулевыми купонами путем отделения (секьюритизации) купонов от основной суммы облигаций и раздельной торговли ими в качестве самостоятельных ценных бумаг.

coupon swap = plain vanilla swap.

coupon switch — купонный "свитч": "переброска инвестиций из одних ценных бумаг в другие с целью воспользоваться возможностью немедленного получения прибыли; см. switch 2.

coupon yield — купонный доход: доход по облигации, обозначенный на купоне.

courtage — куртаж, комиссия (франц.): комиссионное вознаграждение брокера за проведение операции с ценными бумагами; = brokerage; commission.

courtier — куртье, биржевой дилер или брокер (франц.); первоначально (до 1962 г.) — только дилер неофициального рынка ("кулисы"); = agent de change; broker 1, stockbroker.

covenant — договор, условие или статья договора: условие в кредитном соглашении, которое заемщик обязуется выполнить (предоставить обеспечение, воздержаться от определенных действий и т. д.); обычно призвано защищать интересы кредитора.

cover (C'vr) — покрытие: 1) = closing out; 2) зачет "короткой" позиции покупкой ценных бумаг или фьючерского контракта; 3) = dividend cover; 4) покрытие вал. риска; см. cash cover; 5) = collateral; 6) покрытие фикс. выплат по обязательствам из доходов компании; 7) нетто-активы компании в расчете на одну акцию или облигацию.

covered bear — "покрытый медведь"; спекулянт, продающий ценные бумаги ("играющий на понижение"), которые у него есть в наличии; см. bear.

covered call write — покрытая продажа опциона "колл" на акции: опционный контракт, обеспеченный акциями в руках продавца.

covered option — покрытый опцион: опцион, обязательства продавца которого покрыты противоположной наличной или фьючерской позицией.

covered writer — продавец покрытых опционов: владелец фин. инструмента, который продает на него опционы "колл".

covered writing — покрытая продажа опциона: обычно подразумевается продажа опциона "колл" при наличии равной или более крупной наличной позиции по тому же фин. инструменту ради получения премии; см. covered option.

covering option — покрывающий опцион: покупка ценных бумаг для покрытия "короткой" продажи (закрытия позиции).

covering transaction — сделка покрытия: сделка для покрытия риска или обязательств по "короткой" продаже.

cover ratio — коэффициент покрытия обязательств (пассивов) собственными средствами (капиталом).

cover shorts — покрывать "короткие" позиции: покупать акции для замены позаимствованных или проданных в надежде на падение конъюнктуры.

crawling peg — "ползущая привязка": система фиксации уровня вал. курса с регулярным его изменением на определенную величину; см. adjustable peg.

crash — биржевой крах: резкое падение биржевой конъюнктуры (цен акций), приводящее к значительным убыткам участников рынка и инвесторов.

credit (CT) — кредит: 1) сделка ссуды (кредитор предоставляет заемщику на фикс. срок наличную сумму или соглашается на отсрочку платежа за товар за вознаграждение в форме процента); предполагает возможность получить ден. сумму на условиях возвратности; 2) приходная часть бухг. книг; запись (проводка) поступившей суммы в кредит; 3) аккредитив.

credit agreement — кредитное соглашение: соглашение между банком и клиентом о предоставлении кредита или кредитной линии.

credit analyst — кредитный аналитик: сотрудник, который анализирует фин. положение физ. или юр. лица для определения его платежеспособности, устанавливает рейтинги ценных бумаг.

crédit-bail — лизинг (франц.); = leasing.

credit balance — кредитовый (положительный) остаток на счете.

credit card (CC) — кредитная карточка: документ в виде пластиковой пластины (с именем, подписью, кодовым номером владельца), позволяющий приобретать товары и услуги в кредит; платежи списываются со счета клиента по истечении нескольких недель (на это время предоставляется кредит); по каждой карточке установлена предельная сумма платежей; см. Biggins, John; plastic card.

credit clearing — кредитный клиринг (Великобритания): система, введенная в Лондонской клиринговой палате в 1960—1961 гг. и позволяющая кредитовать счет в любом клиринговом банке через любой др. клиринговый банк; с 1985 г. — в составе самостоятельной компании Cheque and Credit Clearing Co.

credit controls — кредитный контроль: официальные ограничения кредитования — лимиты кредитования определенных отраслей или категорий заемщиков, роста объема кредитов, а также "потолки" процентных ставок; в развитых странах уступает место рыночным методам ден.-кредитного регулирования.

credit crunch = credit squeeze.

credit history — досье заемщика, сведения о выполнении им обязательств по кредитам (для оценки риска при предоставлении нового кредита); в Великобритании такие данные собираются двумя специализированными компаниями, которые продают их всем желающим.

credit insurance — кредитное страхование: страхование продаж товаров в кредит, а также экспортных кредитов (от риска неплатежа).

credit interest — кредитные проценты: проценты, выплачиваемые банком по депозитам клиентов (т. к. в бухг. учете депозиты заносятся в кредит).

credit limit — кредитный лимит: лимит кредитования любого индивидуального заемщика или конкретная кредитная линия; см. bank line.

credit line = bank line.

credit multiplier = multiplier 2.

creditor — кредитор: физ. или юр. лицо, которому др. лицо должно вернуть определенную сумму денег или собственность.

creditor nation — страна-кредитор: страна, имеющая активный платежный баланс, экспортер капитала.

creditor ranking — ранжирование кредиторов (в случае банкротства компании).

creditor's committee — кредиторский комитет: комитет, который представляет интересы фирм, имеющих претензии к компании, находящейся в сложном положении или обанкротившейся.

credit overdrawing — овердрафт: превышение кредитного лимита.

credit policy — кредитная политика: ограничения на заимствования и кредитование с целью воздействовать на темпы роста экономики (в отличие от экон. методов ден.-кредитной политики); см. monetary policy.

credit rating = rating 1.

credit reference = credit history.

credit reins — "кредитные вожжи": инструменты ден.-кредитной политики (обязательные резервы, учетная ставка, операции на ден. рынке); см. monetary policy.

credit risk — кредитный риск: риск невыполнения плательщиком или заемщиком своих обязательств (напр., в результате банкротства).

credit sale = instalment credit.

credit scoring system — система рейтинга заемщиков по их платежеспособности; см. rating 1.

credit secured by collateral — кредит, обеспеченный ценными бумагами, товарами или недвижимостью.

credits mixtes (Fr.) = mixed credits.

credit solvency = creditworthiness.

credit squeeze — 1) "сжатие кредита": мероприятия государства по ограничению кредита потребителям (прямые ограничения на банковские кредиты, увеличение наличного взноса при покупках в рассрочку, сокращение сроков выплаты кредита) для предотвращения "перегрева" экономики; 2) ситуация в экономике, характеризующаяся высоким уровнем процентных ставок и трудностями с получением кредитов.

credit spread — кредитный спред: разница в стоимости двух опционов, когда стоимость проданного выше стоимости купленного; см. debit spread.

credit tranches — кредитные транши (МВФ): МВФ обычно предоставляет странам-членам средства (на сроки 3—5 лет для финансирования дефицитов платежных балансов) в размере четырех кредитных долей (траншей), каждая из которых равна 25% квоты страны, с более жестким контролем для каждой последующей доли.

credit transfer — кредитный перевод (жиро): форма платежа, при которой заполняется специальный бланк с именем получателя перевода и названием его банка, бланк передается в банк плательщика, а затем проводится списание с одного счета на другой (альтернатива платежам чеками и наличными).

credit union — кредитный союз: кооператив, принимающий вклады членов и предоставляющий им потребительский кредит; члены союза обычно связаны местом работы или жительства, участием в одном профсоюзе (США, Канада); может предоставлять полный набор банковских услуг на льготных условиях.

creditworthiness — платежеспособность: оценка возможности заемщика погасить кредит; показателем платежеспособности является кредитный рейтинг; см. rating 1.

cross = 1) cross rate; 2) crossing.

cross-border leasing — международный лизинг: лизинг машин и оборудования иностранным компаниям.

cross-currency interest rate swap — вал.-процентный своп: обмен обязательств по плавающей ставке в одной валюте на обязательства по фикс. ставке в др. валюте.

cross-default — "перекрестное" невыполнение обязательств: невыполнение одного кредитного соглашения, автоматически ведущее к невыполнению другого.

crossed check — кроссированный чек: чек, который в результате добавления двух параллельных полос имеет ограничения по оплате; см. general crossed check; special crossed check.

crossed sale = crossed trade.

crossed trade — кроссированная сделка с ценными бумагами: зачет приказов купить и продать ценные бумаги без регистрации на бирже (это лишает инвестора возможности заключить сделку на более благоприятных условиях); данная практика запрещена на крупнейших биржах США.

cross hedge — "кросс-хедж", перекрестное хеджирование: хеджирование при помощи наиболее близкого фин. инструмента при отсутствии фьючерского или опционного контракта на данный инструмент.

crossing — кроссирование: одновременная покупка и продажа через одного брокера одного и того же пакета акций или др. фин. инструментов; обязательно проводится на рынке (бирже), и др. брокеры и дилеры имеют право принять участие в сделке.

cross-listing — "кросс-листинг": котировка ценной бумаги одновременно на нескольких фондовых биржах, в т. ч. разных стран.

cross parity — кросс-паритет: взаимный курс двух валют ЕВС, рассчитанный через их курсы к ЭКЮ.

cross rate — кросс-курс: курс одной валюты к другой, рассчитанный через их курсы к третьей валюте (обычно доллару США); различия между прямыми и кросс-курсами нивелируются вал. арбитражем.

crowd — "толпа": биржевые дилеры и брокеры, собирающиеся в определенном месте торгового зала для заключения сделок по конкретным фин. инструментам или выполняющие особые функции.

crowding out — "вытеснение": крупные заимствования государства, ограничивающие заимствования компаний через взвинчивание процентных ставок (могут способствовать снижению деловой активности).

crown — крона: монета в 5 шиллингов в Великобритании до введения десятичной системы.

crown-jewel option — "вариант драгоценностей

короны": политика угрозы продажи наиболее ценных дочерних компаний в случае попытки "враждебного поглощения" корпорации (такая продажа сделает поглощение бессмысленным); см. crown jewels; hostile take-over.

crown jewels — "драгоценности короны": наиболее привлекательные подразделения, дочерние компании корпорации (с точки зрения активов, деловых перспектив); обычно являются главной целью при поглощениях.

Crown loan — ссуда до востребования, предоставленная лицом с высоким доходом лицу с низким доходом (родственнику, ребенку) для инвестирования и получения прибыли на разнице в ставках налога (впервые использована промышленником из Чикаго Г. Крауном); в США до 1984 г. такие ссуды могли быть беспроцентными (теперь — по рыночным ставкам или с уплатой налога на дарения).

Cruzado Plan — "План Крузадо" (Бразилия): стабилизационная программа, включающая замену крузейро на новую ден. единицу (крузадо).

cum — с, включая (лат.): термин, указывающий на то, что покупатель ценной бумаги по данной цене имеет право на очередной дивиденд, процентный платеж, приобретение новых бумаг того же заемщика; см. cum all; cum bonus (capitalization); cum dividend; cum drawing; cum interest; cum rights.

cum all — "включая все права": обозначение цены акции, покупка по которой дает все права, имевшиеся у прежнего владельца.

cum bonus (capitalization) — "включая право на бесплатное получение акций, выпускаемых в порядке капитализации резервов": обозначение цены акции, покупка по которой дает указанное право; см. scrip issue.

cum dividend (cum div; C.div) — "включая дивиденд": обозначение цены акции, покупка по которой дает право на получение очередного дивиденда (до выплаты дивиденда должно быть не менее 2—4 недель).

cum drawing — "включая право на выгоду от розыгрыша очередности погашения долга": обозначение цены ценной бумаги, покупка по которой дает указанное право; см. drawing 1.

cum interest — "включая текущие процентные выплаты": обозначение цены ценной бумаги, покупка по которой дает право на получение текущих процентных выплат.

cum new = cum bonus.

cum rights — " включая право на покупку новых акций, предназначенных для продажи существующим акционерам": обозначение цены акции, покупка по которой дает указанное право; см. rights issue.

cumulative preference share — кумулятивная привилегированная акция, дающая право не только на текущий, но и на не выплаченный по тем или иным причинам ранее (до распределения прибыли между обыкновенными акциями) дивиденд; см. accumulatied dividend.

cumulative preferred stock (USA) = cumulative preference share.

cumulative voting — кумулятивное голосование акционеров (США): разновидность голосования при выборах директоров компании, позволяющая акционеру суммировать свои голоса по всем выборным должностям и отдавать их в любой пропорции (напр., владелец 10 акций при выборах 3 директоров имеет в сумме 30 голосов и может отдать их все одной кандидатуре).

curb (on the) = curb market.

Curb Exchange — "Керб иксчендж" ("Уличная биржа"): историческое название Американской фондовой биржи (до 1953 г.); см. American Stock Exchange.

curb market — "рынок на обочине": торговля ценными бумагами вне фондовой биржи, внебиржевой рынок (в прошлом такая торговля велась на улице около биржи).

curb trading — 1) = curb market; 2) на рынке фин. фьючерсов и опционов — заключение сделок после официального закрытия.

currency (C; су) — 1) валюта, ден. единица; 2) деньги в обращении; 3) срок (напр., векселя).

currency arbitrage — вал. арбитраж: одновременные операции на нескольких рынках или с разными фин. инструментами с целью получить прибыль в результате несогласованных колебаний вал. курсов.

currency basket index — индекс вал. корзины: индекс, рассчитываемый на основе корзины валют основных торговых партнеров по специальной формуле, — синтетический показатель внешней конкурентоспособности экономики.

currency clause — вал. оговорка: условие внешнеторгового контракта, фиксирующее курс валюты с целью защиты от вал. риска.

currency coupon swap = cross-currency interest rate swap.

currency fund — вал. фонд: учреждение, специализирующееся на помещении средств небольших инвесторов в активы в различных валютах.

currency futures — вал. фьючерсы: срочные биржевые сделки (и сами контракты) на фикс. сумму в иностранной валюте на срочной бирже; используются главным образом для минимизации вал. риска и спекуляции.

currency in circulation — бумажные деньги и монета в обращении (часть ден. массы).

currency option — вал. опцион: опцион, объектом которого является некоторая сумма в иностранной валюте (напр., контракты на шесть валют против долларов, которыми с 1982 г. торгуют на Фондовой бирже Филадельфии).

currency option clause — оговорка о вал. опционе: условие облигационного займа, позволяющее использовать для платежей несколько валют.

currency snake = snake; snake in the tunnel.

currency swap — 1) вал. своп: обмен долгосрочными кредитными обязательствами в одной валюте на равные обязательства в др. валюте (учитываются и проценты, и основная сумма; ставки фиксированные); 2) = swap arrangement.

currency warrant — вал. варрант: облигационный варрант, дающий право на покупку дополнительных ценных бумаг того же заемщика в др. валюте (купон и цена этих бумаг фиксируются при эмиссии основных облигаций).

current account (A/c; C/a) — 1) текущий платежный баланс: часть платежного баланса страны, включающая торговый баланс, экспорт и импорт услуг, односторонние переводы, проценты и др. доходы по заграничным инвестициям (в США в последние включаются услуги); 2) текущий счет: тип банковского счета, позволяющий выписывать чеки (до востребования, беспроцентный).

current account credit = overdraft.

current assets — текущие оборотные активы; = working assets.

current assets ratio = current ratio.

current coupon bond — облигация с купоном в пределах 0,5% от текущего уровня процентных ставок.

current liabilities — текущие обязательства (пассивы): обязательства со сроками обычно менее 1 года (овердрафт и др. краткосрочные заимствования).

current market value (CMV) — текущая рыночная стоимость инвестиционного портфеля (по текущим ценам).

current maturity — текущий срок до погашения: срок, который остался до погашения ценной бумаги (от данного момента).

current production rate — максимальная процентная ставка по ценным бумагам, обеспеченным пулом ипотек ГНМА; обычно на 0,5% ниже текущей ипотечной ставки; см. Government National Mortgage Association.

current ratio — отношение текущих (оборотных) активов к текущим пассивам компании: показатель достаточности оборотного капитала и стабильности деятельности компании (достаточным считается, как правило, отношение 2:1).

current return (USA) = yield.

current value accounting = mark-to-market accounting.

current yield = flat yield.

cushion — "подушка", защитный период: период между датой выпуска ценной бумаги и первой датой возможного погашения займа.

cushion bond — "облигация с подушкой": облигация с купоном выше текущих рыночных ставок и продаваемым с премией; стоимость таких облигаций в меньшей мере зависит от текущего уровня цен.

cushion theory = short interest theory.

CUSIP number — число "КЬЮСИП": компьютеризированный номер, присваиваемый в США с 1970 г. каждой ценной бумаге для облегчения ее идентификации (по англ. аббревиатуре соответствующего комитета; см. Committee on Uniform Securities Identification Procedures).

custodial (custody) account — счет, который родители открывают несовершеннолетнему в брокерской фирме (сделки с ценными бумагами совершаются с согласия попечителей).

custodian bank — банк, принимающий на хранение ценности или управляющий активами инвестиционного треста.

custodianship (custody) account = safe custody account.

customer's loan consent — согласие клиента на использование фондовым брокером его ценных бумаг для покрытия сделок.

customer's man = registered representative.

customer's net debit balance — нетто-дебетовый остаток клиента: суммарный кредит, предоставленный фондовым брокером клиенту для покупки ценных бумаг (США).

customs duty — таможенная пошлина: налог на импортируемые товары (для защиты внутреннего производства, пополнения гос. доходов).

customs union — таможенный союз: соглашение между двумя и более странами о ликвидации таможенных барьеров в торговле между ними (в отношении третьих стран вводится единый таможенный тариф).

custom-tailored services — банковские услуги, разработанные применительно к нуждам крупных клиентов-корпораций (в отличие от стандартных услуг).

cut a dividend — выплатить дивиденд, который меньше, чем предыдущий.

cut off point — минимально приемлемый уровень дохода по инвестициям.

cyclical stocks — "циклические" ценные бумаги: акции и облигации компаний, курсы которых подвержены колебаниям в силу цикличности производства в соответствующих отраслях (следуют за циклом).

cylinder option — "цилиндрический" опцион: покупка вал. опциона "колл" с одновременной продажей опциона "пут" по более низкой цене; см. range forward; collar.

Czesko-slovenska Obhodni Banka — Ческо-словенска обходни банка (Чехо-словацкий торговый банк): специализированный внешнеторговый банк Чехо-Словакии (основан в 1965 г.); имеет акционерный статус (51% капитала принадлежит Государственному банку ЧСФР).

D

D. — доллар (жарг.).

daily adjustable tax-exempt securities (DATES) — не облагаемые налогом облигации с ежедневной фиксацией процентной ставки (впервые введены банком Саломон бразерс).

daily (price) limit — ежедневный лимит цен: пределы колебания цен на срочных биржах в течение одного рабочего дня; см. limit down/up.

daily settlement price — ежедневная цена расчетов: ежедневная цена на закрытие срочной биржи, используемая расчетной палатой для расчета вариационной маржи; см. variation margin.

daily trading limit = daily (price) limit.

daisy chain — торговля между фондовыми дилерами с целью создания видимости рыночной активности и привлечения инвесторов (когда цена поднимается, они продают свои ценные бумаги и выходят из игры).

data encryption — кодирование (шифровка) банковской информации, передаваемой по различным средствам связи, для защиты от мошенничества.

dated date — дата, с которой по новым облигациям рассчитываются проценты и включаются в цену.

dated stock (security) — процентная ценная бумага с фикс. сроком погашения; обычно имеются в виду правительственные бумаги.

date of record — дата регистрации: дата, на которую акционер должен официально владеть акциями, чтобы иметь право на текущий дивиденд.

dating — продление коммерческого кредита сверх обычных сроков (особенно в сезонном производстве).

dawn raid — "рейд на рассвете" (Великобритания): практика быстрой скупки крупного пакета акций сразу после открытия биржи для подготовки почвы для поглощения (обычно до 29,9% капитала); поскольку к такой скупке акций было невозможно подготовиться, в 1980—1982 гг. были ужесточены правила покупки более 15% акций (введены отсрочки, чтобы руководство компании — объекта поглощения успело принять необходимые меры).

daylight exposure limits — лимиты вал. операций банка в течение рабочего дня.

daylight overdraft — дневной овердрафт: отрицательный остаток на счете в течение нескольких часов рабочего дня.

day loan — дневная (или утренняя) ссуда: ссуда банка брокеру на покупку ценных бумаг до поставки бумаг после полудня (полученные бумаги становятся обеспечением ссуды).

day order — приказ клиента биржевой фирме, действительный только в течение дня (США).

days of grace — льготные дни: несколько дней, которые даются должнику после наступления срока погашения долга для выполнения обязательства (по переводным векселям в Великобритании дается три льготных дня).

day-to-day money = call money.

day trade — дневная сделка: покупка и продажа позиции в течение одного дня.

day trading — дневная торговля: практика открытия и закрытия позиций на бирже в течение одного дня.

D-Day (Decimal Day) — "день Д": 15 февраля 1971 г. — день введения в Великобритании десятичной ден. системы.

dead assets — "мертвые" активы: активы, не приносящие дохода.

dead loss — полная потеря: безнадежный убыток.

dead rent — "мертвая" рента: арендная плата, которая выплачивается за неиспользуемую собственность (напр., за неработающую шахту).

deal — сделка, операция.

dealer — дилер: 1) компания или физ. лицо, которые оперируют на бирже (рынке) за собственный счет; 2) сотрудник банка, специализирующийся на проведении конверсионных, депозитных и др. операций на фин. рынках; 3) оптовый покупатель товаров и услуг для розничной перепродажи потребителям.

dealer bank — банк-дилер: банк, который постоянно котирует цены и готов вступить в сделку на рынке казначейских облигаций (США); см. market maker.

dealer loan — дилерский кредит: однодневный кредит, предоставляемый фондовому дилеру под залог ценных бумаг.

dealing = dealing-room.

dealing around the clock — совершение сделок с валютой и др. фин. инструментами 24 часа в сутки, используя рынки и контрагентов в разных временных зонах.

dealing for new time = new time.

dealing-room — "дилинг", дилерская комната: помещение, в котором сотрудники банка или компании (дилеры) занимаются совершением сделок с валютой, депозитами, ценными бумагами, золотом с помощью телефонов, телекса и др. техники.

dealing within the account — сделки, совершаемые в течение одного операционного периода (на фондовой бирже).

deal slip — бланк регистрации сделки: документ, заполняемый после заключения сделки в торговом зале биржи (представляется в клиринговую палату).

dear — дорогой, дорогостоящий.

dear money — "дорогие деньги": ситуация, когда власти стремятся сдержать инфляцию и "перегрев" экономики с помощью высоких процентных ставок, поддерживаемых изъятием ликвидности из банковской системы; политика "дорогих денег" призвана уменьшить суммарный объем заимствований; см. easy money.

death duty = estate duty; inheritance tax.

Death Valley curve — "кривая Долины смерти": стадия "рискового" финансирования, когда новая компания несет убытки; см. venture capital.

debasement — уменьшение содержания драгоценного металла в монетах, снижение реальной ценности монет.

debenture — 1) ссуда, обеспеченная фикс. или др. активами компании; 2) обращающаяся ценная бумага (облигация), представляющая собой свидетельство на часть такой ссуды; 3) необеспеченное долговое обязательство (США).

debenture bond — облигация с фикс. ставкой и сроком, но без обеспечения; такие облигации часто продаются со скидкой.

debenture conversion — конверсия облигаций в акции.

debenture stock (DS) — 1) = debenture 2; 2) в США — привилегированные акции (редко).

debit — дебет: бухг. запись, отражающая платеж, расход.

debit balance — 1) дебетовый остаток (задолженность); 2) в США — часть покупной цены фин. инструмента или товара, которая оплачена за счет кредита брокера клиенту.

debit card — платежная (дебетовая) карточка: документ в форме пластиковой пластины, дающей возможность совершать безналичные покупки товаров и услуг с помощью электронных платежных терминалов; платежи списываются со счета клиента в течение короткого времени (2 дней); см. point-of-sale terminal system; plastic card.

debit interest — дебетовые проценты: компенсация, получаемая банком от клиента за суммы, предоставленные в ссуду (т. к. в бухг. учете кредиты заносятся в дебет).

debit spread — дебетовый спред: разница в стоимости двух опционов, когда стоимость купленного выше стоимости проданного; см. credit spread.

debt — долг: 1) определенная ден. сумма или др. актив, который одно юр. или физ. лицо должно возвратить другому; долг возникает в результате отсрочки платежа или предоставления кредита; 2) долговые инструменты.

debt capital = loan capital.

debt capitalization — капитализация долга; см. debt-equity swap.

debt certificate — долговой сертификат: разновидность ценных бумаг с ограниченным вторичным оборотом.

debt collection — взыскание долга: меры по получению денег от должника.

debt defeasance — законное аннулирование долга.

debt-equity ratio = debt-to-equity ratio.

debt-equity swap — своп долг/акции: обмен долговых обязательств на акции (в порядке погашения задолженности развивающихся стран).

debt extinguishment — ликвидация долга путем оплаты, зачета, переуступки.

debt for products swap (deal) — своп долг/товары: погашение долговых обязательств поставками товаров (метод урегулирования задолженности); goods-for-debt swap.

debt instrument — долговой инструмент: письменное обещание выплатить долг — вексель, облигация, депозитный сертификат и т.д.

debt management — управление долгом: размещение, рефинансирование, поддержание вторичного рынка долговых обязательств.

debt offering — новый выпуск облигаций.

debtor — должник: лицо, взявшее взаймы определенную сумму.

debtor nation — страна-должник: страна, имеющая отрицательный платежный баланс; см. creditor nation.

debt ratio = debt-to-equity ratio.

debt rescheduling — реструктуризация долга: пересмотр (продление) сроков кредитов для облегчения положения заемщика, который испытывает трудности с платежами (иногда изменяются и др. условия кредитов).

debt restructuring = debt rescheduling.

debt retirement — выплата (погашение) долга (облигации могут погашаться из специального фонда, в который регулярно делаются взносы, или сериями, в разные сроки).

debt security — ценная бумага, представляющая собой долговое свидетельство.

debt service — обслуживание долга: ежегодные процентные платежи и выплаты основной суммы долга (или взносы в фонд погашения).

debt service cost — стоимость обслуживания долга (проценты, погашение основной суммы).

debt-service ratio — коэффициент обслуживания долга (процентные платежи и амортизация основной суммы в отношении к поступлениям по экспорту): показатель ликвидности страны-заемщика при анализе "странового" риска (критический уровень — более 25%); может также рассчитываться для корпораций (в отношении не экспорта, а доходов).

debt swap = sovereign debt swap.

debt-to-equity ratio — соотношение собственных и заемных средств банка: отношение суммарных обязательств или долгосрочных заимствований компании к акционерному капиталу (или долга плюс привилегированные акции к обыкновенным акциям); увеличение долга, как правило, усиливает неустойчивость дохода компании в расчете на одну акцию.

debt to total assets ratio — отношение суммарных обязательств компании к ее суммарным активам.

debt warrant issue — облигационный заем с варрантами, дающими право на покупку др. облигаций заемщика (в т. ч. др. выпуска).

decimal currency — валюта, базирующаяся на десятичной системе (как правило, такая ден. единица делится на 100); впервые такая валюта была введена в США в 1792 г. (в Великобритании — в 1971 г.).

declaration day — 1) день объявления дивиденда (с этого дня акционер получает право на дивиденд); 2) = expiration date.

declaration of indemnity — заявление клиента, получившего дубликаты ценных бумаг или документов (в связи с утерей), о гарантии возмещения банку убытков в случае неправильного использования утерянных бумаг.

declare — объявить дивиденд: объявление советом директоров компании размера и даты выплаты дивиденда (с этого момента выплата дивиденда становится обязательством).

declared reserves = disclosed reserves.

deduction — вычет: 1) разрешенный законом вычет из облагаемой налогом суммы (напр., местные налоги); 2) изменение суммы счета-фактуры с согласия продавца (напр., в связи с нехваткой товара).

deductions at source — взимание подоходного налога у источника дохода до его получения физ. лицом (организация, собравшая налоги, передает их налоговым властям).

deed — документ, скрепленный подписями и печатью, в котором излагаются соглашение, обязательство, право (их выполнение или реализация могут быть истребованы в судебном порядке.

deed of arrangement — соглашение между неплатежеспособным должником и кредиторами о погашении долга (или его части) без объявления должника банкротом.

Deed of Settlement — документ, в котором изложены фундаментальные правила функционирования Лондонской фондовой биржи (1802 г.).

deed of transfer — документ (соглашение) о покупке акций или облигаций (после его регистрации владелец получает от компании соответствующий сертификат).

deep discount bonds — "облигации с глубоким дисконтом": 1) ценные бумаги с купонами, которые на вторичном рынке продаются с дисконтом свыше 20% (напр., из-за повышения процентных ставок по сравнению с временем их эмиссии); 2) ценные бумаги, выпускаемые по низкой цене (по сравнению с номинальной и с минимальным купоном (доход инвестора заключается в приросте капитала); см. zero coupon bonds.

deep in/out of the money — опцион "колл", цена которого значительно ниже/выше текущей рыночной цены фин. инструмента, лежащего в его основе (для опциона "пут" - выше/ниже); премия за покупку такого опциона очень высокая или очень низкая; см. in-the-money; out-of-the-money.

defalcation = embezzlement.

default — невыполнение условий кредитного соглашения или рыночной сделки: неспособность выплатить проценты или погасить кредит, непоставка ценных бумаг или товара.

default interest — процентная ставка по просроченному долгу с момента объявления неплатежеспособности до урегулирования долга.

defeasance — 1) условие долгового соглашения, по которому оно аннулируется при определенных условиях; 2) аннулирование старого займа, который котируется ниже номинала или приносит низкий доход, без его погашения (путем обмена на новый заем или, напр., создания специального фонда для расчетов по займу вне баланса данной компании).

defective delivery — дефектная поставка: поставка ценных бумаг в негодном состоянии или неправильно оформленных (реже поставка товаров, не соответствующих условиям контракта).

defence bond — оборонная облигация: разновидность гос. ценных бумаг, существовавших в Великобритании в 1939—1964 гг.

defensive portfolio — "оборонительный" инвестиционный портфель: портфель первоклассных устойчивых ценных бумаг (с низким уровнем риска).

defensive securities — "оборонительные" ценные бумаги: бумаги, которые в меньшей степени обесцениваются при падении конъюнктуры в силу высокой доходности и слабой связи с экон. циклом, — стабильные ценные бумаги, являющиеся надежным капиталовложением.

deferral of taxes — отсрочка налоговых платежей.

deferred account — счет, который откладывает уплату налогов (различные виды пенсионных счетов, ренты, программ участия в прибыли).

deferred call option — право заемщика на досрочное погашение облигаций, которое можно использовать только по истечении некоторого времени после их выпуска.

deferred charge — отсроченные расходы: расходы, которые учитываются в качестве активов до наступления сроков выплаты (напр., арендной платы или страховой премии).

deferred deliveries — отсроченные поставки товаров.

deferred futures — фьючерские контракты с наиболее дальними сроками; см. nearby futures.

deferred income — досрочный доход: доход, полученный досрочно (в бухг. учете).

deferred interest bond — облигация с отсроченными процентными выплатами; по облигации с нулевыми купонами проценты и основная сумма выплачиваются одновременно по истечении срока займа (проценты фактически реинвестируются); цены таких облигаций отличаются повышенной неустойчивостью.

deferred ordinary share — отсроченная акция: обыкновенная акция, участвующая в распределении прибыли после привилегированных, обыкновенных и др. типов акций и дающая право на дивиденд только после конкретной даты или достижения компанией определенного уровня прибыли.

deferred payment annuity — рента с отсроченными платежами (напр., до достижения получателем определенного возраста).

deferred premium option — опцион с отсроченной премией; см. Boston option.

deferred share = deferred ordinary share.

deferred stock = deferred ordinary share.

deferred taxation — отложенное налогообложение: суммы налогов, которые должны быть выплачены компанией в будущем (указываются в годовом отчете).

deficiency letter — письменное уведомление Комиссией по ценным бумагам и биржам (США) эмитента о том, что предварительный проспект займа требует пересмотра или расширения; см. Securities and Exchange Commission.

deficit — дефицит: 1) превышение обязательств

компании над ее активами и доходами; 2) бюджетный дефицит; 3) дефицит платежного баланса.

deficit financing — дефицитное финансирование: гос. расходы в целях стимулирования деловой активности превышают бюджетные доходы, а разница между ними (дефицит) финансируется с помощью заимствований (расширения гос. долга).

deficit net worth — избыток пассивов сверх активов и капитала компании (обычно в результате операционных убытков).

deficit spending — дфицитное расходование: превышение правительственных расходов над доходами, приводящее к бюджетному дефициту и необходимости заимствований.

defined benefit pension plan — пенсионная программа, по которой участникам гарантируется фикс. сумма выплат после оговоренной выслуги лет; взносы делаются работодателем и иногда частично служащими (США).

definitive certificate — окончательный сертификат акции: выпускается после полной оплаты акции взамен временного сертификата.

definitive note — евронота на предъявителя.

deflation — дефляция: снижение уровня цен или повышение покупательной способности денег в связи с уменьшением количества денег в обращении относительно товарной массы; обычно сопровождается сокращением капиталовложений, производства и занятости.

deflator — дефлятор: статистический прием урегулирования разницы между реальной (постоянной) стоимостью и стоимостью в текущих ценах (затронутой инфляцией) — индекс цен для пересчета в неизменные цены.

deflection of tax liability — законный перенос налогового бремени на др. лицо.

defray — оплачивать (издержки, расходы).

defunct company — компания, которая прекратила деятельность и юридически больше не существует.

delayed cap FRN — облигация с плавающей ставкой, у которой условие максимума процентной ставки ("кэп") начинает действовать по истечении некоторого времени; см. cap 1.

delayed delivery — запоздалая поставка ценных бумаг (позднее обычных пяти дней); как правило, по соглашению между покупателем и продавцом.

delayed opening — отсрочка начала торговли на бирже для урегулирования дисбаланса приказов на покупку и продажу акций (США).

delayed start swap — "замедленный" своп: своп, который начинает действовать через некоторое время после заключения соглашения; см. currency swap 1; interest-rate swap.

delayed (deferred) warrants — отсроченные варранты: облигационные варранты, которые можно использовать только через определенное время после проведения выпуска ценных бумаг.

del credere provisions = provisions for bad (doubtful) debts.

del credere risk = credit risk.

delinquency — неплатеж по обязательству, у которого наступил срок: просроченная задолженность.

delisting — лишение котировки: прекращение котировки ценной бумаги (из-за невыполнения компанией определенных правил).

deliverable bills — казначейские векселя, отвечающие требованиям срочной биржи (США).

deliverable (grade) name = contract grade.

deliverable supply — имеющиеся в наличии для поставки по срочным биржевым контрактам фин. инструменты или товары.

delivery — поставка: 1) поставка или получение конкретного фин. инструмента в случае исполнения срочного биржевого контракта; 2) передача ценной бумаги новому владельцу.

delivery against cost (DAC) = cash on delivery 2.

delivery date — дата поставки: 1) дата исполнения биржевой сделки в данном месяце поставки (формально первое число, но может быть любой день); 2) дата поставки ценных бумаг на фондовой бирже; в Нью-Йорке — 5-й рабочий день, но по опциону продавца может быть до 60 дней.

delivery month — месяц поставки; = contract month.

delivery notice — уведомление о поставке: 1) письменное уведомление со стороны продавца о намерении произвести поставку фин. инструмента по срочному биржевому контракту (также о дате); 2) уведомление о намерении или факте поставки товаров.

delivery points — места поставки в срочной биржевой торговле: установленные в условиях контракта пункты (города, банки, склады), куда производится поставка фин. инструмента или товара.

delivery risk — риск поставки: риск того, что одна из сторон сделки не произведет поставку.

delivery settlement price = exchange delivery settlement price.

delivery versus payment (DVP) = cash on delivery 2.

delta — коэффициент "дельта": показатель отношения цены опциона к наличной цене фин. инструмента, лежащего в его основе (изменение премии делится на изменение наличной цены; напр., для опциона "колл" дельта 0,5 означает рост премии на 0,5 долл. за 1 долл. прироста стоимости ценной бумаги, для "пут" — уменьшение на 1 долл).

delta hedging — "дельта"-хеджирование: страхование продавцами опционов своего риска путем купли или продажи наличного инструмента в соответствии с коэффициентом "дельта", см. delta.

delta neutral position — "дельта"-нейтральная позиция: позиция продавца опциона, застрахованная в соответствии с коэффициентом "дельта"; см. delta.

demand deposit — депозит, счет (вклад) до востребования с возможностью выписывать чеки (вариант текущего счета); см. current account 2.

demand line of credit — кредитная линия до востребования: обязательство предоставить кредит до определенной суммы по первому требованию.

demand loan = call loan.

demand-pull inflation — инфляция, вызванная несоответствием предложения спросу (избыточным спросом на товары и услуги, вызывающим рост цен).

"de minimis clause" — "минимальная" оговорка: пункт многостороннего соглашения о пересмотре задолженности, по которому на кредиторов с требованиями меньше суммы в 250—1000 млн. СДР данное соглашение не распространяется (такие требования должны быть погашены).

demonetization — демонетизация: 1) лишение в законодательном порядке определенной формы денег статуса законного платежного средства; 2) лишение золота и др. драгоценных металлов ден. функций.

demurrage — демередж (мор.): плата за задержку судна при погрузке (разгрузке) сверх оговоренного срока.

denomination — деноминация: номинал ценной бумаги, банкноты, монеты.

Department of Trade and Industry (DTI) — Министерство торговли и промышленности (Великобритания); осуществляет общий надзор за функционированием рынков ценных бумаг.

depletion accounting — учет истощения природных ресурсов: термин, используемый в бухг. учете для обозначения практики вычета из доходов части суммы использованных ресурсов.

depletion allowance — налоговая скидка с доходов от разработки истощимого природного ресурса.

déport (Fr.) = backwardation 1.

deposit — депозит: 1) вклад клиента в кредитном учреждении (в виде денег или ценных бумаг); 2) краткосрочная межбанковская ссуда; 3) первый (гарантийный) взнос при покупке товара в рассрочку; 4) деньги, внесенные как свидетельство намерения заключить сделку.

deposit account (DA) — депозитный счет (в банке): счет, на который деньги кладутся для получения процентов, а изъятия могут осуществляться при предварительном уведомлении (обычно за 7 дней) путем перевода средств на текущий счет.

depositary — депозитарий: 1) лицо или учреждение, принимающее на хранение деньги, документы, ценности; 2) хранилище ценностей.

depositary institutions — депозитные учреждения: учреждения, которые принимают у компаний и населения депозиты или ценности на хранение.

Depositary Institutions Deregulation and Monetary Control Act (1980) — Закон о дерегулировании депозитных учреждений и денежно-кредитном контроле: федеральное законодательство (1980 г.) о дерегулировании банковской системы (США); предусматривало постепенную отмену контроля за процентными ставками кредитных учреждений; см. Depositary Institutions Deregulation Committee.

Depositary Institutions Deregulation Committee (DIDC) — Комитет дерегулирования депозитных учреждений: орган, наблюдающий за выполнением Закона о дерегулировании депозитных учреждений и денежно-кредитном контроле 1980 г. (США); см. Depositary Institutions Deregulation and Monetary Control Act (1980).

depositary receipt — депозитная расписка: документ, подтверждающий право вкладчика на депозит или ценности, находящиеся на хранении в банке; см. American Depositary Receipts.

Depositary Trust Company (DTC) — Депозитари траст компани: центральный депозитарий ценных бумаг в США (крупнейший акционер — Нью-Йоркская фондовая биржа); расчеты осуществляются в форме электронных бухг. записей и физ. движение ценных бумаг сведено к минимуму.

deposit bank = commercial bank.

deposit book — депозитная книжка, выдаваемая банком вкладчику (в ней регистрируются операции).

deposit multiplier = multiplier 2.

Deposit Protection Board — Совет защиты депозитов: орган, управляющий фондом защиты депозитов (Великобритания); см. Deposit Protection Fund.

Deposit Protection Fund — Фонд защиты депозитов: фонд для компенсации убытков вкладчиков банков в случае банкротства последних; создан в Великобритании по Банковскому закону 1979 г.

deposit receipt (DR) = depositary receipt.

deposits and borrowed funds — депозиты и заемные средства: статьи пассива банка, включающие привлеченные депозиты и кредиты:

deposit slip = depositary receipt.

depreciated cost — первоначальная стоимость фикс. (капитального) актива минус аккумулированная амортизация.

depreciation — 1) снижение (списание) стоимости фикс. (капитальных) активов: потребление капитала в процессе производства (износ машин и оборудования); 2) = devaluation 2; 3) амортизация основного капитала.

depression — депрессия: период вялой деловой активности — низкие темпы роста производства, инфляции, зарплаты, кредитования при высокой безработице, больших товарных запасах.

depth of a market — "глубина рынка": показатель степени, до которой рынок может абсорбировать покупки и продажи без значительного изменения цен; на Нью-Йоркской фондовой бирже "глубина" равна размеру сделки, при котором цены не меняются (при сделке в 1000 акций в Нью-Йорке цены стабильны в 85% случаев); см. breadth of a market; liquidity 4.

deregulation — дерегулирование: уменьшение гос. регулирования кредитной системы, фин. рынков для поощрения действия рыночных сил.

descending tops = descending triangle.

descending triangle — опускающийся треугольник (в техн. анализе): несколько циклов повышения цены с затухающей амплитудой (общей понижательной тенденцией), укладывающихся на графике в прямоугольный треугольник (прямой угол слева в основании треугольника); см. ascending triangle.

Designated Order Turnaround System (DOTS) — "ДОТС" (США): — электронная система расчетов по небольшим сделкам (до 599 акций), действующая на Нью-Йоркской фондовой бирже с 1975 г.; приказы о сделках через систему поступают в торговый зал, а об их исполнении сообщается члену биржи обычно не более чем через 2 минуты после заключения сделки.

desk — 1) департамент ценных бумаг Федерального резервного банка Нью-Йорка; осуществляет операции Комитета открытого рынка ФРС на ден. рынке и рынке гос. ценных бумаг и служит источником информации для министерства финансов; включает отдел, проводящий вал. операции (интервенции); 2) рабочее место вал. дилера (стол с коммуникационным оборудованием).

Deutsche Auslands Kassenverein Aktiengesellschaft (AKV) — Депозитарий для иностранных ценных бумаг во Франкфурте-на-Майне (ФРГ); выступает доверенным лицом, участвует в международных расчетах по ценным бумагам (функционирует с 1970 г.).

Deutsche Aussenhandelsbank — Немецкий внешнеторговый банк: специализированный акционерный банк ФРГ, обслуживающий внешнеэкономические связи (создан в ГДР в 1966 г.).

Deutsche Bundesbank — Дойче Бундесбанк (Немецкий федеральный банк): центральный банк ФРГ (создан в 1957 г.).

Deutsche Mark — немецкая марка (нем.).

Deutsche Termin Boerse — Немецкая срочная биржа: рынок фин. фьючерсов и опционов в ФРГ (Франкфурт-на-Майне).

devaluation — девальвация валюты: 1) снижение курса валюты органами власти при той или иной форме фикс. вал. курсов (относительно золота или др. валют); 2) обесценение данной валюты относительно валют др. стран.

development capital — капитал развития: "рисковое" финансирование, предоставляемое на стадии, когда новая компания начала или скоро начнет получать прибыль; см. venture capital.

diagonal spread — диагональный спред: опционная стратегия (разновидность календарного спреда), заключающаяся в одновременной купле и продаже одинакового числа опционов одного класса по разным ценам и с разными сроками; см. calendar spread; bull spread.

diamond investment trust — бриллиантовый инвестиционный трест (фонд): инвестиционный фонд, вкладывающий средства в бриллианты (с начала 80-х годов в США).

dictum meum pactum — "мое слово — моя гарантия" (лат.): девиз Лондонской фондовой биржи.

difference — разница: 1) разница в цене, выплачиваемая брокером клиенту или клиентом брокеру (в зависимости от движения конъюнктуры) в случае зачета одной сделки другой (на Лондонской фондовой бирже — в течение одного расчетного периода); 2) = differential; см. difference account.

difference account — счет разницы: документ, направляемый членом срочной биржи клиринговой палате после зачета открытой позиции обратной операцией (для окончательного расчета).

differential — разница: 1) разница в цене, выплачиваемая при исполнении срочного контракта фин. инструментами, которые не соответствуют стандартным условиям; 2) разница в цене и брокерском вознаграждении в расчете на одну акцию между стандартной и нестандартной сделками; см. odd lot; round lot.

dilution of capital — уменьшение ("растворение") контроля и/или доходов существующих акционеров при выпуске новых акций; см. watering of stock.

dime — дайм: монета в 10 центов (США).

Diners Club Card — международная кредитная карточка, выдаваемая индивидуальным членам Дайнерз клуба; дает возможность оплачивать билеты на транспорте, счета в ресторанах и др. точках обслуживания, заключивших соглашение с клубом.

DINGOS — "ДИНГО": разновидность облигаций с нулевыми купонами на базе австралийских правительственных бумаг.

dip — небольшое падение цены в рамках общей повышательной тенденции.

direct-bid facility = unsolicited bidding.

direct debit — прямой дебет: инструкция клиента банку автоматически дебетовать его счет регулярными, но меняющимися суммами, напр., за электричество, газ и т. д.

direct debits — прямое дебетование: система перевода средств, при которой поставщик по соглашению с покупателем кредитует свой банковский счет и дебетует счет покупателя на сумму поставленных товаров и услуг.

direct investments — прямые инвестиции: капиталовложения в реальные активы (производство) в др. стране.

direct loan company = consumer finance company.

director — директор: лицо, уполномоченное акционерами управлять компанией; директора бывают исполнительные и неисполнительные (участвующие только в работе совета директоров); совет директоров выпускает годовой отчет компании и рекомендует собранию акционеров размер дивиденда.

director's interest — личная фин. заинтересованность директора компании в ее деятельности (владение акциями, сделки с акциями и облигациями компании); директор имеет больше информации о положении компании, чем любой акционер, и может использовать ее в свою пользу; владение акциями своей компании обычно поощряется, но любые операции директоров находятся под строгим контролем; см. insider trading.

direct overhead — прямые издержки, относимые

к издержкам производства: арендная плата, страхование, расходы на электроэнергию.

direct paper — коммерческие бумаги, продаваемые эмитентом непосредственно инвесторам.

direct participation program — программа прямого участия: прямое участие инвесторов в капиталовложениях (обычно в форме товарищества с ограниченной ответственностью).

direct-pay letter of credit — банковский аккредитив для гарантирования ценных бумаг, предусматривающий оплату банком облигаций с истекающими сроками с последующим возмещением затрат заемщиком.

direct placement — прямое размещение ценных бумаг среди инвесторов; = private placement.

direct quotation — прямая котировка (курс) валюты: единица иностранной валюты, выраженная в местной валюте.

direct taxation — прямое налогообложение (физ. и юр. лиц).

direct underwriting = firm underwriting.

dirty bill of lading — "грязный" коносамент: коносамент с оговорками относительно качества или упаковки товара.

dirty float(ing) — "грязное" плавание вал. курсов: система плавающих вал. курсов, при которой власти воздействуют на рыночный спрос и предложение валют для стабилизации курсов и изменения направления их движения; см. managed currency.

disagio — дизажио: 1) комиссия, получаемая организатором "свитча"; см. switch 2; 2) отрицательная разница между рыночной ценой и номиналом.

disappreciation — снижение цены (курса, стоимости), корректирующее предшествующее чрезмерное повышение.

disbursement — выплата денег в порядке погашения долга.

discharge of bankruptcy — судебный приказ, завершающий процедуру банкротства (обычно освобождает должника от юр. ответственности по определенным обязательствам).

disclosed reserves — открытые, публикуемые резервы: резервы банка, опубликованные в его балансе.

disclosure — предоставление компанией информации о своей деятельности, конкретных сделках (в соответствии с законом).

discontinued hedge — "прерванное" хеджирование (когда по тем или иным причинам срочная сделка превращается из страховой в спекулятивную).

discount (Dis; Disct) — 1) дисконт, скидка: разница между ценой эмиссии ценной бумаги и ее текущей рыночной ценой или между наличным и срочным вал. курсами; будущее вознаграждение по векселю относительно номинала; 2) учет векселей: операция купли-продажи векселей по номиналу минус вознаграждение за оставшийся до погашения срок (напр., вексель с номиналом в 100 долл. продается за 90 долл.); 3) скидка с цены товара; см. cash discount; trade discount; 4) учет информации об определенном событии в движении цен, ставок, в т. ч. до его наступления.

discount bond — облигация, текущая цена которой ниже стоимости при погашении или номинала.

discount broker — "дисконтный" брокер: посредническая фирма (в торговле фьючерсами, ценными бумагами), которая за счет специализации, ускорения совершения операций и больших оборотов может предоставлять клиентам скидки по комиссионным (не занимается консультированием, управлением портфелями); такие фирмы появились после отмены в США в 1975 г. фикс. комиссионных ставок; см. May Day; full service broker.

discount certificate of deposit — дисконтный депозитный сертификат: депозитный сертификат, выпускаемый с дисконтом (как вексель).

discount credit line — учетная кредитная линия: кредитная линия в форме обязательства банка учитывать векселя клиента в пределах оговоренной суммы.

disconted present value — сегодняшняя величина суммы, которая будет получена в будущем, дисконтированная на основе той или иной процентной ставки (т. е. за вычетом суммы процентов).

discount factoring = invoice discounting.

discount house — учетный дом: банк в Великобритании и некоторых др. странах, специализирующийся на операциях на ден. рынке (в т. ч. на учете векселей); крупнейшие брит. учетные дома — Юнион Дискаунт, Джеррард энд нэшнл; см. London Discount Market Association.

discount in advance — заранее учесть: предвосхитить тенденцию развития цены инвестиционных активов путем увеличения или уменьшения их оценки (напр., объявление дивиденда сразу учитывается в цене акции).

discount loan facility — программа, по которой Экспортно-импортный банк США дает коммерческим банкам ссуды в размере до 100% их кредитных обязательств, возникших в результате экспорта (может приобретать эти обязательства).

discount market — учетный рынок: часть ден. рынка, охватывающая преимущественно операции по учету коммерческих и казначейских векселей.

discount rate — учетная ставка: 1) ставка, по которой центральный банк готов учитывать и переучитывать первоклассные векселя или предоставлять кредиты банкам (инструмент ден.-кредитной политики); 2) ставка, по которой на ден. рынке учитываются векселя; сумма дисконта = сумма векселя × × учетная ставка × число дней до погашения : (100 × × 260).

discount securities — дисконтные ценные бумаги: ценные бумаги, которые выпускаются, покупаются и продаются по цене за вычетом из номинала будущего вознаграждения, которое зависит от сроков займа и ситуации на рынке (обращаются с дисконтом, а погашаются по номиналу).

discount window — "учетное окно": "вливание"

ликвидности в банковскую систему путем кредитования центральным банком кредитных институтов или проведения с ними операций по учету векселей (в прошлом Банк Англии взаимодействовал только с узкой группой учетных домов, которые выступали своеобразным "окном", через которое можно было воздействовать на всю систему).

discount without recourse — учет (покупка) обращающихся ценных бумаг без права оборота на продавца.

discount yield — доходность дисконтной ценной бумаги (в годовом исчислении).

discretion — сумма, на которую брокер может по своему усмотрению изменять цену приказа клиента (по предварительной договоренности с последним).

discretionary account — счет клиента, дающий брокеру право покупать и продавать ценные бумаги без предварительного согласия данного клиента.

discretionary income — часть дохода потребителя, которая остается после удовлетворения первоочередных потребностей (может тратиться на любые цели); масштабы такого дохода являются важным экономическим показателем, т. к. он отражает возможность роста совокупного спроса.

discretionary order — приказ клиента брокеру купить ценную бумагу (товар), дающий свободу выбора времени и цены сделки.

discretionary portfolio — портфель ценных бумаг, которым брокер уполномочен управлять от имени клиента.

discretionary trust — 1) взаимный инвестиционный фонд, который может вкладывать средства в широкий круг фин. инструментов по выбору менеджеров; 2) личный фонд, попечитель которого определяет сумму дохода бенефициара.

discretion funds (account) — ден. средства, которые инвесторы доверяют брокерам для проведения капиталовложений; между брокером и клиентом заключается соглашение об условиях управления средствами, которые учитываются отдельно от средств самого брокера; брокер заключает сделки за счет клиента, а затем информирует его о деталях; см. in-house funds.

disequilibrium — несбалансированность (о внешних платежах государства).

dishoarding — детезаврация: использование накопленных денег для инвестиций и потребления (в случае драгоценных металлов — реализация запасов).

dishonoured bill = overdue bill.

disinflation — дезинфляция: снижение темпа роста цен в период рецессии, падения продаж; см. deflation.

disintermediation — дезинтермедиация: 1) отказ от посредничества банков на рынке ссудных капиталов в пользу прямого выпуска ценных бумаг (см. securitization); 2) изъятие клиентами депозитов из банков для помещения в инструменты ден. рынка в период роста процентных ставок; 3) уход части кредитных ресурсов за пределы нац. банковской системы; 4) ситуация, в которой фин. институты не имеют возможности выполнять свои посреднические функции.

disinvestment — "дезинвестиции": негативные нетто-инвестиции — новые капиталовложения меньше износа и выбытия основного капитала компании.

dispache — диспаша: расчет по распределению убытков по общей аварии между судном, грузом и фрахтом.

dispacheur — диспашер: специалист в области мор. права, поставляющий расчеты по распределению убытков по общей аварии.

dispatch — диспач (мор.): премия за досрочную разгрузку или погрузку судна.

disposable personal income (DPI) — доход, которым население располагает после уплаты налогов для потребления и сбережений.

disposal value — ликвидационная стоимость: предполагаемая сумма, которая может быть выручена от продажи актива.

dissaving — расходы сверх доходов ("проедание" сбережений).

dissolution — роспуск (компании или товарищества): юр. прекращение деятельности компании в добровольном или принудительном порядке; см. compulsory liquidation; voluntary liquidation.

distant deliveries (distants) = deferred futures.

distributed profit — распределенная прибыль: прибыль, выплаченная в форме дивидендов акционерам.

distributing syndicate — синдикат размещения ценных бумаг (группа банков или брокеров).

distribution — 1) распределение части дохода компании между акционерами (как правило, в форме выплаты дивидендов); 2) = scrip issue; 3) = rights issue; 4) размещение ценных бумаг на рынке; см. primary distribution; secondary distribution; 5) продажа большой партии ценных бумаг без негативного воздействия на цены.

distribution area — зона "разброса" (цен): пределы, в которых двигается цена акции в течение длительного времени.

distribution stock — часть блока акций, продаваемая в течение определенного времени таким образом, чтобы не "сбить" цену.

distributor — оптовый торговец, продающий товары дилерам, специализирующимся на розничной торговле.

distringas — "дистрингас" (лат.): наложение судом ареста на ценные бумаги или выплату дивидендов, если какое-то лицо предъявляет на них претензии (путем уведомления, которое называется "дистрингас").

Ditchley Institute — Институт Дитчли; = Institute for International Finance.

divergence indicator — индикатор отклонения: показатель, основанный на отклонении рыночного курса валюты в ЭКЮ от центрального курса (в ЕВС);

используется для определения момента начала интервенирования; см. parity grid.

divergence limit — официально зафиксированный предел отклонения рыночных курсов валют в ЕВС от центральных курсов к ЭКЮ.

diversification — диверсификация: 1) распределение инвестиционного портфеля между разными фин. инструментами и др. активами для снижения риска; 2) расширение сферы деятельности компании (в т. ч. путем поглощений и слияний) для уменьшения зависимости от одного вида продукции, циклических факторов; 3) повышение безопасности вал. резервов государства путем расширения круга используемых валют и фин. инструментов.

diversified investment company — диверсифицированная инвестиционная компания: фонд, осуществляющий инвестиции в широкий круг ценных бумаг, товаров (в США — до 5% в один вид активов).

divestiture — реализация актива путем продажи.

dividend (Div) — дивиденд: часть прибыли компании, распределяемая среди акционеров; дивиденд объявляется директорами компании и утверждается собранием акционеров; в Великобритании объявляется и выплачивается за вычетом налогов.

dividend-bearing securities — ценные бумаги, приносящие дивиденд (акции, дивидендные сертификаты и сертификаты участия).

dividend check = dividend warrant.

dividend control = dividend limitation.

dividend cover — покрытие дивиденда: отношение прибыли компании после уплаты налогов и др. вычетов к сумме дивидендов (показатель покрытия дивиденда прибылью).

dividend equalization reserve — резерв для выравнивания уровня дивиденда (для поддержания стабильного уровня дивиденда независимо от колебаний прибыли).

dividend exclusion — исключение небольших сумм дивидендов (до 100 долл.) из обложения федеральными налогами (США).

dividend limitation — ограничение размеров дивидендов компаний: инструмент экон. политики государства, используемый для борьбы с инфляцией (обычно параллельно замораживанию зарплаты).

dividend mandate — дивидендный мандат: приказ акционера компании выплатить дивиденд третьему лицу или перевести на его банковский счет (Великобритания).

dividend pay-out ratio — процентное отношение дивиденда к суммарной прибыли компании (в расчете на одну обыкновенную акцию).

dividend policy — дивидендная политика (компании): принципы распределения прибыли компании на резервы и средства для выплаты акционерам в форме дивидендов.

Dividend Record — публикация агентства Стэндард энд Пур с информацией о дивидендной политике компаний (США).

dividend reinvestment plan — программа реинвестирования дивидендов акционера в новые акции той же компании.

dividend requirement — сумма годового дохода компании, необходимая для выплаты фикс. дивиденда по привилегированным акциям.

dividend restraint = dividend limitation.

dividend-right certificate — сертификат, дающий право на участие в распределении прибыли (на дивиденд), но не являющийся титулом собственности (сертификат участия).

dividend rollover plan — метод купли акций в период выплаты дивиденда (примерно за две недели до потери права на него) для получения дивиденда и последующей продажи акций.

dividends payable — дивиденды, подлежащие уплате (строка в пассиве отчетности).

dividend stripping — "отрыв" дивидендов: 1) снижение налогового бремени путем включения частной компании в состав публичной и отказа от выплаты дивидендов; 2) = strip 3.

dividend warrant — чек, с помощью которого выплачивается дивиденд.

dividend yield — дивидендный доход: сумма ежегодного дивиденда в процентном выражении от текущей цены акций; см. earnings yield.

divisional coins — разменная монета: неполноценные монеты (номинал больше стоимости металла), обычно обязательны к приему в пределах определенной суммы.

D-mark = Deutsche Mark.

documentary acceptance credit — документарный акцептный кредит: акцептный кредит, используемый во внешней торговле и, как правило, обеспеченный безотзывным документарным аккредитивом, открытым банком покупателя.

documentary bill — документарный вексель: переводный вексель, к которому приложены коносамент, счет-фактура и другие отгрузочные документы.

documentary credit = documentary letter of credit.

documentary letter of credit — документарный аккредитив: форма коммерческого аккредитива — банк обязуется выплатить согласно инструкциям покупателя определенную сумму продавцу против предъявления документов (коносамента, накладных, сертификатов происхождения и качества, страховых документов); вместо платежа банк может взять обязательство акцептовать или учесть тратты; см. commercial letter of credit.

documents against acceptance (Д/А) — документы против акцепта: метод платежа во внешней торговле, при котором отгрузочные документы приложены к векселю, отправляемому банку или агенту в порту назначения (передаются покупателю после акцепта векселя).

documents against payment (D/P) — документы против платежа: надпись на векселе, указывающая, что передача товарных документов покупателю возможна только против их оплаты.

documents against presentation = cash against documents.

dollar — доллар: ден. единица США (равна 100 центам); введена в 1786 г. (название происходит от серебряного европейского талера).

dollar bonds — 1) = Yankee bonds; 2) евродолларовые облигации; 3) муниципальные облигации с ценами в долларах.

dollar cost averaging = constant dollar plan.

dollar diplomacy — долларовая дипломатия: использование администрацией США экон. мощи страны (в т. ч. доллара) для достижения политических целей.

dollar drain — утечка долларов: уменьшение долларовых резервов страны в результате пассивной торговли с США.

dollar gap — долларовый "голод": в послевоенный период восстановление экономики стран Западной Европы шло в основном за счет закупок в США, что привело к хроническому дефициту их платежных балансов, нехватке долларов США (единственной конвертируемой валюты в тот период), оттоку золотых запасов; некоторым странам и сегодня постоянно не хватает конвертируемой валюты.

dollar glut — избыток долларов США в международном обороте, наблюдавшийся в 60-х годах.

Dollar interest payment securities (DIPS) = foreign interest payment securities.

dollar overhang = overhang 2.

dollar shortage = dollar gap.

dollar stocks — долларовые ценные бумаги: общее обозначение американских и канадских акций.

Dolly — доллар США (жарг.).

domestic bills = inland bills.

domestic bonds — "внутренние" облигации (займы резидентов на нац. рынке).

domestic corporation — нац. корпорация: корпорация в США, действующая в штате, где она зарегистрирована.

domestic credit expansion (DCE) — внутренняя кредитная экспансия: характеристика изменения ден. массы в обращении, используемая МВФ, — изменение ден. массы минус изменение в чистых вал. резервах правительства (изменение в резервах минус заграничные заимствования правительства).

domicile — 1) постоянное место жительства; 2) юр. адрес; 3) место платежа по векселю.

domiciled bill — домицилированный вексель: вексель с указанием места оплаты (обычно банка акцептанта).

dominion and colonial banks = overseas banks 2.

donated capital = donated surplus.

donated stock — оплаченная акция, бесплатно переданная компании-эмитенту.

donated surplus — часть капитала компании, переданная ей на безвозмездной основе (акции этой компании, недвижимость, наличные).

Donau-Bank — Донау банк: советский банк в Вене (60% капитала принадлежат Госбанку СССР, 40%

— Внешэкономбанку СССР); имеет представительство в Москве.

Donoghue's money fund average — индекс Донохью доходности крупных фондов ден. рынка (США).

donor — донор: тот, кто что-то отдает (в т. ч. бесплатно): 1) кредитор на льготных условиях, поставщик фин. ресурсов в порядке помощи; 2) = settlor; trustor.

do not reduce (DNR) — "не снижать": приказ клиента брокеру не снижать цену акции при потере права на текущий дивиденд (в этот момент цены обычно падают).

don't fight the tape — "не борись с тенденцией": принцип, по которому бессмысленно противодействовать господствующей тенденции (напр., покупать при снижении цен).

don't know (DK) — фондовая сделка, по которой обнаружены расхождения в данных при сверке (США; жарг.).

dormant company — зарегистрированная, но не функционирующая компания.

double auction market — рынок двойного аукциона: рынок, где много и продавцов, и покупателей и они все могут выступать в роли аукционера; типичный пример — срочные и фондовые биржи США.

double-barrelled — "двуствольный": муниципальный заем с погашением за счет доходов от финансируемого проекта и гарантированный вышестоящим органом власти.

double bottom — "двойное дно": термин, используемый в техн. анализе для обозначения на графике ситуации, когда цена за короткое время дважды опустилась до низкого уровня, а затем снова повысилась (может предвещать улучшение цены); = W-formation; см. double top.

double call — право удвоить ежегодную сумму погашения облигаций.

Double Eagle — "двойной орел": американская золотая монета в 20 долл. (объект торговли в тезаврационных целях); см. American Eagle.

double entry (DE) — двойная запись (в бухг. учете): каждая операция учитывается с помощью двух записей (один счет дебетуется, другой кредитуется).

double option — двойной опцион: покупка опционов "колл" и "пут" с одинаковыми сроками и ценами; см. spread option.

double taxation — двойное налогообложение: ситуация, когда один доход подлежит обложению двумя налогами (в разных странах, на нац. и местном уровне, на уровне корпорации и акционеров).

double taxation agreement — соглашение о ликвидации двойного налогообложения: двустороннее соглашение между странами о предотвращении обложения налогом одного дохода дважды.

double taxation relief — освобождение от двойного налогообложения.

double top — "двойная вершина": термин, используемый в техн. анализе для обозначения на графике ситуации, когда цена за короткое время дважды достигла "пика", а затем вернулась на более низкий уровень (может предвещать падение цены); см. double bottom.

double whammy — ситуация, в которой находится инвестор с портфелем обесценивающихся акций и "короткой" позицией по облигациям при росте их цен (США).

doubtful debts = bad debts.

Dow, Jones & C° — Доу, Джонс энд компани (США): компания фин. информации, основанная в конце XIX в. Ч. Доу (1851—1902) и Э. Джонсом; публикует индексы Доу-Джонса; см. Dow Jones Index.

Dow Jones Index — фондовый индекс Доу Джонса, рассчитываемый для промышленных и транспортных акций на Нью-Йоркской фондовой бирже с 1897 г. (для гос. коммунальных предприятий — с 1929 г.); наиболее известен промышленный индекс Доу Джонса, включающий акции 30 ведущих монополий (Dow Jones Industrial Average, DJIA), с базовым годом — 1928 г.

downside risk — риск снижения стоимости ценной бумаги.

downstream — фин. потоки от материнской компании к дочерней (обычно кредиты).

down tick — обозначение последней по времени биржевой сделки с конкретными ценными бумагами по цене ниже цены предыдущей сделки (США); цена такой сделки высвечивается на экране дисплея с минусом; см. up tick; zero plus tick; minus tick.

downtrend — понижательная тенденция движения цены: в техн. анализе после начала снижения наблюдается некоторый рост цены (не достигает прежнего уровня), а затем падение продолжается; см. uptrend.

downturn = depression.

Dow Theory — теория Доу: теория анализа фондовой конъюнктуры, основанная на интерпретации движения индексов Доу Джонса для промышленных и транспортных акций; превышение обоими индексами предыдущего "пика" свидетельствует о повышательной тенденции, а падение ниже предшествующего минимального значения — о понижательной тенденции; см. primary trend; secondary trend; tertiary trend.

draft (bill) = bill of exchange.

draining reserves — изъятие резервов (США): действия ФРС по сокращению ден. массы путем ограничения кредитных ресурсов (резервов) банков (через резервные требования, повышение ставок, увеличение продаж гос. облигаций).

draw-back — скидка с налога или тарифа на импортированные товары, которые реэкспортированы.

drawdown — "выборка" (использование) кредита.

drawdown period — период "выборки" кредита: период, в течение которого можно использовать кредит.

drawdown swap — своп с постепенной "выборкой": процентный или вал. своп, в котором основная сумма обязательств увеличивается с течением времени (напр., при финансировании строительства крупного объекта).

drawee — трассат: 1) плательщик по переводному векселю (на него выставляется вексель); 2) банк, на который выписали чек.

drawer — трассант: тот, кто выставляет переводный вексель (кредитор) или выписывает чек.

drawing — 1) определение очередности погашения требований кредитов путем жребия, розыгрыша очередности; выбор облигаций для очередного погашения (заем погашается поэтапно) путем жребия; 2) выписка тратты (чека).

drawn bond — облигация с фикс. ставкой, которая по жребию предназначена к погашению; см. drawing 1.

dressed option — опцион, проданный для покрытия противоположной фьючерсной позиции.

drive-in bank — банк "драйв-ин": банковское учреждение, услугами которого можно пользоваться не выходя из машины.

droplock bonds — 1) облигации с фикс. доходом, размещаемые среди группы учреждений при снижении ставок до определенного уровня (в т. ч. для конверсии краткосрочного долга в долгосрочный); 2) облигации с плавающей ставкой, которые при достижении ставками определенного уровня превращаются в ценные бумаги с фикс. доходом.

drubbing (take a) — убытки, потери (понести убытки).

Drysdale Government Securities — Драйсдейл говернмент секьюритиз: американская компания по торговле ценными бумагами, которая обанкротилась в 1982 г., нанеся большие убытки Чейз Манхэттен бэнк.

dual banking system — двухуровневая банковская система (США): "национальные" банки регистрируются и контролируются федеральными властями, а "штатные" банки — властями штатов; аналогичная система существует для ссудо-сберегательных ассоциаций, кредитных союзов и взаимных сберегательных банков.

dual capacity — совмещение ролей брокера и принципала (джоббера) в биржевой торговле акциями; см. single capacity.

dual currency bonds (issue) — двухвалютные облигации: облигации с номиналом в одной валюте, а купоном и/или погашением основной суммы в др. валюте по фикс. курсу.

dual currency security — ценная бумага, деноминированная в нескольких валютах.

dual listing — котировка ценной бумаги более чем на одной бирже для повышения ликвидности рынка (в США запрещена одновременная котировка на Нью-Йоркской фондовой бирже и на Амекс).

dual purpose fund — взаимный фонд закрытого типа с акциями двух типов, один из которых дает

право на дивиденды и проценты, полученные фондом, а второй — на прирост капитала.
dual trading = dual capacity.
dud check — поддельный чек.
due bill — вексель с наступившим сроком.
due date = maturity date.
due diligence meeting — встреча, организуемая андеррайтером для ознакомления участников рынка с эмитентом ценных бумаг.
due-on-sale clause — условие, по которому кредитор может потребовать погашения ипотечного кредита, если залоговая собственность продана.
dumping — демпинг: 1) продажа товаров по бросовым ценам, в т. ч. ниже себестоимости; 2) предложение крупной партии ценных бумаг без необходимого учета фактора цены, спроса.
Dun & Bradstreet (D&B) — Дан энд Брэдстрит (США): компания, собирающая информацию о корпорациях в стране; продает и публикует фин. и коммерческую информацию; владеет рейтинговым агентством Муди; см. Moody's Investors Service.
Duncan, the Rev, Henry — священник Генри Дункан, основавший в 1810 г. первый в мире сберегательный банк в Рутвелле (Шотландия).
Dun's market identifier (Dun's number) — публикуемый фирмой Дан список корпораций с адресами, числом занятых, др. фин. и коммерческой информацией (США).
duopoly — дуополия: рынок, на котором действуют всего два продавца (которые не могут игнорировать друг друга) — простейшая форма олигополии; см. oligipoly.
duosony = duopoly.
duration = average life.
Dutch auction — голландский аукцион: метод торга, при котором предлагается заведомо завышенная цена, постепенно снижаемая до поступления заявки на покупку (так продают казначейские векселя в США).
Dutch Auction Preferred Stock — разновидность привилегированных акций с плавающим дивидендом, определяемым каждые семь дней на голландском аукционе; продаются по номиналу (100—500 тыс. долл.).
duty — налог; сбор; таможенная пошлина.
dynamiter — "динамитчик" (жарг.): дилер, продающий ненадежные ценные бумаги.

E

each way — комиссия, которую брокер получил от обеих сторон операции (от продавца и от покупателя).
Eagle — "орел": американская золотая монета с номиналом в 10 долл.; см. American Eagles.
early bargains (EB) = after-hours dealings.
early withdrawal penalty — штрафной сбор за досрочное изъятие инвестиций с фикс. сроком.

earned income — заработанный доход: доход, полученный от продажи рабочей силы и услуг (зарплата).
earned surplus = retained profits.
earning assets — активы, приносящие доход (напр., процентный доход).
earning power — способность зарабатывать или приносить прибыль: прибыльность — соотношение чистой прибыли и собственных средств.
earnings before taxes — прибыль корпорации после выплаты процентов по облигациям, но до уплаты налогов.
earnings per share (EPS) — чистая прибыль компании после уплаты налогов, дивидендов по привилегированным акциям, платежей по займам в расчете на одну обыкновенную акцию; может быть распределена в виде дивидендов или переведена в резервы.
earnings-price share = earnings yield.
earnings report (USA) = profit and loss account.
earnings yield — доход, который получил бы акционер при распределении всей прибыли компании после уплаты налогов в виде дивидендов (отношение прибыли на одну акцию к ее рыночной цене); см. yield; price/earnings ratio; earnings per share.
ease off — медленное (умеренное) понижение конъюнктуры.
easier — "легче", "слабее" (о рынке, на котором цены имеют тенденцию падать).
easily marketable assets — легко реализуемые (ликвидные) активы: активы, которые можно продать в любой момент.
East Caribbean dollar — восточнокарибский доллар: ден. единица государств и территорий, входящих в архипелаги Наветренных и Подветренных островов (Гренада, Доминика, Антигуа и Барбуда и др.); введен в 1965 г.
East-West United Bank — Ист-Вест Юнайтид бэнк: коммерческий банк в Люксембурге, капитал которого принадлежит Госбанку СССР, Внешэкономбанку СССР, др. советским заграничным банкам (основан в 1974 г.).
easy money — "дешевые деньги": ситуация, когда власти стремятся стимулировать экон. рост с помощью низких процентных ставок; см. dear money.
econometrics — эконометрика: использование компьютерного анализа и моделирования для математического описания взаимосвязей экон. показателей.
economic growth rate — темп экон. роста: темпы изменения ВНП в годовом исчислении (падение в течение двух кварталов подряд означает спад, повышение — подъем).
economic indicators — экон. индикаторы: ключевые экон. показатели, отражающие тенденции развития экономики (безработица, инфляция, платежный баланс, использование производственных мощностей).
Economic Recovery Tax Act of 1981 (ERTA) — Налоговый закон экономического возрождения

1981 г. (США): широкая программа снижения налогов для стимулирования деловой активности.

Economist — "Экономист": влиятельный еженедельный политико-экон. журнал, издаваемый в Лондоне с 1843 г. (тираж ок. 100 тыс. экземпляров).

ECU Banking Association (EBA) — Банковская ассоциация ЭКЮ: профессcиональная ассоциация банков, специализирующихся на операциях в ЭКЮ.

ECURUF, ECUSNIF, ECUNIF — различные разновидности среднесрочных кредитных программ на основе выпуска евронот в ЭКЮ; см. revolving underwriting facility; short-term NIF; note issuance facility.

ECU Treasury Bills — казначейские векселя, деноминированные в ЭКЮ; впервые выпущены в Великобритании в 1988 г.

Edge Act — Закон Эджа (США, 1919 г.): закон, позволяющий американским банкам создавать внутри страны (в т. ч. в др. штатах) отделения для проведения международных операций.

Edge Corgporation — Эдж корпорейшн: банк, созданный в США в соответствии с Законом Эджа для проведения международных кредитных операций (разрешение выдается ФРС); не может принимать депозиты и выдавать кредиты на внутреннем рынке, но имеет право на лизинг, факторинг, гарантирование займов.

Effectenclearing B.V. — Эффектенклиринг: клиринговая организация, обслуживающая фондовую биржу Амстердама (расчеты без физ. поставки ценных бумаг).

effective date — дата начала действия: 1) дата, когда можно начинать размещение нового займа (обычно через 20 дней после регистрации в Комиссии по ценным бумагам и биржам в США); 2) дата вступления в силу соглашения, страхового полиса.

effective debt — суммарная задолженность компании (включая капитализированную стоимость арендных платежей).

effective exchange rate — эффективный вал. курс: индекс валюты, взвешенный на базе корзины валют основных торговых партнеров и их удельного веса в товарообороте.

effective net worth — реальная чистая стоимость компании с точки зрения кредиторов (средства акционеров плюс субординированный долг); см. subordinated debt.

effective rate — эффективная (реальная) процентная ставка: 1) ставка по кредиту, включающая банковские комиссии и др. издержки (обычно в отношении экспортных кредитов); 2) доходность долгового инструмента, исчисленная на основе цены его покупки и др. факторов (купона, срока до погашения и т. д.).

effective sale — цена последней стандартной сделки с ценными бумагами, на основе которой исчисляется цена очередной нестандартной операции (США).

efficient market hypothesis (EMH) — гипотеза эффективного рынка: гипотеза, согласно которой при полном доступе рынка к информации цена акции на данный момент является лучшей оценкой будущей цены; рынки считаются эффективными, если быстро реагируют на информацию.

efficient portfolio — эффективный инвестиционный портфель: портфель с максимальным ожидаемым доходом при любом уровне риска или с минимальным риском при любом ожидаемом доходе (определяется на основе математических расчетов).

80-20 law = Pareto's law.

Einheitskurs — единый курс (нем.): система разовой котировки цен на фондовых биржах ФРГ — для каждой ценной бумаги маклером фиксируется одна цена для ежедневной торговой сессии (сделки заключаются в 11 час. 45 мин.); см. variabler Kurs.

either-or-order = alternative order.

either way market — двусторонний рынок: рынок, на котором цены покупателя и продавца равны.

elasticity of demand and supply — эластичность спроса и предложения: гибкость реакции спроса (покупателей) и предложения (производства) на изменение цен.

elect — "выбрать": превратить условный биржевой приказ в рыночный (при достижении определенного уровня цены); см. contingent order; market order.

Electronic Audit Trail — электронная система сбора данных о всех сделках на Нью-Йоркской фондовой бирже (для автоматического контроля за операциями).

electronic funds transfer at point of sale (EFTPOS) — система электронных платежей в пункте продажи: система, позволяющая использовать пластиковую карточку с помощью терминала в магазине или др. пункте продажи для прямого занесения в компьютер эмитента карточки информации о сделке; см. plastic card.

electronic fund transfer system (EFTS) — электронная система платежей: система расчетов, заключения сделок, перевода средств и информации с помощью электронных средств связи; см. automated clearing house; automated teller machine; debit card; point-of-sale terminal system.

electronic handshake — "электронное рукопожатие" (США): фондовая сделка, которую принял к исполнению брокер др. биржи по просьбе биржевика, направленной через Межрыночную торговую систему; см. Inter-market Trading System.

Electronic Price Information Computer (EPIC) — электронная система распространения информации о ценах на Лондонской фондовой бирже (на машинных носителях и через внутреннюю телевизионную систему биржи).

eligibility rule — правило "приемлемости" (Великобритания): правило, определяющее круг ценных бумаг, с которыми проводит операции Банк Англии (казначейские векселя, гос. облигации со сроками менее 5 лет, векселя местных властей, коммерческие векселя, акцептованные первоклассными банками); см. eligible bill; eligible bank; eligible paper.

eligible bank — банк, чьи акцепты пригодны для переучета в центральном банке; в Великобритании на такие банки (более 120) распространяется правило держать часть средств у учетных домов; см. eligibility rule.

eligible bill — первоклассный коммерческий вексель, акцептованный первоклассным банком и пригодный для переучета в Банке Англии; см. eligibility rule.

eligible liabilities — "приемлемые" обязательства (Великобритания): категория банковских обязательств, используемая в системе ден.-кредитного регулирования; включает стерлинговые депозиты сроком до двух лет и средства, полученные в результате конверсии валюты в фунты стерлингов, минус краткосрочные ссуды банкам и ден. брокерам.

eligible paper — ценные бумаги, с которыми проводят операции Банк Англии, ФРС и любой др. центральный банк; см. eligibility rule.

eligible reserve assets = reserve assets.

embargo — эмбарго: законодательно введенный запрет на экспорт или импорт определенных товаров и услуг (в отношении той или иной страны).

embezzlement — растрата, присвоение чужих денег (напр., кассиром — денег банка).

emolument — вознаграждение, плата.

Employee Retirement Income Security Act (ERISA) — закон о пенсионном обеспечении трудящихся, не охваченных льготными пенсионными программами и схемами участия в прибылях (США, 1974 г.); позволил им открывать в банках и др. фин. институтах индивидуальные пенсионные счета на льготных условиях (с 1982 г. такое право получили все трудящиеся); см. individual retirement account.

Employee Stock Ownership Plan (ESOP) — план владения служащими акциями своих компаний (США): программа участия в прибылях компаний, основанная на законодательстве 1974 г.; компания помещает определенное количество акций в фонд, из которого они постепенно (на протяжении 10—15 лет) переходят в собственность служащих.

EMS parity grid = parity grid.

encumbered — обремененный законными требованиями (напр., о собственности, используемой в качестве обеспечения).

end account — торговля в конце операционного периода на Лондонской Фондовой бирже.

end of month (EOM) dating — соглашение об оплате товаров, купленных до 25-го числа текущего месяца, в течение 30 дней после окончания следующего месяца (напр., покупка 20 апреля должна быть оплачена до конца июня).

endorsee — индоссат: тот, в чью пользу делается передаточная надпись на векселе или чеке.

endorsement — индоссамент: передаточная надпись на векселе или чеке (обычно на обороте); надпись, посредством которой осуществляется передача ценной бумаги новому владельцу.

endorser — индоссант: тот, кто делает передаточную надпись на векселе или чеке.

endowment capital — донорский капитал: капитал-дотация (напр., переводимый компанией своему отделению).

endowment effect — "даровой" эффект: прибыль, получаемая банками от размещения "бесплатных" ресурсов клиентов (напр., на беспроцентных текущих счетах).

Enhanced Artificial Gold-Linked Eurobond (EAGLE) — схема выпуска еврооблигаций, использованная в 1989 г. Свенск экспорткредит: привязка основной суммы облигаций к цене золота (акроним — "орел").

end-user — "конечный" пользователь: корпорация или учреждение, которые используют свопы, фьючерсы или др. фин. инструменты для обеспечения своей основной деятельности, напр. страхования рисков (в отличие от посредников и спекулянтов).

energy mutual fund — взаимный фонд, вкладывающий средства только в акции компаний энергетического сектора (нефть, уголь, солнечная энергия).

enfranchissement (Fr.) — предоставление права голоса владельцам безголосых акций (под давлением инвесторов практика выпуска безголосых акций становится все менее распространенной и пересматриваются условия старых выпусков).

Enlarged Access Policy — политика расширенного доступа к ресурсам МВФ, введенная в 1981 г. для стран, дефициты платежных балансов которых намного превышают их квоты; финансирование обычно предоставляется на 1—3 года на базе резервных или расширенных кредитов, обусловленных выполнением программы преобразований; см. Extended Arrangement; Stand-by Arrangement.

en nom participation — "именное" участие (в облигационном займе): упоминание банка в проспекте займа в качестве участника синдиката.

en pension bill transaction = loan against pledged bills.

enterprise — предприятие; компания (часто новая).

entity — юр. лицо: самостоятельная компания, организация.

entrepôt business — транзитный бизнес: операции, в которых банки берут у нерезидентов депозиты в иностранной валюте для предоставления кредитов др. нерезидентам.

entrepôt trade — транзитная торговля: реэкспорт импортируемых товаров.

entrepreneur — антрепренер: предприниматель — лицо, принимающее на себя риск основания нового бизнеса (компании).

entry cost — 1) стоимость доступа к операциям на рынке, бирже: стоимость покупки места на бирже, необходимого оборудования, регистрации; 2) первоначальная маржа по фьючерскому контракту.

Equal Credit Opportunity Act — Закон о равном доступе к кредиту (США): федеральный закон, запрещающий дискриминацию при получении кредита на основании расы, пола, религии (принят в середине 70-х годов).

equilibrium — равновесие: сбалансированность внешних расчетов страны.

equilibrium exchange rate — вал. курс равновесия: курс, соответствующий паритету покупательной способности и др. факторам.

equilibrium price — цена равновесия: 1) цена товара при совпадении спроса и предложения; 2) цена, при которой прибыль производителя достигает максимума.

equipment leasing partnership — товарищество с ограниченной ответственностью, которое покупает оборудование для сдачи его в аренду (США).

equipment trust certificate — доверительный сертификат на оборудование (США): разновидность ценных бумаг, используемая для оплаты оборудования (часто железнодорожными компаниями) и обеспеченная этим оборудованием; до полной оплаты сертификатов документ на право собственности на оборудование находится в руках у доверенного лица.

equities = ordinary shares.

equity — 1) капитал компании: разница между активами и текущими обязательствами, заемным капиталом и привилегированными акциями; фактически состоит из средств обыкновенных акций и резервов (при продаже компании также ден. оценки деловой репутации), нераспределенной прибыли; см. goodwill; current liabilities; 2) на рынке фин. фьючерсов — остаточная стоимость первоначальной и вариационной маржи при ликвидации контракта по текущей цене (может быть отрицательной); см. margin 2.

equity and debt warrant issue — заем (облигации) с варрантами двух типов — на покупку акций и облигаций заемщика.

equity capital = 1) equity 1; 2) share capital.

Equity Capital for Industry (ECI) — Капитал для промышленности (Великобритания): организация, созданная в 1976 г. для помощи в аккумуляции акционерного капитала мелким и средним фирмам (за счет средств пенсионных и инвестиционных фондов, страховых компаний); в 1983 г. слилась с организацией Финансы для промышленности в группу Инвесторы в промышленность; см. Finance for Industry; Investors in Industry.

equity financing — мобилизация капитала с помощью выпуска акций.

equity funding — комбинация капиталовложений в страховой полис (страхование жизни) и взаимный фонд; акции фонда служат обеспечением кредита, взятого для оплаты страховых премий.

equity index options — опционы, базирующиеся на фондовых индексах.

equity interest — участие в акционерном капитале компании.

equity issue — новые акции.

equity kicker — 1) предложение акций (участия в капитале) заемщика в сделке, предусматривающей кредиты (для снижения процентной ставки); 2) право конверсии облигаций в акции (для привлечения инвесторов).

equity-linked (related) issues — займы (облигации), которые могут быть конвертированы в акции или имеют варранты на покупку акций.

equity market — фондовый рынок.

equity option — опцион, объектом которого являются акции.

equity participation = equity interest.

equity REIT (real estate investment trust) — инвестиционный фонд, вкладывающий средства в недвижимость путем ее покупки (акционеры получают дивиденды и прирост капитала); см. mortgage REIT.

equity swap — обмен акциями.

equity turnover = capital turnover.

equity warrant issue — заем (облигации) с варрантами, дающими право на покупку акций заемщика.

equity warrant — облигационный варрант, дающий право на покупку акций заемщика по оговоренной цене.

equivalent bond yield — эквивалентный облигационный доход: приведение доходности дисконтной ценной бумаги к купонной форме (для сопоставлений).

equivalent taxable yield — эквивалентный доход, облагаемый налогом: приведение доходности муниципальной облигации (не облагаемой налогом) к форме доходности корпорационной облигации (облагаемой налогом).

erratic items — случайные статьи: экспорт и импорт, который имеет место нерегулярно (самолеты, танкеры, алмазы); такие статьи искажают месячные данные о торговом балансе.

escalator clause — "эскалаторная" оговорка: условие контракта, позволяющее учитывать рост издержек (цен).

escheat — передача собственности (умершего без завещания и наследников человека или просто бесхозной) государству.

escrow — контракт, соглашение или документ, который находится на хранении у третьего лица и вступает в силу при выполнении определенного условия; см. escrow account.

escrow account — 1) счет в банке, на котором блокируются средства за покупку товара в качестве гарантии завершения товарообменной операции (продажи др. товара); см. advance purchase; escrow; 2) счет, который находится в руках третьей стороны до урегулирования отношений между двумя принципалами (выполнения сделки); напр., счет с иранскими активами в Банке Англии в период переговоров об освобождении американских заложников в 1980 г.

estate — 1) все имущество человека в момент смерти; состояние (недвижимость, фин. активы); 2) усадьба, имение, поместье.

estate duty (tax) — налог на наследства (в Великобритании в 1894—1975 гг.); см. inheritance tax; capital transfer tax.

estate tax anticipation bond = flower bond.

estoppel — процессуальный отвод: лишение одной стороны права отрицать истинность своего заявления, если на основе этого заявления др. сторона произвела определенные действия (даже при ложности заявления).

Eurasco — Юраско: совместная фин. компания в Цюрихе (создана в 1988 г.); 30% капитала принадлежат Внешэкономбанку СССР, 30% — Донау банк, 20% — Цюрихер индустрикредит (Швейцария) и 20% — Ландесбанк Райнланд- Пфальц (ФРГ).

Eurobank — 1) евробанк: международный банк, активно действующий на еврорынке (особенно в отношении специально созданных компаний и отделений, консорциальных банков); 2) = Banque commerciale pour l'Europe du Nord.

Eurobond option — еврооблигационный опцион; может быть исполнен после фикс. даты или в один из оговоренных дней.

Eurobonds — еврооблигации: средне- и долгосрочные облигации в евровалютах (как правило, с фикс. процентной ставкой); выпускаются с начала 60-х годов вне страны происхождения валюты для размещения среди зарубежных инвесторов; см. Eurocurrency.

Eurocard — "Еврокарточка": кредитная карточка, выпускаемая международной организацией "Еврокард" (Брюссель) через банки и специализированные компании; принимается во всех странах мира; связана с "Мастеркард".

EyroCD — депозитный сертификат в евровалюте.

Eurocheque (EC) — еврочек: стандартная международная форма чека и чековой гарантийной карточки, используемая более чем в 40 странах для безналичных платежей и получения наличных денег свыше чем в 200 тыс. банковских учреждений (до определенной суммы автоматически, без запросов); введена в 1968 г.

EuroClear — "ЮроКлир": клиринговая система, учреждение для расчетов между банками на вторичном рынке еврооблигаций и др. ценных бумаг; создана в 1968 г. в Брюсселе американским банком Морган гэранти траст компани; в настоящее время система принадлежит более 100 банкам.

Euro-commercial paper (ECP) — "евро-коммерческие векселя": краткосрочные долларовые бумаги, выпускаемые за пределами США (стандартных сроков нет).

Euro-commercial paper facility (ECP facility) — среднесрочная кредитная программа на базе регулярного выпуска "евро-коммерческих векселей" без банковской гарантии.

Euro-commercial paper index (ECP index) — индекс текущей стоимости "евро-коммерческих векселей", служащий ориентиром для новых эмиссий; см. Euro-commercial paper.

Eurocredit — еврокредит: среднесрочный банковский кредит в одной из евровалют, обычно предоставляемый синдикатом банков по плавающей ставке.

Eurocurrency — евровалюта: депозит или ссуда в той или иной валюте вне страны ее происхождения (напр., долларовый депозит в банке в Лондоне), причем в любом международном фин. центре, а не только в европейских.

Eurocurrency market — евровалютный рынок, международный рынок ссудных капиталов: рынок, на котором совершаются операции в евровалютах; начал формироваться в середине 50-х годов; включает ден. рынок, рынок кредитов и рынок капиталов (облигаций); охватывает все ведущие международные фин. центры и отличается относительной свободой от регулирования.

Eurodisaster clause — условие в кредитном соглашении, защищающее от чрезвычайных событий на еврорынке.

Eurodollar bond — евродолларовая облигация: долларовая облигация, выпущенная за пределами США.

Eurodollar certificates of deposit — депозитные сертификаты, выпускаемые банками за пределами США в долларах; минимальные номиналы — 100 тыс. долл., сроки обычно до двух лет, ставка прикреплена к ЛИБОР.

Eurodollar market — евродолларовый рынок: 1) рынок операций в долларах США (в т. ч. операции заграничных отделений и дочерних компаний банков США); 2) сеть банков, специализирующихся на операциях с евродолларами.

Eurodollars — евродоллары: доллары (долларовые депозиты), находящиеся в банках за пределами США (вне прямого нац. регулирования США) или специальных офф-шорных банковских зонах на территории США.

Euroequities — "евроакции": ценные бумаги, выпускаемые за пределами страны происхождения заемщика.

Eurofeds — еврофедеральные фонды: евродоллары, проходящие через систему "Фед уаер" (между американскими банками в США и заграницей), а не "ЧИПС"; см. Fed Wire; Clearing House Interbank Payment System.

Euroline — евролиния: кредитная линия в евровалюте.

Euromarket = Eurocurrency market.

Euro medium-term note (EuroMTN) — среднесрочная еврнота: разновидность среднесрочных ценных бумаг (1—5 лет), призванная восполнить пробел между евронотами и еврооблигациями; обычно размещаются небольшими траншами на регулярной основе.

Euromoney — "Юромани" ("Евроденьги"): ежемесячный журнал по проблемам международного рынка ссудных капиталов и вал.-кредитных отношений; издается в Лондоне и широко распространяется во всем мире.

Euronote Association — Евронотная ассоциация: профессиональная ассоциация более 40 участников евронотного рынка (штаб-квартира в Лондоне).

Euronote clearing systems — клиринговые системы по операциям с евронотами: "СЕДЕЛ" и

"ЮРОКЛИР", Чейз Манхэттен бэнк и Фёрст Чикаго бэнк; см. Centrale de livraison de valeur mobilières EuroClear.

Euronote facility — среднесрочная кредитная программа на основе регулярного выпуска евронот с банковской поддержкой; см. note issuance facility; revolving underwriting facility.

Euronotes — евроноты: 1—6-месячные векселя (или депозитные сертификаты), выпускаемые вне страны происхождения валюты в рамках среднесрочных кредитных программ с банковской гарантией; см. note issuance facility; revolving underwriting facility.

Europartners — Юропартнерз (Европартнеры): банковская группировка (клуб), созданная в 1970-1971 гг. в составе: Коммерцбанк, Банко ди Рома, Банко испано американко, Креди лионнэ.

European Bank for Reconstruction and Development (EBRD) — Европейский банк реконструкции и развития (ЕБРР): международный банк, созданный в 1990 г. правительствами 42 стран и рядом международных организаций для фининсирования перестройки экономики стран Восточной Европы; начал операции в 1991 г.

European Banks' International Company S.A. (EBIC) — Международная компания европейских банков (ЭБИК): старейшая банковская группировка, созданная в конце 50-х годов в составе: Дойче банк, Амробанк, Банка коммерчиале италиана, Кредитанштальт-банкферайн, Женераль банк, Сосьете женераль, Мидлэнд бэнк.

European composite currency unit (EURCO) — европейская составная вал. единица (ЮРКО): искусственная ден. единица на базе валют стран — членов ЕЭС (создана в 1973 г.).

European currency snake = snake; snake in the tunnel; European Monetary System.

European Currency Unit (ECU) — Европейская валютная единица (ЭКЮ): коллективная ден. единица стран — членов ЕЭС на основе корзины валют (создана в 1979 г.); см. European Monetary System; private ECU; official ECU; unbundle.

European Depositary Receipts — европейские депозитные расписки на иностранные акции: форма международной торговли акциями.

European option — "европейский опцион": опцион, который может быть исполнен только в строго определенный срок (обычно при 7-дневном уведомлении).

European Economic Community (EEC) — Европейское экономическое сообщество (ЕЭС): экон. союз, созданный в 1957 г. Бельгией, Францией, Италией, Люксембургом, Нидерландами и ФРГ для развития торговли и сотрудничества; в 1973 г. присоединились Великобритания, Ирландия, Дания, в 1984 г. — Греция, в 1986 г. — Испания и Португалия.

European Free Trade Association (EFTA) — Европейская ассоциация свободной торговли (ЕАСТ): организация, созданная в 1960 г. Австрией, Данией, Норвегией, Швецией, Португалией, Швейцарией и Великобританией для уничтожения ограничений в торговле друг с другом; в настоящее время включает также Исландию и Финляндию (ассоциированный член), а Великобритания и Дания вышли в связи со вступлением в ЕЭС; в 1972 г. ЕАСТ и ЕЭС заключили договор о таможенном союзе.

European Fund for Monetary Cooperation (EFMC) — Европейский фонд валютного сотрудничества (ЕФВС): фонд для финансирования вал. политики ЕВС (создан в 1973 г.); осуществляет официальную эмиссию ЭКЮ, предоставляет краткосрочные кредиты для покрытия дефицитов платежных балансов; см. European Monetary System.

European Investment Bank (EIB) — Европейский инвестиционный банк (ЕИБ): банк, созданный в 1958 г. по Римскому договору для поддержки проектов, имеющих значение для нескольких стран-членов, а также финансирования развития отсталых регионов.

European Monetary Agreement (EMA) — Европейское валютное соглашение: система многосторонних расчетов, созданная в 1955 г. и в 1958 г. заменившая Европейский платежный союз в связи с переходом большинства стран к обратимости валют (сальдо расчетов покрывалось только долларами).

European Monetary System (EMS) — Европейская валютная система (ЕВС): организация, созданная в 1979 г. странами — членами ЕЭС для поддержания стабильности взаимных курсов валют, усиления координации экон. политики, развития региональной торговли; основные элементы ЕВС: ЭКЮ, центральные курсы и ограничение взаимных курсовых колебаний ±2,25% (±6% для итал. лиры) с помощью официальных вал. интервенций, Европейский фонд валютного сотрудничества.

European Options Exchange (EOE) — Европейская опционная биржа в Амстердаме (опционы на валюту, акции, облигации, золото); основана в 1978 г.

European Payments Union (EPU) — Европейский платежный союз (ЕПС): платежная система, действовавшая между странами — членами Организации для европейского экономического сотрудничества (см. Organisation for European Economic Cooperation) в 1950—1958 гг., — форма многостороннего клиринга, роль расчетной палаты в котором выполнял БМР; ежемесячное сальдо должно было погашаться золотом или долларами; с введением обратимости был заменен многосторонней системой платежей в рамках Европейского валютного соглашения; см. European Monetary Agreement.

European recovery programme = Marshall Plan.

European Regional Development Fund — Европейский фонд регионального развития: фонд, созданный ЕЭС в 1975 г. для стимулирования развития отсталых районов в странах- членах путем финансирования промышленных и др. проектов.

European Unit of Account (EUA) — Европейская расчетная единица (ЕРЕ): 1) расчетная единица Европейского валютного соглашения (1961—1972 гг.) с золотым содержанием 0,8887 г; 2) расчетная единица 9 стран ЕЭС в 1974—1979 гг. (на базе вал. корзины).

European Venture Capital Association (EVCA) — Европейская ассоциация "рискового" капитала: профессиональное объединение банков и фирм, специализирующихся на "рисковом" финансировании (свыше 170 членов из более чем 20 стран).

European warrant — "европейский" варрант; — window warrant.

Euro Ratings — "Еврорейтинги": аналитическая западноевропейская фирма, специализирующаяся на присвоении ценным бумагам кредитных рейтингов (возникла в Лондоне в 1987 г.).

Eurospeak — жаргон европынка.

Eurosyndicated credit — евросиндицированный кредит: среднесрочный кредит в евровалюте, предоставленный группой (синдикатом) банков по плавающей ставке.

Euro-Treasuries — еврооблигации, дающие право на приобретение американских казначейских облигаций по фикс. цене.

Euro-Treasury warrants — "евроказначейские" варранты: варранты, выпускаемые с евронотами и дающие право покупки в оговоренный срок казначейских векселей США по фикс. цене.

evaluator — оценщик: независимый специалист по оценке собственности, для которой нет развитого рынка.

evening up — выравнивание: 1) купля-продажа срочных биржевых контрактов для ликвидации (зачета) существующей позиции и реализации прибыли; 2) операции для выравнивания конъюнктуры рынка.

even lot = round lot.

evenkeel — выравнивать: "вливать" ликвидность в периоды новых заимствований государства для сглаживания конъюнктуры (США).

evergreen credit — "вечнозеленый" кредит: регулярно возобновляемый кредит без фикс. срока.

evidence accounts — "свидетельские" счета в банках, используемые в товарообменных операциях (через них проходят все расчеты).

ex — "без", или "исключая" (лат.): термин, указывающий на то, что покупатель ценной бумаги не имеет права на очередной дивиденд, процентный платеж, приобретение новых бумаг того же заемщика; см. ex all; ex dividend; ex bonus; ex interest; ex rights.

exact interest — "точный" процент: процентный платеж, рассчитанный на основе года в 365 дней (в отличие от "обычного" процента на основе 360 дней); отношение "обычного" к "точному" проценту составляет 1,0139; см. ordinary interest.

ex all (XA) — "исключая все права": обозначение цены акции, покупка по которой не дает никаких дополнительных прав.

ex ante — ожидаемый, предполагаемый (об уровне сбережений, капиталовложений, в отличие от фактического); см. ex post.

ex bonus (capitalization) — "без права на бесплатное получение акций, выпускаемых в порядке капитализации резервов": обозначение цены акции, покупка по которой не дает указанного права; см. scrip issue.

ex capitalization (ex cap; XC) = ex bonus.

excess liquidity — избыточная ликвидность: ликвидные активы банков сверх обычной потребности.

excess margin — чрезмерная маржа: средства клиента на счете у брокера сверх установленного законом или правилами уровня (при оплате части стоимости купленных ценных бумаг).

excess profits tax (duty) (EPT; EPD) — дополнительный налог на прибыль корпораций для пополнения гос. доходов в случае чрезвычайных обстоятельств (напр., войны).

excess reserves — избыточные резервы: банковские резервы сверх официально установленных резервных требований.

excess shares — избыточные акции: акции, оставшиеся невыкупленными в случае новой эмиссии для размещения среди акционеров; такие акции получают акционеры, желающие увеличить свою квоту (Великобритания).

exchange (Exch.) — 1) обмен; 2) размен денег; 3) валюта; 4) вал. курс; 5) биржа: учреждение, которое обеспечивает своих членов (уплативших определенный взнос) торговым залом, средствами связи, т. е. всем необходимым для проведения биржевых сделок.

exchange acquisition — приобретение крупного пакета акций через биржу; брокер накапливает приказы о продаже и затем оформляет сделку.

exchange bourses — вал. биржи в континентальной Европе (обычно подразделения фондовых бирж).

exchange control = foreign exchange control.

exchange delivery settlement price (EDSP) = settlement price.

exchange distribution — биржевое размещение: продажа крупной партии акций через фондового брокера, который набирает необходимое число заказов среди своих клиентов (комиссию платит только продавец); фактически сделка заключается между клиентами брокера и лишь объявляется и регистрируется на бирже.

Exchange Equalization Account — Валютный уравнительный счет (фонд): счет в Банке Англии, открытый в 1932 г. министерством финансов для стабилизации курса фунта стерлингов; оперативное распоряжение счетом осуществляется Банком Англии; средства счета (официальные вал. резервы) используются для рыночных вал. интервенций.

exchange fee = transaction charges.

exchange for physicals (EFP) — обмен на физ. товары (наличные фин. инструменты): предложение брокера одновременно провести разнонаправленные наличную и фьючерскую сделки с фикс. разницей между ценами.

exchange gain/loss — курсовые прибыль и убыток: разница, возникающая при пересчете сумм из одной валюты в другую в случае изменения курса за отчетный период.

exchange of data carriers — обмен носителями информации (напр., на дисках) между банками и клиентами.

exchange office (bureau) — пункт обмена иностранной валюты.

exchange privilege — привилегия обмена: право акционера взаимного фонда перевести свои капиталовложения в др. фонд той же группы (в т. ч. без дополнительной платы).

exchange rate — вал. (обменный) курс: цена одной ден. единицы, выраженная в другой (обычно за 1, 100 или 1000 единиц), — цена, по которой обмениваются ден. единицы разных стран (в прошлом также на золото); формируется на рынке или устанавливается в административном порядке.

exchange rate agreement (ERA) — соглашение о вал. курсе: схема вал. хеджирования, предлагаемая клиентам Барклайз бэнк (производится только окончательный расчет).

exchange rate futures = currency futures.

exchange rate mechanism (ERM) — курсовой механизм ЕВС: ограничение взаимных колебаний курсов большинства валют стран — членов ЕВС на основе паритетной сетки и вал. интервенций.

exchange rate parity — валютный паритет: официально зафиксированный курс между двумя валютами.

exchange restrictions = foreign exchange control.

exchange risk — вал. риск: риск потерь в результате изменения вал. курса; см. transaction risk; translation risk.

Exchange Stabilization Fund (ESF) — Фонд валютной стабилизации (США): специальный фонд под контролем министра финансов, созданный в 1934 г. для стабилизации курса доллара через операции с золотом, валютой, казначейскими бумагами; управляет резервами и операциями США в СДР, а также отвечает за использование США ресурсов МВФ.

exchange traded options — опционы, которыми торгуют на биржах.

exchange swap = currency swap.

Exchequer — казна, казначейство: центральный счет брит. правительства в Банке Англии (управляется министерством финансов); на счет поступают доходы центрального правительства и с него осуществляются основные расходы.

Exchequer bond — казначейская облигация: разновидность краткосрочных казначейских облигаций в Великобритании.

excise duty (tax) — акциз, акцизный сбор: налог на продажу товаров и услуг; наиболее часто акцизные сборы устанавливаются на алкогольные напитки и сигареты.

exclusion — исключение: 1) положение, условие, событие, не оговоренное в контракте; 2) доход, который не облагается налогом (но сообщается налоговым властям).

ex coupon (XC; X. ср.) — "без права на купон": обозначение цены облигации, покупка по которой не дает права на только что выплаченный купон.

ex dividend (ex div; XD; X. div) — "исключая дивиденд": обозначение цены акции, покупка по которой не дает права на получение очередного дивиденда (дивиденд достается продавцу акции).

ex dividend date — дата, когда акция теряет право на дивиденд (обычно за 3 недели до выплаты дивиденда); после этой даты новый покупатель не получит очередной дивиденд.

ex drawing — "без права на выгоду от розыгрыша очередности погашения долга": обозначение цены ценной бумаги, покупка по которой не дает указанного права; см. drawing 1.

execution — 1) исполнение сделки, приказа биржевому брокеру; 2) юр. оформление контракта или соглашения.

execution by outcry — исполнение сделки непосредственно в торговом зале биржи.

executor — исполнитель завещания (душеприказчик).

exempt dealers — фондовые дилеры, на которых не распространяется действие Закона о предотвращении мошенничества в инвестиционной сфере 1958 г. (Великобритания); банки и брокеры, деятельность которых регулируется др. законами; см. Prevention of Fraud (Investments) Act.

exemption — освобождение от налогов, пошлин.

exempt securities — ценные бумаги, на которые не распространяются некоторые правила Комиссии по ценным бумагам и биржам (США); напр., гос. и муниципальные облигации освобождены от регистрационных требований.

exercise — использование права, исполнение опциона: использование покупателем опциона права купить или продать фин. инструменты по фикс. цене.

exercise date = expiration date.

exercise limit — лимит исполнения опциона: число опционных контрактов одного класса, которые можно исполнить в течение 5 рабочих дней; для опционов на акции такой лимит обычно составляет 2000 контрактов (США).

exercise notice — уведомление об исполнении: формальное уведомление о намерении владельца опционного контракта использовать свое право (передается продавцу опциона).

exercise price — цена исполнения: фикс. цена (курс), по которой покупатель опциона может использовать свое право купить или продать определенные фин. инструменты.

exhaustion gap — разрыв "истощения": разрыв в ценах (на графике техн. анализа), знаменующий перемену тенденции; наблюдается в конце длительного цикла движения цены.

exhaust price — цена ликвидации фондовой позиции клиента в случае нехватки средств для внесения дополнительной маржи из-за неблагоприятного движения цены.

ex interest (X; XI; X. int) — "без права на получение текущих процентных выплат": обозначение цены облигации, покупка по которой не дает указанного права.

exit — "выход": завершающая стадия "рискового" финансирования, когда инвестор реализует вклад в новую компанию путем продажи акций по повышенной цене; см. venture capital.

exit bonds — облигации "выхода": облигации (низкопроцентные, долгосрочные), которые предлагают банкам-кредиторам развивающиеся страны для частичного урегулирования долга.

ex-legal bond — муниципальная облигация, на которой не напечатано мнение юр. фирмы относительно ее надежности.

ex new (XN) = 1) ex rights; 2) ex bonus.

exotic currencies — "экзотические" валюты: валюты, с которыми редко проводятся операции; см. peripheral currencies.

expected return = mean return.

expense ratio — отношение расходов акционеров взаимного фонда (комиссии) к общей сумме капиталовложений.

expiration date — 1) истечение срока действия контракта; 2) истечение срока опциона: дата, после которой опцион нельзя перепродать или исполнить.

expiration cycle — цикл истечения сроков опционных контрактов; различают три цикла: январь, апрель, июль, октябрь; февраль, май, август, ноябрь; март, июнь, сентябрь, декабрь (США).

expiring contract — фьючерский контракт с приближающимся сроком исполнения.

expiry date = expiration date.

ex-pit transaction — внебиржевая сделка: покупка товаров или фин. инструментов вне торгового зала биржи.

export concentration — концентрация экспорта: удельный вес основного экспортного товара или основных клиентов в суммарном экспорте; высокий уровень свидетельствует о внешнеэкономической уязвимости страны.

export credit — экспортный кредит: кредит в целях финансирования экспортных поставок.

export credit insurance — страхование (гарантирование) экспортных кредитов (на случай убытков в результате непоставки товара или неплатежа по политическим или коммерческим причинам).

Export Credits Guarantee Department (ECGD) — Департамент гарантирования экспортных кредитов (ДГЭК): гос. организация Великобритании, специализирующаяся на страховании экспортных кредитов (создана в 1919 г.).

Export Development Corporation (EDC) — Корпорация развития экспорта (Канада): гос. организация, специализирующаяся на страховании и предоставлении экспортных кредитов.

exporter retention — часть стоимости экспортного контракта (10—15%), которую экспортер финансирует сам; напр., 10% оплачивает наличными импортер, 80% финансирует банк и 10% — экспортер.

exporter tender risk avoidance (Extra) — "Экстра": разновидность вал. опциона, приспособленного к нуждам клиентов, участвующих в торгах; в случае неудачи и неполучения контракта банк возвращает примерно 50% премии (введен Хамброус бэнк).

export factoring — экспортный факторинг: факторинговые операции во внешней торговле (включают гарантию от кредитного и вал. рисков); см. factoring.

export finance house — дом экспортного финансирования: фирма, специализирующаяся на кратко- и среднесрочном финансировании экспорта.

export financing — экспортное финансирование: финансирование экспортных поставок путем кредитов покупателю и поставщику, форфэтинга, факторинга.

export house = export trading company.

Export-Import Bank (Eximbank) — Экспортно-импортный банк (Эксимбанк): 1) гос. кредитное учреждение США, созданное в 1934 г. для стимулирования внешней торговли с помощью кредитов, гарантий и страхования; средства занимает у министерства финансов; 2) гос. банк Японии, осуществляющий кредитование экспорта.

Export Insurance Division (EID) — Управление страхования экспорта (Япония): гос. организация (подразделение министерства торговли и промышленности), специализирующаяся на страховании и предоставлении экспортных кредитов; покрывает примерно 45% экспорта страны.

Export-Kreditnamden (EKN) — Экспорт кредитнамден (Швеция): гос. организация, специализирующаяся на страховании и предоставлении экспортных кредитов.

export leasing — экспортный лизинг; оборудование приобретается лизинговой компанией и сдается в аренду заграничному покупателю.

export licence — экспортная лицензия: инструмент контроля за вывозом из страны объектов, представляющих культурную, историческую или стратегическую ценность.

Exportrisikogarantie (ERG) — Экспорт ризикогаранти (Швейцария): полугос. организация, специализирующаяся на страховании экспортных кредитов и рисков.

export risk guarantee — гарантия по экспортному риску: гарантия, покрывающая вал., политический, производственный и др. риски.

export trading company — компания, специализирующаяся на экспорте, предоставлении услуг по развитию экспорта (маркетинг, реклама, страхование, вал.-кредитное обеспечение, складирование).

ex post — реализованный, реальный (об уровне сбережений, капиталовложений, в отличие от ожидаемого); см. ex ante.

exposure — риск потенциальных убытков: максимальная сумма, которую банк может потерять в результате банкротства контрагента, изменения вал. курса, процентных ставок.

ex quay = free on quay.

ex rights (XR) — "исключая право на покупку новых акций, предназначенных для продажи существующим акционерам": обозначение цены акции, покупка по которой не дает указанного права; см. rights issue.

ex scrip = ex bonus.

ex ship = free overside (board).

ex-stock dividend — дивиденд без акции: дивиденд, получаемый бывшим владельцем акции, который продал ее в период, когда новый владелец уже не имеет права на текущий дивиденд (примерно в течение 3 недель до его выплаты).

extendable maturity — ценная бумага с возможностью пролонгирования срока.

extendable swap — продлеваемый своп: кредитный своп с правом продления срока действия.

Extended Arrangement — расширенный кредит: кредитная линия МВФ одной из стран-членов, используемая в рамках системы расширенного финансирования или политики расширенного доступа к ресурсам МВФ (см. Enlarged Access Policy; Extended Facility); кредиты могут предоставляться по частям в течение 3 лет при условии выполнения программы экон. преобразований.

Extended Facility — система расширенного финансирования МВФ (создана в 1974 г.) для стран со структурными дефицитами платежных балансов; кредиты предоставляются в объеме до 140% квоты в течение 3 лет с выплатой 12 равными долями в течение 4,5—10 лет.

extension swap — своп с целью пролонгирования позиции (напр., продажа ценной бумаги и одновременная покупка другой с более длительным сроком).

external accounts = non-resident accounts.

external convertibility — внешняя конвертируемость валюты: свободная обратимость нац. валюты для нерезидентов (по крайней мере по текущим операциям).

external debt — внешний долг: суммарный долг государства нерезидентам; см. internal debt.

external debt/exports — отношение внешнего долга к экспорту: показатель состояния внешней задолженности; критический уровень — более 150%, критическое изменение — рост на 25% в течение года.

external debt service — обслуживание внешнего долга: ежегодные расходы на выплату процентов и амортизацию основной суммы долга.

external financing limit (EFL) — предел внешнего финансирования: официально устанавливаемый предел заимствований для компаний (в виде отношения к использованию собственных средств).

external funds — внешние фин. ресурсы компании (кредиты, выпуски ценных бумаг).

external public debt — внешний гос. долг: часть нац. долга, обязательства местных властей и гос. предприятий, по которым страна должна осуществить выплаты иностранным правительствам, банкам и международным организациям.

external sterling — "внешний стерлинг": стерлинговые авуары нерезидентов стерлинговой зоны в период вал. ограничений.

extra dividend — дополнительный дивиденд: дивиденд, который может быть выплачен наличными или в форме акций в дополнение к обычному дивиденду в случае получения большой прибыли (США).

extraordinary charge — non-recurring charge.

extraordinary general meeting (EGM) — чрезвычайное общее собрание акционеров компании; созывается директорами или владельцами более 10% акций для решения чрезвычайных вопросов.

extraordinary item — чрезвычайное событие в деятельности компании, которое должно быть объяснено акционерам в годовом или квартальном отчете (напр., поглощение др. компании).

extraordinary resolution — чрезвычайная резолюция общего собрания акционеров; должна получить поддержку 75% голосов (для решения наиболее важных вопросов).

ex warrants (XW) — "без варрантов": о ценной бумаге (и цене сделки с ней), не дающей права на варранты на покупку дополнительных акций, обычно после определенной даты.

ex works — "франко-завод": условие контракта, по которому продавец грузит за свой счет товар на транспортное средство, а дальнейшие расходы несет покупатель.

F

face-amount certificate — сертификат с номинальной суммой: долговой инструмент, выпускаемый одной из разновидностей взаимных фондов в США (погашается по номиналу).

face value = par value 1.

facility — 1) кредит, ссуда; 2) схема кредитования.

facility fee — комиссия банку за предоставление кредита.

factor = factor-company.

factor-company — факторинговая компания ("фактор"): компания, специализирующаяся на факторинге.

factoring — факторинг: разновидность финансирования торговли (внешней и внутренней), при которой специализированная компания приобретает требования на должника (обычно на 80% суммы контракта) с определенной скидкой и сама взыскивает долг; сделка может заключаться с или без права регресса, а требования обычно имеют сроки 1—3 месяца; продавцу требований факторинг позволяет ускорить оборот средств; различают срочный факторинг и учет счетов-фактур; см. maturity factoring; invoice discounting.

factoring fee — факторинговая комиссия: вознаграждение факторинговой компании.

Factors Chain International (FCI) — Международная факторинговая цепь: международное объединение факторинговых компаний (из 27 стран).

fail position — непоставленные ценные бумаги, невозможность расчета по фондовой сделке из-за непоставки продавцом ценных бумаг; часто имеется в виду нетто-позиция брокера по данным бумагам (США).

fail to deliver — невыполнение обязательства поставить ценные бумаги.

fail to receive — неполучение купленных ценных бумаг (следовательно, покупатель не будет платить).

failure — невозможность выполнить обязательство, неплатежеспособность, банкротство.

Fair Credit Reporting Act — федеральный закон о предоставлении точной информации о кредиторах в США (1971 г.); дает право проверять и оспаривать информацию, которой располагают специализированные кредитные агентства.

fair market price — обоснованная рыночная цена: цена в ситуации, когда продавец и покупатель обладают всей необходимой информацией или спрос и предложение относительно стабильны.

fair price amendment — поправка о справедливой цене: поправка к уставу компании, отменяющая требование сверхбольшинства при голосовании по предложению о поглощении, если цена расценена как справедливая; см. supermajority amendment.

fair rate of return — обоснованный уровень дохода: максимальный уровень прибыли, установленный властями для коммунальных предприятий (США).

Fair Trade Acts — законы о честной конкуренции в различных штатах США, защищающие производителей от чрезмерного снижения цен.

Fair Trading Act — Закон о добросовестной конкуренции (Великобритания; 1973 г.): закон, направленный против попыток монополизации отрасли, различного рода ограничений конкуренции; для наблюдения за исполнением закона был создан специальный орган — Управление добросовестной конкуренции; см. Office of Fair Trading.

fallen angel — "падший ангел" (США): высокодоходная облигация, потерявшая по той или иной причине уровень рейтинга, приемлемый для инвесторов.

falling coupon bond — облигация с уменьшающимся во времени размером ставки купона.

fall-off — падение конъюнктуры.

falsification = forgery.

family of funds — "семья" фондов: группа взаимных инвестиционных фондов под управлением одной компании; каждый фонд в группе имеет различную специализацию.

Fannie Mae — "Фэнни Мэй": 1) = Federal National Mortgage Association; 2) = FNMA certificate.

Far Eastern Bank — Дальневосточный банк: банк с советским капиталом, действовавший в Харбине в 20—30-е годы.

Far Eastern Stock Exchange (FESE) — Дальневосточная фондовая биржа: крупнейшая биржа Гонконга (создана в 1969 г.).

Far Eastern Index (FEI) — дальневосточный фондовый индекс: показатель движения курсов 52 акций на Дальневосточной фондовой бирже (25% оборота); базовый год — 1971 г., базовое значение — 1000; также рассчитываются 9 субиндексов.

farthing — фартинг: монета в 1/4 пенни в Великобритании до введения десятичной системы.

fat cat — "жирный кот": в "рисковом" финансировании финансирующая фирма, получающая сверхвысокие прибыли.

fate — "судьба" чека, т.е. отказ или принятие к платежу; см. advise fate.

favourable fifty = nifty fifty.

favourable trade balance — положительный (активный) торговый баланс.

FAZ index — фондовый индекс, публикуемый газетой "Франкфуртер альгемайне цайтунг" (акции компаний ФРГ).

feasibility study — изучение возможности осуществления проекта (технико-экон. характеристик) перед принятием решения о финансировании или создании совместного предприятия.

feature — "гвоздь программы": акция или сектор фондового рынка, который в течение дня характеризовался особенно активным заключением сделок и колебанием цен.

Fed — "Фед": Федеральная резервная система (ФРС); = Federal Reserve System.

federal agency — федеральное агентство (США): 1) агентство иностранного банка в США, открытое с одобрения вал. контролера (Comptroller of the currency); в отличие от отделения не может принимать депозиты или заниматься доверительными операциями, но имеет право на кредитную деятельность; 2) агентство федерального правительства (самостоятельная гос. организация).

federal agency securities — ценные бумаги федеральных агентств в США; не являются прямыми долговыми обязательствами правительства; см. FNMA certificate.

federal branch — отделение иностранного банка в США, открытое с одобрения вал. контролера (Comptroller of the currency); по кругу операций и системе регулирования приравнивается к нац. банку; см. national bank 2.

Federal Cartel Office — Федеральный департамент по картелям (ФРГ): учреждение, контролирующее изменения в собственности компаний; получает информацию о всех крупных слияниях и поглощениях и может приостанавливать их.

federal credit program — федеральная кредитная программа (США), предусматривающая кредитную поддержку с прямым или косвенным субсидированием стоимости кредита для заемщика (прямые кредиты, кредитные гарантии, страхование кредитов).

federal deficit — федеральный дефицит: дефицит федерального бюджета (США).

Federal Deposit Insurance Corporation (FDIC) — Федеральная корпорация страхования депозитов (США): организация, занимающаяся страхованием депозитов в банках и др. кредитных институтах — гарантирует возвратность депозитов до 100 тыс. долл. (создана в 1933 г.); для нац. банков страхование депозитов обязательно; является регулирующим органом для банков штатов, не входящих в ФРС.

Federal Farm Credit Bank — Федеральный банк фермерского кредита (США): банк, консолидирующий фин. деятельность Федеральной системы фермерского кредита; см. Federal Farm Credit System.

Federal Farm Credit System (FFCS) — Федеральная система фермерского кредита (США): кооперативная система, принадлежащая фермерам и фермерским кооперативам, которые выступают основными вкладчиками и заемщиками (создана в 1971 г.); разделена на 12 округов, включает 12 земельных банков, 12 банков среднесрочного кредита, 12 банков для кооперативов; общее руководство осуществляется Правлением фермерского кредита, текущее — Администрацией фермерского кредита; см. Federal land banks; Federal intermediate credit banks; Federal Farm Credit Bank.

Federal Financial Institutions Examination Council (FFIEC) — Федеральный совет по надзору за финансовыми учреждениями (США): межведомственный орган, разрабатывающий принципы, стандарты, отчетные формы для надзора и проверки застрахованных депозитных институтов, банковских и ссудо-сберегательных холдинговых компаний (создан в 1979 г.); состоит из вал. контролера, представителей ФРС и др. регулирующих органов.

Federal Financing Bank (FFB) — Федеральный банк финансирования (США): учреждение в рамках министерства финансов для централизации заимствований федеральных агентств; скупает их обязательства по льготной цене для перепродажи на рынке.

federal funds — "федеральные фонды" (США): 1) свободные резервы банков — членов ФРС в одном из федеральных резервных банков, используемые для краткосрочных межбанковских ссуд (это позволяет др. банкам поддерживать необходимый уровень резервов); 2) средства, которыми ФРС оплачивает покупки гос. ценных бумаг.

federal funds market — рынок "федеральных фондов" (США): рынок необеспеченных краткосрочных межбанковских ссуд (на базе резервов в федеральных резервных банках); см. federal funds 1.

federal funds rate — процентная ставка по "федеральным фондам": ставка, по которой банки США кредитуют друг друга на короткие сроки (обычно на ночь) за счет свободных средств в федеральных резервных банках; наиболее чувствительный показатель состояния рынка.

Federal Home Loan Bank Board (FHLBB) — Федеральный совет банков жилищного кредита (США): орган, регулирующий зарегистрированные на федеральном уровне ссудо-сберегательные ассоциации и сберегательные банки.

Federal home loan banks — федеральные банки жилищного кредита (США): 12 институтов, входящих в Федеральную систему банков жилищного кредита, которые предоставляют кредиты и др. услуги ссудо-сберегательным ассоциациям и сберегательным банкам.

Federal Home Loan Bank System — Федеральная система банков жилищного кредита США (создана в 1932 г.); включает Федеральный совет, 12 федеральных банков жилищного кредита, Федеральную корпорацию страхования ссудо-сберегательных ассоциаций, Федеральную корпорацию жилищного ипотечного кредита, ссудо-сберегательные ассоциации и сберегательные банки, зарегистрированные на федеральном уровне.

Federal Home Loan Mortgage Corporation (FHLMC) — Федеральная корпорация жилищного ипотечного кредита США (создана в 1970 г.): учреждение в рамках Федеральной системы банков жилищного кредита, поддерживающее вторичный рынок обычных ипотек (не гарантированных государством) и выпускающее ценные бумаги под обеспечение пулом ипотек (сертификаты ФХЛМК); см. FHLMC certificate.

Federal Housing Administration (FHA) — Федеральная жилищная администрация США (создана в 1934 г.): учреждение, страхующее кредиторов от потерь по ипотечным и др. кредитам; см. FHA-insured mortgage.

Federal intermediate credit banks (FICBs) — федеральные банки среднесрочного кредита (США): 12 кредитно-фин. учреждений, входящих в Федеральную систему фермерского кредита; предоставляют кредиты ассоциациям кредитования производства и др. институтам, специализирующимся на финансировании фермеров, рыбаков, сельскохозяйственных предприятий; см. Federal Farm Credit System.

Federal land banks (FLBs) — федеральные земельные банки (США): 12 кредитно-фин. институтов, входящих в Федеральную систему фермерского кредита; предоставляют долгосрочные ипотечные кредиты (под фермы, недвижимость); см. Federal Farm Credit System.

Federal National Mortgage Association (FNMA) — Федеральная национальная ипотечная ассоциация (ФНМА): частная корпорация США с федеральной поддержкой (создана в 1938 г. как гос. орган, но в 1968 г. стала частным учреждением); поддерживает вторичный рынок ипотек — инвестирует в ипотеки и выпускает ценные бумаги под обеспечение ипотеками (сертификаты ФНМА); см. FNMA certificate.

Federal Open Market Committee (FOMC) — Комитет по операциям на открытом рынке ФРС (США); состоит из членов Совета управляющих ФРС и президентов Нью-Йоркского и 4 др. федеральных резервных банков; собирается раз в 4—6 недель для выработки политики ФРС на открытом (ден.) рынке (для воздействия на ден. обращение, объем кредитования, процентные ставки), а также на вал. рынке.

Federal reserve banks (FRBs) — федеральные резервные банки (США): 12 гос. кредитно-фин. институтов, выполняющих функции центральных банков в особых округах (состоящих из нескольких штатов); осуществляют практические функции ФРС под руководством Совета управляющих ФРС; наиболее важным является Федеральный резервный банк Нью-Йорка, отвечающий за международные операции; каждый банк имеет 9 директоров, назначаемых на 3 года.

Federal Reserve Board (Board of Governors of the FRS; FRB) — Совет управляющих ФРС (США): руководящий орган ФРС, состоящий из 7 членов, назначаемых президентом США на 14 лет; отвечает за ден.-кредитную политику, регулирование банковской системы (в частности банковских холдингов) и исполнение законов, относящихся к банкам и кредитным операциям.

Federal reserve float — кредит, предоставляемый ФРС США депозитным учреждениям при проведении чекового клиринга; ФРС оплачивает чеки на инкассации в фикс. срок, хотя деньги от банков-плательщиков могут еще не поступить, т. е. на определенный срок предоставляется кредит.

Federal reserve notes — банкноты, выпускаемые в обращение федеральными резервными банками (США).

Federal Reserve System (FRS; Fed) — Федеральная резервная система (США): эквивалент центрального банка, созданный в 1913 г.; включает Совет управляющих, 12 региональных резервных банков и около 5600 коммерческих банков — членов системы; ФРС через Совет управляющих, резервные банки, Комитет по операциям на открытом рынке осуществляет мероприятия ден.-кредитной политики США.

federal savings and loan associations — ссудо-сберегательные ассоциации, зарегистрированные на федеральном уровне (США); входят в Федеральную систему банков жилищного кредита; см. Federal Home Loan Bank System.

Federal Savings and Loan Insurance Corporation (FSLIC) — Федеральная корпорация страхования ссудо-сберегательных ассоциаций (США): федеральное агентство, страхующее депозиты в сберегательных институтах-членах (создано в 1934 г.).

Federal savings banks — федеральные сберегательные банки (США): сберегательные банки, зарегистрированные на федеральном уровне; см. Federal Home Loan Bank System.

Federal Trade Commission (FTC) — Федеральная торговая комиссия (США): федеральное агентство, контролирующее соблюдение антитрестовского законодательства и законов о защите прав потребителей (создано в 1914 г.).

Fédération internationale des Bourses de valeurs (FIBV) — Международная Федерация фондовых бирж (франц.): объединение ведущих фондовых бирж, созданное в 1961 г. для обсуждения общих проблем, координации исследований, сбора информации (штаб-квартира в Париже).

Fed Wire — "Фед уаер" (США): система электронной связи, принадлежащая ФРС; объединяет ФРС, министерство финансов, гос. учреждения и 5,5 тыс. банков; используется для ден. переводов и расчетов по сделкам с ценными бумагами, передачи распоряжений и информации ФРС.

fee — плата (комиссия) за услугу, проведение операции (в виде процента от цены или фикс. суммы).

fee schedule — прейскурант комиссионных сборов банка по операциям (напр., инкассации чеков и векселей).

FHA-insured mortgage — ипотека на жилой дом в США, застрахованная Федеральной жилищной администрацией; см. Federal Housing Administration.

fhex (fridays and holidays excluded) — "пятницы и праздники исключаются" (мор.): запрет погрузочно-разгрузочных работ в странах ислама по пятницам и праздникам.

FHLMC certificate — сертификат ФХЛМК ("Фредди Мэк"): ценная бумага, выпущенная и гарантированная Федеральной корпорацией жилищного ипотечного кредита (под обеспечение пулом ипотек; сертификаты обращаются на вторичном рынке); см. pass-through securities; Federal Home Loan Mortgage Corporation.

fiat money — деньги, которые государство объявило законным платежным средством, хотя они не имеют собственной стоимости, не разменны на золото (любые современные бумажные деньги).

fictitious credit — фиктивный кредит: кредитовый остаток на маржинальном счете клиента у брокера; эти средства служат обеспечением заимствований брокера и не могут быть свободно изъяты; см. margin account.

fidelity bond — гарантия лояльности: обязательное страхование фондового брокера от мошенничества со стороны его служащих.

fiduciary (Fid) — 1) доверенный, порученный, фидуциарный; 2) основанный на доверии, необеспеченный; 3) доверенное лицо, фидуциар (лицо или учреждение, которому доверено управление инвестициями).

fiduciary account — фидуциарный счет: счет, которым банк или трастовая фирма управляет по доверенности; счет остается за балансом банка, весь риск несет клиент, а банк получает комиссионные; такие счета являются специализацией швейцарских банков.

fiduciary issue — фидуциарная ден. эмиссия: деньги в обращении, не обеспеченные золотом; в настоящее время практически вся ден. эмиссия является фидуциарной.

fiduciary transactions — доверительные (фидуциарные) операции: операции, которые банк или трастовая компания проводит от своего имени, но по поручению и за счет клиентов (как правило, управление инвестициями).

fill — исполнить биржевой приказ клиента.

fill-or-kill (FOK) order — приказ клиента биржевому брокеру, который должен быть немедленно исполнен или аннулируется.

final accounts — окончательная отчетность (счет прибылей и убытков, баланс) компании, подготавливаемая в конце фин. года; см. annual accounts.

final dividend (Fin. div) — окончательный дивиденд: дивиденд, выплачиваемый за завершающую часть фин. года по рекомендации директората компании при утверждении общим собранием акционеров.

finance — финансы, финансирование: термин для обозначения сферы фин.-кредитных отношений — аккумулирование необходимых фин. ресурсов (банковский и фирменный кредиты, покупка в рассрочку, выпуск ценных бумаг), совокупность фин. отношений государства, компаний и др.; см. corporate finance; public finance.

Finance Act — Финансовый акт (Великобритания): закон, принимаемый парламентом для реализации мер, которые ежегодно вносятся правительством в бюджет.

Finance Bill — Финансовый билль (Великобритания): законопроект по бюджетным и др. фин. вопросам, который после прохождения парламентского обсуждения (первое и второе чтение, специальный комитет, доклад и третье чтение, палата лордов, королевское согласие) становится Финансовым актом; см. Finance Act.

finance bills — фин. векселя: векселя, используемые для мобилизации заемных средств и не связанные с конкретными торговыми сделками.

finance charge — стоимость кредита, включающая все элементы (США).

finance company — фин. компания: 1) компания, занимающаяся организацией выпуска ценных бумаг, фондовыми операциями и др. фин. сделками; 2) в США — компания, специализирующаяся на кредитовании физ. и юр. лиц, но не принимающая депозиты, т. е. функционирующая только за счет заемных средств; сходна с фин. домами в Великобритании; см. finance house; consumer finance company; sales finance company; commercial finance company.

Finance Corporation for Industry (FCI) — Финансовая корпорация для промышленности (Великобритания): организация, созданная в 1945 г. и предоставляющая долгосрочные капиталы промышленности; в 1973 г. слилась с Промышленной и торговой финансовой корпорацией в организацию Финансы для промышленности; см. Finance for Industry.

financed portion — финансируемая часть экспортного контракта (оплачивается за счет кредита).

Finance for Industry (FFI) — Финансы для промышленности (Великобритания): организация, созданная в 1973 г. (в результате слияния Финансовой корпорации для промышленности и Промышленной и торговой финансовой корпорации) для кредитования промышленности на сроки до 15 лет; в 1983 г. после слияния с компанией Капитал для промышленности преобразована в группу Инвесторы в промышленность; см. Investors in Industry.

finance house — фин. дом (Великобритания): фин. учреждение, специализирующееся на кредитовании продажи в рассрочку машин и оборудования, потребительских товаров, а также принимающее депозиты и оказывающее клиентам банковские услуги; некоторые домa именуют себя "промышленными банками" (возникли в 1860-х годах); см. industrial bank; hire-purchase.

Finance Houses Association (FHA) — Ассоциация финансовых домов (Великобритания): организация, представляющая интересы ведущих фин. домов (создана в 1945 г.).

Financial Accounting Standards Board (FASB) — Совет по стандартам финансового учета (США): независимый орган по разработке принципов бухг. учета (создан в 1973 г.).

Financial and Operational Combined Uniform Single (FOCUS) Report — фин. и операционный стандартный единый отчет (отчет ФОКУС): форма отчетности, которую все фондовые брокеры в США ежемесячно или ежеквартально представляют бирже или своей ассоциации (содержит данные о фин. положении фирмы).

financial centre — фин. центр: город, в котором по историческим или налоговым причинам сосредоточено большое число фин.-кредитных институтов, совершается значительный объем операций.

financial condition = financial position.

financial constitution — фин. конституция: свод принципов организации фин.-кредитной системы, которые не может изменить правительство (эмиссионная монополия, отделение центрального банка от гос. бюджета, добровольное размещение гос. долга).

financial covenant — условие в кредитном соглашении, согласно которому заемщик обязуется поддерживать на определенном уровне некоторые фин. показатели.

financial credit — фин. кредит: кредит, предоставленный одним банком другому без прямой связи с товарной сделкой.

financial discount = discount 2.

financial engineering — фин. инжиниринг: разработка новых фин. инструментов и операционных схем.

financial futures — фин. фьючерсы: срочные биржевые (фьючерские) контракты на фин. инструменты; впервые торговля фин. фьючерсами началась в США в 1972 г. (вал. контракты), а затем появились контракты на кредитные инструменты, индексы.

financial futures exchange — биржа фин. фьючерсов: организованный рынок для торговли фьючерскими контрактами на фин. инструменты.

financial innovation — финансовая инновация: процесс создания новых фин. инструментов, видов операций и техн. приемов в целях снижения рисков и издержек, получения прибыли.

financial institutions — фин. учреждения: компании, которые вкладывают средства преимущественно в фин. активы (кредиты, акции и др. ценные бумаги); различаются по характеру инвестиций и источникам ресурсов (банки, сберегательные институты, брокерские и биржевые фирмы, страховые и инвестиционные компании).

financial instrument — фин. инструмент: валюта, ценные бумаги, депозиты.

Financial Instruments Exchange (FINEX) — Биржа финансовых инструментов (США): фин. подразделение Нью-Йоркской хлопковой биржи.

Financial Intermediaries, Managers and Brokers Regulatory Association (FIMBRA) — Регулирующая ассоциация финансовых посредников, менеджеров и брокеров (Великобритания): организация, в которую входят в основном небольшие фирмы, имеющие дело непосредственно с публикой.

financial intermediary — фин. посредник: фин. учреждение, которое выступает посредником между конечным заемщиком и источником фин. ресурсов; такие учреждения выступают принципалами, т. е. привлекают депозиты и используют их для предоставления кредитов от собственного имени; преобразуют мелкие и часто краткосрочные вклады в более крупные и долгосрочные кредиты, т. е. ускоряют и делают более рациональным процесс перераспределения фин. ресурсов в экономике.

financial lease — фин. аренда: договор об аренде, по которому все расходы и доходы, связанные с владением активом, переходят арендатору (независимо от того, кто является настоящим собственником).

financial leasing — фин. лизинг: приобретение оборудования специализированной компанией за свой счет (часто в кредит) и сдача его в средне- и долгосрочную аренду.

financial leverage — отношение капитала компании к заемным средствам (привилегированным акциям, долгосрочным облигациям); см. debt-to-equity ratio.

financial loan — фин. кредит: банковский кредит на фикс. сумму и срок (обычно среднесрочный), прямо не связанный с торговой сделкой.

financial market — фин. рынок: рынок, на котором происходит обмен деньгами, предоставление кредита и мобилизация капитала, — обобщающий термин для рынка капиталов, ден. рынка, вал. рынка.

financial menu — "фин. меню": подход к проблеме задолженности развивающихся государств, когда кредиторы и должники предлагают использовать набор вариантов фин. урегулирования.

financial options — фин. опционы: опционные операции с фин. инструментами; см. currency option; interest rate option; index option.

financial paper = finance bills.

financial position — фин. позиция (компании): состояние активов, пассивов компании на определенную дату; см. financial statement 2.

financial pyramid — "фин. пирамида": 1) распределение активов компании по уровню риска, при котором размеры капиталовложений уменьшаются с увеличением риска (у основания пирамиды риск минимален, у вершины — максимален); 2) приобретение активов с помощью заемных средств.

Financial Services Act — Закон о финансовых услугах, вступивший в силу в Великобритании 29 апреля 1988 г. (см. A-Day); узаконил обязательное лицензирование инвестиционных учреждений саморегулирующимися органами; укрепил систему защиты интересов инвесторов.

financial statement — 1) фин. доклад, представляемый министром финансов Великобритании в день принятия гос. бюджета (содержит данные за отчетный период, прогноз расходов, изменения в системе налогообложения и др. мероприятия экон. политики); 2) фин. отчет компании за определенный период.

financial structure — фин. структура (компании); включает все источники финансирования активов (в отличие от капитальной структуры, учитывающей только долгосрочные источники); см. capital structure.

financial supermarkets — финансовый "супермаркет": учреждение, которое стремится предоставить клиентам все возможные услуги (банковские, страховые, инвестиционные и др.).

financial system — фин. система: все фин. посредники, занятые опосредованием движения денег и кредита в экономике.

Financial Times — "Файнэншл таймс": ведущая ежедневная фин. и деловая газета Великобритании; распространяется во многих странах мира (основана в 1889 г.; тираж свыше 200 тыс. экземпляров).

Financial Times — Actuaries All Share Index (FTA) — фондовый индекс всех акций, который с 1962 г. публикуется газетой "Файнэншл таймс", Институтом актуариев (Англия) и Факультетом актуариев (Шотландия): самый широкий индекс в Великобритании — охватывает около 750 акций (90% капитализации рынка); рассчитывается один раз в день (1962 – 100).

Financial Times Industrial Ordinary Shares Index (FTO) — фондовый индекс промышленных обыкновенных акций, публикуемый газетой "Файнэншл таймс" (Великобритания): индекс акций 30 крупнейших промышленных компаний, который рассчитывается ежечасно с 1935 г. (1935 – 100).

**Financial Times — Stock Exchange Index (FT —

SE) — фондовый индекс "Файнэншл таймс" — фондовой биржи (Великобритания): индекс, основанный на курсах 100 ведущих акций (70% оборота Лондонской фондовой биржи по акциям брит. компаний); базовый период — 30 декабря 1984 г. (1984 - 1000); рассчитывается как арифметическое взвешенное среднее (ежеминутно).

Financial Times Stock Indices — фондовые индексы газеты "Файнэншл таймс" (Великобритания): индексы, которые ежедневно, кроме понедельника, печатаются в "Файнэншл таймс", — по гос. облигациям (1926 - 100), по ценным бумагам с фикс. процентом (1928 - 100), по акциям золотых рудников (1955 - 100), по обыкновенным акциям промышленных компаний (1935 - 100), по всем акциям (1962 - 100), по 100 ведущим акциям (1984 - 1000).

financial year (FY) — фин. год: 1) бюджетный год: период в 12 месяцев, на который составляется гос. бюджет; может совпадать или не совпадать с календарным годом (Великобритания — с 1 апреля по 31 марта; США — с 1 октября по 31 сентября); 2) учетный период деятельности компании: период подведения итогов, уплаты налогов (отчетный и налоговый годы необязательно совпадают).

Financiële Termijnmarkt Amsterdam (FTA) — Срочный финансовый рынок Амстердама (голл.): созданная в 1988 г. фьючерская биржа с контрактами на облигации; принадлежит Европейской опционной бирже; см. European Options Exchange.

financing — финансирование: различные методы получения и предоставления кредита (включая выпуск ценных бумаг).

finder's fee — комиссия, уплачиваемая посреднику, который способствовал заключению сделки.

finding both sides — нахождение брокером обеих сторон сделки: фондовый брокер не исполняет сделку на бирже, а находит клиента с противоположным приказом.

fineness of coin — проба монеты: содержание чистого металла в монете (в пропорции от общего веса).

fine prices — "хорошие" (точные) цены: курсы ценных бумаг на рынке, где существует незначительная разница между ценами продавца и покупателя.

fine rates = fine prices.

fine trade bill — первоклассный торговый вексель, акцептованный банком или фин. компанией с безупречной деловой репутацией (принимается к переучету Банком Англии); = bankers' acceptance.

fine tuning — "точная настройка": использование инструментов ден.-кредитной и фискальной политики для регулирования краткосрочных колебаний производства, инфляционных тенденций или платежного баланса.

finite life real estate investment trust (FREIT) — инвестиционная компания, вкладывающая средства в недвижимость и обещающая реализовать капиталовложения через фикс. срок.

Fin(e)у — финляндская марка (жарг.).

firm — 1) фирма: по брит. законодательству — товарищество, но термин часто используется для обозначения любой компании; 2) твердая, устойчивая или повышательная (о тенденции развития конъюнктуры); 3) твердый (о приказе, заказе); см. firm order.

firm commitment — твердое обязательство: 1) обязательство купить ценные бумаги банком — организатором займа, который затем продает их инвесторам по более высокой цене (США); равнозначно "предложению для продажи" (Великобритания); см. offer for sale; 2) безусловное обязательство предоставить кредит.

firm hands, in — "в твердых руках": владение акциями инвесторами, которые рассматривают их в качестве долгосрочного капиталовложения.

firm order — твердый приказ (США): 1) приказ, который член фондовой биржи исполнил за свой счет; 2) приказ клиента биржевому брокеру, который действителен до отмены или истечения фикс. срока и не требует подтверждения; 3) заказ на товары, который подтвержден и не может быть отменен.

firm quote — твердая котировка: цена, протированная участником рынка без условий.

firm underwriting — твердая гарантия займа: банк или синдикат банков приобретают всю сумму эмиссии, а затем размещают ценные бумаги на рынке на свой риск.

first call — первый взнос: требование первого взноса (в оплату приобретенных акций).

first call date — первая возможная дата досрочного погашения части или всего облигационного займа по фикс. цене.

first closing date — первоначальная дата, до которой действует предложение акционерам компании, являющейся объектом попытки поглощения; в Великобритании первоначальное предложение действительно в течение 21 дня, изменённое — еще 14 дней.

first generation of financial instruments — первое поколение фин. инструментов: вал. сделки спот и форвард, межбанковские депозиты.

first in, first out (FIFO) — оценка и учет запасов компании или портфеля ценных бумаг в порядке их поступления (подразумевается, что купленные раньше запасы или бумаги потребляются или продаются тоже раньше); см. last in, first out; last in, last out.

First Lord of the Treasury — первый лорд казначейства (Великобритания): формальный глава казначейства (министерства финансов) в лице премьер-министра.

first mortgage — первая ипотека: ссуда, которая дает кредитору преимущественное право на собственность, предложенную в качестве обеспечения; см. second mortgage.

first mortgage bond — первая ипотечная облигация (США): облигация компании, дающая преимущественное право ее держателю на активы компании-эмитента.

first notice day — первый день уведомления: в области фин. фьючерсов — первая дата, когда может быть сделано заявление о намерении поставить по контракту конкретные фин. инструменты.

first of exchange — первый экземпляр переводного векселя (после его предъявления и оплаты копии уничтожаются).

first preferred stock — первая привилегированная акция: акция, имеющая преимущество перед др. привилегированными и обыкновенными акциями на прибыль и активы компании.

first round financing — "рисковое" финансирование первого этапа (после финансирования создания новой компании); см. seed capital; start-up; second round financing.

First Section — первая секция (подразделение) фондовых бирж Токио, Нагои, Осаки (Япония): подразделение биржи, имеющее более строгие правила котировки ценных бумаг, чем второе (срок существования не менее 5 лет, приемлемая прибыльность — не менее 3 лет, число акционеров — свыше 2 тыс., число акций — более 10 млн., капитал — свыше 500 млн. иен); см. Second Section.

fiscal — фискальный (финансовый, налоговый): имеющий отношение к аккумулированию гос. доходов.

fiscal agent — фискальный агент: 1) банк или трастовая компания, выполняющая для корпорации услуги типа выпуска ценных бумаг, выплаты процентов и дивидендов, уплаты арендной платы и т. д.; 2) агент правительства или гос. учреждения, организующий выпуск и погашение облигаций, ведущий счета, оплачивающий чеки, проводящий расчеты и т. д. (обычно центральный банк).

fiscal drag — фискальный тормоз: сдерживание развития экономики путем увеличения налогов.

fiscal policy — фискальная (бюджетная и налоговая) политика: мероприятия правительства в области налогообложения и гос. расходов, призванные регулировать уровень деловой активности.

fiscal year (FY) = financial year.

fit — "пригодный" (жарг.): инвестиционный актив, отвечающий требованиям инвестора.

Fitch Investors Services — Фитч инвесторз сёрвисез (США): фирма по установлению рейтингов ценных бумаг (создана в Нью-Йорке в 1913 г.); специализируется на облигациях, привилегированных акциях, коммерческих бумагах.

Fitch sheet — листок Фитча (США): публикация цен сделок на крупнейших фондовых биржах страны (издается корпорацией Фрэнсис Элмори Фитч в Нью-Йорке).

five hundred dollar rule — правило 500 долларов (США): правило ФРС (в рамках "правила Т"), позволяющее не принимать немедленных мер в случае нехватки менее 500 долл. на счете клиента для обеспечения покупки акций в кредит (гарантийный взнос недостаточен); см. Regulation T.

five percent policy (rule) — политика пяти процентов (США): рекомендации Национальной ассоциации дилеров по ценным бумагам (впервые выпущены в 1943 г.), согласно которым надбавка цены при перепродаже бумаг не должна превышать 5% (разница между ценой покупателя и продавца).

fiver — сумма или банкнота в 5 ф. ст. (жарг.).

five-spot (five) — сумма или банкнота в 5 долл. (жарг.).

fix — фиксировать (вал. курс или ставку).

fixation — установление цены товара (наличной или будущей).

fixed advance — кредит с фикс. сроком.

fixed annuity — фикс. рента: инвестиционный контракт, продаваемый страховой компанией и гарантирующий фикс. доход в течение оговоренного срока или пожизненно.

fixed assets turnover — оборот фикс. (капитальных) активов: отношение нетто-продаж компании к чистым фикс. активам.

fixed capital (assets) — фикс. (основной) капитал (активы): средства производства, машины и др. активы, предназначенные не для потребления, а для обеспечения функционирования компании — основные фонды с длительными сроками амортизации.

fixed charge coverage — покрытие фикс. расходов (по обслуживанию долгосрочного долга): отношение прибыли до уплаты и процентов к сумме процентов по облигациям и др. долгосрочным заимствованиям и арендных платежей.

fixed charges (USA) = prior charges.

fixed commissions — фикс. комиссии: фикс. (обычно минимальные) ставки комиссионного вознаграждения на фондовой бирже.

fixed costs — фикс. расходы (издержки): расходы компании, не зависящие от объема производства.

fixed date — стандартный фикс. срок вал. или депозитной операции (спот, 7 дней, 1, 2, 3, 6, 12 месяцев).

fixed-date bill = after sight bill.

fixed debenture — ссуда с фикс. ставкой, обеспеченная активами компании.

fixed deposit — срочный депозит: депозит с фикс. сроком и ставкой процента.

fixed exchange rate — фикс. вал. курс: курс, уровень которого законодательно или по международному соглашению зафиксирован относительно золота, СДР или др. валют (власти берут обязательство поддерживать такой курс).

fixed income investments — инвестиции с фикс. доходом (в основном облигации и привилегированные акции).

fixed income security = straight bond.

fixed interest (rate) — фикс. процентная ставка.

fixed interest debt — задолженность (обязательства) компании с фикс. процентной ставкой.

fixed interest security = straight bond.

fixed price — фикс. цена: 1) фикс. цена предложения новых ценных бумаг; = fixed price offer for sale; 2) коммерческий контракт с фикс. ценой, которая не зависит от фактических издержек производства.

fixed price offer for sale — предложение ценных бумаг для продажи по фикс. цене (Великобритания): цена не зависит от спроса, но в случае избыточного числа заявок большие заказы могут уменьшиться, а среди мелких возможно распределение бумаг по жребию.

fixed rate = fixed interest.

fixed-rate loan — кредит с фикс. процентной ставкой.

fixed-rate security = straight bond.

fixed term agreements of short term call options on Netherlands securities (FASCONS) — соглашения о краткосрочных опционах "колл" на голл. правительственные облигации (Нидерланды): предложения о покупке этих облигаций в форме варрантов (впервые введены Морган бэнк Нидерланд).

fixed trust — "фикс." паевой фонд (трест): фонд, менеджеры которого могут осуществлять инвестиции только в определенные ценные бумаги и др. активы; см. flexible trust.

fixing — фиксинг: установление (фиксация) вал. курса или цены золота (фиксинг вал. курса осуществляется на ежедневных встречах представителей центрального банка и др. участников рынка на фондовой бирже, золотой фиксинг — в Лондоне на встречах (в 10.30 и 15.00) специализированных лондонских банков и компаний в помещении Банка Ротшильда, а также в ряде др. фин. центров).

fixture — составная часть недвижимости, отделение которой нанесет ущерб (напр., система водоснабжения здания).

flag — "флаг": термин, используемый в техн. анализе конъюнктуры фин. рынков для обозначения движения цен на графике, похожего на параллелограмм или прямоугольник, — после падения или подъема цена некоторое время движется в определенном коридоре, а затем тенденция возобновляется; см. consolidation pattern.

flash — "вспышка": обозначение текущей цены важнейших акций на ленте тикера (или дисплее), когда информация запаздывает более чем на 5 минут.

flat — 1) разовый (окончательный); напр., разовая комиссия по кредиту (в отличие от ежегодной); 2) единообразный (о ставке налога, комиссии и т.д.); 3) обозначение цены облигации без учета наросших процентов; 4) обозначение облигации, по которой не выплачиваются проценты; 5) нулевой (о позиции участника фин. рынка, которая не является ни "длинной", ни "короткой", или гаранта займа, если все ценные бумаги проданы).

flat income bond — разновидность облигаций, которыми торгуют по окончательной цене (включается сумма всех процентов); обычно имеются в виду доходные облигации или просроченные ценные бумаги (США); см. income bond 2.

flat market — "вялый" рынок: рынок, на котором заключается относительно мало сделок и цены почти не изменяются.

flat property — собственность на квартиру или этаж многосемейного дома (кондоминиум).

flat scale — "плоская" шкала (доходности): ситуация, когда разница в доходности по муниципальным облигациям на различные сроки невелика.

flat tax — фикс. подоходный налог: налог, который взимается по единой ставке с любого дохода.

flat yield — текущий доход по ценным бумагам (в отличие от дохода при погашении или перепродаже): отношение годового дивиденда или суммы процентов к рыночной цене бумаги (в Великобритании рассчитывается для теоретического вклада в ценные бумаги на сумму в 100 ф. ст.); текущий доход может быть брутто (до вычета налога) и нетто (после вычета); см. gross flat yield; net flat yield; redemption yield.

flat yield curve — "плоская" кривая доходности (разница между ставками на разные сроки минимальна).

fleet policy — флотский полис: страховой полис, распространяющийся на суда, принадлежащие одному владельцу.

flexible exchange rate = floating exchange rate.

flexible rate mortgage — ипотека с плавающей процентной ставкой (фиксируется раз в 6, 12 или 24 месяца).

flexible trust — "гибкий" паевой фонд (трест): фонд, менеджеры которого могут осуществлять инвестиции по своему усмотрению в любые активы; см. fixed trust.

flight capital — "беглый" капитал: капитал, который вывозится в др. страну с нарушением нац. вал. законодательства.

flight from currency — бегство (уход) от валюты: продажа валюты в ожидании снижения ее курса.

flight of capital — бегство капитала: помещение фин. ресурсов в иностранные ценные бумаги и др. активы (в т. ч. непосредственно за границей) из-за боязни обесценения нац. валюты, экон. или политического риска.

flight to quality — "бегство в качество": стремление инвесторов перевести свои средства в первоклассные ценные бумаги с минимальным риском в ущерб доходности (обычно в правительственные облигации); характерно для периодов резких потрясений на фин. рынках.

flip flop note — облигация с опционом конверсии в акции и обратно в облигации (обычно с плавающей процентной ставкой).

float — 1) срок между предъявлением чека в банк и его оплатой (время чекового клиринга); в этот период наблюдается двойной счет чеков; 2) число акций корпорации, выпущенных на рынок (чем оно больше, тем стабильнее цены).

float a company — организовать новую компанию и выпустить ее акции на рынок.

floatation = floating 1; flotation.

floater = floating rate note.

floating — 1) привлечение капитала путем выпуска на рынок долговых обязательств; выпуск акций через биржу; 2) плавание (о вал. курсе).

floating assets = liquid assets.

floating bond = floating rate note.

floating capital = working capital.

floating charge — право кредитора на ликвидные

активы компании, представленные в обеспечение ссуды.

floating debenture — ссуда, обеспеченная ликвидными активами компании.

floating debt — "плавающий" долг: 1) в Великобритании — часть неконсолидированного нац. долга, включающая краткосрочные заимствования (казначейские векселя, ссуды Банка Англии правительству); см. national debt; funded debt 1; unfunded debt 1; 2) постоянно рефинансируемый краткосрочный долг компании.

floating exchange rate — плавающий вал. курс: курс, уровень которого определяется на рынке под воздействием спроса и предложения; факторы спроса и предложения включают состояние платежного баланса, соотношение процентных ставок и темпов инфляции, ожидания участников рынка, официальные вал. интервенции.

floating interest rate short tranche securities (FIRSTS) — разновидность секьюритизированных кредитов с плавающей процентной ставкой.

floating rate — плавающая процентная ставка: регулярно пересматриваемая ставка, привязанная к ориентиру типа ЛИБОР или прайм-рейт.

floating rate bond — облигация с плавающей ставкой (преимущественно на внутреннем рынке).

floating rate certificate of deposit (FRCD) — депозитный сертификат с плавающей ставкой.

floating rate CMO (FRCMO) — облигация с плавающей ставкой, обеспеченная пулом ипотек (США); см. collateralized mortgage obligation.

floating rate loan = floating rate bond.

floating rate note (FRN) — облигация с плавающей ставкой (преимущественно на международном рынке); купоны по таким облигациям устанавливаются на уровне определенной ставки ден. рынка плюс (иногда минус) маржа.

floating rate optional level instalment credit (FROLIC) — долгосрочный кредит с плавающей процентной ставкой и погашением по частям.

floating securities — "плавающие" ценные бумаги: 1) ценные бумаги, купленные для быстрой перепродажи и зарегистрированные на имя брокера; 2) акции компании в свободном обращении (не в руках основных акционеров); 3) нераспроданные новые ценные бумаги.

floating supply — "плавающее" предложение ценных бумаг: ценные бумаги, которые имеются в наличии на рынке для купли-продажи.

floor — торговый зал биржи.

floor agreement — соглашение "пол": серия опционов "пут" относительно ЛИБОР, др. процентной ставки или серия опционов "колл" на базе фьючерского контракта, защищающие покупателя от снижения процентных ставок (продавец возмещает разницу между текущей и более высокой фиксированной ценами).

floor broker — брокер — член биржи, который непосредственно участвует в торге на бирже (в торговом зале биржи).

floor official — служащий фондовой биржи в США, занимающийся урегулированием споров между членами биржи.

floor ticket — документ с деталями приказа клиента брокеру, который получает брокер непосредственно в торговом зале биржи.

floor trader — член биржи, непосредственно участвующий в торге за свой счет.

floor transaction — сделка, заключенная между продавцом и покупателем непосредственно в торговом зале (в "яме") срочной биржи; см. pit.

florin — флорин: 1) ден. единица Нидерландов; равнозначно гульдену (gulden); 2) монета в 2 шиллинга в Великобритании до введения десятичной системы (в настоящее время приравнена к 10 пенсам).

flotation — выпуск новых акций или облигаций на свободный рынок; = floating 1.

flotation cost — стоимость выпуска новых акций, облигаций; включает комиссии организаторов и гаранта эмиссии (в т. ч. в виде разницы в ценах, которые получают эмитенты и платят инвесторы) и расходы на юр., учетные, издательские услуги.

flowback — обратный приток: возвращение акций, выпущенных на международном рынке, в страны заемщиков (в результате покупок нац. инвесторами).

flower bond — "цветочная облигация": казначейская облигация США, которая принимается налоговыми властями в уплату налогов на наследство (после смерти владельца имущества) по номинальной стоимости.

flow of funds — фин. потоки: перелив фин. ресурсов через посредников, в т. ч. из капиталоизбыточных отраслей в отрасли, ощущающие нехватку капитала.

fluctuation — колебание: подъем и падение курсов или цен на рынке, а также изменение экон. конъюнктуры.

fluctuation limit = daily (price) limit.

flurry — внезапное возрастание активности на рынке.

FNMA certificate — сертификат ФНМА ("Фэнни Мэй"): ценная бумага, выпущенная и гарантированная Федеральной национальной ипотечной ассоциацией США (под обеспечение пулом ипотек); см. pass-through securities; Federal National Mortgage Association.

Fond Européen pour Coopération Monétaire (FECOM) (Fr.) = European Fund for Monetary Cooperation.

footing — итог, сумма цифр в столбце.

Footsie (жарг.) = Financial Times — Stock Exchange Index.

Forbes 500 — список 500 крупнейших американских компаний, ежегодно публикуемый журналом "Форбс" (классификация по продажам, активам, прибыли, рыночной капитализации); см. Fortune 500.

for cash — за наличные: в Великобритании — расчет по сделкам с ценными бумагами в течение 48 часов после их заключения, а не в конце расчетного периода; см. for the account.

forced conversion — вынужденная конверсия: конверсия одних ценных бумаг в другие (или досрочное погашение займа) по требованию эмитента.

forced loan — 1) принудительный заем (органы власти принуждают давать кредит); 2) вынужденный заем компании при чрезвычайных обстоятельствах (в отличие от запланированного).

forced sale — вынужденная продажа: продажа ценных бумаг в результате давления кредиторов, а не по собственному выбору.

forced sale of collateral — принудительная продажа обеспечения в случае невыполнения должником обязательств по погашению кредита.

forced savings — принудительные сбережения: искусственное ограничение государством расходов населения на потребление посредством принудительной подписки на гос. займы, налогов на потребление, увеличения обязательных взносов по программам пенсионного обеспечения; аналогичный результат достигается повышением цен при неизменности доходов населения.

force majeure — "форс-мажор": обстоятельства, не зависящие от сторон контракта, "непреодолимая сила" (стихийные бедствия).

for deposit only — "только на депозит": надпись на чеке, означающая, что сумма не может быть выплачена наличными (допускается только кредитование депозитного счета).

foreclosure — лишение заемщика, нарушившего условия кредита, права собственности на заложенную собственность (через суд) в пользу кредитора.

foreign assets — иностранные активы: требования на нерезидентов, заграничные инвестиции.

foreign bank — иностранный банк: банк, зарегистрированный в др. стране.

foreign bill — переводный вексель, выставленный в одной стране и оплачиваемый в другой.

foreign bond — иностранная облигация (по займу нерезидента на внутреннем рынке).

foreign corporation — 1) корпорация, зарегистрированная в др. штате (США); 2) иностранная корпорация (зарегистрированная в др. государстве).

Foriegn Credit Insurance Association (FCIA) — Ассоциация страхования иностранных кредитов (США): ассоциация 50 страховых компаний, созданная в 1961 г. при содействии Экспортно-импортного банка США; страхует кредиты, предоставленные американскими экспортерами иностранным покупателям (политический риск берет на себя ЭИБ).

foreign credit — иностранный кредит (нерезидента на внутреннем рынке).

foreign crowd — "иностранная толпа": члены Нью-Йоркской фондовой биржи, специализирующиеся на иностранных облигациях.

foreign currency account — банковский счет в иностранной валюте.

foreign currency securities — ценные бумаги в иностранной валюте.

foreign currency translation — пересчет суммы из одной валюты в другую для целей бухг. учета.

foreign exchange (forex; fx) — иностранная валюта: ден. единицы иностранных государств; требования на нерезидентов, выраженные в иностранных ден. единицах и оплачиваемые за границей (векселя, чеки, банковские счета и т. д.).

foreign exchange broker — вал. брокер: фин. учреждение, специализирующееся на посредничестве в вал. операциях (обычно также на депозитных и др.).

foreign exchange contract — вал. контракт (соглашение): соглашение об обмене одной валюты на другую через определенный срок по оговоренному курсу.

foreign exchange control — вал. контроль: мероприятия по экономии иностранной валюты, улучшению состояния платежного баланса, предотвращению спекулятивного перелива капиталов (ограничение обратимости валюты и круга учреждений, уполномоченных совершать вал. сделки, фиксация курса и рационирование вал. ресурсов, сдача вал. выручки в центральный банк, выдача разрешений на перевод капиталов).

foreign exchange futures = currency futures.

foreign exchange market — вал. рынок: рынок, на котором совершаются вал. сделки; основой рынка являются банки и др. кредитно-фин. учреждения, связанные телефоном и телексом (межбанковский вал. рынок); в некоторых фин. центрах валютой торгуют на срочных и фондовых биржах.

foreign exchange mismatching — вал. несбалансированность: несовпадение активов и пассивов по данной валюте — открытая валютная позиция.

foreign exchange option = currency option.

foreign exchange rate = exchange rate.

foreign exchange restrictions = foreign exchange control.

foreign exchange risk = exchange risk.

foreign exchange risk management — управление вал. риском: совокупность методов и инструментов защиты от вал. риска.

foreign exchange transactions (forex; fx) — вал. (конверсионные) операции: обмен (купля-продажа) одной валюты на другую.

foreign interest payment securities (FIPS) — ценные бумаги с процентными платежами в иностранной валюте: разновидность двухвалютных облигаций.

foreign investment — заграничные инвестиции.

foreign liabilities — иностранные пассивы: обязательства перед нерезидентами (напр., по кредитам, предоставленным иностранными банками).

forfaiting = à forfait.

forfeiture of shares — потеря прав на акции, если

покупатель вовремя не оплатил подписную цену или не использовал свое право по опциону "колл".

forgery — подделка, фальсификация ден. документов в корыстных целях (чеков, банкнот, монет, ценных бумаг, кредитных карточек).

form 3 — форма 3 (США): учетная форма, которую представляют Комиссии по ценным бумагам и биржам и соответствующим биржам все владельцы более 10% акций компании и все ее директора (о числе принадлежащих им акций, конвертируемых облигаций).

form 4 — форма 4 (США): форма, представляемая Комиссии по ценным бумагам и биржам и соответствующим биржам владельцами более 10% акций компании и ее директорами в случае изменений в их портфеле акций этой компании (в течение 10 дней после окончания месяца, когда имело место изменение).

form 8-k — форма 8-к (США): форма, представляемая в Комиссию по ценным бумагам и биржам любой корпорацией, выпустившей на рынок ценные бумаги; содержит детали любого существенного события в деятельности компании и представляется в течение 10 дней после окончания месяца, когда произошло это событие.

form 10-K — форма 10-K (США): форма ежегодной отчетности корпораций перед Комиссией по ценным бумагам и биржам (дополнение к годовому отчету); требуется от корпораций с котируемыми на биржах акциями или имеющих активы свыше 1 млн. долл. или число акционеров свыше 500; включает данные о продажах, доходах, прибыли за 5 лет.

form 10-Q — форма 10-Кью (США): квартальный отчет корпорации, чьи акции котируются на биржах, перед Комиссией по ценным бумагам и биржам (основные данные о деятельности в сравнении с тем же периодом прошлого года).

form of charge — документ залога: юр. документ, с помощью которого заемщик закладывает у кредитора свои активы.

form of renunciation = letter of renunciation.

formula investing — инвестиции по формуле (США): термин, используемый для инвестиций по определенной формуле (напр., при оговоренном движении конъюнктуры инвестор перебрасывает средства из обыкновенных акций в привилегированные или в облигации).

for the account — покупка акций на Лондонской фондовой бирже с намерением продать их в том же расчетном периоде (деньги не вносятся, и в расчетах участвует только разница между начальной и конечной ценами).

Fortune 500 — список 500 крупнейших американских промышленных компаний, ежегодно публикуемый журналом "Форчун" (классификация по уровню продаж); журнал также публикует список 500 ведущих компаний в сфере услуг; см. Forbes 500.

for valuation only (FVO) = for your information.

forward book — нетто-позиция банка по срочным вал. операциям (по конкретной валюте или по всем валютам).

forward contract (deal) — форвардный контракт: соглашение о купле-продаже товара или фин. инструмента с поставкой и расчетом в будущем.

forward cover — срочное (форвардное) покрытие (вал. риска): купля-продажа валюты на срок для защиты будущих поступлений с поставкой от риска.

forward discount — форвардная скидка: срочная скидка с курса "спот", определяемая разницей в процентных ставках по двум валютам; результат представляет собой форвардный вал. курс ("аутрайт"); см. forward premium; outright; swap rate.

forward exchange — иностранная валюта, проданная или купленная с поставкой в будущем.

forward exchange rate = forward rate.

forward exchange transaction — форвардная вал. сделка: купля-продажа валюты с поставкой в будущем (обычно до 1 года) по курсу, оговоренному в момент заключения сделки.

forward-forward — сделка "форвард-форвард": привлечение межбанковского депозита, напр., на 6 месяцев и одновременное его размещение на 3 месяца; такие сделки по сути сходны с фьючерсными (покупка 3-месячного депозита через 3 месяца).

forward intervention — форвардная интервенция: операции центрального банка на форвардном вал. рынке с целью воздействия на курсы.

forward margin — форвардная маржа: скидка или премия к наличному курсу при заключении сделки на срок.

forward market — форвардный рынок: межбанковский рынок срочных вал. операций (по телефону или телексу); также срочный товарный рынок.

forward maturities — сроки форвардных операций: даты погашения (расчетов) срочных сделок.

forward P/E (price/earnings) — отношение рыночной цены акции к прогнозируемой в текущем году прибыли в расчете на одну акцию; см. price/earnings ratio.

forward premium — форвардная премия: срочная надбавка к курсу "спот", определяемая разницей в процентных ставках по двум валютам; премия и курс "спот" в сумме дают форвардный вал. курс ("аутрайт"); см. forward discount; outright; swap rate.

forward pricing — форвардное ценообразование (США): требование Комиссии по ценным бумагам и биржам, чтобы инвестиционные компании открытого типа покупали и продавали свои акции на основе очередной оценки их стоимости (рассчитываемой на закрытие рынка); см. open-end management company.

forward purchase — форвардная покупка: покупка на срок, т.е. с поставкой и расчетом в будущем по заранее оговоренной цене.

forward rate — форвардный (срочный) вал. курс, по которому заключается срочная вал. сделка; равен курсу спот и премии/скидке, определяющейся в основном разницей в процентных ставках между валютами.

forward rate agreement (FRA) — соглашение о будущей процентной ставке: межбанковское соглашение о взаимной компенсации изменения процентных ставок (инструмент защиты от процентного риска).

forward reversing option (FRO) — гибридный вал. опцион, дающий возможность неисполнения форвардного контракта; см. Boston option.

forward sale — форвардная продажа: продажа на срок, т. е. с поставкой и расчетом в будущем по заранее оговоренной цене.

forward spread agreement (FSA) — форвардное соглашение о спреде: разновидность страховой операции, в которой гарантируется разница в процентных ставках по двум валютам (введена в 1986 г.).

forward spread contract — форвардный контракт, который гарантирует "коридор" вокруг определенного валютного курса (введен Банк Эндосюзз).

forward swap = delayed start swap.

forward with optional exit (FOX) — форвардный контракт с опционом аннулирования (ФОКС): гибрид форвардной сделки и опциона, позволяющий защищаться от вал. риска и использовать движение вал. курса (введен Хамброуз бэнк).

for your information (FYI) — "для вашей информации": рыночная котировка, которая дается только для информации и не является твердым предложением о заключении сделки.

Fosiegedragsregelscade — правила проведения слияний и поглощений в Нидерландах (введены в 1975 г.).

Fotra (free of all taxes to residents abroad) stocks — ценные бумаги "Фотра": брит. гос. ценные бумаги, выпускаемые для иностранных инвесторов и доход по которым не облагается налогами и выплачивается нерезидентам в брутто-форме (резидентам — за вычетом налогов).

foul bill of lading = dirty bill of lading.

founders' share = deferred ordinary share.

four eyes requirement — требование "четырех глаз" (Великобритания): требование регулирующих органов о том, чтобы деятельностью банка управляли как минимум два менеджера.

fourth market — "четвертый" рынок: прямая торговля крупными партиями ценных бумаг между институциональными инвесторами (для экономии на брокерских комиссиях); в США базируется на компьютеризованных системах типа "ИНСТИНЕТ"; см. Institutional Networks Corporation.

FRABBA (Forward Rate Agreement British Bankers' Association) terms — стандартные условия соглашений о будущей процентной ставке, принятые Ассоциацией британских банкиров.

fraction — фракция, часть: 1) часть акции; частичная акция; = fractional share; 2) = odd lot.

fractional discretion order — приказ клиента брокеру о совершении сделки, который дает брокеру право выбора цены в пределах оговоренной части одного пункта.

fractional rights — частичные права: права при подписке на новые акции, которые недостаточны для покупки целых бумаг.

fractional share — частичная (дробная) акция: участие в капитале компании, которое меньше одной целой акции; например, при осуществлении программы реинвестирования дивидендов очередной дивиденд может быть недостаточен для покупки целой акции (также при эмиссии акций пропорционально уже имеющимся и капитализации резервов).

frame contract — "рамочный" контракт: обязательство экспортера произвести "контрпокупку" в "параллельной" товарообменной операции; см. parallel deal.

framework agreement — "рамочное" соглашение: разновидность регулярных товарообменных операций — ряд поставок разных подразделений монополии могут компенсироваться крупными разовыми покупками с выдерживанием в течение определенного срока фикс. соотношения между ними.

Franc des comptoirs Français du Pacifique (CFP-Franc) — франк КФП: франк франц. контор в Тихом океане; выпускается Францией для Новой Каледонии, Французской Полинезии, Уоллиса и Футуны; привязан к франц. франку.

Franc de la Communauté financière Africaine (CFA-Franc) — франк КФА: франк Африканского финансового сообщества, выпускаемый Центральным банком государств Западной Африки (Бенин, Кот-д'Ивуар, Буркина-Фасо, Мали, Нигер, Сенегал, Того); равен франку фин. сотрудничества в Африке и привязан к франц. франку.

Franc de la coopération en Afrique Centrale (CFA-Franc) — франк КФА: франк фин. сотрудничества в Африке, выпускаемый Банком государств Центральной Африки (Габон, Камерун, Конго, ЦАР, Чад, Экваториальная Гвинея); равен франку Африканского финансового сообщества и привязан к франц. франку.

franchise — франшиза (лицензия); право: 1) право на производство или продажу продукции др. компании; 2) лицензия, которая выдается властями компании или отдельному лицу в порядке разрешения той или иной деятельности.

franchise tax — франшизный налог (США): налог штата (обычно регрессивный) на зарегистрированную в данном штате корпорацию за право заниматься бизнесом.

franchising — франшизинг: выдача компанией кому-либо лицензии (франшизы) на производство или продажу товаров или услуг под фирменной маркой данной компании (обычно на фикс. период и на ограниченной территории в обмен на разовый платеж и периодические отчисления).

franc zone — зона франка: зона франц. франка, в которую входят бывшие франц. колонии в Африке и заморские территории в Тихом океане; в качестве валюты используются франки КФА и КФП, привязанные к франц. франку.

franked income — доходы или дивиденды, полученные от компании, уже уплатившей с них корпорационный налог, и не подлежащие налогообложению.

Frankfurt Bukarest Bank — Банк Франкфурт Бухарест: консорциальный банк во Франкфурте-на-Майне (основан в 1977 г.), 52% капитала которого принадлежат Румынскому внешнеторговому банку, 8% — Франко-румынскому банку (Париж), 24% — ДГ банку (ФРГ), 16% — Берлинер Хандельс унд Франкфуртер банк (ФРГ).

Frankfurt interbank offered rate (FIBOR) — ставка предложения на межбанковском депозитном рынке Франкфурта-на-Майне (ФИБОР); фиксируется с 1985 г. на основе котировок 12 банков на 11 час. утра.

Franklin National Bank — Фрэнклин нэшнл бэнк: крупный американский банк, обанкротившийся в 1914 г.; использовался главным акционером М. Синдона для незаконных операций; поглощен консорциальным банком Юропиан америкен бэнк.

fraud — мошенничество, фальсификация: сознательное искажение или сокрытие правды в ущерб какому-либо лицу.

Freddie Mac — "Фредди Мэк": 1) = Federal Home Loan Mortgage Corporation; 2) = FHLMC certificate.

free alongside ship (FAS) — "франко вдоль суб контракта, по которому продавого контракта, означающее, что транспортные и страховые расходы по доставке товара к борту судна в порту погрузки несет экспортер (т. е. фактически они включаются в цену).

free and open market — свободный и открытый рынок: рынок, на котором спрос и предложение ничем не ограничиваются и свободно формируют цены (в отличие от контролируемого рынка).

free banking — 1) бесплатные банковские операции, осуществляемые для постоянных клиентов (при определенном минимальном уровне вкладов); 2) нерегулируемая банковская деятельность.

free box — надежное место хранения (сейф) для оплаченных ценных бумаг клиентов брокера (США); см. free securities.

free capital — свободный капитал: капитал в форме наличных средств.

free capital ratio — коэффициент свободного капитала: удельный вес капитала, который не находится в форме фикс. активов; один из важных показателей положения банков, учитываемых регулирующими органами в Великобритании и Японии.

free coinage — свободная чеканка монет из металла частного лица (т. е. отсутствуют юр. ограничения) в условиях золотого стандарта; см. gratuitous coinage.

freed up — "освобождены" (жарг): освобождение членов гарантийного синдиката от их обязательств (в результате чего они могут торговать данной ценной бумагой по любой цене, а не по цене соглашения).

free exchange rate = floating exchange rate.

free issue = scrip issue.

free market — свободный рынок: рынок, на котором торговля ценными бумагами может осуществляться быстро, дешево и без заметного воздействия на цены.

free of particular average (fpa) — разновидность полиса в мор. страховании, покрывающего полную потерю груза в связи с мор. рисками; см. with particular average.

free of tax (FOT) — за вычетом налога: выплата дивидендов за вычетом налога на дивиденды (уплачиваемого самой компанией).

free on board (FOB) — "франко-борт судна" (ФОБ): условие внешнеторгового контракта, означающее, что транспортные, страховые и погрузочные расходы вплоть до завершения погрузки товара несет экспортер (т.е. они включаются в цену).

free on quay (FOQ) — "франко-причал": условие контракта, по которому продавец за свой счет доставляет товар на причал в порту отгрузки (дальнейшие транспортные расходы, в т. ч. перегрузка на судно — за счет покупателя).

free on rail (FOR) — "франко-железнодорожный вагон": условие внешнеторгового контракта, означающее, что транспортные, страховые и др. расходы вплоть до завершения погрузки товара в вагон несет экспортер (т. е. они включаются в цену).

free overside (board) — "франко за борт": условие контракта, по которому продавец оплачивает все расходы до порта разгрузки.

free port — свободный порт: порт, ввоз товаров в который не облагается таможенными пошлинами.

free reserves — свободные резервы банков в США (сверх обязательных резервных требований).

freeriding — "свободная езда" (США): 1) запрещенная практика оставления организаторами эмиссии части новых акций в своем распоряжении в надежде получить повышенную прибыль; 2) практика быстрой купли-продажи ценных бумаг клиентом брокера без внесения денег в нарушение "правила Т" Совета управляющих ФРС (за это счет клиента замораживается на 90 дней); см. Regulation T.

free right of exchange — право перерегистрации ценных бумаг на др. имя без уплаты сборов, характерных для сделки продажи.

free securities — "свободные" ценные бумаги (жарг., США): полностью оплаченные клиентами ценные бумаги, находящиеся в руках брокера.

free trade — свободная торговля: торговля, которая не регулируется тарифами, пошлинами, квотами и др. средствами.

freie Makler — "свободный" маклер (нем.): независимый дилер на биржах ФРГ, торгующий за свой счет на неофициальном рынке (может также заключать сделки на официальном рынке).

freight — фрахт: плата за перевозку груза на судне.

freight collect — котировка цены, означающая, что фрахт оплачивает покупатель.

freight prepaid (Frt/ppd) — котировка цены, означающая, что продавец оплатил фрахт (перевозку) вперед.

Freiverkehr — "свободный" рынок: регулируемый неофициальный рынок на фондовых биржах ФРГ (нем.); торговля ведется "свободными" маклерами ценными бумагами, которые не могут котироваться на официальном рынке; см. geregelter Freiverkehr; amtlicher Markt.

friendly societies — дружеские общества (Великобритания): первоначально общества взаимной помощи, а в настоящее время различные сберегательные институты (напр., строительные общества); по организации близки кооперативам.

fringe bank = secondary bank.

fringe benefits — дополнительные льготы; выплаты и льготы, которые дополняют основной заработок служащего или рабочего.

FRN with upsidedown pricing = yield curve adjustable note.

front door — "парадный вход" (Великобритания): метод повышения Банком Англии ликвидности ден. рынка путем операций непосредственно с учетными домами и коммерческими банками; см. back door.

front end fee — разовая (однократная) комиссия (напр., банку за предоставление кредита).

front end finance — 1) финансирование на первом этапе выполнения экспортного контракта; 2) финансирование части контракта, не покрытой экспортными кредитами.

front-end load(ing) — разовый комиссионный сбор, взимаемый при продаже инвестору акций взаимного инвестиционного фонда, товарищества и т.д.; см. back-end load(ing).

front office — дилерская комната: отдел банка (брокерской фирмы), занимающийся заключением сделок с валютой, депозитами, ценными бумагами; см. back office.

front running — "опережающий бег" (жарг., США): биржевая практика, при которой дилер, располагающий информацией о предстоящей крупной операции, заключает опционную сделку для получения прибыли от изменения цен.

frozen account — замороженный счет: 1) банковский счет, средства с которого могут быть изъяты только после выполнения определенного условия или по разрешению (властей, суда); 2) счет клиента у брокера, замороженный на 90 дней за нарушение "правила Т" Совета управляющих ФРС (США); см. freeriding; Regulation T.

frozen assets = blocked assets.

FT indices = Financial Times Stock Indices.

full compensation — полная компенсация: разновидность компенсационных сделок, при которой компенсирующая покупка равна или превышает стоимость проданного товара.

full convertibility — полная конвертируемость валюты: свободная обратимость нац. валюты для резидентов и нерезидентов по всем видам операций.

full coupon bond — облигация с полным купоном: облигация со ставкой купона, которая близка или выше текущих рыночных процентных ставок.

full disclosure — полное раскрытие (предоставление) информации о сделке, эмитенте ценной бумаги (в соответствии с требованием закона).

full faith and credit — обозначение обеспечения гос. или муниципальных облигаций всеми доходами и возможными заимствованиями эмитента (США).

full legal tender coins — монеты, которые обязательны к приему в качестве платежного средства в любой сумме.

full service bank — универсальный банк: банк, предоставляющий все основные виды банковских услуг, в т. ч. характерные как для коммерческих, так и для инвестиционных банков.

full service broker — фондовый брокер, предоставляющий клиентам полный набор услуг, включая управление ден. средствами, консультирование, исследования (США); см. discount broker.

full set — полный набор документов, или все их необходимые копии (напр., коносамент, выставленный в трех экземплярах).

fully circled loan — новый заем, организатор которого (брокер) уже в период регистрации нашел потенциальных покупателей на всю его сумму; см. underbooked loan; circle.

fully diluted earnings per share — прибыль компании в расчете на одну акцию, исчисленная путем деления чистой прибыли на все акции, которые уже выпущены или могут быть выпущены в случае использования права конверсии облигаций или опционов на приобретение акций этой компании.

fully distributed securities — полностью размещенные новые ценные бумаги.

fully funded pension — полностью фундированная пенсия: пенсионный план, полностью обеспеченный средствами; см. pay-as-you-go.

fully paid shares — полностью оплаченные акции; см. partly paid shares.

fully subscribed issue — полностью подписанный заем: заем, заявки на который покрывают всю сумму, на которую выпущены соответствующие ценные бумаги.

fully valued security — ценная бумага с обоснованным курсом (согласно расчетам рыночных аналитиков).

fund — 1) фонд; сберегательное или инвестиционное учреждение; 2) сумма денег, собранная таким учреждением.

fundamental analysis — фундаментальный анализ конъюнктуры и положения компаний: анализ, основанный на общеэкономических факторах или факторах положения компании (продукция, рынки, управление); используется для прогнозирования различных показателей, в т. ч. курсов акций.

fundamental equilibrium exchange rate — вал. курс фундаментального равновесия: вал. курс, при котором внешние расчеты страны уравновешены (текущий баланс и баланс движения капиталов), если торговля не ограничивается в целях регулирования и внутри страны также проводится курс на сбалансированность.

fundamentalist — фундаменталист: сотрудник банка или посреднической компании, специализирующийся на анализе рыночной конъюнктуры на основе общеэкономических (фундаментальных) показателей и факторов (т. е. конъюнктура должна отражать состояние экономики); см. chartist.

fundamental research = fundamental analysis.

funded debenture — фундированная ссуда: ссуда, погашение которой обеспечивается ежегодными взносами в специальный фонд.

funded debt — 1) бессрочный консолидированный гос. долг: различные виды облигаций без фикс. даты погашения (Великобритания); см. unfunded debt; Consols; 2) различные виды облигаций компании, а иногда также долгосрочные займы у банков, исключая краткосрочные кредиты и акции (США); 3) облигационный заем, предусматривающий фонд погашения.

Fund for Special Operations (FSO) — Фонд для специальных операций Межамериканского банка развития: специальный фонд для предоставления кредитов на льготных условиях.

funding — фундирование; консолидирование: 1) рефинансирование: конверсия краткосрочного долга в долгосрочный; 2) фундирование (финансирование) гос. долга: продажа властями (компаниями) долгосрочных облигаций; 3) капиталовложения, создание резервов для обеспечения будущей пенсии, благотворительности; 4) изыскание ресурсов для финансирования проекта.

funding loans — различные выпуски гос. долгосрочных облигаций, используемые для фундирования (финансирования) гос. долга (Великобритания).

funding operations — операции по конверсии краткосрочной задолженности в долгосрочную.

Funds = gilt-edged securities.

fund swiching — обмен акций одного взаимного инвестиционного фонда на акции др. фонда в той же группе фондов.

fungibility — взаимозаменяемость: 1) взаимозаменяемость срочных биржевых контрактов, позволяющая объединить операционные системы двух бирж (позицию на одной бирже можно закрыть сделкой на другой); 2) взаимозаменяемость любых фин. инструментов или товаров.

fungible items — взаимозаменяемые товары или фин. инструменты.

fungible options — взаимозаменяемые опционы (покупку на одной бирже можно зачесть на другой).

fungibles — 1) ценные бумаги в процессе расчетов (Великобритания); 2) = fungible items.

funk money = hot money 1.

furthest month — самый далекий месяц, на который в данный момент существует фьючерский контракт.

future = futures contract.

future income and growth security (FIGS) — разновидность облигаций с нулевым купоном и опционом конверсии в процентные бумаги (США).

futures commission merchant (FCM) — фирма (или физ. лицо) уполномоченная на посредничество в срочных биржевых операциях (США).

futures contract — фьючерский контракт: обязательство купить или продать определенное число фин. инструментов или оговоренное количество товара по цене, согласованной в свободном биржевом торге; сроки исполнения сделок колеблются от нескольких месяцев до нескольких недель; все условия контрактов унифицированы; см. contract 2.

futures exchange = futures market.

Futures Industry Association (FIA) — Ассоциация фьючерской торговли (США): организация участников срочной биржевой торговли; представляет интересы своих членов и занимается обучением специалистов.

futures market — фьючерский рынок: срочная товарная или фин. биржа, торговля на которой ведется на основе стандартных контрактов.

futures option = option on a futures contract.

futures position — фьючерская позиция: неисполненный контракт на покупку или продажу того или иного контракта.

G

G — тысяча долларов (жарг.).

gain — 1) повышение цены фин. инструмента, вал. курса; 2) прибыль, полученная в результате такого повышения.

gainer — акция с повышающимся курсом.

gaming contract — игорный контракт: соглашение между сторонами о выплате суммы в зависимости от результата какой-либо игры.

gamma — "гамма": изменение показателя "дельта" на единицу изменения наличной цены фин. инструмента, лежащего в основе опционного контракта; см. delta.

gap — 1) нехватка фин. ресурсов; 2) разрыв в сроках между активами и пассивами; 3) разрыв в ценах вследствие отсутствия сделок на рынке (следует повышение или снижение цены); напр., разрыв между самой высокой ценой вчера и самой низкой сегодня; см. common area gap; runaway gap; break away gap; exhaustion gap; 4) = interest rate mismatch.

gapping — сознательная несбалансированность операций банка по срокам и ставкам в период неустойчивости денежной конъюнктуры.

garage — 1) "гараж": площадка для совершения сделок в северной части основного торгового зала Нью-Йоркской фондовой биржи; 2) "ставить в гараж": переводить операции в др. фин. центр для уменьшения налогового бремени.

Garantie und Kredit für den Osten (Garkrebo) — Гарантийный и кредитный банк для Востока (Гаркребо): советский банк в Берлине в 1921—1941 гг. (имел также отделение в Гамбурге).

garnishee order — судебный приказ, запрещающий банку выплачивать средства со счета клиента А до погашения последним долга лицу Б.

garnishment — судебный приказ работодателю (компании) об удержании части зарплаты служащего в пользу третьей стороны.

gather in the stops — "сбор стоп-приказов": тактика биржевой торговли, которая предполагает игру на понижение или повышение для использования приказов "стоп" (с фикс. ценами), о которых есть информация, и дальнейшего усиления давления на цены; см. snowballing.

Gaucho — гаучо: искусственная ден. единица в двусторонних экон. отношениях Аргентины и Бразилии.

gearing (UK) = leverage.

gear(ing) ratio = debt-to-equity ratio.

Geisha bonds — облигации "гейша" (Япония): облигации нерезидентов в иностранной валюте, выпущенные методом частного размещения (1985 г.).

general account — общий счет (США): термин ФРС для обозначения маржинальных счетов клиентов у брокеров, по которым последние могут предоставлять кредиты в соответствии с "правилом Т"; см. Regulation T; margin account.

General Agreement on Tariffs and Trade (GATT) — Генеральное соглашение о тарифах и торговле (ГАТТ): международное соглашение, направленное на развитие торговли, ликвидацию ограничений и дискриминации (подписано 23 странами в 1947 г.); фактически является международной организацией с постоянным штатом.

General Arrangements to Borrow (GAB) — Общее соглашение о займах в МВФ (заключено в 1962 г.): обязательство стран "группы десяти" и Швейцарии кредитовать друг друга в нац. валютах в случае угрозы стабильности международной вал. системы; в 1983 г. сумма соглашения увеличена с 6,5 млрд. до 17 млрд. СДР и им на определенных условиях могут пользоваться все члены МВФ.

general assignment = blanket assignment.

general average loss — убытки при общей аварии (в мор. страховании): убытки от действия по спасению судна или груза (делятся между владельцами груза и судовладельцем).

general conditions of the banks — общие принципы и условия взаимоотношений банков с клиентами (типы услуг, их условия).

general crossed check — обычный кроссированный чек (с двумя параллельными полосами); банк, на который он выписан, оплачивает его одному из своих клиентов (а не любому предъявителю) или др. банку; см. crossed check.

general ledger — основная бухг. книга компании (содержит всю информацию о фин. положении).

general lien — право на арест личного имущества должника.

general loan and collateral agreement — общее соглашение о кредите и обеспечении: соглашение между фондовым брокером и банком, по которому первый может непрерывно занимать под залог ценных бумаг.

generally accepted accounting principles (GAAP) — общепринятые принципы и правила бухг. учета.

general mortgage bond — облигация, обеспеченная полной ипотекой (на всю собственность) корпорации (США); др. ипотеки могут иметь преимущественные права по сравнению с такой ипотекой.

General Motors Acceptance Corporation (GMAC) — Акцептная корпорация Дженерал моторз (США): фин.-кредитная дочерняя компания Дженерал моторз, являющаяся крупнейшим эмитентом коммерческих бумаг в стране.

general obligation bonds (GOs) — муниципальные облигации (США), обеспеченные общей (безусловной) гарантией штатных или муниципальных властей (в пределах общей суммы доходов и возможности заимствования этих властей).

general partner — полный ("общий") партнер: 1) один из участников полного товарищества (все члены несут индивидуальную и солидарную ответственность); 2) менеджер — член товарищества с ограниченной ответственностью, который несет личную неограниченную ответственность.

general partnership — полное (общее) товарищество, члены которого несут как солидарную, так и личную ответственность.

general provisions — "общие" резервы (напр., на покрытие сомнительных долгов); устанавливаются в размере определенного процента от общей суммы активов, которые они покрывают; см. provisions for bad debts.

general purpose credit = financial credit.

general revenue — общие доходы штатных и местных властей в США (в основном налоги, а не прибыль, напр., от коммунальных услуг).

Gen-saki market — рынок "Ген-саки": рынок краткосрочных операций по купле-продаже облигаций с последующим совершением обратной операции (Япония).

gentlemen's agreement — джентльменское соглашение: 1) разновидность "контрпокупки": товарообменная операция, в которой обязательство компенсирующей покупки юридически не закреплено; 2) = Consensus; 3) добровольное, неформальное соглашение между сторонами, скрепленное только словом.

Genusschein — сертификат участия, дающий владельцу право на дивиденд или участие в прибылях, но не право собственности (нем.).

geregelter Freiverkehr — регулируемый "свободный" рынок (нем.): полуофициальный рынок на фондовых биржах ФРГ, занимающий промежуточное место между официальным и неофициальным рынками; см. Freiverkehr; amtlicher Markt.

gifts inter vivos — дарения, сделанные ныне живущими лицами; в Великобритании налог на такие дарения ниже, чем на имущество по завещанию.

gift tax — налог на дарения (США): налог на безвозмездную передачу собственности на какое-либо имущество; в Великобритании налог на дарения заменен налогом на передачу капитала; см. capital transfer tax.

Gilt-Edged Market Makers Association (GEMMA) — Ассоциация ведущих участников рынка правительственных облигаций ("делателей рынка") в Великобритании.

gilt-edged (Je) securities — золотообрезные ценные бумаги: 1) в Великобритании — правительственные облигации и ценные бумаги с гос. гарантией; несут минимальный риск и считаются одним из наиболее надежных инвестиционных активов; на золотообрезные бумаги приходится 70—80% биржевого оборота в стране; 2) в США — первоклассные облигации самых надежных корпораций.

gilts = gilt-edged securities.

Ginnie Mae = 1) Government National Mortgage Association; 2) GNMA certificate.

Ginnie Mae pass-through = GNMA certificate.

giro account — жиросчет: счет в почтовом отделении, используемый для расчетов в рамках жиросистемы; см. giro system.

giro system — жиросистема: система платежей через счета в почтовых отделениях, действующая во многих европейских странах и Японии; любое лицо может открыть счет и переводить средства с него др. владельцам почтовых счетов; система обычно имеет центральное звено для ускорения расчетов.

giro transfer advice — уведомление о переводе ден. средств с одного жиросчета на другой.

give-on = contango.

giver — покупатель акций, который хочет провести операцию контанго и отложить платеж до следующего расчетного дня.

give up — "отказаться": 1) на фьючерском рынке — передача заключенной сделки одним членом биржи другому; 2) в США — раскрыть имя члена Нью-Йоркской фондовой биржи, по поручению которого др. член заключил сделку; 3) разместить приказ через одного биржевого брокера с требованием расчета через другого; 4) потерять в доходе в результате продажи ценных бумаг с высоким доходом и покупки бумаг на равную сумму с более низким доходом.

glamour stocks = growth stocks.

Glass-Steagall Act — Закон Гласса—Стиголла (США, 1933 г.): закон, по которому коммерческим банкам запрещено заниматься операциями с ценными бумагами (посредничество, гарантия и организация займов), т. е. разделена деятельность коммерческих и инвестиционных банков (этим же законом была создана Федеральная корпорация страхования депозитов и установлены "потолки" процентных ставок по банковским депозитам).

Glider — "глайдер" ("планер"): голл. гульден (жарг.).

global arrangement — "глобальное" соглашение: соглашение о регулярных товарообменных сделках в течение некоторого периода (определяются общие суммы обмена и категории товаров); см. framework agreement; letter of intent 1.

globalization (of the markets) — "глобализация" фин. рынков: процесс стирания барьеров между рынками (временных, технических, законодательных).

global note — "глобальная" евронота: евронота на всю сумму займа; инвесторам продается часть евронот в форме регистрации клиринговой системой акта перехода права собственности (не делится на отдельные ценные бумаги).

global note facility — "глобальная" среднесрочная кредитная программа, которая может осуществляться в США на базе "коммерческих бумаг" или на международном рынке на базе евронот (в случае затруднений на одном рынке подключается другой).

global share offering — "глобальное" предложение акций: размещение акций одновременно на рынках нескольких стран (на базе одного или нескольких консорциумов).

glut — перенасыщение рынка товарами, определенными фин. инструментами, ведущее к существенному снижению цен.

GNMA certificate — сертификат ГНМА ("Джинни Мэй"): гарантированная Правительственной национальной ипотечной ассоциацией США ценная бумага, выпущенная под обеспечение пулом ипотек (широко используется на вторичном рынке ценных бумаг); доход от мелких ипотек через эти сертификаты "передается" крупным инвесторам; см. pass-through securities; Government National Mortgage Association.

GNP (price) deflator — (ценовой) дефлятор ВНП: широкий показатель инфляции, исчисленный на основе изменения ВНП.

Gnomes of Zürich — "цюрихские гномы": обозначение швейцарских банков, введенное лейбористами в Великобритании в 1964 г. во время стерлингового кризиса (швейцарские банки активно участвовали в спекуляциях).

go-around — "обход" (США): опрос дилерами ФРС банков и брокеров об их котировках.

go-go fund — инвестиционный фонд, который активно манипулирует своими активами для достижения максимально высокой прибыли.

go-go stocks = growth stocks.

going ahead — "идти впереди" (США): запрещенная практика торговли брокером за свой счет до выполнения приказа клиента.

going away = blowout 2; hot issue.

going concern value — стоимость компании в качестве действующего предприятия для др. компании или физ. лица; складывается из стоимости активов компании плюс ден. оценка ее престижа, деловых контактов ("добрая воля"); см. goodwill.

going long = long position 1.

going naked = naked option.

going out price — "выходная цена" (Великобритания): курс ценной бумаги, публикуемый в ежедневном официальном бюллетене фондовой биржи.

going private — превращение публичной компании в частную в результате выкупа компанией собственных акций или их скупки немногими инвесторами в порядке защиты от поглощения, в случае падения цен акций ниже их учетной стоимости, в спекулятивных целях.

going public — превращение частной компании в публичную путем выпуска акций на рынок; см. flotation.

going short = short position 1.

gold — золото: драгоценный металл, который в настоящее время выступает по традиции резервным средством и объектом тезаврации; более 1/5 мировых запасов золота находится в хранилище Федерального резервного банка Нью-Йорка на Манхэттене.

gold and foreign exchange reserves — официальные золото-валютные резервы государства (в форме золотых слитков, депозитов в конвертируемых валютах в иностранных банках, ценных бумаг); находятся на балансе центрального банка или выделены в специальный фонд; управление резервами (операции, связанные с обеспечением их безопасности, размещением) обычно поручено центральному банку.

Gold Area (Bloc) — золотой блок: вал. группировка Бельгии, Франции, Швейцарии, Нидерландов и некоторых др. стран, которые придерживались той или иной формы золотого стандарта в 1933—1936 гг. (Великобритания отказалась от золотого стандарта в 1931 г. и ее примеру последовало примерно 40 государств).

gold auctions — золотые аукционы: распродажа золота с аукциона; в период ускоренной демонетизации золота свои запасы распродавали с аукционов США (1975—1979 гг.) и МВФ (1976—1980 гг.).

gold bond — золотая облигация: облигация, обеспеченная золотом (процентные платежи привязаны к цене золота); такие облигации обычно выпускаются золотодобывающими компаниями.

gold bug — "золотой жук": аналитик, считающий золото самым надежным капиталовложением и средством защиты от инфляции и депрессии.

gold bullion standard — золотослитковый стандарт: форма золотого стандарта, при которой центральный банк не разменивает банкноты на золото, но обязуется продавать стандартные слитки по золотому содержанию ден. единицы (в Великобритании в 1925—1931 гг. слитки в 400 тр. унций).

gold card — "золотая" карточка компании Америкен экспресс или Барклайз бэнк: кредитная карточка с очень большим лимитом кредита и различными привилегиями, предназначенная для людей с высокими доходами; см. platinum card; plastic card.

gold certificate — золотой сертификат: документ, удостоверяющий право собственности на золото, которое депонировано в банке.

gold clause — золотая оговорка: 1) условие соглашения об осуществлении определенных платежей в золоте (монетами или слитками); 2) = gold value clause.

gold coins — золотые монеты; в некоторых странах продолжают считаться законным платежным средством, но на практике покупаются и продаются по рыночной цене.

gold coverage — золотое покрытие наличного ден. обращения (процент покрытия банкнот в обращении официальными золотыми резервами).

Golden Boys = Whiz Kids.

golden handcuffs — "золотые наручники": соглашение между брокерской фирмой и брокером, по которому последний получает различные виды вознаграждения, но при переходе в др. фирму обязан вернуть значительные суммы.

golden handshake — "золотое рукопожатие": 1) увольнение одного из руководителей компании с уплатой ему значительной фин. компенсации (чтобы избежать публичного скандала); 2) вознаграждение при уходе на пенсию до оговоренного срока.

golden parachutes — "золотые парашюты": 1) в случае попытки поглощения менеджеры корпорации заключают с ней соглашения, по которым при увольнении они должны получить крупные суммы, т. е. потенциальным покупателям заранее связываются руки (они могут отказаться от поглощения); 2) = golden handshake 1.

golden rule of banking — "золотое" правило банковского бизнеса: кредиты и депозиты должны балансироваться по срокам.

golden rule of public finance — золотое правило гос. финансов: максимальное увеличение заимствований на длительные сроки при сокращении удельного веса краткосрочных заимствований.

golden share — "золотая" акция: акция с особым правом голоса, которое в определенных условиях можно использовать для наложения вето (Великобритания); обычно имеются в виду акции, которые правительство оставляет себе при продаже национализированного предприятия.

gold exchange standard — золото-девизный стандарт: урезанная форма золотого стандарта, при которой центральный банк обязуется обменивать нац. ден. единицы не на золото, а на валюту стран, придерживающихся полной формы золотого стандарта (напр., Скандинавских стран в 1925—1931 гг.).

gold export point — вал. курс ("золотая точка"), при котором в условиях золотого стандарта становится выгодно экспортировать золото.

gold fixing — золотой фиксинг: ежедневная фиксация членами рынка цены золота на основе соотношения спроса и предложения (в Лондоне, Париже и Цюрихе); в Лондоне фиксинг проводится по рабочим дням в 10.30 и 15.00 представителями пяти ведущих золотых дилеров (банков и компаний).

gold franc — золотой франк: счетная единица многих международных соглашений, используемая для ограничения потерь от колебаний вал. курсов; различают "франк жерминаля" (введен во Франции в 1799 г.; 0,290323 г чистого золота) и "франк Пуанкаре" (1928 г.; 0,05895 г); в связи с отменой официальной цены золота оговорки в золотых франках реализуются по-разному (на базе бывшей официальной цены золота, СДР и т. д.).

gold futures — "золотые" фьючерсы: срочные биржевые (фьючерские) контракты на фикс. количество золота (напр., контракт на 100 тр. унций на бирже КОМЕКС в Нью-Йорке).

gold import point — вал. курс ("золотая точка"), при котором в условиях золотого стандарта становится выгодно импортировать золото.

gold-indexed bond — облигация, основная сумма и процентные платежи по которой индексированы относительно цены золота.

gold market — рынок золота: рынок, на котором совершаются наличные, срочные и др. оптовые сделки с золотом (сделки со стандартными слитками); основная масса операций с физ. золотом осуществляется между банками и специализированными фирмами, а фьючерская и опционная торговля сконцентрированы на срочных биржах.

gold mutual fund — золотой взаимный фонд: инвестиционный фонд, вкладывающий средства в акции золотодобывающих компаний.

gold options — "золотые" опционы: опционные операции (контракты) с золотом; напр., на бирже КОМЕКС в Нью-Йорке торгуют золотыми опционами на фьючерские контракты (100 тр. унций).

gold parity — золотой паритет: 1) установленное законом золотое содержание нац. ден. единицы; 2) соотношение между двумя валютами по их золотому содержанию (в условиях золотого стандарта).

gold points of exchange — "золотые точки": в условиях золотого стандарта курс валюты может отклоняться от золотого паритета лишь на небольшую величину (до "золотых точек"), определяемую стоимостью перевозки золота (в противном случае выгодно экспортировать или импортировать металл).

Gold Pool = International Gold Pool.

gold reserves — золотые резервы государства (в форме стандартных слитков), часть официальных золото-валютных резервов; см. gold and foreign exchange reserves.

gold shares — золотые акции: акции золотодобывающих компаний (главным образом ЮАР и Австралии).

gold specie points = gold points of exchange.

gold standard — золотой стандарт: ден. система, при которой любая ден. единица имеет установленное законом золотое содержание и разменивается на золото; при золотом стандарте вал. курсы стабильны и сальдо внешних платежей регулируется ввозом или вывозом золота; в полной форме практиковался до 1914 г., в 1925—1931 гг. делались попытки возродить его в золотослитковой и золото-девизной форме.

gold tranche — золотая транша (квота) в МВФ: часть взноса страны — члена в МВФ, которая оплачивалась золотом (25% взноса) до отмены официального размена долларов на золото в начале 70-х годов; в настоящее время золотая квота заменена резервной квотой; см. reserve tranche.

gold value clause — золотая оговорка: условие соглашения, по которому размер платежа привязан к цене золота или выражен в золоте (форма защиты от обесценения валют; в настоящее время применяется сравнительно редко); см. gold-indexed bond.

good delivery — "хорошая поставка": 1) стандартные слитки драгоценных металлов в хорошем состоянии с высокой пробой и клеймами солидных аффинажных компаний; 2) ценные бумаги в хорошем состоянии, правильно оформленные и поставленные в соответствии с условиями сделки в срок и без каких-либо проблем.

good faith deposit — "депозит доброй воли": 1) депозит, который свидетельствует о намерении довести сделку до завершения, гарантийный взнос; 2) = initial margin 1.

good marking names = marking names.

good money — "хорошие" деньги: 1) в США — федеральные фонды, которые можно использовать в тот же день; 2) полноценные деньги; см. Gresham's Law.

goods-for-debt swap = debt-for-products deal.

good this month (GTM) — приказ клиента биржевому брокеру о заключении сделки, действительный в течение месяца.

good this week (GTW) — приказ клиента биржевому брокеру о заключении сделки, действительный в течение недели.

good through — "годен до": приказ клиента брокеру купить или продать ценные бумаги по фикс. цене, действительный до определенной даты.

good'til cancelled (GTC) — приказ клиента биржевому брокеру о совершении сделки, действительный до уведомления об отмене; на срочной бирже такой приказ автоматически отменяется в последний день торговли соответствующим контрактом.

good title = just title.

good trader — ценная бумага, пользующаяся хорошим спросом на рынке.

goodwill — "добрая воля": престиж, деловая репутация, контакты, клиенты и кадры компании как ее актив, который может быть оценен и занесен на специальный счет (стоимость компании сверх ее балансовых активов); не имеет самостоятельной рыночной стоимости и играет роль главным образом при поглощениях и слияниях; см. going concern value.

goodwill clause — оговорка доброй воли: пункт многостороннего соглашения о пересмотре задолженности и согласии кредиторов пойти на дальнейшие уступки в случае выполнения страной-заемщицей определенных условий.

government bond — правительственная облигация: ценная бумага, выпускаемая правительством.

government broker — правительственный брокер: представитель брокерской фирмы, проводивший операции с гос. облигациями по поручению Банка

Англии (по традиции с 1786 г. им был старший компаньон фирмы Малленз); данная система участия Банка Англии в биржевых операциях отменена в 1984 г.

government guaranteed stocks — ценные бумаги, гарантированные брит. правительством (заемщиками обычно являются национализированные компании).

Government National Mortgage Association (GNMA) — Правительственная национальная ипотечная ассоциация (ГНМА): гос. корпорация (США), которая гарантирует ценные бумаги, обеспеченные ипотеками ветеранской и федеральной жилищной администрациями (сертификаты ГНМА), а также занимается куплей-продажей ипотек (основана в 1968 г.); см. GNMA certificate.

governments = government securities.

government securities — правительственные ценные бумаги: облигации, векселя и др. ценные бумаги правительства или гос. учреждений.

government stocks = gilt-edged securities.

Governor of the Bank of England — управляющий Банком Англии: глава центрального банка Великобритании; назначается на 5 лет независимо от сроков всеобщих выборов; первым управляющим был Дж. Хублон (1632—1712), на месте дома которого теперь находится Банк Англии (техн. персонал банка до сих пор носит ливреи слуг Хублона); после первой мировой войны управляющими были: У. Канлифф (1913—1918), сэр Б. Кокейн (1918—1920), лорд Норман (1920—1944), лорд Катто (1944—1949), лорд Коббольд (1949—1961), граф Кромер (1961—1966), лорд О'Брайен (1966—1973), лорд Ричардсон (1973—1983), Р. Ли-Пембертон (с 1983).

Gower Report — доклад Гоувера (Великобритания): доклад проф. Д. Гоувера о защите интересов инвесторов, подготовленный в 1984 г. для министерства торговли; призывал к принятию законодательства о защите инвесторов, введению лицензирования всех инвестиционных учреждений, созданию саморегулирующихся объединений инвестиционных институтов; рекомендации были частично реализованы в Законе о финансовых услугах (1988 г.); см. Financial Services Act.

grace period — льготный период: 1) период, в течение которого не производится погашение основной суммы кредита (напр., первые три из десяти лет срока кредита); 2) период, в течение которого кредитный или страховой контракт не считается нарушенным несмотря на просроченные платежи.

grading — градация товаров на товарных биржах по сортам и качеству; позволяет торговать стандартными контрактами признанного сорта без дополнительной проверки качества.

graduated payment mortgage (GPM; Jeep) — ипотека с дифференцированными платежами: ипотечный кредит, платежи в погашение которого ежегодно увеличиваются (риск кредитора компенсируется более высокой ставкой); график погашения в целом не изменяется, но выплаты постепенно возрастают.

graduated security — ценная бумага "выпускник": акция, получившая котировку на более престижной бирже (напр., на Нью-Йоркской фондовой бирже после Амекс).

graduated tax = progressive tax.

Graham and Dodd method of investing — метод инвестиций Б. Грэхэма и Д. Додда, выдвинутый в 30-х годах; включает рекомендации покупать акции компаний с недооцененными активами, акции с низким соотношением рыночной цены и доходов в расчете на одну акцию, акции, которые продаются ниже ликвидационной стоимости активов компании, а также продавать бумаги после получения прибыли в пределах 50—100%.

grandfather clause — условие договора, закона, по которому его действие не имеет обратной силы; в некоторых случаях обратного действия могут не иметь налоги на определенные фин. операции; см. grandfathered activities.

grandfathered activities — банковская деятельность, которой могут заниматься учреждения, занимавшиеся ею до принятия соответствующего закона (т. е. закон не имел обратной силы); в США к такой деятельности относятся некоторые виды небанковских операций, владение дочерними банками более чем в одном штате.

Granny bonds — "бабушкины облигации" (Великобритания): индексированные облигации, которые правительство выпускало в 70-х годах для поощрения сбережений пенсионеров; необращающиеся сберегательные облигации были призваны защитить сбережения от инфляции (впоследствии стали доступны всем желающим).

granting = writing.

grantor = 1) settlor; 2) writer 1.

gratuitous coinage — бесплатная чеканка монет из металла частного лица гос. монетным двором в условиях золотого стандарта (при отсутствии ограничений на чеканку); см. free coinage.

gratuity — ден. вознаграждение (напр., за услугу).

graveyard market — "рынок-кладбище": ситуация, когда участники рынка не могут его покинуть (выйти из сделок), а др. биржевики или банки не хотят выходить на рынок (заключать сделки); обычно имеется в виду рынок "медведей".

greenbacks — "зеленые спины" (США): бумажные доллары; первоначально — фидуциарная казначейская ден. эмиссия.

green baize door = Chinese Walls.

greenfield — новое предприятие, дочерняя компания, создаваемая с нуля (в отличие от слияния, поглощения, совместного предприятия).

greenmail(ing) — "зеленый шантаж": 1) покупка акций компании, которая будет объектом попытки поглощения, с целью вынудить ее выкупить свои акции по высокой цене; 2) выкуп компанией своих акций по повышенной цене у фирмы, скупившей значительный пакет ее акций и угрожающей поглощением.

green rates of exchange — "зеленые" вал. курсы в ЕЭС (с 1969 г.): курсы валют стран — членов ЕЭС, фиксируемые относительно ЭКЮ и используемые для пересчета цен на сельскохозяйственную продукцию (изменяются по согласованию между всеми странами).

green shoe clause — оговорка "зеленого ботинка" (США): условие гарантийного соглашения (гарантия размещения выпуска), по которому эмиссионный синдикат имеет право купить дополнительные акции по цене первоначального предложения.

Gresham's Law — закон Грэшема: "плохие деньги вытесняют из обращения хорошие"; в условиях золотого стандарта неполноценные деньги вытесняют полновесные, если официальное соотношение между ними не отражает их металлическое содержание, а "хорошие" деньги тезаврируются (сэр Т. Грэшем — фин. советник Елизаветы I, основатель Королевской биржи в Лондоне).

grey market — "серый рынок": 1) рынок новых облигаций; 2) нерегулируемый ден. рынок (обычно корпораций в странах с жестким регулированием банковского кредита); 3) = over-the-counter market.

grey wave — "серая волна": новые компании (проекты), далекие от вступления в стадию прибыльности (в "рисковом" финансировании).

grida — биржевой круг (итал.); = ring; pit.

gridnote — евронота без физ. воплощения (в форме бухг. записей в памяти ЭВМ).

gross — брутто: сумма без вычетов.

Grossbanken — гроссбанки (большие банки — нем.): крупнейшие коммерческие банки в ряде западноевропейских стран.

gross cash flow — брутто-"кэш флоу": разница между наличными поступлениями и платежами компании (брутто- прибыль) плюс амортизационные отчисления (обычно на конец фин. года); деньги, которые остаются у компании для инвестиций, выплаты дивидендов, уплаты налогов; см. cash flow.

gross dividend — брутто-дивиденд (до вычета налогов).

gross domestic product (GDP) — валовой внутренний продукт (ВВП): совокупная стоимость товаров и услуг, созданных внутри страны за определенный период.

grossed-up redemption yield — нетто-доходность при погашении, пересчитанная с учетом налоговых обязательств для получения эквивалентной суммы брутто-доходности при погашении; см. grossing up 2; gross redemption yield.

gross estate — суммарная стоимость активов умершего физ. лица до различного рода вычетов (выплаты долгов и налогов); см. net estate.

gross flat yield — текущий доход (брутто-доход) по ценной бумаге до вычета налога (в процентах).

grossing up — 1) расчет суммы, которая понадобится в случае облагаемых налогом инвестиций для получения дохода, который был бы равен доходу по не облагаемым налогом инвестициям; 2) расчет общей суммы дохода до уплаты налогов в случае его получения за вычетом налогов.

gross interest — брутто-проценты: процентные платежи до вычета налогов, взимаемых у источника дохода.

gross interest income — брутто-процентный доход: суммарный процентный доход банка по кредитам (размещенным ресурсам).

gross lease — брутто-аренда: соглашение об аренде, по которому арендодатель оплачивает все текущие расходы по обслуживанию его собственности (страхование, налоги, ремонт); см. net lease.

gross margin = gross profit.

gross national product (GNP) — валовой национальный продукт (ВНП): суммарная стоимость товаров и услуг, произведенных как внутри страны, так и за ее пределами за определенный период (обычно за год); от ВВП отличается на величину, равную сальдо расчетов с зарубежными странами; см. gross domestic product.

gross profit — брутто-прибыль: стоимость нетто-продаж за вычетом издержек производства (включая амортизацию), но до уплаты налогов и др. затрат; см. net income.

gross redemption yield — брутто-доход по ценной бумаге при ее погашении (до вычета налогов): общая доходность ценной бумаги с учетом ожидаемого дохода и прироста капитала вплоть до даты погашения.

gross sales — брутто-продажи компании: суммарные продажи компании по стоимости счетов-фактур без учета скидок и др. поправок; см. net sales.

gross spread — брутто-"спред": разница между ценой публичного предложения новых ценных бумаг и ценой, которую заплатили эмитенту андеррайтеры (включает различные виды комиссий); см. flotation cost; concession 2.

gross yield — брутто-доход: доход по капиталовложениям в ценные бумаги или недвижимость до любых вычетов, включая налоги.

group — группа, концерн: объединение юридически самостоятельных компаний под единым руководством путем системы участий в капитале.

group accounts = group balance sheet.

group balance sheet — баланс группы: консолидированный баланс группы компаний — сумма их фин. показателей и результатов минус внутрифирменный оборот.

group banking = chain banking.

Group of Five (G-5) — "группа пяти": группа пяти ведущих стран Запада (США, ФРГ, Япония, Великобритания, Франция).

Group of Seven (G-7) — "группа семи": группа семи ведущих стран Запада (США, ФРГ, Япония, Великобритания, Франция, Италия, Канада).

Group of Ten (G-10) — "группа десяти": группа

ведущих стран Запада — членов МВФ (США, Канада, Бельгия, Нидерланды, Великобритания, Италия, Франция, ФРГ, Швеция, Япония), принявших в 1962 г. обязательство в рамках Общего соглашения о займах кредитовать друг друга в нац. валютах; в 1984 г. присоединилась Швейцария (в 1964—1983 гг. — ассоциированный член), хотя она не входит в МВФ; группа играет заметную роль в международной вал. системе; см. General Arrangements to Borrow.

Group of Twenty (G-20) — "группа двадцати": группа ведущих стран Запада (включая "группу десяти"), договорившихся в конце 1972 г. о сотрудничестве в решении вопросов будущего международной вал. системы.

group sales — 1) крупная партия ценных бумаг, продаваемая институциональным инвесторам от имени всего эмиссионного синдиката (затем относится на счета членов синдиката соответственно их квотам); 2) суммарные продажи группы компаний.

growing equity mortgage (GEM) — ипотечный кредит, платежи по которому возрастают в течение определенного периода для ускорения погашения основной суммы.

growth and income securities (GAINS) — "ценные бумаги роста и дохода" (США): разновидность облигаций с нулевым купоном и опционом конверсии в процентные бумаги.

growth fund — "фонд роста": взаимный инвестиционный фонд, который вкладывает средства в акции с повышательной тенденцией изменения курсов (или с наиболее быстро растущими курсами).

growth share (USA) = growth stock.

growth stock — "акция роста" (Великобритания): акция, цена которой повышается и, как ожидается, будет повышаться.

guarantee — гарантия: принятие на себя обязательства в пользу др. лица (напр., гарантия выплаты долга как условие получения кредита); представляет собой забалансовое обязательство гаранта.

guaranteed bonds = guaranteed debentures.

guaranteed credit — гарантированный кредит: 1) банковский кредит, обеспеченный гарантией третьей стороны; 2) экспортный кредит, гарантированный (застрахованный) правительством или специализированной организацией.

guaranteed debentures — гарантированные облигации: облигации компании, обеспеченные гарантией третьей стороны (напр., материнской компании, правительства).

guaranteed income contract — контракт с гарантированным доходом: контракт между пенсионным фондом или программой участия в прибылях и страховой компанией, по которому последняя гарантирует в течение некоторого срока фикс. доход на вложенный капитал.

guaranteed issue — гарантированный выпуск акций или облигаций: акции или облигации, основная сумма и выплаты по которым гарантированы каким-то юр. лицом помимо заемщика.

guaranteed recovery of investment principal (GRIP) — гарантированный возврат основной суммы капиталовложения: гарантия инвестору при участии в проекте Международной финансовой корпорации.

guaranteed stocks = guaranteed debentures.

guarantee facility = letter of credit.

guarantee fund — гарантийный фонд: компенсационный фонд биржи на случай банкротства одного из членов (для возмещения клиентам убытков).

guarantee letter — гарантийное письмо: письмо коммерческого банка, гарантирующее обязательства клиента.

guarantee letter of credit = stand-by letter of credit.

guarantee of signature — гарантия подписи: сертификат, с помощью которого банк или брокер гарантирует подлинность подписи того или иного лица.

guidance line — кредитная линия, определенная клиенту в рамках внутренней политики банка (клиенту об этом могут не сообщать).

guinea (G) — гинея: сумма в 21 шиллинг в Великобритании до введения десятичной системы (исторически — золотая монета).

gun jumping — 1) торговля ценными бумагами на основе информации, которая еще не обнародована; 2) незаконное принятие брокером приказов на покупку новых ценных бумаг до окончания регистрации займа (США).

gyration — резкое колебание конъюнктуры или экон. показателей.

H

haircut — "стрижка": фактор риска, используемый для оценки ценных бумаг при расчете нетто-капитала биржевика; напр., для гос. облигаций фактор риска может быть равен 0 (бумаги полностью засчитываются в капитал дилера), а для не поставленных в срок акций — 100 (полностью исключаются).

haircut finance — кредит на сумму, которая меньше стоимости обеспечения (США).

half a bar — полмиллиона: вал. сделка на сумму 0,5 млн. ф. ст.

half-commission man — служащий брокерской фирмы, получающий половину комиссий по организованным им сделкам (фикс. зарплаты может совсем не быть); см. associate member.

half-crown — полкроны: монета в 2,5 шиллинга (30 пенсов) в Великобритании до введения десятичной системы.

half life — половина срока: период, в течение которого погашена половина основной суммы ценной бумаги, обеспеченной ипотеками (США).

halfpenny — монета в полпенни (Великобритания).

half-stock — половинная акция (США): обыкновенная или привилегированная акция с номиналом в 50 долл. вместо обычных 100 долл.

hammering — официальное объявление о банкротстве члена Лондонской фондовой биржи (для привлечения внимания сотрудник биржи делает три удара специальным молотком).

hammering the market — активная продажа акций спекулянтами, ожидающими падения конъюнктуры (обычно равнозначно "коротким" продажам).

handle = big number.

hands-off — "рисковое" финансирование без активного участия инвестора непосредственно в осуществлении проекта; см. venture capital.

hands-on — "рисковое" финансирование с активным участием инвестора непосредственно в осуществлении проекта на всех этапах; см. venture capital.

Hand Seng index (HSI) — индекс Ханг Сенг: индекс движения курсов акций на Фондовой бирже Гонконга (33 акции; рассчитывается с 1969 г.; базовый период — 1964 г.).

Hara Kiri swap — своп "харакири": вал. своп доллар США/японская иена на условиях, которые не соответствуют состоянию рыночной конъюнктуры (т. е. очень рискованный).

hard currency — "твердая" валюта: 1) валюта со стабильным или повышающимся курсом; 2) золото или монета в отличие от банкнот; 3) конвертируемая валюта; см. soft currency.

hard dollars — "твердые" доллары (США): комиссионное вознаграждение брокера в наличной форме за конкретные услуги; см. soft dollars.

harden — укрепляться (о конъюнктуре).

hardening — укрепление конъюнктуры (цены медленно поднимаются или стабилизируются).

hard landing — "жесткое приземление": резкое снижение курса валюты до экономически обоснованного уровня (после подъема) с негативными последствиями для экономики и участников рынков; см. soft landing.

hard money = hard currency.

harmless warrants — "безвредные" варранты: варранты, защищающие инвестора от досрочного погашения облигаций, а заемщика — от увеличения задолженности (использование варрантов влечет за собой возврат первоначально выпущенных бумаг).

harmonization of regulation — гармонизация (унификация) регулирования рынка ссудных капиталов или банковской деятельности.

hash total — итог, общая сумма, необходимая только как контрольная величина в учете.

Hatry Crash 1929 — крах Хэтри: кризис на Лондонской фондовой бирже, вызванный мошенничеством (произошел в 1929 г., но до начала общего фондового спада).

Havana International Bank — Гавана интернэшнл бэнк: коммерческий банк в Лондоне, капитал которого принадлежит Национальному банку Кубы (создан в 1973 г.).

head and shoulders (top/bottom) — "голова и плечи": фигура движения цен (в техн. анализе), напоминающая голову и плечи, — стабильный уровень цен сменяется подъемом, который выливается в сохранение цены на более высоком уровне в течение некоторого времени, а затем следуют возврат на прежний уровень и новая стабилизация (возможна также перевернутая фигура "голова и плечи"); обычная фигура ("top"), как правило, предвещает падение, перевернутая ("bottom") — подъем.

heaven and hell (heaven-or-hell) bond — "облигация рай и ад": разновидность двухвалютных облигаций (доллар/иена), основная сумма которых изменяется в зависимости от изменения вал. курса.

heavy market — "тяжелый" рынок: фин. или товарный рынок, цены на котором падают в результате превышения предложения над спросом.

heavy-priced share — акция с высокой ценой по сравнению с общим уровнем цен на фондовом рынке.

hedge = хедж: 1) хеджирование; = hedging; 2) инструмент, используемый для хеджирования (зачета риска) или защиты от инфляции.

hedge clause — "хеджевая" оговорка: оговорка в публикациях по вопросам инвестиций, предупреждающая, что правильность информации не гарантируется.

hedged tender — застрахованное предложение: "короткая" продажа акций, предлагаемых для размещения, в целях защиты от падения их цен в случае, если не все акции будут распроданы.

hedge fund — "хеджевый" фонд: взаимный инвестиционный фонд, использующий технику хеджирования для ограничения риска потерь.

hedger — хеджер: юр. или физ. лицо, использующее срочные и опционные операции для минимизации ценового риска (хеджирования).

hedge ratio — "хеджевый" коэффициент: соотношение между фьючерсной и наличной позициями, обеспечивающее оптимальное хеджирование (особенно при отсутствии фьючерского контракта на данный фин. инструмент).

hedging — хеджирование: минимизация (зачет) ценового риска по наличной позиции путем открытия противоположной — срочной или опционной — позиции по тому же товару или фин. инструменту с последующим ее зачетом (задача состоит в фиксации определенного уровня цены); см. lock in.

Helsinki interbank offered rate (HELIBOR) — межбанковская ставка предложения на ден. рынке Хельсинки (ХЕЛИБОР); публикуется Банком Финляндии с 1987 г.

hemline theory — теория "длины дамских юбок": шуточная теория о том, что цены акций движутся в одном направлении с длиной дамских юбок (напр., короткие юбки в 20-х и в 60-х годах рассматривались как признаки "быков").

Hermes Kreditversicherungs — Гермес (ФРГ): гос. организация, специализирующаяся на страховании экспортных и внутренних кредитов.

Herstatt crisis — кризис Херштатта: банкротство кельнского частного банка Херштатт в июне 1974 г. (в результате вал. потерь на 100 млн. марок), ознаменовавшее крупные потери ряда банков в разных странах и поворот к сотрудничеству в межгос. банковском регулировании; председатель банка И. Херштатт был осужден в феврале 1984 г. за сокрытие убытков.

hiccup — "икота": внезапное небольшое отклонение конъюнктуры в противоположную сторону от долгосрочной тенденции.

hidden reserves — скрытые резервы: 1) непубликуемые резервы банков (обычно частных банков, чьи акции не котируются на биржах); 2) резервы, образовавшиеся в результате завышенной оценки пассивов и недооценки активов.

higgledy-piggledy growth — относительно непредсказуемый рост курсов ценных бумаг, дивидендов, доходов участников фондового рынка (термин изобретен в 60-х годах).

higgling — "уторговывание" цены между продавцом и покупателем до взаимоприемлемого уровня.

high coupon — большой купон: высокая номинальная процентная ставка, уплачиваемая по облигациям с фикс. ставкой.

high credit — 1) максимальный размер кредитов, предоставленных на определенную дату банком клиенту за весь период их взаимоотношений; 2) максимальный размер единовременного фирменного кредита, полученного данной компанией от поставщика.

high finance — "высокие финансы": 1) крупномасштабные фин. операции; 2) влиятельные фин. круги.

high flyers — спекулятивные акции, отличающиеся высокими ценами или их резким подъемом.

high-grade bond — облигация с высоким уровнем рейтинга в США (ААА или АА, Ааа или Аа по системам Стэндард энд Пур или Муди).

high net worth individual — лицо с крупным чистым капиталом: надежный клиент банка, который много зарабатывает, путешествует и нуждается в фин. консультациях.

high-powered money = monetary base.

high premium convertible debenture — облигация, которая может быть конвертируема в обыкновенные акции по курсу существенно выше текущей рыночной цены (одновременно приносит достаточно высокий процентный доход).

high priced shares — "дорогие" акции: акции с высоким уровнем рыночных цен (значительно выше среднего).

highs — акции, цены которых в текущем году достигли новых рекордных уровней.

High street banks — коммерческие банки в Великобритании.

high-tech stocks — акции компаний высокой технологии (компьютеры, биотехнология, роботы).

high yield bonds — облигации с высоким доходом; = junk bonds.

hire-purchase — аренда товаров с опционом их покупки: в момент аренды вносится определенная сумма, а остаток постепенно погашается равными взносами, после чего арендатор имеет право купить товар (главным образом потребительские товары долговременного пользования); отличие от покупки в рассрочку заключается в том, что продавцом выступает не торговая фирма, а фин. компания, и в соглашении о данной сделке речь идет не о покупке товара, а о его сдаче в наем; см. credit sale.

hire-purchase finance house = finance house.

historical trading range — амплитуда колебания цен акций, облигаций, товаров за весь период регистрации данных — самая высокая и самая низкая цены (в техн. анализе рассматриваются как точки поддержки и сопротивления).

historical yield — "историческая" доходность: средняя доходность взаимного фонда за определенный период времени (напр., 1 год).

historic cost — первоначальная (фикс., историческая) стоимость актива в отличие от текущей.

historic value (cost) accounting — учет в фикс. ценах (по фикс. курсам, ставкам).

hit the bid — принять предложение о продаже ценной бумаги по наивысшей цене.

hive-off = spin-out.

hoarding — тезаврация: накопление золота или бумажных денег в отличие от их траты, инвестирования, сбережения (см. saving) или др. активного использования.

hoeklieden (NL) = hoekman.

hoekman — дилеры голл. фондового рынка, торгующие за свой счет ("специалисты") и в качестве брокеров (голл.).

holder — держатель (владелец) ценной бумаги, контракта, покупатель опциона.

holder of record — зарегистрированный владелец (держатель) ценных бумаг компании (только такие владельцы имеют право на дивиденд).

holding — капиталовложение: участие в капитале компании.

holding company — холдинговая компания: компания, контролирующая др. компании (дочерние) через участие в их капитале.

holding over — отсрочка расчета по фондовой сделке до следующего расчетного периода.

holding period — период владения активом (напр., ценными бумагами).

hold the market — "держать рынок": выйти на рынок с достаточным числом приказов на покупку ценных бумаг (товаров) для поддержки цен (в США считается незаконным манипулированием, если Комиссия по ценным бумагам и биржам не дала разрешение на поддержку нового займа).

home banking — домашние банковские услуги: электронные системы, позволяющие пользоваться некоторыми банковскими услугами, не выходя из дома, с помощью телевизора.

Home-Owner Mortgage Eurosecurities (HOMES) — разновидность еврооблигаций, обеспеченных ипотеками.

homeowner's equity account — кредитная линия, предоставляемая банком или брокером домовладельцу под обеспечение недвижимостью (США); кредит берется путем выписки чека, и банк автоматически приобретает право на дом.

home run — получение инвестором крупной прибыли за короткий срок; для этого средства обычно вкладываются в акции компании, являющейся потенциальным объектом поглощения.

homestead association = savings and loan association.

Hong Kong Federation of Stock Exchanges — Федерация фондовых бирж Гонконга: орган, объединяющий все четыре фондовые биржи Гонконга и призванный помочь их объединению (создан в 1973 г.).

Hong Kong Futures Exchange — Срочная биржа Гонконга (основана в 1984 г.); специализируется на фин. фьючерсах и опционах, металлах, сельскохозяйственной продукции.

Hong Kong interbank offered rate (HIBOR) — межбанковская ставка предложения на ден. рынке Гонконга.

Hong Kong Stock Exchange (HKSE) — Фондовая биржа Гонконга: старейшая международная биржа (третья по размерам) Гонконга; торговля ведется стандартными партиями ценных бумаг на основе аукциона, расчет — на следующий рабочий день.

honourary market officials — почетные официальные лица рынка (Великобритания): официальные лица, назначенные советом Лондонской фондовой биржи арбитрами для разбора споров и наблюдения за выполнением правил торговли.

horizontal combination = horizontal integration.

horizontal integration (merger) — горизонтальная интеграция: слияние компаний, занимающихся одной и той же деятельностью, с целью усиления влияния и повышения прибыльности.

horizontal price movement — горизонтальное движение цены: незначительное изменение цены в течение определенного периода (горизонтальная линия на графике).

horizontal spread — горизонтальный спред: опционная стратегия (разновидность календарного спреда), заключающаяся в одновременной купле и продаже одинакового числа опционов одного класса по одинаковым ценам, но с разными сроками; см. calendar spread; bull spread.

hospital revenue bond — облигация госпитальных доходов: разновидность облигаций, выпускаемых местными властями в США для финансирования строительства больниц или др. лечебных учреждений, которые затем сдаются в аренду (т. е. облигации погашаются за счет арендных платежей).

host bond — "облигация-хозяин": еврооблигация, к которой присоединен варрант.

hostile take-over — враждебное поглощение: попытка овладеть контролем над компанией путем скупки ее акций на рынке (т. е. против воли руководства или ведущих акционеров).

hotel financing — финансирование, специально разработанное для целей гостиничного бизнеса.

hot issue — "горячий" заем: ценные бумаги, которые, как ожидается, будут пользоваться большим спросом и резко поднимутся в цене (термин Национальной ассоциации дилеров по ценным бумагам США); = blowout 2.

hot money — "горячие" деньги: 1) краткосрочные потоки капиталов, обусловленные стремлением воспользоваться более высоким уровнем процентных ставок, арбитражными возможностями; 2) = flight capital.

hot stock — "горячая" акция: 1) украденная акция; 2) = hot issue.

hot treasury bill — "горячий" казначейский вексель (только что выпущенный).

House — "дом": 1) разг. название Лондонской фондовой биржи; 2) фирма, компания (в т. ч. банковская, брокерская).

house account — счет, который ведется в штаб-квартире брокерской фирмы, а не в одном из ее территориальных отделений.

house call — уведомление брокером клиента о том, что остаток средств на маржинальном счете последнего недостаточен и не соответствует правилам этой фирмы; см. margin account.

house maintenance requirements — внутренние требования брокерской фирмы к размеру остатка средств на счете клиента; такие требования обычно выше требований регулирующих органов и бирж.

house of issue — эмиссионный "дом": инвестиционный банк, организующий и гарантирующий выпуск нового займа.

house rules — внутренние правила взаимоотношений с клиентами конкретной брокерской фирмы.

housing bond — жилищная облигация (США): разновидность краткосрочных (1,5—4 года) и долгосрочных облигаций, выпускаемых местными властями для финансирования жилищного и иного строительства (не облагаются налогами).

Hulbert Rating — рейтинг Халберта (США): рейтинг различных изданий инвестиционных консультантов (ранжирует их по степени успеха рекомендаций); рассчитывается и публикуется "Финансовым дайджестом Халберта".

Hungarian Foreign Trade Bank (Magyar Kükereskedelmi Bank) — Венгерский внешнеторговый банк: специализированный коммерческий банк для внешнеэкономических операций Венгрии (создан в 1950 г.).

Hungarian International Bank — Венгерский международный банк: венгерский коммерческий банк в Лондоне (основан в 1973 г.); 60% капитала принадлежат Венгерскому национальному банку.

hung up — положение инвестора, ценные бумаги которого заметно упали в цене (ниже цен покупки).

hurdle rate of return — минимально приемлемый доход по инвестициям: показатель целесообразности того или иного проекта (устанавливается компанией для внутреннего фин. планирования).

hybrid annuity — гибридная рента: предлагаемый страховыми компаниями контракт, который сочетает характеристики фикс. ренты и ренты с плавающим доходом.

hybrid securities — гибридные ценные бумаги: ценные бумаги с характеристиками различных фин. инструментов.

hyperinflation — гиперинфляция: крайне высокая инфляция, полностью вышедшая из-под контроля.

hypothecation — ипотека, залог: помещение ценных бумаг или иной собственности в заклад в качестве обеспечения кредита, в т. ч. при покупке др. ценных бумаг в кредит (США); см. rehypothecation.

Hypothekenbanken — ипотечные банки (нем): ипотечные банки в некоторых европейских странах (ФРГ, Дания); см. mortgage bank.

I

identification rules — правила идентификации ценных бумаг для целей индексации налога на реализованный прирост капитала (Великобритания): 1) проданными (реализованными) считаются прежде всего бумаги, которые были куплены в течение предшествующих 12 месяцев; 2) если в этот период было сделано несколько покупок, применяется принцип ФИФО; 3) для покупок, осуществленных более года назад, применяется принцип ЛИФО; см. indexation of capital gains tax; first in, first out; last in, first out.

illegal dividend — незаконный дивиденд: дивиденд, объявленный с нарушением закона.

illiquid assets — неликвидные активы: активы, которые сложно быстро реализовать (превратить в наличные); см. liquid assets.

illiquidity — неликвидность: 1) отсутствие ликвидности (легко реализуемых активов); 2) невозможность выполнения обязательств в срок.

imbalance of orders — дисбаланс биржевых приказов: чрезмерное количество приказов одного типа, не позволяющее их выполнить.

immediate-or-cancel order (IOC) — биржевой приказ, который должен быть выполнен немедленно (полностью или частично) или автоматически аннулируется.

immediate payment annuity — рента с немедленной оплатой: рента, которая покупается на основе одноразового платежа.

impact day — "ударный" день: день, когда компания публикует информацию о своем новом займе; в Великобритании Банк Англии регулирует очередность займов и назначает "ударный" день.

impaired capital — "ослабленный" капитал: капитал, который меньше объявленной или номинальной суммы.

implied forward rate — будущая срочная процентная ставка, рассчитанная на основе временной структуры процентных ставок: ставка, напр., на трехмесячный депозит, который будет привлечен (размещен) через 3, 6 и более месяцев (взвешенная разница ставок на разные сроки).

implied volatility — подразумевающаяся неустойчивость цены: ожидаемое стандартное отклонение цены фин. инструмента, лежащего в основе опциона (в процентах).

import cover — импортное покрытие: расчетный индикатор (официальные резервы делятся на среднемесячный импорт), показывающий, сколько месяцев импорт может финансироваться за счет резервов, и используемый для анализа "странового" риска (критический уровень — 3 месяца).

import deposits — импортные депозиты: инструмент ограничения импорта — импортер обязан заранее вносить часть стоимости ввозимых товаров в конвертируемой валюте (в условиях вал. ограничений по текущим операциям).

import duty — импортная таможенная пошлина.

import licence (I/L) — импортная лицензия: официальное разрешение на импорт определенных товаров (на один или несколько товаров, с или без ограничения размеров импорта).

import quota — импортная квота: максимальное количество определенного товара, которое может быть импортировано в данную страну.

import restrictions — импортные ограничения: мероприятия по сдерживанию импорта (импортные депозиты, квоты, лицензии).

impost — налог, пошлина, сбор.

imprest — аванс, подотчетная сумма.

imprest account — счет, остаток средств на котором всегда должен равняться оговоренной сумме.

imputed value — оценочная или расчетная стоимость (в случае отсутствия точных цифр).

inactive asset — "неактивный" актив: актив, который не используется производительно на регулярной основе (напр., вспомогательный электрогенератор).

inactive bond crowd = cabinet crowd.

inactive post — "неактивный" пост (США): место в торговом зале Нью-Йоркской фондовой биржи, где торгуют непопулярными акциями (партиями по 10, а не 100 штук).

inactive security — "неактивная" ценная бумага: ценная бумага, с которой сравнительно редко заключаются сделки.

in-and-out trader — биржевик, покупающий ценные бумаги в течение дня (т. е. ежедневно ликвидирующий свою позицию).

in-and-out trading (USA) = day trading.

in arrears — 1) в конце заемного периода; 2) = arrears.

incentive fee — поощрительная премия: премия за достижение результатов выше среднего уровня.

incentive shares — поощрительные акции, распределяемые компанией среди менеджеров и др. служащих по специальным программам; см. share incentive schemes.

incentive stock option = qualifying stock option.

incestous share dealing — "кровосмесительная" торговля акциями: купля-продажа компаниями акций друг друга.

income available for fixed charges = fixed charge coverage.

income bond — доходная облигация: 1) в Великобритании — фин. инструмент, призванный обеспечить владельцу высокий доход, а не прирост капитала; 2) в США — облигация корпорации, доход по которой выплачивается только при условии получения прибыли; в некоторых случаях невыплаченный доход может накапливаться.

income debentures — облигации компаний, процентный доход по которым выплачивается только из прибыли.

income investment company — инвестиционная компания (взаимный фонд), ориентированная на получение дохода на вложенные средства, а не на прирост капитала.

income limited partnership — инвестиционное товарищество с ограниченной ответственностью, ставящее целью получение высоких доходов (США).

income property — недвижимость, приобретенная для получения дохода, который она приносит.

income received in advance = accrued liabilities.

income rights — права на доход: фин. инструмент, дающий владельцу право на регулярный доход (разновидность облигационного варранта).

income shares — "доходные" акции: акции инвестиционного фонда, по которым выплачивается доход от капиталовложений (проценты, дивиденды); прирост капитала на вложенные средства выплачивается по "капитальным" акциям фонда; см. capital shares.

incomes policy — политика доходов: мероприятия по контролю за инфляционными процессами путем ограничения роста зарплаты и др. форм доходов.

income statement = profit and loss account.

income tax (IT) — подоходный налог: налог на доходы отдельных лиц и семей, взимаемый по прогрессивной шкале (сверх определенной необлагаемой суммы).

income velocity = velocity of money circulation.

income warrant — доходный варрант: облигационный варрант, приносящий проценты на свою номинальную стоимость.

income yield — 1) суммарный доход инвестора за весь период владения активом (или период существования актива); 2) = flat yield.

inconvertible — неконвертируемый (о валюте; ценной бумаге, которая не может быть обменена на др. бумагу того же эмитента).

inconvertible stocks (bonds) — неконвертируемые облигации: ценные бумаги, которые не могут конвертироваться в другие.

incorporated (inc) — зарегистрированный как корпорация (акционерная компания) в США.

incorporation — инкорпорация: процесс регистрации в качестве корпорации (США).

increment — увеличение, прирост (единица прироста).

incremental cost of capital — 1) взвешенная стоимость дополнительного капитала, привлеченного за определенный период; 2) средневзвешенная стоимость капитала компании (различных элементов капитальной структуры).

incur — нести, терпеть (расходы, убытки).

indebtedness — задолженность, сумма долга.

indemnification — возмещение (убытка): компенсация, в т. ч. по страховому контракту.

indemnity — гарантия возмещения убытка от порчи, потери (в т. ч. по контрактам страхования, кроме страхования жизни); банки могут гарантировать возмещение при утрате сертификата акции, коносамента; возмещение может производиться в форме выплаты ден. суммы, предоставления дубликата или ремонта объекта гарантии.

indent — заказ торговому агенту на покупку определенного импортного товара; см. open indent; closed indent.

indenture — письменное соглашение об эмиссии облигаций, заключенное между эмитетом и держателем бумаги; содержит такие условия, как срок, сумма, ставка процента, обеспечение, порядок погашения (США).

independent broker — независимый брокер (США): член Нью-Йоркской фондовой биржи, который выполняет приказы др. членов непосредственно в торговом зале в периоды наибольшей активности; = two-dollar broker.

index (Ind) — индекс: статистический показатель (индикатор) в форме изменений относительно базового периода (принимаемого за 100 или 1000).

indexation = index-linking.

indexation of capital gains tax — индексация налога на реализованный прирост капитала, введенная в Великобритании в 1982 г.; налогом облагается только реальный прирост капитала (за вычетом инфляционного при условии владения активом не менее 12 месяцев; при индексации используется индекс розничных цен).

index currency option note (ICON) — разновидность облигаций с вал. опционом.

indexed (index-linked) bond — индексированная облигация: облигация, основная сумма и процентные платежи по которой индексированы относительно того или иного вида цен.

index fund — индексированный фонд: инвестиционный фонд, портфель которого привязан к определенному фондовому индексу (капиталовложения делаются в ценные бумаги, учитываемые в индексе).

index futures — индексные фьючерсы: срочные биржевые сделки с контрактами на базе фондовых или др. индексов (также сами эти контракты).

indexing = index-linking.

index-linked — индексированный (о доходе, цене, стоимости, привязанных к тому или иному индексу).

index-linked stock — разновидность индексированных гос. облигаций в Великобритании, впервые выпущенных в 1981 г.; такие облигации имеют небольшие купоны (2—2,5%), индексированные, как и номинал, относительно розничных цен; в отличие от др. гос. индексированных облигаций могут свободно обращаться.

index-linking — индексация, привязка к индексу: 1) метод защиты зарплаты, сумм кредитов от инфляции путем привязки к индексам цен; 2) привязка инвестиционного портфеля к фондовому индексу (капиталовложения делаются в ценные бумаги, учитываемые в индексе).

index of coincident indicators — индекс совпадающих индикаторов (США): правительственный индекс, предназначенный для отражения в агрегированной форме текущей экон. активности (рассчитывается ежемесячно); в прошлом поворот индекса совпадал с поворотом цикла.

index of lagging indicators — индекс запаздывающих индикаторов (США): правительственный индекс, предназначенный для отражения экон. активности с временны́м запозданием (чтобы подтверждать индекс совпадающих индикаторов); см. index of coincident indicators.

index of leading indicators — индекс опережающих индикаторов (США): правительственный индекс, предназначенный для предсказания движения экон. конъюнктуры; в прошлом на несколько месяцев опережал поворот цикла.

index of longer leading indicators — индекс долгосрочных опережающих индикаторов (Великобритания): правительственный индекс, предназначенный для предсказания развития экон. конъюнктуры примерно на год вперед.

index of shorter leading indicators — индекс краткосрочных опережающих индикаторов (Великобритании): правительственный индекс, предназначенный для предсказания развития экон. конъюнктуры на 6 месяцев вперед.

index option — индексный опцион: опцион, объектом которого является некоторая сумма (обычно 100-500 долл.), умноженная на значение фондового или др. индекса.

index-trackind fund = stock-indexed unit trust.

indicated yield — "указанная" доходность: отношение дивидендной или купонной ставки к текущей рыночной цене акции или облигации в процентах; для облигаций с фикс. доходом равнозначно текущей доходности.

indication — индикация (США): оценка цен продавца и покупателя, которые будут котироваться после возобновления торговли на фондовой бирже, прерванной из-за дисбаланса приказов или др. причины.

indication of interest — проявление биржевиком или инвестором интереса к новым ценным бумагам на стадии регистрации (США): сообщение о намерении (но не обязательстве) приобрести бумаги.

indicative rate = information rate.

indicator — индикатор: показатель, используемый для прогнозирования конъюнктуры (напр., объем автомобильных продаж может быть индикатором темпов экон. роста).

indice Borsa valori di Milano (MIB) — индекс Фондовой биржи Милана (две разновидности с разбивкой по 15 отраслям); текущий индекс включает все ценные бумаги, котируемые на бирже (3 января 1983 г. - 1000), а "исторический" индекс — 129 ведущих (2 января 1975 г. - 1000).

indice Mediobanca — фондовый индекс, публикуемый Медиобанка (ведущим итал. институтом среднесрочного кредитования).

indirect cost and expense — косвенные издержки и расходы (не включаются в издержки производства).

indirect mortgage loan — косвенная ипотечная ссуда: ипотечный кредит, обеспеченный долговыми инструментами, которые в свою очередь обеспечены недвижимостью.

indirect papity = cross rate.

indirect taxation — косвенное налогообложение (товаров и услуг).

individual assignment — уступка конкретных прав (требований).

individual capital — индивидуальный (личный) капитал: капитал, служащий источником дохода (независимо от формы использования).

Individual Retirement Account (IRA) — индивидуальный пенсионный счет (США): система пенсионного обеспечения, основанная на законе 1974 г. и с 1982 г. доступная всем трудящимся страны; любой человек может открыть в банке индивидуальный пенсионный счет, и его ежегодные взносы до 2000 долл. не облагаются налогом; см. Employee Retirement Income Security Act.

indorsement = endorsement.

industrial — промышленная корпорация (США): на фондовом рынке — любая корпорация, которая не может быть отнесена к коммунальным, фин. или транспортным компаниям.

Industrial and Commercial Finance Corporation (ICFC) — Промышленная и торговая финансовая корпорация (Великобритании): организация, созданная в 1945 г. клиринговыми банками и Банком Англии для средне- и долгосрочного кредитования на суммы до 1 млн. ф. ст. мелких и средних компаний; в 1973 г. слилась с Финансовой корпорацией для промышленности в организацию Финансы для промышленности; см. Finance for Industry.

industrial bank — промышленный банк: фин. учреждение (США и Великобритания), предоставляющее потребительские ссуды (в т. ч. для приобретения товаров и оборудования в рассрочку) и привлекающее депозиты населения и компаний; промышленные банки в обслуживании клиентов часто не отличаются от коммерческих банков (открывают текущие счета, проводят расчеты, предоставляют кредит по овердрафту; см. finance house.

Industrial Bankers' Association — Ассоциация промышленных банков в Великобритании (основана в 1956 г.); представляет интересы около 25 своих членов (преимущественно небольших фин. домов).

industrial development bond (IDB) — облигация промышленного развития (США): разновидность муниципальных облигаций, выпускаемых для финансирования строительства промышленных объектов, которые затем сдаются в аренду частным фирмам (погашение осуществляется за счет арендных платежей).

industrial revenue bond = industrial development bond.

inelastic demand/supply — неэластичный спрос (предложение): спрос и предложение, которые слабо реагируют на изменение цен.

ineligible bill — вексель, непригодный к переучету в центральном банке; см. eligible bill.

in escrow — на хранении у третьего лица до выполнения определенного условия (о документе, ценных бумагах, ден. суммах).

inflation — инфляция: рост цен товаров и услуг в результате превышения ден. доходов над предложением товаров, услуг, фин. активов на рынке (ден. масса больше товарной).

inflation accounting — учет воздействия инфляции в бухг. отчетности компании.

inflation risk — инфляционный риск: риск обесценения активов или доходов в результате роста цен.

information rate (info rate) — курс (ставка) для сведения: курс, который дилер сообщает для информации (не обязуется заключать по нему сделку).

ingot — слиток металла (обычно драгоценного).

inherent worth — внутренняя стоимость: стоимость акции, рассчитанная на основе фин. положения компании.

inheritance tax — налог на наследства: налог на имущество, полученное по завещанию физ. лицами (иногда возрастает при уменьшении степени родства или близости к умершему); в Великобритании налог на наследства (estate duty) заменен налогом на передачу капитала; см. capital transfer tax.

in-house bank — "внутренний" банк: фин. учреждение крупной торгово-промышленной корпорации — специализированная фин. дочерняя компания, обслуживающая корпорацию.

in-house funds — "внутренние" средства: собственные фин. средства фирмы, занимающейся управлением чужими ресурсами (т. е. фирма участвует в рыночных операциях также и за свой счет); см. discretionary funds.

initial margin — первоначальная маржа: 1) гарантийный депозит (маржа), вносимый по срочному биржевому контракту в клиринговую палату; обычно устанавливается в виде конкретной суммы или процента от суммы контракта (2—10%); 2) сумма, которую надо внести брокеру (наличными или ценными бумагами) при проведении фондовых сделок в кредит; по "правилу Т" ФРС в США первоначальная маржа равна 2000 долл. плюс 50% покупной цены бумаг или 50% суммы "короткой" продажи.

initial public offering (IPO) — первоначальное публичное предложение акций: первый выпуск корпорацией своих акций на рынок.

initiative clause — "инициативная" оговорка: пункт многостороннего соглашения о пересмотре задолженности, по которому должник должен урегулировать все проблемы с кредиторами, не участвующими в соглашении, на сравнимых условиях.

injunction — постановление суда, требующее от ответчика воздержаться от действий, которые могут нанести ущерб истцу.

inland bill — переводный вексель, выставленный и оплаченный в пределах одного государства (штата в США).

inner reserves = hidden reserves.

in play — "в игре": ценная бумага, на торговлю которой оказывают воздействие слухи о возможном поглощении компании-эмитета (или реальные действия в этом направлении).

inscribed stock — ценные бумаги, которые существуют только в виде записей в регистре (т. е. владельцам не выдаются сертификаты); как правило, гос. облигации в Великобритании.

inside directors — "внутренние" директора: директора, которые непосредственно руководят деятельностью корпорации (их операции с акциями корпорации жестко регулируются).

inside information — "внутренняя" информация: информация о корпорации, которая имеется у директоров и служащих, но не опубликованная для общего пользования; торговля акциями на основе такой информации запрещена.

inside market — "внутренний" рынок: рынок, на котором продавцами и покупателями выступают дилеры за свой счет (не за счет клиентов); равнозначно оптовому рынку.

insider — инсайдер, "внутренник": лицо, совершающее прибыльную сделку на основе информации, которая недоступна широкой публике, т. е. лицо, имеющее доступ к "внутренней" (необнародованной) информации корпорации.

insider dealings = insider trading.

insider trading — незаконные операции с ценными бумагами на основе "внутренней" информации о деятельности компании-эмитента.

insolvency — неплатежеспособность: неспособность своевременно выполнить коммерческие обязательства.

instalment buying = instalment credit.

instalment credit — потребительский кредит, выплачиваемый равными долями в течение оговоренного срока: продажа товара в рассрочку; = credit sale.

instalment sale = instalment credit.

instant (inst.) — "текущего месяца" (термин деловой переписки); напр., "5 inst". — пятого числа текущего месяца.

Instant Link — "Инстант линк" (Великобритания): электронная система заключения и подтверждения сделок с ценными бумагами (принадлежит агентству "Рейтер").

Institute for International Finance (Ditchley Institute) — Институт международных финансов (создан в 1984 г.): организация ведущих кредиторов (около 200 учреждений из 40 стран), занимающаяся сбором и анализом информации по суверенным заемщикам; также называется Институтом Дитчли (по месту учреждения).

Institute of Bankers — Институт банкиров: старейшая профессиональная организация банкиров в мире (создана в 1879 г.); насчитывает свыше 110 тыс. индивидуальных членов во многих странах, занимается обучением и выдачей дипломов, распространением информации.

institutional broker — институциональный брокер: брокер, обслуживающий институциональных инвесторов (обычно взимает более низкие комиссии, т. к. сделки имеют большие размеры).

Institutional Investor — "Институшнл инвестор": ежемесячный журнал, издаваемый в Нью-Йорке преимущественно в расчете на институциональных инвесторов.

institutional investors — институциональные инвесторы: юр. лица, активно инвестирующие в акции и др. фин. активы (страховые компании, пенсионные и паевые фонды, корпорации); на них приходится 50—70% ежедневного оборота Нью-Йоркской фондовой биржи (остальное — на индивидуальных инвесторов и биржевиков).

Institutional Networks Corporation (INSTINET) — Институшнл нетуоркс корпорейшн ("ИНСТИНЕТ"): электронная система торговли акциями в США для институциональных инвесторов (зарегистрирована как биржа); собирает котировки на биржах и на межбанковском рынке и информирует о них инвесторов, которые имеют возможность заключать сделки на лучших условиях; также называется "четвертым" рынком; см. fourth market.

instrument — инструмент: 1) инструмент ден.-кредитной или экон. политики (учетная ставка и операции центрального банка, резервные требования, налоги и т. д.); 2) юридически оформленный документ; 3) фин. актив или обязательство, являющиеся объектом торговли на рынке (ценные бумаги, депозиты, контракты и т. д.); = financial instrument.

instrumentality — федеральное агентство, обязательства которого гарантируются правительством США, но не являются его прямыми обязательствами; см. Federal National Mortgage Association; Student Loan Marketing Association.

instruments to order — "инструменты приказу": ценные бумаги, которые могут переходить из рук в руки с помощью передаточной надписи последнего владельца (т. е. по его "приказу").

insurance — страхование: система фин. компенсации в случае неблагоприятных обстоятельств в обмен на регулярную уплату небольших сумм (премий), из которых образуется компенсационный фонд, вкладываемый в приносящие доход активы; размеры премий рассчитываются на основе данных о вероятности наступления страхового случая.

insurance agent — страховой агент: лицо, которое сводит потенциальных клиентов со страховой компанией (за вознаграждение).

insurance broker — страховой брокер: лицо, которое от имени клиента договаривается со страховой компанией о покрытии риска, а также консультирует по вопросам страхования.

insurance policy — страховой полис: документ, в котором изложены условия договора страхования (договор страхователя со страховщиком).

insurance premium — страховая премия: сумма, выплачиваемая ежегодно владельцем полиса (страхователем) страховой компании.

insured — страхователь: владелец страхового полиса — лицо, которое при наступлении страхового случая имеет право обратиться к страховщику за возмещением убытка.

insured account — застрахованный счет: счет в банке или кредитно-фин. учреждении, участвующем в системе страхования депозитов (напр., в Федеральной корпорации страхования депозитов США); владелец счета имеет право на компенсацию в случае банкротства банка.

insurer — страховщик: компания, специализирующаяся на страховании от различных рисков.

intangible assets — "неосязаемые" активы: активы, не имеющие реальной ценности вне связи с компанией-владельцем (репутация, престиж, патенты, различные права); см. goodwill.

intangible cost — "неосязаемый" расход: издержки, которые могут быть на законном основании вычтены из суммы налогообложения.

Inter-Alpha — Интер-Альфа: западноевропейская банковская группировка, включающая Берлинер Хандельс унд Франкфуртер банк, Креди коммерсьяль дё Франс, Кредитбанк, Недерландше мидденштандсбанк, Приват банкен, Вильямз энд Глинз бэнк (создана в 1972 г.).

Inter-American Development Bank (IDB) — Межамериканский банк развития: региональный фин. институт, финансирующий приоритетные проекты в развивающихся странах Западного полушария, предоставляющий техн. и др. услуги (создан в 1959 г. со штаб-квартирой в Вашингтоне).

interbank market — межбанковский рынок: рынок краткосрочных необеспеченных ссуд (депозитов) или валюты, в котором участвуют банки с помощью средств связи (телекса и телефона).

interbank overnight rate — межбанковская однодневная процентная ставка.

interbank rate — межбанковская процентная ставка: ставка по краткосрочным межбанковским депозитам.

Inter-Bank Research Organization — Межбанковская исследовательская организация (Великобритания): орган, созданный в 1968 г. клиринговыми банками для совместного изучения важнейших проблем.

inter-broker dealers — дилеры фин. рынка, специализирующие на сделках с др. дилерами и брокерами, а не инвесторами.

interchangeable bonds — 1) облигации на предъявителя, которые могут трансформироваться в именные бумаги; 2) взаимозаменяемые бумаги.

interchangeable items = fungible items.

inter-commodity spread — межтоварный спред: спред на срочной бирже между двумя товарами с близкими характеристиками (напр., "длинная" позиция по пшенице и "короткая" по кукурузе).

inter-company loans market — рынок межфирменных кредитов: краткосрочный ден. рынок, возникший в Лондоне в конце 60-х годов между крупными компаниями для обхода ограничений на банковское кредитование (в 70-х годах потерял свое значение).

inter-company participation — взаимное участие компаний в капитале друг друга.

inter-dealer broker — междилерский брокер: категория участников рынка брит. правительственных облигаций, специализирующихся на посредничестве между фин. институтами.

inter-dealer market = inside market.

interdelivery spread — спред между разными сроками поставки: покупка фьючерского или опционного контракта на один месяц и продажа такого же контракта с поставкой в др. месяце в надежде на прибыль от сужения или расширения разницы между ценами двух контрактов.

interest (Int) — 1) процент: сумма, уплачиваемая должником кредитору за пользование деньгами последнего; 2) участие в капитале; капиталовложение.

interest arbitrage = interest rate arbitrage.

interest-bearing (earning) assets — процентные активы, приносящие процентный доход (ценные бумаги, депозиты).

interest cover (age) — процентное покрытие: 1) отношение сальдо текущего платежного баланса минус процентные платежи иностранным кредиторам к сумме процентных платежей (в процентах) или доходов заемщика к сумме процентных платежей: показатель способности заемщика обслуживать долг (100% и более означают достаточность ресурсов для оплаты процентов; 0 и менее — невозможность оплатить даже часть процентов); 2) накопленные резервы для оплаты процентов; 3) = fixed-charge coverage.

interest deductions — процентный вычет: в сберегательном деле снижение процентного дохода вкладчика при нарушении оговоренного срока изъятия депозита.

interest divisor — процентный делитель: расчетная постоянная для облегчения исчисления процентного дохода.

interest-earning asset — актив, приносящий процентный доход.

Interest Equalization Tax (IET) — уравнительный налог (США): налог на процентные доходы, принятый в 1963 г. в размере 15% для ограничения покупок резидентами иностранных ценных бумаг, выпущенных на американском рынке; был призван уменьшить иностранные заимствования в США и способствовал развитию еврооблигационного рынка; отменен в 1974 г.

interest formula — процентная формула: формула исчисления процентов.

interest free — беспроцентный: не приносящий проценты.

interest make-up schemes — программы, по которым государство возмещает банкам разницу между льготными ставками по экспортным кредитам и рыночными процентными ставками (для поддержки нац. экспорта).

interest margin — процентная маржа: 1) разница между процентными ставками по активным и пассивным операциям; 2) разница между двумя процентными ставками; 3) = net interest margin.

interest paid — выплаченные проценты: статья баланса банка, показывающая процентные выплаты по привлеченным депозитам — пассивные проценты (отражаются в пассиве).

interest parity — процентный паритет: соотношение в процентных ставках между двумя валютами, прямо отражающееся в форвардном курсе (премия или скидка).

interest period — процентный период: период начисления процентов.

interest rate — процентная ставка: плата за кредит в процентном выражении в расчете на один год.

interest rate arbitrage — процентный арбитраж: одновременные операции на нескольких рынках или с несколькими фин. инструментами для получения прибыли на разнице процентных ставок.

interest rate cap (IRC) — процентный "кэп": соглашение о максимальной ставке по облигациям с плавающей процентной ставкой (может быть превращено в самостоятельную ценную бумагу и продаваться отдельно от облигации).

interest rate differentials — разница в процентных ставках между двумя странами, в сроках фин. инструментов.

interest rate exposure — открытая процентная позиция: риск убытков или возможность получения прибыли в связи с изменением процентных ставок.

interest rate futures — "процентные фьючерсы": срочные биржевые сделки с кредитными инструментами (депозитами, ценными бумагами); также контракты на такие инструменты.

interest rate gap = interest rate mismatch.

interest rate guarantee (IRG) — гарантия процентной ставки (ИРГ): межбанковский процентный опцион (с уплатой премии).

interest rate mismatch — несоответствие уровней процентных ставок по активам и пассивам банка.

interest rate option — процентный опцион: опцион, объектом которого является кредитный инструмент (облигация, вексель, депозит).

interest rate risk — процентный риск: риск потерь в результате изменения процентных ставок (напр., стоимость облигации с фикс. ставкой уменьшается по мере общего повышения процентных ставок).

interest rate risk management — управление процентным риском.

interest rate swap — процентный своп: обмен процентными платежами по кредитным обязательствам, разным по условиям, но равным по сумме (напр., плавающие ставки против фиксированных).

interest received (earned) — полученные проценты: проценты, полученные банком по выданным кредитам, — активные проценты (отражаются в активе).

interest-sensitive stock — акция, чувствительная к изменению процентных ставок: акция компании, доходы которой изменяются с изменением ставок (напр., банка).

interest spread — процентный спред: разница между средними процентными ставками по активам и пассивам, приносящим проценты.

interest warrant — процентный варрант: чек на сумму процентов и квитанция с указанием общей суммы и налоговых вычетов.

interest yield = flat yield.

interim account = suspense account.

interim budget — промежуточный бюджет: бюджет, который в силу чрезвычайных обстоятельств принимается до окончания бюджетного года.

interim credit (loan) = bridge financing.

interim dividend — промежуточный дивиденд: дивиденд, выплачиваемый ежеквартально или за первую часть фин. года по решению директората компании до объявления общей суммы дивиденда.

interim statement — промежуточный (полугодовой) отчет: отчет компании за квартал или первую половину фин. года (данные баланса и иногда заявление председателя правления компании).

interlocking directorates — переплетенные директораты: система, при которой одно лицо может являться директором нескольких компаний.

inter-market spread — межрыночный спред: 1) спред между одинаковыми или сходными контрактами на разных срочных биржах; 2) = interdelivery spread.

Inter-Market Trading System (ITS) — Межрыночная торговая система (США): компьютерная система, соединяющая дилеров семи фондовых бирж США (создана в 1980 г.); система сообщает о твердых котировках по сделкам минимум в 100 акций; дилер может направить приказ на биржу, где цены выгоднее (сама сделка заключается по телексу или телефону); см. electronic handshake.

intermediary — посредник, агент, брокер: лицо, уполномоченное на совершение операций за счет клиента; = financial intermediary.

intermediate term — средний срок: период, который не является ни краткосрочным, ни долгосрочным; фондовые аналитики обычно называют среднесрочными периоды в 6—12 месяцев, облигационные аналитики — 3—10 лет; гос. облигации в Великобритании считаются среднесрочными, если они имеют сроки 5—15 лет.

intermediation — 1) посредничество; 2) размещение ден. средств у фин. посредников (банков, брокеров), которые затем осуществляют инвестиции от своего имени.

internal audit — внутренний аудит: проверка бухг. книг и всей деятельности компании ее сотрудниками на предмет правильности принятых решений, для выявления мошенничества, ошибок.

internal control — внутренний контроль: средства и методы обеспечения эффективной деятельности корпорации.

internal couvertibility — внутренняя конвертируемость валюты (для резидентов).

internal debt — внутренний долг: часть нац. долга, которая принадлежит резидентам (они являются кредиторами); см. external debt.

internal finance — внутренние финансы компании: перераспределенная прибыль в отличие от кредитов и займов; в Великобритании на внутренние источники приходится 2/3 потребностей компаний.

internal rate of return (IRR) — внутренняя ставка дохода: ставка, при которой доход от капиталовложения равен расходам по нему.

Internal Revenue Service (IRS) — Служба внутренних доходов: федеральное агентство США, занимающееся сбором налогов, контролем за соблюдением налогового законодательства, расследованием налогового мошенничества.

International Agreement on Officially Supported Export Credit (Consensus) — Международное соглашение по экспортным кредитам с официальной поддержкой (Консенсус): соглашение 22 стран ОЭСР о минимальных процентных ставках по кредитам на 2—5 лет и выше по трем категориям стран в зависимости от уровня ВНП на душу населения; до 2 лет экспортные кредиты должны предоставляться на рыночных условиях и в любом случае сумма кредита не должна превышать 85% от стоимости контракта.

International Bank for Economic Cooperation (IBEC) — Международный банк экономического сотрудничества (МБЭС): коллективный банк стран — членов СЭВ, осуществлявший многосторонние расчеты в переводных рублях, а также широкий круг банковских операций (создан в 1963 г. с местопребыванием в Москве).

International Bank for Reconstruction and Development (IBRD; World Bank) — Международный банк реконструкции и развития (МБРР; Мировой (Всемирный) банк); учрежден в результате соглашения, достигнутого на Бреттон-Вудской конференции в 1944 г.; первоначально ориентировался на восстановление экономики стран Западной Европы, а сегодня главным образом кредитует на рыночных условиях.

International Banking Act — Закон о международных банковских операциях (США): закон 1978 г., призванный уравнять в правах иностранные и нац. банки на территории страны.

International Banking Facilities (IBFs) — международные (свободные, или офф-шорные) банковские зоны в США (с декабря 1981 г. в Нью-Йорке, а затем и в др. штатах): подразделения американских и иностранных банков на территории США, которые формально считаются заграничными (нерезидентами) и поэтому могут проводить евродолларовые операции и не подпадают под резервные требования, "потолки" процентных ставок и др. регулирование.

international bonds — международные облигации (еврооблигации и иностранные займы).

International Chamber of Commerce — Международная торговая палата: организация, созданная в 1920 г. в Париже для обмена информацией между нац. и двусторонними торговыми палатами в интересах развития международного экон. сотрудничества.

International Commodities Clearing House (ICCH) — Международная товарная клиринговая палата: компания (принадлежащая брит. банкам), предоставляющая клиринговые услуги срочным биржам в Великобритании, Австралии, Гонконге и Малайзии; основана в 1888 г. (современное название — с 1973 г.).

International Correspondent Banker (ICB) — "Интернэшнл корреспондент бэнкер": международный журнал, специализирующийся на проблемах межбанковских деловых отношений; издается в Великобритании.

international credits — международные кредиты (еврокредиты и иностранные кредиты).

international dealers (IDs) — международные дилеры (Великобритания): категория членов Лондонской фондовой биржи, введенная в апреле 1984 г.; торгуют в качестве принципалов иностранными ценными бумагами и должны иметь капитал не менее 500 тыс. ф. ст.

international depositary receipt — международная депозитная расписка: инструмент международной торговли акциями, депонированными в банках.

International Development Association (IDA) — Международная ассоциация развития (МАР): филиал МБРР, созданный в 1960 г. для кредитования беднейших развивающихся стран на льготных условиях (на длительные сроки, с льготными периодами до 10 лет); кредитует только конкретные и тщательно проработанные проекты.

International Development Cooperation Agency (IDCA) — Агентство по международному сотрудничеству для развития (США): независимое федеральное агентство для координирования программ заграничной помощи США (создано в 1979 г.).

international equities — международные акции (выпускаются по крайней мере на двух фондовых рынках); евроакции.

International Finance Corporation (IFC) — Международная финансовая корпорация (МФК): филиал МБРР, созданный в 1956 г. для содействия развитию частных предприятий путем прямых инвестиций (в некоторых случаях дополняемых долгосрочными кредитами) главным образом в развивающихся странах.

international financial institutions (IFIs) — международные фин. учреждения (МВФ, МБРР и др.).

International Futures Exchange (INTEX) — Международная срочная биржа: срочная компьютеризованная биржа в г. Гамильтон (Бермудские о-ва); специализируется на сделках с золотом, индексах (основана в 1984 г.).

International Gold Pool — международный золотой пул: соглашение, заключенное в 1961 г. центральными банками Великобритании, США, ФРГ, Италии, Бельгии, Нидерландов, Франции, Швейцарии для поддержки цены золота на лондонском рынке на уровне 35 долл. за унцию (с помощью продаж и покупок через Банк Англии); в июле 1967 г. в пуле прекратила участвовать Франция, а в марте 1968 г. он распался.

International Investment Bank (IIB) — Международный инвестиционный банк (МИБ): коллективный банк стран — членов СЭВ, специализируется на кредитовании инвестиционных проектов (создан в 1971 г. с местопребыванием в Москве).

internationalization of a currency — интернационализация валюты: процесс расширения использования нац. валюты в международных торговых и кредитных операциях, в т. ч. нерезидентами, а также снятие соответствующих ограничений.

international liquidity — международная ликвидность: способность государств выполнять свои международные обязательства, погашать долги; средства международной ликвидности — иностранная валюта, золото, СДР, резервная позиция в МВФ.

International Monetary Fund (IMF) — Международный валютный фонд (МВФ): ведущая международная вал.-фин. организация, учрежденная в 1944 г. в результате Бреттон-Вудских соглашений с целью поддержания стабильности международной вал. системы; координирует международное сотрудничество в вал.-фин. сфере, финансирует страны-члены и консультирует их по различным экон. вопросам, выпускает СДР; ресурсы МВФ состоят из взносов стран-членов (всего 151) и рыночных заимствований.

International Monetary Market (IMM) — Международный валютный рынок (ИММ): подразделение Чикагской торговой биржи, специализирующееся на фин. фьючерсах (основано в 1972 г.); см. Chicago Mercantile Exchange.

international monetary reform — реформа международной вал. системы: различные предложения об упорядочении регулирования международных вал. отношений (решение проблем курсовой стабильности, ликвидности, роли золота и доллара, несбалансированности платежей).

international monetary system — международная вал. система: совокупность международных вал. и кредитных отношений и форм их межгосударственного регулирования; в настоящее время не имеет четкого юр. оформления и характеризуется плавающими вал. курсами, отменой официальной цены золота, отсутствием жесткого регулирования; см. Bretton Woods System; Jamaica Agreement.

international mutual fund — международный взаимный фонд: фонд, вкладывающий средства в ценные бумаги различных стран (в т. ч. в разных валютах) для диверсификации риска.

International Primary Market Association (IPMA) — Ассоциация участников первичного рынка международных облигаций.

international reserves — международные резервы (резервные средства): общепринятые международные средства платежа, включая золото, свободно конвертируемые валюты, СДР, резервную позицию в МВФ.

international securities — международные ценные бумаги: ценные бумаги, которыми торгуют на биржах разных стран и которые широко покупают нерезиденты.

International Stock Exchange of the UK and the Republic of Ireland (ISE) — Международная фондовая биржа Соединенного Королевства и Ирландской Республики: официальное название британо-ирландской фондовой биржи; включает Лондонскую и ряд провинциальных бирж (объединение произошло в 1973 г.).

International Swap Dealers Association (ISDA) — Международная ассоциация банков, специализирующихся на процентных и валютных свопах (создана в 1985 г.).

international trading certificate (ITC) — международный торговый сертификат: свободнообращающаяся импортная лицензия, дающая право покупателю товаров страны с неконвертируемой валютой продать в этой стране товары на оговоренную сумму в твердой валюте.

International Union of Credit and Investment Insurers (Berne Union) — Международный союз страховщиков кредитов и инвестиций (Бернский союз): международная ассоциация частных и гос. институтов страхования экспортных кредитов и инвестиций (создана в 1934 г. в Лондоне); разрабатывает общие принципы страхования экспортных кредитов и инвестиций, способствует сотрудничеству и обмену информацией; члены союза соблюдают джентльменское соглашение по экспортным кредитам, чтобы избежать чрезмерной конкуренции (кредиты, как правило, должны иметь сроки менее 5 лет).

inter-operability — операционная совместимость: возможность использовать пластиковую карточку одного эмитента в автоматических кассовых аппаратах и электронных терминалах платежной системы др. эмитента; см. plastic card.

interpositioning — участие второго брокера в фондовых сделках между двумя принципалами.

interrogation device — информационное устройство: компьютерный терминал, дающий рыночную информацию (цену последней сделки, котировки продавца и покупателя, объемы операций) на ленте или видеоэкране.

intervention — (вал.) интервенция: купля-продажа центральным банком валюты для воздействия на курс национальной ден. единицы; вал. интервенции финансируются за счет резервов, заимствований у МВФ и центральных банков, выпуска облигаций в иностранной валюте, ден. эмиссии (для продажи на инвалюту).

intervention points — интервенционные точки: в системе фикс. вал. курсов пределы свободного колебания курсов, превышение которых вызывает необходимость вал. интервенций центрального банка.

intervention price — интервенционная цена: уровень цены, при котором государство или международная организация начинает поддерживать конъюнктуру.

intervention rates — интервенционные курсы: пределы колебания курсов валют ЕВС относительно ЭКЮ ($\pm 2,25\%$, а для итал. лиры $\pm 6\%$), которые поддерживаются с помощью вал. интервенций.

inter vivos trust — доверенность, опека, попечительский фонд при жизни доверителя; см. testamentary trust.

in the Bank — "в Банке" (Великобритания): ситуация, когда банки могут получить наличные только путем учета ценных бумаг в Банке Англии (т. е. ден. рынок перемещается в Банк Англии).

in the black — без убытков (в бух. книгах безубыточные операции в прошлом записывались черными чернилами); см. in the red.

in-the-money — опцион, цена исполнения которого более выгодна покупателю, чем текущая цена фин. инструмента, лежащего в его основе (т. е. опцион имеет "внутреннюю" стоимость: "пут" — положительную, "колл" — отрицательную); см. intrinsic value.

in the red — с убытком (в бух. книгах в прошлом убытки записывались красными чернилами); см. in the black.

in the tank — быстрое падение цен на фондовом рынке (жарг.).

intra-commodity spread — "внутритоварный" спред: одновременная купля-продажа контрактов на один товар на той же бирже с разными сроками поставки.

intra-Community trade — торговля в рамках ЕС (между странами-членами).

intra-day highs/lows — наиболее высокие и низкие цены товаров, акций, облигаций в течение рабочего дня.

intra-day limit — дневной лимит: лимит, устанавливаемый дилеру по вал. операциям в течение операционного дня (в целом и по каждой валюте в отдельности); такие лимиты могут значительно превышать лимиты на конец дня.

intra-day price range = intra-day highs/lows.

Intra-European Payments Agreement (IEPA) — Внутриевропейское платежное соглашение: соглашение о расчетах между странами, получавшими помощь по плану Маршалла; расчеты осуществлялись через Банк международных расчетов, а их сальдо погашалось средствами по плану помощи; действовало в 1948—1950 гг. и было заменено Европейским платежным союзом; см. European Payments Union.

intra-marginal interventions — "интрамаржинальные" интервенции: вал. интервенции, практикуемые центральными банками стран ЕВС для поддержания курсов валют в оговоренных пределах взаимных колебаний.

intra-market spread — "внутрирыночный" спред; = intra-commodity spread.

intrinsic value — 1) "внутренняя" стоимость опциона: разница между ценой исполнения опциона и текущей ценой соответствующего фин. инструмента (положительная в случае опциона "пут" и отрицательная в случае "колл"); см. in-the-money; at-the-money; out-of-the-money; 2) = inherent worth.

introduction — представление ценных бумаг через биржу в Великобритании: получение биржевой котировки для ценных бумаг, которые уже обращаются на рынке, для расширения круга акционеров и поддержки цен.

inventory — 1) запасы товаров, сырья и готовой продукции компании; 2) портфель ценных бумаг (физ. лица); 3) нетто-позиция биржевого брокера или дилера.

inventory financing — финансирование запасов товаров (под обеспечение этими товарами).

inventory rate — цена (вал. курс), по которой активы (ценные бумаги, валюта, золото) учитываются в балансе банка.

inventory risk — инвентарный риск: риск обесценения запасов компании в результате снижения цен, морального устаревания товара.

inventory turnover — оборачиваемость запасов: стоимость продаж компании за год к запасам материалов и готовой продукции на конец этого года.

inventory utilization ratio = inventory turnover.

inventory value — 1) балансовая стоимость; 2) рыночная стоимость акций инвестиционного фонда на определенную дату на основе стоимости активов фонда и числа выпущенных акций.

inverse saucer = saucer top/bottom.

inverted market — "перевернутый" (обратный) рынок: ситуация во фьючерсной торговле, когда цены на более далекие сроки ниже, чем на более близкие; см. normal market.

inverted scale = inverted yield curve.

inverted yield curve — "перевернутая" (обратная) кривая доходности: ситуация, когда краткосрочные процентные ставки выше долгосрочных (обычно в результате резкого роста спроса на краткосрочный кредит).

inverted V-formation = V-top.

inverted W-formation — "обратная форма дубльв"; = double top.

investment — капиталовложение (инвестиция):

1) помещение средств в фин. активы для получения процентов и дивидендов, а также в надежде на рост стоимости активов; 2) покупка машин, оборудования, недвижимости.

investment advisor — инвестиционный советник: сотрудник банка или брокерской фирмы, дающий клиентам советы по управлению инвестициями.

investment advisory service — служба инвестиционного консультирования; см. investment advisor.

investment bank — инвестиционный банк: 1) в США — банк, специализирующийся на организации выпуска, гарантировании размещения и торговле ценными бумагами; консультирует клиентов по различным фин. вопросам; в основном ориентирован на оптовые фин. рынки; 2) в Великобритании — неклиринговый банк, специализирующийся на средне- и долгосрочных инвестициях в мелкие и средние компании (кредиты, покупка акций).

investment banker — инвестиционный банкир: инвестиционный банк, партнер (в случае организации в форме частной корпорации) или менеджер такого банка; см. investment bank.

investment banking firm = investment bank.

investment certificate — инвестиционный сертификат (США): свидетельство на вклад капитала в ссудо-сберегательную ассоциацию (не дает права голоса и не накладывает каких-либо обязательств).

investment club — инвестиционный клуб: группа людей, объединивших свои фин. ресурсы для совместных инвестиций (объединение снижает расходы на брокеров и др. посредников).

investment company (USA) = investment trust.

investment counsel (USA) = investment advisor.

investment currency — инвестиционная валюта (Великобритания): валюта для инвестиций за границей, которую до отмены в стране в 1979 г. вал ограничений можно было купить только из специального фонда (обычно с премией), куда поступали доходы от продажи заграничных инвестиций.

investment currency premium — премия к текущему курсу, которую до 1979 г. резиденты Великобритании должны были платить при покупке валюты для заграничных инвестиций; см. investment currency.

investment decision — инвестиционное решение: решение о вложении фин. ресурсов на достаточно длительный срок и при значительном риске.

investment dollars — инвестиционные доллары (Великобритания): разновидность долларовых авуаров в стране в период существования вал. ограничений, которые могли свободно приобретаться для проведения инвестиций в нестерлинговые ценные бумаги.

investment grade securities — ценные бумаги инвестиционного уровня: ценные бумаги, рекомендуемые для покупки инвесторам, т. е. с рейтингом выше Ваа (Муди) или ВВВ (Стэндард энд Пур).

investment incentives — меры, стимулирующие капиталовложения (налоговые и др. льготы, прямые дотации).

investment income — инвестиционный доход: доход (проценты, дивиденды) по инвестициям в ценные бумаги и др. фин. активы (в отличие от операционной прибыли).

investment income surcharge — дополнительный налог на доходы от инвестиций в Великобритании (15% сумм свыше 7,1 тыс. ф. ст.), отмененный в 1984 г.

investment letter — инвестиционное письмо: письмо инвестора эмитенту о намерении купить ценные бумаги для помещения капитала, а не для перепродажи (в случае частного размещения); см. letter bond.

investment list — инвестиционный лист: регулярно выпускаемый банком список ценных бумаг, рекомендуемых клиентам для помещения капитала.

investment manager — инвестиционный менеджер: сотрудник фин.-кредитного института, управляющий инвестициями, в т. ч. по поручению клиентов.

Investment Managers Regulation Organization (IMRO) — Организация регулирования деятельности инвестиционных менеджеров (Великобритания).

investment multiplier = multiplier 1.

investment paper — инвестиционные бумаги: ценные бумаги, наиболее пригодные для долгосрочных инвестиций.

investment plan — инвестиционный план: программа инвестиций путем регулярных взносов в течение длительного срока; обычно имеется в виду приобретение дополнительных акций в инвестиционном фонде.

investment policy — инвестиционная политика: система мероприятий по оптимальному размещению капиталовложений с целью достижения желаемой доходности, обеспечения безопасности и ликвидности инвестиций.

investment portfolio — инвестиционный портфель; см. portfolio.

Investment Protection Committees — Комитеты защиты инвестиций (Великобритания), созданные ведущими группами институциональных инвесторов для взаимодействия и обсуждения различных вопросов с компаниями, в чьи акции они вкладывают средства.

investment ratio — инвестиционный коэффициент: отношение капиталовложений к валовому внутреннему продукту — доля ресурсов страны, которая идет на капиталовложения.

investment risk — инвестиционный риск: риск обесценения капиталовложений в результате действий органов власти или др. причин; см. political risk; sovereign risk.

investment risk guarantee — гарантия от инвестиционного риска: как правило, гарантия, защищающая инвестиции (главным образом в развивающихся странах) от неплатежеспособности государств, принятия различного рода ограничительных мер, политических событий.

investment savings account — инвестиционный сберегательный счет (ограничение изъятия средств более длительным сроком предварительного уведомления).

investment savings book — инвестиционная сберегательная книжка: сберкнижка по долгосрочным сберегательным счетам (процентная ставка выше, а срок уведомления об изъятии средств — больше, чем по срочным вкладам).

investment strategy = investment policy.

investment tax credit (ITC) — инвестиционный налоговый кредит (США): снижение налоговых платежей в случае реинвестирования прибыли компании в оборудование и некоторые др. активы (применялся в 1962—1986 гг.).

investment trust — инвестиционный трест (Великобритания): учреждение, специализирующееся на инвестициях в ценные бумаги и др. фин. активы; с помощью инвестиционных трестов их акционеры или вкладчики со сравнительно небольшими ресурсами получают доступ к капиталовложениям на оптовых фин. рынках; могут быть "открытыми" и "закрытыми"; см. closed-end/open-end investment trust (company).

investment trust share (unit) — акция или пай инвестиционного фонда: ценная бумага, свидетельствующая об участии в инвестиционном фонде.

investment value of convertible security — инвестиционная стоимость конвертируемой облигации: оценка рыночной цены такой облигации при допущении, что у нее нет опциона конверсии.

investor — инвестор: физ. или юр. лицо, помещающее свои средства в фин. или реальные активы в расчете на доход и/или прирост капитала.

Investors in Industry (III; 3I) — Инвесторы в промышленность (Великобритания): крупнейшее в стране учреждение, специализирующееся на кредитовании мелких и средних компаний и помощи им в выпуске акций; образовано в 1983 г. в результате слияния компаний Финансы для промышленности и Капитал для промышленности; капитал на 85% принадлежит клиринговым банкам, на 15% — Банку Англии; см. Finance for Industry; Equity Capital for Industry.

invisible asset = intangible asset.

invisible balance — "невидимый" баланс: баланс по торговле услугами (часть текущего платежного баланса); см. invisibles; current account.

invisible exports — "невидимый" экспорт: экспорт услуг (доходы от туризма, страхования, банков, транспорта, консультаций и т. д.).

invisibles — "невидимые" статьи платежного баланса: торговля услугами (доходы от судоходства, страхования, банковского дела, туризма, авиации, а также переводы заграничных прибылей, процентных доходов и т. д.); см. invisible balance.

invitation — приглашение: телекс лид-менеджера предполагаемым участникам синдиката с приглашением принять участие в займе (оговариваются условия займа); см. lead manager.

invoice — счет-фактура: документ с деталями сделки, выставляемый продавцом покупателю.

invoice discounting — дисконтирование (учет) счетов-фактур: разновидность факторинга, при которой поставщик продает счет-фактуру факторинговой компании с правом регресса, на конфиденциальной основе и со скидкой (процентная ставка обычно на 2—3% выше прайм-рейт); см. factoring.

involuntary bankruptcy = compulsory bankruptcy.

I.O.U. (I owe you) — необращающийся документ с надписью "я вам должен такую-то сумму": простейший долговой документ.

Irish gilt — облигация, выпущенная правительством Ирландии.

irredeemable bond — 1) бессрочная облигация; 2) облигация без права досрочного погашения эмитентом или досрочной продажи инвестором эмитенту.

irredeemable debenture — обеспеченная облигация без срока погашения.

irredeemables = irredeemable securities.

irredeemable securities — бессрочные ценные бумаги: акции, облигации и др. ценные бумаги без фикс. даты погашения; см. perpetual bond.

irredeemable stock — бессрочная правительственная облигация (Великобритания); см. Consols; funded debt 1.

irrevocable letter of credit — безотзывный аккредитив (банк-эмитент не имеет права его отозвать при выполнении всех условий соглашения).

irrevocable revolving credit agreement — безотзывное обязательство банка предоставить кредит клиенту.

irrevocable trust — безотзывное завещание приносящей доход собственности наследникам; может быть аннулировано или модифицировано только с согласия бенефициара.

Islamic banking — исламское банковское дело: в соответствии с принципами шариата недопустима прибыль, не основанная на личном труде, и исламские банки вместо процента применяют формы комиссионного вознаграждения, участия в прибыли.

Islamic bank — исламский банк: банк, руководствующийся принципами исламского банковского дела; см. Islamic banking.

Islamic Development Bank — Исламский банк развития (г. Джидда, Саудовская Аравия): банк, созданный в 1976 г. для финансирования проектов развития в исламских странах.

ISO (International Standardization Organization) currency codes — валютные коды Международной организации стандартизации: унифицированные буквенные обозначения валют.

issue — 1) ден. эмиссия; количество наличных денег в обращении; 2) заем, выпуск ценных бумаг; процесс размещения ценных бумаг; 3) общая сумма акций компании, котируемых на фондовой бирже.

issue by tender — выпуск ценных бумаг с помощью торга: желающие получить ценные бумаги подают заявки и размещение производится по наиболее высоким ценам; минимальная цена заявок может с самого начала оговариваться; см. offer for sale by tender.

issued and outstanding shares — выпущенные в размере уставного капитала акции компании, не выкупленные самой компанией.

issued (share) capital — выпущенный капитал компании (по номинальной стоимости): часть или весь уставный капитал в форме акций, выданных акционерам; выпущенный капитал может быть полностью оплачен или состоять из частично оплаченных акций.

issue for cash — эмиссия за наличные: эмиссия ценных бумаг, по условиям которой требуется плата наличными (в отличие от капитализации резервов или выпуска акций в порядке платы за приобретение др. компании).

issue price — цена эмиссии: цена, по которой впервые выпускаются акции и др. ценные бумаги; = coming out price.

issue prospectus = prospectus.

issuer — эмитент ценных бумаг, заемщик.

issuing house — эмиссионный дом: 1) банк, организующий выпуск ценных бумаг (менеджер); в Великобритании — обычно торговый банк, входящий в Ассоциацию эмиссионных домов и специализирующийся на торговле и организации эмиссии ценных бумаг; 2) банк — эмитент аккредитива.

Issuing Houses Association (IHA) — Ассоциация эмиссионных домов (Великобритания): организация, включающая 60 ведущих торговых банков, занимающихся эмиссией ценных бумаг (основана в 1945 г.).

Istituto per le Opere di Religione — Иституто пер ле Опере ди Релиджионе: банк Ватикана.

item — бухг. запись, статья баланса.

items carried forward — статьи текущего счета клиента, перенесенные в новый процентный период.

J

jacket custody = separate custody of securities.

Jamaica Agreement — Ямайское соглашение, достигнутое на встрече Временного комитета МВФ в 1976 г.; формально закрепило переход к плавающим вал. курсам и демонетизацию золота.

Jason clause — оговорка Джасона: в мор. страховании риск, который не может быть предусмотрен.

jawbone (jawboning) — призывы и рекомендации банкам со стороны ФРС, в более широком плане — "психологическое" воздействие на рынки (букв.: "челюсть").

J-curve effect — эффект "кривой джи": явление запаздывания положительного воздействия (или даже усиления негативной тенденции) снижения курса валюты на торговый баланс.

Jeep = graduated payment mortgage.

jobber — джоббер: 1) фирма, специализирующаяся на сделках с ценными бумагами за свой счет (до 1986 г. на Лондонской фондовой бирже существовало разделение функций джобберов и брокеров); в США джобберами также называют дилеров, торгующих сомнительными ценными бумагами; см. dual capacity; dealer 1; broker; specialists; 2) мелкий оптовый торговец, специализирующийся на перепродаже товаров розничным торговцам.

jobber's book — позиция джоббера, состояние его портфеля и операций; "длинная" позиция — по определенным бумагам не найден покупатель, "короткая" — проданы бумаги, которых нет в наличии.

Jobbers' Index — "Индекс джобберов": справочник джобберов на Лондонской фондовой бирже (сведения о том, кто и по каким ценным бумагам поддерживает рынок).

jobber's pitch — постоянное место джоббера: место в торговом зале Лондонской фондовой биржи, где собираются джобберы по конкретным ценным бумагам.

jobbers' price spread agreement = opening price convention.

jobber's quote — джобберская котировка: спред (разница) между ценами покупателя и продавца, котируемыми джоббером.

jobber's spread = jobber's quote.

jobber's touch = touch.

jobber's turn — прибыль джоббера, состоящая в разнице между ценами покупки и продажи им ценных бумаг (эти цены необязательно совпадают с котируемыми джоббером ценами продавца и покупателя).

jobber trade — джобберская сделка: покупка и продажа в течение одного и того же дня определенного числа одинаковых контрактов на ЛИФФЕ; см. London International Financial Futures Exchange.

jobbing firm = jobber.

jobbing in and out — игра на фондовой бирже: купля-продажа ценных бумаг ради получения прибыли на цене.

job lot — отдельная партия товара (больше или меньше единицы сделки, предусмотренной контрактом).

joint account (JA) — совместный счет: 1) счет, принадлежащий двум и более владельцам; 2) соглашение о распределении риска при покупке или подписке на новые ценные бумаги.

joint account agreement — соглашение о совместном счете: документ, составляемый сторонами для открытия совместного счета; см. joint account 1.

joint and several bond = joint bond.

joint and several guarantee — солидарная и индивидуальная гарантия: гарант может быть привлечен к ответственности по суду даже ранее основного должника, если последний явно неплатежеспособен.

joint and several liability — солидарная и индивидуальная ответственность: при совместном обязательстве двух и более лиц банк будет настаивать и на их индивидуальной ответственности.

joint and survivor annuity — пожизненная рента в пользу двух или более лиц (до смерти последнего).

joint bond — совместная облигация: облигация, являющаяся обязательством двух и более заемщиков или гарантированная каким-то др. лицом (напр., материнская компания гарантирует облигации дочерних компаний).

joint custody — совместный счет в банке для хранения ценностей (любой из владельцев может свободно распоряжаться счетом); см. custodial (custody) account.

joint float — совместное "плавание" двух и более валют (напр., в ЕВС).

joint guarantee = joint and several guarantee.

jointly and severally — 1) = joint and several guarantee; 2) совместная и индивидуальная ответственность гарантов муниципального займа в США пропорционально их участию (напр., гарант с 5% участия будет отвечать за 5% нераспроданной части даже после реализации своих ценных бумаг).

joint property — совместная, или неделимая, собственность: распоряжение такой собственностью возможно только по согласию всех совладельцев.

joint stock = share capital.

joint-stock banks — акционерные банки: как правило, так по традиции называют коммерческие (депозитные) банки Великобритании.

joint-stock company — акционерная компания (Великобритания); = corporation 1.

joint venture — совместное предприятие: реализация проекта двумя и более юр. или физ. лицами на основе контракта или создания акционерного общества.

joint-venture bank — совместный (смешанный) банк; = consortium bank.

Jugobanka — Югобанка (Белград): югославский коммерческий банк, специализирующийся на внешнеэкономических операциях; основан в 1955 г. под названием Югославский банк для внешней торговли, с 1971 г. имеет нынешнее наименование; располагает сетью представительств по всему миру.

jumbo certificate of deposit — депозитный сертификат с номиналом в 100 тыс. долл. и выше.

jumbo credit — очень крупный синдицированный банковский кредит (свыше 1 млрд. долл.).

junctim = advance purchase.

jungle-market — рынок акций западноафриканских компаний (на Лондонской фондовой бирже).

junior bonds — "младшие" облигации: 1) облигации с невысокими рейтингами по сравнению с др. облигациями; 2) субординированные облигации: облигации, имеющие меньше прав, чем др. облигации, на активы, которыми они обеспечены, на дивиденды и т. д.; см. subordinated debt.

junior issue = junior bonds.

junior mortgage — "младшая" (вторая, третья) ипотека: ипотека, которая по правам уступает первой и поэтому имеет более высокую процентную ставку; см. first mortgage.

junior refunding — "младшее" рефинансирование: рефинансирование гос. облигаций со сроками 1—5 лет более долгосрочными ценными бумагами.

junior security — "младшая" ценная бумага: ценная бумага с меньшими правами на активы и доходы компании, чем др. ценные бумаги (напр., обыкновенные акции "младше" всех др. ценных бумаг).

junk bonds — "мусорные", или "бросовые", облигации (США): высокодоходные облигации корпорации с кредитным рейтингом ниже инвестиционного уровня; обычно выпускаются компаниями, не имеющими длительной истории и солидной деловой репутации; часто используются при проведении поглощений и выкупов; см. investment grade securities.

junk CP — "мусорные", или "бросовые", "коммерческие бумаги" (США): "коммерческие бумаги", выпущенные непервоклассными заемщиками и не имеющие кредитного рейтинга и какой-либо кредитной поддержки; см. commercial paper.

justified price — обоснованная (реалистичная) рыночная цена товара или фин. инструмента.

just title — законный титул собственности: право на какое-либо имущество, имеющее юр. подтверждение.

K

Kaffir Circus — рынок южноафриканских акций на Лондонской фондовой бирже (жарг.).

Kaffirs — "Каффиры": акции южноафриканских золотодобывающих компаний на Лондонской фондовой бирже (жарг.).

Kam Ngan Index (KNI) — фондовый индекс Кам Нган: индекс курсов акций, котируемых на бирже Кам Нган в Гонконге.

Kam Ngan Stock Exchange — Фондовая биржа Кам Нган: вторая по значению биржа Гонконга (основана в 1971 г.).

Kangaroos — "Кенгуру": австралийские акции на Лондонской фондовой бирже.

Kansas-City Board of Trade (KCBT) — срочная Товарная биржа Канзаса (индексные и зерновые фьючерсы); основана в 1857 г.

keepwell — одна из форм поддержки дочерней компании со стороны материнской с целью побудить банк предоставить ей кредит (слабее гарантии и часто юридически не оформлена).

Kennedy Round — Раунд Кеннеди: серия многосторонних торговых переговоров о снижении таможенных тарифов в рамках Генерального соглашения о тарифах и торговле (ГАТТ) в 1964—1967 гг. (на 36—39% в развитых странах), предпринятая по инициативе Дж. Кеннеди.

Keogh Plan — План Кеог (США): пенсионная система с налоговыми льготами для лиц, не работающих по найму (налогом облагаются не пенсионные взносы, а только изъятия средств из системы, причем обычно после ухода на пенсию).

kerb (on the) = curb market.

kerb market = curb market.

kerb trading = curb trading.

key currency — ключевая, резервная валюта; = reserve currency.

key man insurance — страхование жизни руководителя или ключевого (ведущего) сотрудника его компанией (отражается как актив в балансе).

Keynesian multiplier = multiplier 1.

Keynes Plan — план Дж.М. Кейнса (1883—1946), выдвинутый Великобританией перед Бреттон-Вудской конференцией в 1944 г.; предусматривал создание международного вал. фонда и международной ден. единицы ("банкор"), обратимость валют и стабильность их курсов; см. White Plan.

kick — шестипенсовик (разг.); = sixpence.

kickback — 1) вознаграждение; 2) взятка (в т. ч. регулярная).

kicker — дополнительная характеристика облигации, призванная повысить ее привлекательность, ликвидность (конвертируемость в акции, специальные права, варранты); = sweetener.

killer bees — "пчелы-убийцы": те, кто помогают компании защититься от попытки поглощения; как правило, имеются в виду инвестиционные банки, разрабатывающие стратегию, целью которой является затруднить поглощение или сделать его менее привлекательным.

killing (make a) — "сорвать куш": получить значительную спекулятивную прибыль.

kite = accomodation bill.

kiteflying — использование "дружеских" векселей для получения ден. средств или поддержания кредитной репутации; см. accomodation bill.

kiting (checks) — 1) использование фиктивных чеков для получения средств до их инкассации (т. к. чек вносится в кредит счета); 2) изменение (подделка) суммы чека.

kiting stocks — взвинчивание цен акций до необоснованного уровня (напр., в результате сговора продавца и покупателя, использующих одни и те же средства).

Kiwi (dollar) — "Киви": новозеландский доллар (жарг. вал. дилеров); по названию птицы, являющейся символом Новой Зеландии.

knocked-down (KD) — сбитая (о цене): минимальная цена на аукционе.

know your customer rules (KYC) — правила "знай своего клиента": этические принципы взаимоотношений клиентов и биржевиков, брокеров, входящие в сборники правил различных бирж и др. регулирующие документы в США (напр., в правила Национальной ассоциации дилеров по ценным бумагам); брокеры должны иметь достаточную информацию о клиентах, чтобы давать оптимальные рекомендации; см. Rule 405.

Kondratieff wave (cycle) theory — теория больших циклов, выдвинутая в 20-х годах Н.Я. Кондратьевым; согласно этой теории экономика Запада развивается с циклами в 50—60 лет (от одного крупного кризиса до другого).

Kowloon Stock Exchange — Фондовая биржа Каулун: самая маленькая и новая биржа в Гонконге (функционирует с 1972 г.).

Kreditanstalt fur Wiederaufbau (KfW) — западногерманское учреждение долгосрочного кредитования экспорта машин и оборудования; принадлежит государству.

Krugerrand — крюгерранд: южноафриканская золотая монета (объект торговли в тезаврационных целях); содержит 1/2, 1/4 или 1/10 унции чистого золота.

Kulisse — различные учреждения и брокеры, оперирующие на рынке за свой счет (нем.).

Kursmakler — ценовой маклер (нем.): официальный брокер на фондовых биржах в ФРГ, отвечающий за определение курсов ценных бумаг (специализируется на определенных ценных бумагах); действует только в качестве посредника между др. членами биржи; см. freie Makler.

Kux — акция горнодобывающей компании (нем.).

L

L — ден. агрегат Л: в США — показатель ден. массы, отражающий ликвидные средства (включает M3, казначейские векселя, коммерческие бумаги, банковские акцепты, евродолларовые вклады резидентов).

Laffer curve — кривая Лаффера: кривая зависимости экон. роста от снижения налогов (по имени американского профессора А. Лаффера).

laggard — акция, курс которой ниже среднего индекса для всего фондового рынка (Великобритания).

laissez-faire — "позволить делать" (франц.): экон. доктрина, проповедующая минимальное вмешательство государства в экономику.

lame duck — "хромая утка": 1) компания в тяжелом фин. положении, нуждающаяся в поддержке государства; 2) джоббер, не способный выполнить обязательства по заключенным сделкам (Великобритания).

Landesbank — Ландесбанк (земельный банк): региональный банк, являющийся центральным банком для местных сберегательных институтов; с 70-х годов такие банки практически не отличаются от универсальных банков (ФРГ).

land register — земельный регистр: регистр, в который заносятся права на владение земельными участками и недвижимостью.

lapsed option — опционный контракт, который не был исполнен и срок которого истек.

large exposures — активные операции, ставящие под риск значительную часть капитала банка (брит. банки обязаны сообщать Банку Англии о всех кредитах объемом свыше 10% капитала и о предполагаемых операциях на сумму свыше 25% капитала).

last in, first out (LIFO) — метод оценки и учета запасов компании или портфеля ценных бумаг, при котором подразумевается, что первыми потребляются товары или продаются ценные бумаги, поступившие последними; см. first in, first out; last in, last out.

last in, last out (LILO) — метод оценки и учета запасов компании или портфеля ценных бумаг, при котором подразумевается, что поступившие последними товары или ценные бумаги потребляются или продаются последними; см. last in, first out; first in, first out.

last sale = last trade.

last trade — самая последняя сделка с данным видом ценных бумаг (США).

last trading day — последний день торговли фьючерским контрактом до наступления срока расчета и поставки товара или фин. инструмента.

late tape — задержка отражения данных о сделках на ленте тикера телетайпа в связи с большим объемом операций (США); при задержке более 5 мин. первая цифра цены акции не печатается (напр., вместо 62 печатается 2); см. consolidated tape.

Latin Monetary Union — Латинский монетный (валютный) союз: союз, созданный в 1865 г. Бельгией, Францией и Италией (позднее присоединились Швейцария и Греция) с целью поддержания единого ден. стандарта на основе биметаллизма; просуществовал до 1927 г.

launch — выпустить новый заем.

launch a company = float a company.

laundering (of money) — "отмывание" ("отбеливание") денег: операции, призванные скрыть источник возникновения или предназначения денежных сумм, придать им законный характер.

lay off — 1) снижение риска по гарантии размещения акций путем их "короткой" продажи (применительно к акциям, на которые имеют право существующие акционеры компании, еще не принявшие решения о его использовании); 2) увольнение рабочих в связи с сокращением производства.

lay out — выделять средства для каких-либо расходов.

LDC loan swap = sovereign debt swap.

leader — лидер: 1) акция, которая одной из первых реагирует на общий подъем или падение курсов на фондовом рынке; 2) товар, фин. инструмент, имеющий высокий удельный вес в обороте рынка.

leading indicators — опережающие (ведущие) индикаторы (США): 12 показателей движения экон. цикла, включаемые в составной индекс, который ежемесячно публикует министерство торговли (фондовые цены, ден. масса, заимствования, разрешения на новое строительства, средняя продолжительность рабочей недели, изменения в товарных запасах и т. д.).

lead-manager — лид-менеджер (ведущий менеджер): банк, являющийся главным организатором и гарантом займа; представляет интересы членов синдиката кредиторов или гарантов; см. co-manager; manager.

leads and lags — "лидс энд лэгс": ускорение или задержка платежей в международной торговле для защиты от вал. риска или получения выигрыша от изменения вал. курсов.

lean against the wind (LAW) — "опора на ветер": тактика официальных вал. интервенций, при которой власти покупают или продают валюту в противовес господствующей тенденции движения курса в целях сглаживания курсовых колебаний.

lease — аренда машин и оборудования, недвижимости на оговоренный срок и за фикс. плату.

lease-back — "лиз-бэк": продажа оборудования или др. собственности с условием получения ее обратно в аренду на оговоренный срок (для мобилизации ден. средств).

leasehold — 1) арендованная собственность; 2) право использования арендованной собственности.

leasehold improvement — улучшение (изменение) арендованной собственности.

leasing — лизинг: средне- и долгосрочная аренда машин, оборудования, транспортных средств; машины обычно приобретаются специализированной лизинговой компанией и сдаются в аренду потребителю (фин. лизинг); лизинг позволяет сохранять ликвидность (не нужно покупать оборудование) и ускоряет обновление оборудования; см. financial leasing.

leasing company — лизинговая компания: компания (обычно дочерняя фирма банка), специализирующаяся на предоставлении машин и оборудования в средне- и долгосрочную аренду; см. financial leasing.

leasing package — лизинговая программа: форма кредитования, при которой фин. институт приобретает машины и оборудование и сдает их в аренду пользователю, который таким образом избегает задолженности и часто получает налоговые льготы.

lease-purchase agreement — соглашение об аренде собственности с последующее ее покупкой (часть арендных платежей засчитывается в цену покупки).

leg — "нога": 1) устойчивая тенденция движения фондовой конъюнктуры; 2) = legs of a spread.

legacy duty = inheritance tax.

LEGAL — "ЛЕГАЛ": компьютерный банк данных Нью-Йоркской фондовой биржи о фирмах-членах (данные аудита, жалобы клиентов, дисциплинарные меры).

legal entity — физ. или юр. лицо, имеющее законный статус для вступления в сделки (напр., ребенок не имеет такого статуса).

legal investments — законные инвестиции: инвестиции, разрешенные фидуциарным институтом для защиты интересов инвесторов; см. legal list.

legalization = authentication.

legal lending limit — установленные законом пределы кредитования одного заемщика; обычно составляют 10% от собственных средств банка; см. country lending limit.

legal lien — законное право кредитора на собственность заемщика (он может арестовать имущество до выплаты долга).

legal list — законный список: список активов, в которые могут вкладывать средства различные фидуциарные учреждения (страховые компании, банки, доверительные фонды); устанавливаются на штатном уровне (США); см. prudent man rule; trustee securities.

legal monopoly — законная монополия на предложение тех или иных услуг (водоснабжение, электричество) на определенной территории; органы власти обычно регулируют цены на такие услуги.

legal opinion — удостоверение законности того или иного действия, муниципального займа юр. фирмой, официальным лицом.

legal reserves — резервы, создаваемые банками в соответствии с законодательством (напр., в Швейцарии в законные резервы включается учредительская прибыль от выпуска акций, а также 10% чистой прибыли, причитающейся акционерам после создания обычных резервов и выплаты акционерам 5% прибыли).

legal tender — законное средство платежа: бумажные и металлические деньги, которые по закону обязательны к приему на территории данного государства по всем видам платежей, как правило, только до определенной суммы.

legal transfer — сделка передачи ценных бумаг из рук в руки, требующая специального юр. оформления (напр., в случае смерти владельца).

legs of a spread (straddle) — "ноги" спреда: две стороны (самостоятельные сделки) операции спред; см. straddle.

lender — кредитор, заимодавец: физ. или юр. лицо, предоставляющее деньги на срок за определенное вознаграждение.

lender of last resort — кредитор последней инстанции: 1) функция центрального банка по поддержанию ликвидности банковской системы, предотвращению фин. паники: центральный банк обязуется учитывать векселя или предоставлять кредит по официальной учетной ставке; 2) гос. кредитная программа, условием доступа к которой является невозможность получения кредита из др. источников.

lending — предоставление кредитов, кредитная деятельность.

lending at a premium — ссуда ценных бумаг одним фондовым брокером другому за определенное вознаграждение (обычно такой кредит предоставляется бесплатно).

lending business — ссудный (кредитный) бизнес: банковские кредиты, ипотеки, учет векселей.

lending limit — кредитный лимит: 1) максимальная стоимость того или иного предмета (напр., ценной бумаги) при его использовании в качестве обеспечения кредита (ограничивает сумму кредита); 2) лимит кредитования одного заемщика.

lending margin — ссудная маржа (спред): разница между стоимостью привлеченных средств банка и доходом от кредитования.

lending securities — предоставление ценных бумаг взаймы на фондовом рынке (обычно бесплатно).

lend-lease — ленд-лиз: поставки США союзникам взаймы и в аренду вооружений и др. техники, различных товаров и услуг в период второй мировой войны.

less developed country (LDC) — развивающаяся (менее развитая) страна; как правило, имеются в виду страны, которые не входят в ОЭСР и СЭВ.

lessee — арендатор, съемщик (в т. ч. места на бирже);

lessor — сдающий в аренду.

letter bond (stock) — облигация, выпущенная в порядке частного размещения и официально не зарегистрированная (США); инвестор направляет эмитенту письмо о том, что не будет перепродавать такие облигации; см. investment letter.

letter of allotment — документ, в котором указано выделяемое инвестору число вновь выпускаемых ценных бумаг.

letter of application = application form.

letter of credit (L/C) — аккредитив ("кредитное письмо"): 1) приказ банка корреспонденту за границей выплатить определенную сумму указанному лицу (напр., в форме учета векселей); 2) форма платежа во внешней торговле: экспортер оговаривает в контракте открытие импортером аккредитива в его пользу с оплатой при предъявлении отгрузочных документов; 3) обязательство банка погасить ценные бумаги клиента в случае банкротства последнего; при любой форме аккредитива банк берет на себя обязательство в пользу клиента; см. traveller's/revocable/irrevocable/stand-by/documentary/commercial/ confirmed/direct-pay/revolving/ limited letter of credit.

letter of credit opening — письмо банка принципала, уведомляющее бенефициара об открытии аккредитива в его пользу.

letter of guarantee — гарантийное письмо: гарантия по векселю в виде отдельного документа (обычно распространяется на серию векселей).

letter of indemnity — гарантийное письмо: обращение к компании заменить утерянный сертификат акции с обязательством возместить любой связанный с этим убыток (обычно требуется гарантия банка или страховой компании).

letter of intent (L/I) — письмо о намерении совершить сделку: 1) письмо о намерении проводить товарообменные операции в течение 2 — 3 лет на основе согласованных списков товаров и объема годовой компенсации; 2) письмо о намерении создать совместное предприятие (также о слиянии компаний); 3) обязательство акционера взаимного фонда делать регулярные инвестиции в него в обмен на скидку с цены акций; 4) = investment letter.

letter of regret — письмо с выражениями сожаления, посылаемое инвестору при невозможности удовлетворить его заявку на новые ценные бумаги.

letter of renunciation — письмо-отказ: письмо инвестора об отказе от ценных бумаг, которые ему выделены в новом займе, в т. ч. в пользу другого лица (Великобритания).

letter security = letter bond.

leverage — 1) возможность более высокой прибыли или убытков в результате непропорциональной зависимости двух факторов (напр., в срочной сделке для получения равной прибыли нужно иметь меньше средств, чем в наличной), т. е. увеличение дохода или стоимости без увеличения капиталовложений; 2) = debt-to-equity ratio; financial leverage; 3) = operating leverage.

leveraged buy-out (LBO) — покупка контрольного пакета акций корпорации, финансируемая выпуском новых акций или с помощью кредитов, которые должна погасить сама корпорация (обеспечением служат ее активы); такой выкуп корпорации может быть организован е   .енеджерами.

leveraged company — компания с относительно высокой долей долгосрочных заимствований в ее капитализации (обычно более 1/3).

leveraged investment company — 1) инвестиционная компания, имеющая право пользоваться кредитами; 2) = dual purpose fund.

leveraged lease — аренда актива, который частично приобретен в кредит; кредит погашается за счет арендных платежей и арендатор пользуется налоговыми скидками по амортизации.

leveraged leasing — лизинг с налоговым "рычагом": лизинговая программа, в которой арендатор "продает" неиспользуемые налоговые и амортизационные льготы арендодателю и таким образом уменьшает свои платежи.

leveraged program — программа покупки собственности товариществом с ограниченной ответственностью в США, финансируемая более чем на 50% за счет заемных средств; см. unleveraged program.

leveraged stock — ценная бумага, купленная в кредит.

leverage firm — фирма, специализирующаяся на заключении с клиентами срочных сделок с товарами на длительные сроки.

leverage trading (contracts) — срочные (10 и более лет) операции с драгоценными металлами и др. товарами на внебиржевом рынке (покупатель уплачивает небольшую часть номинальной суммы).

LHB Internationale Handelsbank — ЛХБ Интернационале Хандельсбанк; коммерческий банк во Франкфурте-на-Майне с югославским капиталом (создан в 1974 г.).

liability — обязательство, задолженность, пассив; см. secured liability; off-balance sheet liabilitiy.

liability management — управление пассивами: набор методов снижения стоимости и улучшения структуры привлекаемых средств.

liability swap — обмен обязательствами для улучшения их структуры и удешевления; см. interest rate swap.

licensed deposit taking institution — лицензированное депозитное учреждение (Великобритания): категория банковских институтов, предусмотренная Банковским законом 1979 г. и отмененная законом 1987 г.; такой статус имело примерно 300 банков, в основном только привлекающих депозиты и представляющих кредиты.

lien — 1) право ареста кредитором имущества должника до выплаты долга; 2) залог.

lien in rem = lien.

life — 1) срок службы фикс. (капитального) актива, условно принятый для учета, амортизации, планирования; 2) срок ценной бумаги (общий или оставшийся до погашения).

life annuity — пожизненная рента; см. annuity.

life assurance = assurance.

Life Assurance and Unit Trust Regulatory Organization (LAUTRO) — Регулирующая организация компаний по страхованию жизни и паевых фондов (Великобритания).

life assurance policy — полис страхования жизни: документ, содержащий условия контракта страхования жизни.

lifeboat — "спасательная лодка": операция по спасению испытывающих фин. трудности банков или компаний (обычно в отношении программы "спасения" банков под эгидой Банка Англии в 1973—1974 гг.).

life insurance (USA) = assurance.

life insurance in force — общая сумма страхования жизни, предоставленного данной страховой компанией (США).

life insurance policy (LIP) (USA) = life assurance policy.

lift — подъем фондовой конъюнктуры (обычно в отношении фондового индекса).

lifting a leg — закрытие (завершение) одной стороны арбитражной операции, спреда, операции хеджирования.

light trading — "легкая" торговля: низкая активность на рынке.

limit — лимит, предел: 1) предел допустимого колебания цен; 2) лимит кредитования одного заемщика, проведения тех или иных фин. операций; 3) = limit order.

limit down/up — достижение ценой в течение дня верхнего или нижнего допустимого предела (на срочной бирже); см. daily (price) limit.

limited (Ltd.) — ограниченная ответственность акционеров: обозначение, используемое в названиях частных и публичных компаний с ограниченной ответственностью; см. limited liability; private limited company; public limited company.

limited company = company limited by shares.

limited convertibility — ограниченная, или частичная, конвертируемость валюты (по определенным операциям и с разрешения властей).

limited corporate member (LCM) — корпорационный член биржи с ограниченной ответственностью (Великобритания): компания с ограниченной ответственностью (или ее акционер), являющаяся членом биржи; см. unlimited corporate member.

lmited discretion — соглашение между клиентом и фондовым брокером, дающее последнему право проводить некоторые операции без консультаций с клиентом.

limited letter of credit — ограниченный циркулярный аккредитив: аккредитив, который может быть оплачен в ограниченном числе мест.

limited liability — ограниченная ответственность акционеров компании (Великобритания): принцип организации компании, применяющийся с 1855 г., — акционеры отвечают только в размере акционерного капитала или предоставленных ими гарантий (сама компания — всеми активами).

limited market — ограниченный рынок: ситуация на рынке, когда определенные ценные бумаги трудно продать.

limited partnership (LP) — ограниченное товарищество: товарищество, включающее "общего" партнера, занимающегося повседневным управлением компанией, и партнеров с ограниченной ответственностью ("пассивных"), которые не принимают активного участия в управлении компанией.

limited risk — ограниченный риск; напр., риск в покупке опционного контракта ограничен размером премии; см. unlimited risk.

limited tax bond — ограниченная налоговая облигация (США): муниципальная облигация, обеспеченная частью налоговых полномочий данного органа власти.

limit order — лимитный (ограниченный) приказ: приказ клиента биржевому брокеру с определенным ограничительным условием (напр., с максимальной или минимальной ценой).

limit order system — система биржевых приказов с ограничительным условием (США): система автоматического размещения приказов при достижении ценой определенного уровня; также распространяется на приказы, действующие в течение дня или до отмены.

limping standard — "хромающий" стандарт: ден. система, которая именуется биметаллизмом, но фактически представляет собой монометаллизм (одна из валют сохраняет все права лишь формально).

line of credit = bank line.

line of shares (UK) = block of shares.

linked (linkage) deal = advance purchase.

liquid — ликвидный: способный быстро и без потерь превратиться в наличные.

liquid assets — ликвидные активы: наличные деньги и активы, которые могут быть легко превращены в наличные (казначейские векселя, вклады до востребования и т. д.); см. illiquid assets.

liquid assets ratio — коэффициент ликвидных активов (ликвидности): отношение ликвидных активов к текущим пассивам (депозитам) либо отношение ликвидных активов ко всем активам.

liquidating a position — ликвидация "длинной" срочной биржевой позиции и реализация прибыли или убытка (путем обратной сделки).

liquidating dividend — ликвидационный дивиденд: распределение активов прекратившей деятельность компании в форме дивиденда.

liquidating value — ликвидационная стоимость: оценка стоимости актива компании, которая прекращает свою деятельность; предполагается, что активы распродаются раздельно.

liquidation — ликвидация: 1) ликвидация компании (официальное закрытие); 2) закрытие "длинной" срочной позиции (продажа ценных бумаг или срочных контрактов); 3) процесс превращения ценных бумаг в наличные; 4) выплата долга.

liquidation date = settlement day 1.

liquidator — ликвидатор: лицо, уполномоченное провести ликвидацию компании.

liquid capital = liquid assets.

liquid funds = liquid assets.

liquidity — ликвидность: 1) способность компании (банка) своевременно выполнять обязательства; 2) ликвидные средства (наличность и близкие к наличности активы); 3) возможность превращения активов или пассивов в наличность и др. ликвидные средства, а также получения последних на фин. рынках или в более широком контексте (напр., в рамках всей экономики); 4) ликвидность рынка (высокий уровень активности торговли, достаточное число покупателей и продавцов), возможность заключения сделки без заметного воздействия на цены.

liquidity diversification — диверсификация ликвидности: диверсификация инвестиций по срокам с целью обеспечения ликвидности.

liquidity fund — фонд ликвидности (США): компания, покупающая за наличные паи в товариществах со скидкой в 25 — 30% от оценочной стоимости (это позволяет продавцу в сложной ситуации быстро получить наличные деньги).

liquidity preference — предпочтение ликвидности: предпочтение наличным деньгам по сравнению с ценными бумагами (определяется необходимостью выполнения обязательств, созданием резервов, спекулятивными мотивами).

liquidity ratio — коэффициент ликвидности: 1) в Великобритании — отношение ликвидных активов банков (наличности, ссуд до востребования, казначейских и коммерческих векселей) к суммарным депозитам, которое банки должны были поддерживать до 1971 г. на уровне 28% (до 1963 г. — 30%); с 1971 г. применялся коэффициент резервных активов; см. reserve assets ratio; 2) = acid-test ratio.

liquidity risk — риск ликвидности (напр., риск невозможности рефинансирования активов в нужный момент).

liquid market — ликвидный рынок: рынок, на котором легко заключить сделку, купить или продать ценную бумагу, получить кредит без нарушения уровня цен, т. е. активный рынок с уравновешенными спросом и предложением.

liquid yield option note (LYON) — облигация с нулевыми купонами (США), имеющая опцион конверсии в акции эмитента (в течение 3 лет после выпуска).

listed company — компания, акции которой котируются на фондовой бирже (полная котировка).

listed options = exchange-traded options.

listed securities = quoted securities.

listing — допуск ценной бумаги к официальной торговле на фондовой бирже (получение котировки); для получения котировки на Лондонской фондовой бирже компании надо выпустить на рынок не менее 25% акций, иметь срок существования не менее 5 лет, публиковать информацию о своей деятельности; см. listing requirements.

listing agreement — соглашение о котировке акций на бирже: документ, принимаемый правлением компании как условие получения биржевой котировки (оговаривает публикацию всей необходимой информации).

listing fee — стоимость получения биржевой котировки: плата за допуск ценных бумаг на биржу.

listing requirements — условия получения биржевой котировки; каждая фондовая биржа имеет свои требования: Лондон — срок существования компании не менее 5 лет, капитализация свыше 500 тыс. ф. ст., на рынок выпускается не менее 25% акций; Нью-Йоркская фондовая биржа — не менее 1 млн. акций и 2000 тыс. акционеров, минимальная капитализация — 16 млн. долл. и прибыль до вычета налогов — 2,5 млн. долл. (2 млн. долл. в два предшествующих года); Париж — минимум 300 тыс. акций с номинальной стоимостью 40 млн. франков, прибыльность в последние три года, не менее 25% акций должно быть в свободном обращении (все указанные требования являются минимальными).

listings committee = quotations committee 1.

list of drawings — 1) список номеров облигаций, выпавших к погашению; 2) список номеров выигравших облигаций.

lists closed — закрытие подписки на новый заем после получения достаточно большого числа заявок (Великобритания).

Liverpool Cotton Exchange — Хлопковая биржа Ливерпуля: крупный рынок хлопка, сделки на котором заключаются на условиях немедленной или будущей поставки.

living dead — "живой мертвый": в "рисковом" финансировании новая компания, которая близка к стадии прибыльности; см. venture capital.

living trust = inter vivos trust.

Ljubljanska Banka — Associated Bank Ljublana — Люблянска банка — Ассоциированный банк Любляна: кооперативный банк в Любляне (Югославия), основанный в 1955 г. (нынешнее название с 1978 г.); объединяет 22 банка; капитал на 25,1% принадлежит ЛХБ Интернационале Хандельсбанку и на 22% Адриа банку; занимается международными операциями, имеет представительства, дочерние и ассоциированные компании в 18 странах.

Lloyd's — Ллойдс: лондонская ассоциация 6000 страховщиков и 200 страховых брокеров, специализирующихся на мор. и др. страховании; основана в 1734 г., с 1871 г. имеет статус компании, но операции проводятся синдикатами индивидуальных страховщиков.

Lloyd's List — "Лист Ллойдса": ежедневная газета, в которой публикуются передвижения судов во всем мире (издается лондонским Ллойдсом).

Lloyd's Register of Shipping — Судоходный регистр Ллойдса: общество страховщиков, судовладельцев и торговцев, публикующее полный список всех судов в мире водоизмещением свыше 100 т, определяющее и следящее за стандартами судостроения (дает оценку состоянию судна).

load — "груз" (США): надбавка к рыночной цене предложения ценной бумаги взаимного (паевого) инвестиционного фонда открытого типа; используется для покрытия административных расходов фонда и взимается обычно только при покупке; = front-end load; см. sales charge; load fund; back-end load; no-load fund.

load fund — взаимный инвестиционный фонд (США), акции которого продаются с уплатой специальной надбавки (комиссионных); см. load; sales charge; no-load fund.

loan — ссуда, кредит: сумма денег, предоставленная на срок или до востребования за определенную плату.

loan account — ссудный счет: счет, с которого банк кредитует клиента (ссудный счет дебетуется, а счет клиента кредитуется).

loan against pledge = lombard credit.

loan against pledged bills — банковский кредит под залог векселей с бланковым индоссаментом клиента.

loan agreement — кредитное соглашение: 1) соглашение между кредитором и заемщиком; 2) соглашение между эмитентом ценных бумаг и синдикатом гарантов.

loan capital — заемный капитал банка (компании); состоит главным образом из долгосрочных облигационных займов.

loan crowd — члены фондовой биржи, которые ссужают и занимают ценные бумаги (США).

loan docket — документ (кредитная квитанция), выдаваемый расчетным центром биржи в Великобритании брокеру при депонировании ценных бумаг, под которые брокер выдал кредит (содержит детали такого кредита).

loaned flat — бесплатно выданный взаймы (о ссуде ценных бумаг фондовыми брокерами).

loan guarantee — гарантия по кредиту, кредитная гарантия.

Loan Guarantee Scheme — Программа гарантий по кредитам мелким предприятиям, созданная правительством Великобритании и 30 банками в 1981 г. (правительство гарантирует 70% суммы кредита).

loan loss provision — банковские резервы для покрытия сомнительных кредитных требований; = provisions for bad debts.

loan production offices — учреждения банков США, создаваемые в др. штатах (помимо своего) для обхода ограничений, поиска первоклассных заемщиков (депозиты принимать не могут).

loan reserve = provisions for bad debts.

loan sale — продажа, передача, перепоручение кредита или участия в кредите третьим лицам без или с уведомлением заемщика.

loan securities = loan stock(s).

loan stock — облигация; ценная бумага компании (как правило, необеспеченная); см. lending securities.

loan stripping — продажа банковского кредита в форме краткосрочных элементов; см. strip.

loan value — размер кредита: 1) сумма, которую кредитор готов предоставить под данное обеспечение; 2) в США — максимальный размер кредита брокера клиенту в форме процента от стоимости ценных бумаг (по "правилу Т"); см. Regulation T.

local — "местный": биржевик, торгующий за свой счет (США).

local authority bonds — облигации, выпускаемые местными властями (Великобритания); обычно имеют фикс. процентную ставку и не могут обращаться; предлагаются непосредственно инвесторам с помощью объявлений в газетах; см. local authority stocks; yearling bonds.

local authority stocks — долгосрочные (до 25 лет) облигации местных властей в Великобритании; свободно обращаются и котируются на бирже; обычно выпускаются с фикс. ставкой, но есть займы с плавающей ставкой и индексацией процентных платежей и основной суммы; см. local authority bonds; yearling bonds.

local authority yearling bonds = yearling bonds.

local bill — местный вексель (Великобритания): вексель, принятый банком к инкассации или учету и оплачиваемый в том же городе, где находится акцептующий банк.

lock box — 1) сейф, в т. ч. сдаваемый банком в аренду клиенту для хранения ценностей; 2) личный почтовый ящик на почте.

locked in — 1) "замороженный": термин, используемый, когда инвестор не может продать ценные бумаги; торговля данным видом бумаг может быть приостановлена, иначе их продажа принесет убыток; напр., на фьючерском рынке торговля может быть приостановлена после превышения лимита колебаний цен; 2) зафиксированный (о гарантированном доходе в случае покупки бумаг с фикс. ставкой; о цене в случае сделки хеджирования).

locked market — "закрытый" рынок: курс покупателя равен курсу продавца.

lock in — зафиксировать с помощью срочной сделки определенный уровень цены или курса (существо сделки хеджирования).

lock-up CDs — депозитные сертификаты с ограничением обращения; покупатель дает согласие не перепродавать эти ценные бумаги (банк-эмитент может также просто держать проданные бумаги у себя).

lock-up option — предоставление права дружественной компании (инвестору) приобрести пакет акций или одну из конкурентоспособных дочерних компаний для защиты от попытки нежелательного поглощения; см. white knight; crown jewels; hostile take-over.

Loi Monory — закон Монори (франц.): закон, принятый по инициативе министра финансов Франции Р. Монори в 1978 г. для поощрения инвестиций населения в ценные бумаги компаний с помощью налоговых льгот.

lombard credit (loan) — ломбардный кредит: кредит под обеспечение легко реализуемыми ценными бумагами (= broker's loan 1) или под залог товаров (= advance against goods as security), в т. ч. кредит центрального банка коммерческим банкам.

lombard rate — ломбардная ставка, ставка по ломбардным кредитам: 1) официальная ставка центрального банка по кредитам коммерческим банкам, обеспеченным ценными бумагами (ФРГ); 2) ставка по обеспеченному кредиту коммерческого банка клиенту.

Lombard Street — "Ломбард стрит": лондонский ден. рынок (по названию улицы в Лондоне, где сосредоточены фин.- кредитные учреждения); 2) классический труд У. Бэджхота о ден. рынке и ден.-кредитной политике Банка Англии (выходцы из Ломбардии были первыми финансистами Великобритании после изгнания евреев в 1290 г.).

London Commodity Exchange (LCE) — Лондонская товарная биржа (основана в 1811 г.): один из крупнейших в мире срочных рынков сырьевых товаров (кроме металлов).

London discount market — лондонский учетный рынок: традиционная часть ден. рынка, на которой оперируют учетные дома, коммерческие и торговые банки, Банк Англии; см. London Discount Market Association; discount house.

London Discount Market Association (LDMA) — Ассоциация лондонского учетного рынка: ассоциация учетных домов; см. discount house.

London gold market — лондонский рынок золота: один из крупнейших международных рынков физ. золота, в основе которого находятся ежедневные встречи пяти ведущих фирм (на них утром и днем фиксируются цены золота в долларах); см. fixing; good delivery 1; gold market.

London interbank bid rate (LIBID) — ставка покупателя на лондонском межбанковском рынке депозитов (ЛИБИД).

London interbank currency options market (LICOM) — межбанковский рынок валютных опционов в Лондоне.

London interbank mean rate (LIMEAN) — среднее арифметическое между ЛИБОР и ЛИБИД: средняя ставка межбанковского рынка депозитов в Лондоне.

London interbank offered rate (LIBOR) — ставка предложения (продавца) на лондонском межбанковском рынке депозитов (ЛИБОР): важнейший ориентир процентных ставок на международном рынке ссудных капиталов; фиксируется на основе ставок ведущих банков на 11 час. утра.

London International Financial Futures Exchange (LIFFE) — Лондонская международная биржа финансовых фьючерсов (ЛИФФЕ): крупнейшая в Западной Европе срочная фин. биржа (основана в 1982 г.); находится в здании бывшей Королевской биржи; см. Royal Exchange.

London Metal Exchange (LME) — Лондонская биржа металлов (основана в 1881 г.): крупнейший международный рынок цветных металлов (медь, олово, цинк и др.), серебра и платины.

London money markets — лондонские ден. рынки: краткосрочные рынки в Лондоне — традиционный учетный, межбанковский (стерлинговый и евровалютный), депозитных сертификатов, обязательств местных властей, фин. компаний; более новые рынки, которые с 50-х годов сосуществуют с учетным рынком, называются "параллельными"; см. discount market.

London Stock Exchange (LSE) — Лондонская фондовая биржа (основана в 1773 г.): третья в мире по объему операций и капитализации фондовая биржа; в 1973 г. объединилась с провинциальными биржами и теперь представляет собой часть Международной фондовой биржи Соединенного Королевства и Республики Ирландии; см. International Stock Exchange of the UK and the Republic of Ireland.

London traded options market — лондонский рынок свободнообращающихся опционов на акции (основан в 1978 г.) при Лондонской фондовой бирже.

long = 1) long dated; 2) long(s); 3) long position.

long bit — монета в 15 центов.

long bond — долгосрочная облигация; в США — казначейская облигация со сроком 30 лет или любая др. облигация со сроком погашения свыше 10 лет.

long coupon — "длинный" купон: 1) купонный доход за период свыше 6 месяцев (обычно первый купон в связи с выпуском займа более чем за полгода до срока первого платежа); 2) облигация со сроком более 10—15 лет.

long dated (stock) — долгосрочная (ценная бумага): со сроком свыше 10—15 лет.

long dated currency swap — долгосрочный вал. своп; см. currency swap 1.

long end of the market — "долгосрочный конец рынка": рынок брит. гос. облигаций со сроками более 15 лет.

long gilt contract — фьючерский контракт на долгосрочные брит. гос. облигации (на ЛИФФЕ); см. London International Financial Futures Exchange.

long hedge — "длинный" хедж: покупка срочного контракта для нейтрализации ценового риска (для защиты от повышения стоимости выполнения будущего обязательства).

long leg — одна из сторон опционного спреда: обязательство купить фин. инструмент.

long liquidation = liquidation 2.

long option position — "длинная" опционная позиция: позиция, образовавшаяся в результате покупки опциона "пут" или "колл".

long position — "длинная" позиция: 1) срочная позиция, образовавшаяся в результате покупки фьючерских или опционных контрактов; 2) портфель ценных бумаг: ценные бумаги, принадлежащие инвестору; 3) наличие у банка определенной суммы в иностранной валюте (т. е. банк является ее владельцем).

longs (long gilts) — гос. облигации со сроками свыше 15 лет (Великобритания).

long straddle — "длинный стрэддл": одновременная покупка опционов "пут" и "колл" с одинаковыми ценами и сроками исполнения в расчете на неустойчивость конъюнктуры (прибыль получается при изменении цены фин. инструмента в любую сторону больше величины премии).

long strangle — "длинный стрэнгл": одновременная покупка опционов "пут" и "колл" с разными ценами и одинаковыми сроками исполнения ("внутренняя" стоимость опционов обычно отрицательна) в расчете на неустойчивость конъюнктуры; см. strangle; intrinsic value.

long tap — гос. облигации (Великобритания), выпускаемые на регулярной основе для удовлетворения спроса на долгосрочные бумаги.

long-term — долгосрочный: 1) об инвестиционной стратегии, предусматривающей покупку ценных бумаг на сроки более 1 года; 2) о ценных бумагах со сроками более 10—15 лет; 3) о задолженности со сроками более 1 года.

long-term compensation — долгосрочные компенсационные операции; см. buy-back 1.

long-term debt — долгосрочный долг: обязательства со сроками более 1 года или облигации со сроками свыше 10 лет.

long-term debt to total capitalization ratio — отношение долгосрочных заимствований к суммарной капитализации компании.

long-term financing — долгосрочное финансирование: обязательства со сроками свыше 1 года и весь акционерный капитал.

loophole — лазейка, уловка: техн. прием обхода закона без нарушения его буквы; см. tax shelter.

loophole bank = nonbank bank.

loro account — корреспондентский счет "лоро" ("их" счет): 1) счет третьего банка у банка — корреспондента данного кредитного учреждения; 2) = vostro account.

loser — "проигравший": акция с падающим курсом.

loss and gain account (USA) = profit and loss account.

losses on receivables — дебиторские потери: убытки по требованиям, кредитам и т. д.

loss ratio — коэффициент убытков: отношение выплат страховой компании к сумме полученных премий (за год).

loss reserve = loan loss provision.

lost profits — упущенная прибыль: потенциальная прибыль, которая не была реализована.

lot — лот: 1) стандартный размер сделки, контракта, партии товара (на аукционе, на бирже); 2) любая партия товара, составляющая предмет операции.

lottery — лотерея: разовый розыгрыш ден. и вещевых призов по специально выпущенным билетам (мобилизованные средства обычно идут на конкретные цели).

Louvre accord — Луврское соглашение: соглашение между странами "группы пяти" и Канадой в феврале 1987 г. в Париже о продолжении координации вал. интервенций для достижения вал. стабильности.

low — самый низкий (о цене ценной бумаги или товара за год или за весь период котировки).

low coupon stock — гос. облигация с низкой купонной ставкой (Великобритания); такие облигации выпускаются для привлечения инвесторов, заинтересованных в приросте капитала, а не в доходе.

low interest rate countries scheme (LIRC) — дополнительная схема к соглашению Консенсус для стран с низким уровнем процентных ставок; см. International Agreement on Officially Supported Export Credit.

low-par stocks — ценные бумаги с небольшими номиналами; большинство акций выпускается с низкими номиналами или без номинала, т. к. значение имеет цена эмиссии и не должно возникать путаницы между номинальной и рыночной стоимостью акций.

low-priced shares — акции с низкой рыночной ценой, "дешевые" акции: акции с небольшими номиналами, которые на рынке стоят сравнительно недорого и широко распространены среди мелких инвесторов.

lump sum — 1) общая сумма нескольких платежей; 2) единовременно выплачиваемая (разовая) сумма.

lump-sum distribution — единовременная выплата бенефициару всей суммы по пенсионной или инвестиционной программе, по схеме участия в прибылях.

lump-sum investment — инвестиционная программа, участник которой делает разовый взнос (в отличие от регулярных взносов).

Luxembourg interbank offered rate (LUXIBOR) — межбанковская ставка предложения депозитов на ден. рынке Люксембурга (ЛЮКСИБОР).

luxury tax — налог на предметы роскоши: налог на товары, которые не считаются необходимыми для широких масс.

M

M_0 — ден. агрегат M_0: в Великобритании — самый узкий показатель ден. массы в обращении (иногда называется "широкой ден. базой"); введен в 1983 г.; включает банкноты и монету в обращении, кассовую наличность банков и остатки средств на счетах коммерческих банков в Банке Англии; = monetary base.

M_1 — ден. агрегат M_1 в Великобритании — показатель ден. массы, включающий наличные деньги в обращении плюс стерлинговые счета до востребования частного сектора в банках; в США — наличность в обращении, счета до востребования в коммерческих и взаимно-сберегательных банках, счета НАУ, небанковские дорожные чеки и т. д.

M2 — ден. агрегат M2: в Великобритании — показатель ден. массы, включающий наличность в обращении, стерлинговые текущие и процентные счета частного сектора в банках, вклады в строительные общества и сбербанки (M1 плюс срочные сберегательные счета); в США — M1 плюс сберегательные счета, срочные счета до 100 тыс. долл., однодневные евродолларовые депозиты, акции взаимных фондов ден. рынка и др.

£M3 — стерлинговый ден. агрегат M3 (Великобритания): показатель ден. массы, включающий M1 плюс срочные счета частного сектора в фунтах стерлингов в банках.

M3 — ден. агрегат M3: в Великобритании — показатель ден. массы, включающий стерлинговый агрегат M3 плюс банковские депозиты частного сектора в иностранной валюте; в США — M2 плюс срочные депозиты свыше 100 тыс. долл. и срочные соглашения о продаже и последующем выкупе ценных бумаг.

Macmillan Gap — нехватка долгосрочного капитала для образования мелких и средних компаний в Великобритании в 20 — 30-е годы, отмеченная в докладе Макмиллана о финансировании брит. промышленности в 1931 г.

Macmillan Report — доклад Макмиллана: доклад Комитета по проблемам фин. системы и промышленности Великобритании (1931 г.).

macroeconomics — макроэкономика: экономика в целом (как единое целое), характеризуемая такими агрегированными показателями, как промышленное производство, инфляция, безработица; см. microeconomics.

mag(netic) stripe — магнитная полоса черного цвета на оборотной стороне кредитной карточки; содержит закодированную информацию об эмитенте и владельце карточки, сообщаемую компьютеру в момент проведения сделки; см. plastic card.

Maiden issue — "девственный" заем: первый выпуск облигаций данной компании.

mail order — почтовый перевод: платежное поручение банка по просьбе клиента своему корреспонденту в пользу какого-либо лица (форма платежа).

mainstream corporation tax (MCT) — основная сумма корпорационного налога: разница между всей суммой корпорационного налога, уплачиваемого компаниями, и авансовым корпорационным налогом (Великобритания); см. advance corporation tax; corporation tax.

maintain a market = make a market.

maintenance bond — гарантия качества товара в течение некоторого времени после его приобретения.

maintenance call — требование внесения клиентом дополнительных средств (наличных или ценных бумаг) в случае падения остатка на его счете у фондового брокера ниже определенного уровня.

maintenance fee — ежегодная комиссия по некоторым видам счетов клиентов у фондовых брокеров.

maintenance margin — минимальная сумма, которую клиент должен иметь у своего брокера после вычета др. гарантийных депозитов; см. initial margin; variation margin; minimum maintenance.

maintenance requirement = minimum maintenance.

majority interest — участие в капитале компании, дающее право контроля: контрольный пакет акций (может быть меньше 51%).

majority shareholder — акционер, который имеет контрольный пакет акций компании (часто менее 51%).

Major Market Index (MMI) — синтетический индекс курсов акций 20 ведущих американских корпораций (используется во фьючерской и опционной торговле).

make a market — "делать рынок": постоянно котировать цены продавца и покупателя с готовностью вступить в сделки по ним; см. market maker.

make a price = make a market.

make-up day — день представления банком центральному банку ежемесячной отчетности.

making-up — подведение итогов, расчет, компенсация.

making-up day = contango day.

Makler — маклер, биржевой брокер или дилер (нем.); см. Kursmakler; freie Makler.

Maklergebur — брокерское вознаграждение, комиссия (нем.); в ФРГ размер брокерской комиссии составляет 1% суммы сделки по акциям и 0,075—0,0075% по облигациям (в зависимости от суммы).

Maloney Act — Закон Мэлоуни (США, 1938 г.): поправка к Закону о ценных бумагах 1933 г., разрешающая создание саморегулирующихся ассоциаций фондовых брокеров и дилеров при условии их регистрации в Комиссии по ценным бумагам и биржам; единственная организация, созданная по этому закону, — Национальная ассоциация дилеров по ценным бумагам (1939 г.).

managed account — управляемый счет: инвестиционный счет одного или нескольких клиентов, доверенный менеджеру (банку, брокеру) для осуществления капиталовложений.

managed bonds — управляемые облигации: программа, по которой управление инвестициями доверено фин. учреждению и средства переводятся, напр., в облигации по усмотрению управляющего.

managed currency — управляемая валюта: валюта, на курс которой власти оказывают влияние с помощью рыночных операций и др. методов; см. dirty floating.

managed float = dirty floating.

managed fund — управляемый фонд: фонд, созданный банком или др. кредитно-фин. институтом для управления определенными активами по поручению инвестора-клиента.

management — менеджмент: 1) управление: политика и методы управления деятельностью корпорации; 2) управляющие корпорации.

management buy-in — приобретение группой профессиональных менеджеров контрольного пакета акций какой-либо компании.

management buy-out — 1) выкуп контрольного пакета акций корпорации ее управляющими и служащими; 2) выкуп части конгломерата для создания самостоятельной компании.

management company = investment company.

management fee — комиссия за управление: 1) плата банком за организацию выпуска ценных бумаг или предоставление синдицированного кредита; 2) комиссия за управление инвестициями, взимаемая взаимным фондом (обычно 1% от стоимости активов в год).

management group — группа управления: банки, тесно взаимодействующие с ведущим менеджером займа при распределении ценных бумаг.

management quality — качество управления: оценка банка или компании с точки зрения квалификации управляющих, обоснованности принимаемых ими решений.

management share = deferred ordinary share.

manager — менеджер, управляющий: 1) лицо, осуществляющее оперативное руководство компанией или ее подразделением; 2) банк — организатор займа в отличие от простого участника синдиката; может быть главным организатором (лид-менеджер) или одним из организаторов (ко-менеджер); см. lead-manager; co-manager.

managing underwriter — главный андеррайтер: ведущий член гарантийного синдиката, выступающий представителем и агентом др. банков.

M&A (mergers and acquisitions) department — отдел банка (обычно инвестиционного), занимающийся организацией слияний и поглощений компаний.

mandate — мандат: право на организацию синдицированного займа, предоставляемое заемщиком банку.

mandatory convertible debenture — облигация, которая через определенное время обязательно конвертируется в акции.

manipulation — манипуляция, манипулирование: в США — купля-продажа ценных бумаг для создания иллюзии рыночной активности и воздействия на цены (незаконные действия).

manufacturing risk — производственный риск: риск на стадии производства до экспортной поставки.

Maple Leaf — "кленовый лист": канадская золотая монета (объект торговли в тезаврационных целях); номинал — 50 долл.; содержание чистого золота — 1 тр. унция.

marché à terme — срочный рынок (франц.): срочный биржевой или вал. рынок; на Парижской фондовой бирже срочный рынок отделен от наличного рынка и с 1983 г. ценные бумаги могут котироваться только на одном из них; по всем сделкам требуется внесение гарантийного депозита (размер зависит от покрытия — наличность, ценные бумаги); помимо сделок с отсрочкой платежа в Париже заключаются различные виды опционных сделок.

Marché à terme d'instruments financiers (MATIF) — МАТИФ (франц.): срочная фин. биржа в Париже (фьючерские сделки с облигациями и казначейскими векселями); открыта в 1986 г.

marché au comptant — наличный рынок (франц.): рынок сделок с немедленными расчетом и поставкой.

marché de l'argent — ден. рынок (франц.).

marché des capitaux — рынок капиталов (франц.).

marché des valeurs — рынок ценных бумаг (франц.).

marché hors côte — внебиржевой (неофициальный) рынок (франц.): рынок "некотируемых" акций при франц. фондовых биржах; см. Second marché.

marché monétaire = marché de l'argent.

marchés conditionnels — условные рынки (франц.): рынки различных видов опционов на фондовых биржах во Франции.

margin — маржа: 1) разница между ценами, курсами, ставками; 2) гарантийный взнос (депозит) в срочной биржевой (фьючерской и опционной) торговле: см. initial margin 1; variation margin; 3) часть цены акции, вносимая клиентом наличными при совершении покупки за счет кредита брокера (в США минимум 50%); 4) разница между текущей рыночной стоимостью обеспечения кредита и номинальной суммой кредита.

margin account — маржинальный счет: счет клиента у брокера, по которому ценные бумаги можно покупать в кредит (вносится только маржа); на счете необходимо иметь определенную сумму; в США маржинальные счета регулируются ФРС ("правилом Т"), Национальной ассоциацией дилеров по ценным бумагам, биржами; см. minimum maintenance; Regulation T.

margin agreement — соглашение, в котором оговорены правила ведения маржинального счета; см. margin account.

marginal cost of capital = incremental cost of capital.

marginal efficiency of capital — маржинальная эффективность капитала: годовая доходность последнего по времени прибавления элемента капитала.

marginal rate of tax — маржинальная ставка налога: ставка налога по наиболее высокой части дохода при прогрессивной системе налогообложения (максимальная ставка, применяемая к данному плательщику).

margin calls — 1) дополнительные гарантийные депозиты, ежедневно уплачиваемые сторонами срочной биржевой сделки при неблагоприятном движении цен (в виде разницы между прошлой и новой расчетной стоимостью контракта); см. mark-to-market 1; = variation margin; 2) требование внесения гарантийного депозита наличными и ценными бумагами по фондовой сделке, совершаемой в кредит (США); см. margin account; minimum maintenance.

margin department — отдел брокерской фирмы, занимающийся ведением маржинальных счетов клиентов; см. margin account.

margin of profit (ratio) — маржа прибыли: отношение брутто-прибыли к нетто-продажам компании; см. gross profit.

margin requirements — требования внесения гарантийных депозитов на биржах или по счетам клиентов у брокеров; см. initial margin; margin calls; margin account; variation margin.

margin security — ценная бумага, частично купленная в кредит (по маржинальному счету у брокера); в кредит в США можно покупать только бумаги, которые официально зарегистрированы и котируются на биржах, а также гос. и муниципальные облигации, обязательства МБРР (по др. бумагам расчеты должны вестись наличными); см. margin account.

marine insurance — мор. страхование: страхование судна или груза от полной или частичной потери в период морского плавания.

marital deduction — супружеский налоговый вычет: освобождение от налогообложения перехода собственности от одного супруга к другому в порядке наследования.

Mark — нем. марка (жарг. вал. дилеров).

mark down — 1) снижение цены акции или облигации для привлечения покупателей или сдерживания продавцов, стимулирования торговли (часто как реакция на поступление той или иной информации); 2) комиссия, взимаемая дилером с клиента при продаже последним ценных бумаг на внебиржевом рынке (обычно 5% в США).

market (Mkt; mart) — рынок: 1) организованная или неформальная система торговли товарами или фин. инструментами на основе четких правил; 2) рыночные цены, состояние конъюнктуры; 3) рыночная цена; 4) основные участники фин. рынка: дилеры, торгующие за свой счет; 5) физ. место торговли.

marketability — возможность быстро и без помех купить или продать ценную бумагу или товар (необязательно по обоснованной цене).

marketable collateral — легко реализуемое обеспечение кредита (активы, которые можно быстро и без потерь продать).

marketable eurodollar collateralized securities (MECS) = bearer eurodollar collateralized securities.

marketable securities — обращающиеся ценные бумаги; могут свободно покупаться и продаваться на рынке и превращаться в наличные.

market analysis — рыночный анализ: 1) анализ рыночной конъюнктуры с целью прогнозирования цен; 2) оценка рынков сбыта компании.

market capitalization — рыночная капитализация компании: суммарная рыночная стоимость выпущенных акций компании (число выпущенных акций, умноженное на их рыночную цену); также стоимость всех акций на данной бирже.

market depth = depth of a market.

market extention merger — "слияние, расширяющее рынок": конгломеративное слияние компаний в разных регионах или странах; см. conglomerate merger.

market-if-touched (MIT) order — приказ клиента брокеру о совершении сделки, если цена достигнет оговоренного уровня.

market index — рыночный индекс: индекс, отражающий движение конъюнктуры на том или ином рынке (напр., на фондовом рынке).

marketing — маркетинг: система методов и средств продвижения товаров от производителя к потребителю; включает анализ рынка, дизайн, организацию сбыта, рекламу и т. д.

market letter — рыночный листок: регулярная публикация с анализом рыночных тенденций и рекомендациями, распространяемая брокером среди клиентов или независимым аналитиком среди подписчиков.

market liquidity risk — риск рыночной ликвидности: риск того, что фин. инструмент нельзя будет быстро продать по полной рыночной стоимости.

market maker — "делатель рынка": участник фин. рынка (валюты, ценных бумаг), который постоянно котирует цены продавца и покупателя и вступает в сделки по одному или нескольким фин. инструментам за свой счет.

market order — рыночный приказ: приказ клиента биржевому брокеру о немедленном совершении сделки по наилучшей текущей цене (США).

market out clause — условие соглашения о гарантии нового займа, которое освобождает андеррайтеров от их обязательств в случае непредвиденных неблагоприятных событий на всем фондовом рынке.

market partnership — рыночное товарищество: соглашение участников рынка, действующих за собственный счет и являющихся конкурентами, о создании временного дилерского товарищества для торговли конкретным видом ценных бумаг.

market place — рынок: физ. место (помещение) рынка.

market price — рыночная цена: текущая цена ценной бумаги на рынке; т. е. последняя цена, по которой была заключена сделка на рынке.

Market Price Display Service (MPDS) — Служба информации по рыночным ценам (Великобритания): внутренняя телевизионная система Лондонской фондовой биржи, распространяющая информацию о ценах примерно 750 ведущих акций и деятельности крупнейших компаний.

market report — рыночный отчет: информация о событиях и деталях операций на бирже или др. рынке в течение дня, анализ основных тенденций и причин тех или иных сдвигов.

market research — исследование рынка: 1) анализ рыночного потенциала нового продукта; 2) = market analysis.

market risk = systematic risk.

market share — удельный вес в обороте рынка данной компании или товара.

market size — размер рынка: размер операции с

конкретным видом ценных бумаг, которую можно совершить без каких-либо сложностей (без нарушения нормального функционирования рынка).

market timing — выбор времени покупки или продажи ценных бумаг или др. фин. инструментов на основе анализа рыночной конъюнктуры, пр. факторов.

market-to-book ratio — отношение рыночной цены акции к ее бухг. стоимости (все активы минус все обязательства, привилегированные акции и "неосязаемые" активы в расчете на одну обыкновенную акцию).

market tone — рыночный "тон": состояние рынка ценных бумаг.

market value — рыночная стоимость ценной бумаги (в отличие от номинальной).

market value-weighted index — фондовый индекс, компоненты которого взвешиваются в соответствии с полной рыночной стоимостью акций в обращении.

marking names — список фин. учреждений, на имя которых брит. инвесторы могут зарегистрировать американские и канадские облигации для облегчения получения дивидендов (публикуется Лондонской фондовой биржей); на эти же учреждения регистрируются сертификаты акций в американской форме; см. American-form share certificate; other names.

marking of bargains = markings.

markings — ежедневная официальная регистрация и публикация цен сделок на Лондонской фондовой бирже; см. marks.

marks — цены сделок на Лондонской фондовой бирже, внесенные в официальный бюллетень; см. markings.

mark-to-market — 1) практика ежедневной переоценки срочных биржевых позиций для учета текущего изменения цен и внесения при необходимости дополнительных гарантийных депозитов; 2) переоценка долгосрочного кредитного свопа на базе текущих котировок; 3) переоценка портфеля ценных бумаг на основе текущих цен.

mark-to-market accounting — учет в текущих ценах (по текущим курсам, процентным ставкам и т. д.).

mark-up — маржа: 1) надбавка к процентной ставке-ориентиру, составляющая прибыль кредитора и зависящая от условий кредита и уровня риска; 2) надбавка к издержкам производства товара, составляющая прибыль производителя; 3) любая надбавка к цене для получения прибыли при перепродаже.

married put — "женатый" опцион "пут": опцион "пут" на продажу определенного числа ценных бумаг, купленный одновременно с ценными бумагами, лежащими в основе опционного контракта (для страхования ценового риска).

marrying price — котировка ценной бумаги на фондовой бирже, используемая банком — членом биржи для внутрибанковского зачета покупок и продаж (т. е. банк выступает брокером).

Marshall Plan — план Маршалла: программа возрождения европейской экономики (1948—1951 гг.), названная по имени гос. секретаря, министра обороны США генерала Дж. К. Маршалла; план предусматривал помощь в восстановлении западноевропейских экономик путем крупных поставок товаров в кредит и бесплатно.

Marshall's theory of markets — теория рынков Маршалла: предположение брит. проф. А. Маршалла (1842—1924) о том, что рост масштабов рынка уменьшает колебания цен и комиссионные посредников.

master agreement — соглашение двух сторон об основных условиях свопов, которые будут заключаться между ними в течение оговоренного срока.

MasterCard — "МастерКард": международная система кредитных карточек, принадлежащая группе банков разных стран (включает карточку "Аксесс").

match — две противоположные операции, совпадающие по размерам и срокам.

matched and lost (M&L) — "совпали и проиграл" (США): ситуация на бирже, когда два члена одновременно отвечают на предложение купить или продать ценные бумаги (в равной сумме, по одинаковой цене); бросается жребий и сделку заключает выигравший.

matched book — 1) уравновешенный портфель операций банка: активы и пассивы совпадают по срокам; 2) фин. положение фондового дилера, когда стоимость заимствований равна доходу по предоставленным кредитам.

matched orders — взаимозачитывающиеся биржевые приказы: равные приказы на покупку и продажу (в т. ч. незаконная практика стимулирования рыночной активности).

matched sale (re)purchase agreement — сделка, заключающаяся в продаже ценных бумаг с обязательством купить через некоторое время др. бумаги на равную сумму: техника регулирования ден. рынка центральным банком (напр., ФРС).

matching — "мэтчинг": 1) метод нейтрализации ценового риска, заключающийся в сбалансировании активов и пассивов по суммам и срокам (напр., подбор равных вал. позиций с противоположными знаками); 2) ежедневная сверка всех покупок и продаж на срочной бирже и получение подтверждения продавцов и покупателей по ценам и числу контрактов в каждой сделке.

matchings of maturities — совпадение сроков активов и пассивов.

material asset value — рыночная стоимость фикс. и текущих активов (основного и оборотного капитала) компании (в отличие от капитализации дохода от инвестированного капитала).

material-value clause — условие кредитного соглашения, привязывающее номинальную стоимость требования к реальной стоимости актива или изменениям цен тех или иных товаров (напр., золотая оговорка, индексация облигаций).

matrix trading — "матричная" торговля: обмен облигациями или покупка одних и продажа др. облигаций для использования временных перекосов в доходности между облигациями одного класса с различными рейтингами или между облигациями различных классов.

maturity — срок: 1) срок погашения ценной бумаги наличными деньгами; 2) срок кредита.

maturity date — срок платежа (погашения) векселя или др. ценной бумаги; см. days of grace.

maturity factoring — срочный факторинг: разновидность факторинга, при котором специализированная компания берет на себя получение всех долгов клиента за комиссию в 0,75—2% суммы долгов и ежемесячно перечисляет ему текущие суммы в средний срок их уплаты; см. factoring.

maturity mismatching — несовпадение по срокам: привлечение краткосрочных депозитов для предоставления более долгосрочных кредитов.

maturity stripping = loan stripping.

maturity swap — обмен облигаций с более короткими сроками на ценные бумаги с более продолжительными сроками.

maturity transformation — трансформация банками краткосрочных депозитов в более долгосрочные кредиты.

maundy money — милостыня, раздаваемая брит. королевой (или от ее имени) в Великий четверг на Страстной неделе (для этого чеканятся специальные монеты).

maximum capital gains mutual fund — взаимный инвестиционный фонд, вкладывающий средства акционеров с целью максимизации прироста капитала.

maximum price fluctuation — максимальное изменение цены определенного контракта в срочной биржевой торговле в любую сторону, разрешенное в течение дня; при превышении предела торговля прерывается; = daily limit.

maximum sum mortgage — ипотека с фикс. максимальной суммой (недвижимость, заложенная в качестве обеспечения, может покрывать обязательства на сумму не выше записанной в земельном регистре).

May Day — "Майский день" (США): реформа американского фондового рынка 1 мая 1975 г. (в т. ч. отмена фикс. комиссионных ставок).

McFadden Act — Закон МакФаддена (США, 1927 г.): закон, уравнявший банки федерального и штатного уровней в вопросе открытия отделений только в своем штате; многие банки нашли пути обхода этого закона.

McKenna duties — таможенные пошлины МакКенны (Великобритания): пошлины, введенные в 1915 г. с целью сокращения импорта и экономии долларов и места в трюмах; были задуманы в качестве временной меры, но сохранены для защиты нац. производства автомобилей (в 1932 г. слиты с системой общего таможенного тарифа).

mean price — средняя цена: среднее арифметическое цен покупателя и продавца.

mean return — средний ожидаемый доход по всем инвестициям, входящим в портфель данного инвестора.

medallion — медаль, медальон: металлическое изделие в форме монеты без номинала, посвященное какому-либо событию.

medium of exchange — средство расчетов: все то, что широко принимается в оплату товаров, долгов и т. д.

mediums (medium gilts) — брит. гос. облигации со сроками 5—15 лет (до погашения).

medium-term — 1) среднесрочный (о ценных бумагах); 2) = intermediate-term.

Medium-Term Financial Strategy (MTFS) — среднесрочная фин. стратегия (Великобритания): экон. политика консервативного правительства (с 1979 г.), основанная на монетаристских воззрениях о прямой связи темпов роста ден. массы с уровнем инфляции и темпами экон. роста; заключалась в попытке добиться постепенного снижения темпов роста ден. массы путем установления целевых среднесрочных ориентиров (таргетирования) ден. агрегатов и сокращения потребности правительства в заемных средствах параллельно дерегулированию экон. жизни (отмена вал. ограничений и официальной учетной ставки, приватизация), снижению налогов; политика консерваторов способствовала росту экон. активности, но от попыток жесткого регулирования ден. обращения фактически пришлось отказаться; см. targeting.

medium-term financing = financial loan.

medium-term note (MTN) = Euro medium-term note.

mega-deals — очень крупные фин. сделки — выпуск займа, кредит, слияние и поглощение (свыше 1 млрд. долл.); см. jumbo-credit.

melon — "дыня": 1) необычайно высокая прибыль, предназначенная к распределению между акционерами; 2) крупный дополнительный дивиденд (в т. ч. в форме акций).

member — член: 1) член фондовой или срочной биржи (владелец "места"); 2) в США — банк — член ФРС.

member bank — банк-член: 1) в США — банк — член ФРС; 2) в Великобритании — банк — член клиринговой палаты.

member corporation — корпорация — член биржи (США): брокерская компания, организованная как корпорация, по крайней мере один из руководителей или служащих которой является членом Нью-Йоркской фондовой биржи; см. corporate member.

member firm — 1) фирма — член биржи; 2) член биржи, имеющий статус товарищества.

member organization — член Нью-Йоркской фондовой биржи (США).

member short sale ratio — коэффициент "коротких" продаж членов биржи: отношение "коротких" продаж члена биржи за свой счет за неделю ко всем "коротким" продажам на бирже; на Нью-Йоркской фондовой бирже коэффициент свыше 82% считается признаком понижательной тенденции, ниже 68% — повышательной.

members voluntary winding-up (UK) = voluntary liquidation.

memorandum of association — меморандум об ассоциации: в Великобритании — документ, представляемый для регистрации новой компании (содержит название и цель компании, размеры и структуру капитала, данные об ответственности членов, зарегистрированный адрес); в отличие от устава определяет главным образом внешние отношения компаний.

memory card — карточка с памятью: пластиковая карточка с закодированной на ней информацией; см. plastic card.

Merc = Chicago Mercantile Exchange.

mercantile agency — торговое агентство: организация, специализирующаяся на сборе и предоставлении информации о компаниях, их кредитных рейтингах (США).

merchandise trade balance = balance of trade.

merchant acquirer — член системы кредитных или др. карточек, который проводит переговоры с владельцами магазинов, ресторанов и аналогичных предприятий, где используются карточки (букв.: "тот, кто приобретает клиентов"); см. plastic card.

merchant bank — торговый банк: банк Великобритании или др. страны, специализирующийся на финансировании внешней торговли, операциях на рынке капиталов, организации слияний и поглощений, консультациях (по типу деятельности такие банки сходны с инвестиционными); в Великобритании крупнейшие торговые банки называются акцептными домами; см. accepting house.

merchant discount — комиссия, которую платит владелец розничного предприятия эмитенту пластиковой карточки за каждую сделку, оплаченную карточкой (2—3% от суммы сделки в Великобритании); букв.: скидка с суммы, переводимой владельцу магазина эмитентом карточки; см. plastic card.

merchants' Rule — "купеческое правило": правило расчета процентных платежей, по которому проценты начисляются на всю сумму долга до окончания срока, несмотря на частичные платежи в погашение; см. United States Rule.

merger — слияние двух и более компаний для образования новой компании; см. horizontal integration; vertical integration; conglomerate merger; product extension merger; market extension merger.

message authentication — удостоверение подлинности сообщений: защита информации с помощью введения в текст сообщения (незашифрованного) секретного кода, понятного только владельцу "ключа".

mezzanine bracket — члены синдиката андеррайтеров, суммы участий которых меньше только участий лид-менеджеров; см. lead-manager.

mezzanine financing — "промежуточное" финансирование (кредит на период до начала действия основной схемы финансирования, выпуска акций) в области "рискового" капитала; см. first round financing.

mezzanine level — "мезанинный" уровень: стадия развития новой компании непосредственно перед выпуском акций на рынок.

microeconomics — микроэкономика: деятельность базовых экон. агентов — отраслей, предприятий, семей; см. macroeconomics.

MidAmerica Commodity Exchange (MACE) — Среднеамериканская товарная биржа: срочная биржа в Чикаго (отличается меньшими, чем на др. биржах, размерами контрактов); фин. контракты введены в 1981 г.

middleman — посредник между продавцом и потребителем, берущий на себя за плату процесс сбыта.

middle price — средняя цена: среднее арифметическое цен покупателя и продавца.

mid-month — середина месяца: 15-е число любого месяца.

mill — милль: десятая часть цента; используется в США при установлении налогов на недвижимость (в миллях на доллар оценки собственности).

mine — "мое", "я покупаю": выражение согласия на покупку той или иной валюты по предложенному курсу (жарг. вал. дилеров); см. yours.

Mineral Bank = Bank for New Economic Initiatives.

minimanipulation — миниманипуляция: операции с ценными бумагами, заложенными в основу опционного контракта, для воздействия на его стоимость.

minimax bond (FRN) — облигация с фикс. минимумом и максимумом плавающей процентной ставки.

minimum capital ratio — минимальный уровень коэффициента достаточности капитала, установленный властями.

minimum commissions — минимальные ставки комиссии брокеров на фондовых биржах (меньше брать нельзя); во многих странах отменены (в США — в 1975 г., в Великобритании — в 1986 г.) в целях поощрения конкуренции между участниками рынка.

Minimum Lending Rate (MLR) — минимальная ссудная ставка Банка Англии: официальная учетная ставка Банка Англии в 1972—1981 гг. — публиковавшаяся ставка (до 1976 г. привязанная к ставкам по казначейским векселям), по которой Банк Англии учитывал векселя и давал краткосрочные кредиты учетным домам; отменена в августе 1981 г. в ходе пересмотра ден.-кредитной политики (теперь Банк Англии определяет ставки по своим операциям в каждом конкретном случае); была на короткое время восстановлена в январе 1985 г. для защиты фунта стерлингов.

minimum maintenance — минимальный уровень средств, который должен поддерживаться на маржинальном счете клиента у брокера по правилам Национальной ассоциации дилеров по ценным бумагам, биржи, ФРС США; по "правилу Т" ФРС на счете нужно иметь 2 тыс. долл. плюс 50% от покупной стоимости бумаг (при покупке в кредит); по правилам Нью-Йоркской фондовой биржи и Национальной ассоциации дилеров дополнительно надо иметь на счете средства в размере 25% от рыночной стоимости бумаг (некоторые брокеры требуют 30%); см. margin account.

minimum price fluctuation — минимально допустимое изменение цены определенного контракта в срочной биржевой торговле; см. tick.

minimum reserves (balances) — минимальные резервы: средства, которые коммерческие банки обязаны депонировать в центральном банке (в соответствии с законом и обычно без уплаты процентов); также называются резервными требованиями; см. reserve requirements.

minimum subscription — минимальная подписка: минимальная сумма, которая по мнению директоров компании должна быть подписана при выпуске акций (чтобы компания могла начать функционировать); эта сумма обычно указывается в проспекте.

minimum unit of trading = round lot.

mining shares — акции горнодобывающих компаний.

minority interest — участие в капитале компании, не составляющее контрольного пакета (неконтрольный пакет акций).

minority shareholder — 1) акционер, не имеющий контрольного пакета акций; 2) акционер, проголосовавший против большинства по какому-либо вопросу деятельности компании; 3) акционер, который не принял предложение компании, проводящей поглощение его собственной компании.

minor trend — второстепенная тенденция: краткосрочное движение цен, не оказывающее серьезного влияния на средне- и долгосрочную тенденцию развития конъюнктуры.

mint — монетный двор: фабрика по производству монет, медалей и т.д. (в США и Великобритании — под контролем министерства финансов); см. Royal Mint.

mintage — 1) чеканка монеты; 2) плата за чеканку монеты из металла заказчика; см. brassage; seignorage.

mint par of exchange = gold parity 1.

mint price of gold — цена, по которой в период золотого стандарта монетный двор (или центральный банк) были готовы покупать золото.

mint ratio — монетный коэффициент: в условиях биметаллизма соотношение между весовыми количествами двух металлов в ден. единице; см. bimetallism.

minus — минус: знак, которым при публикации рыночных котировок отмечают снижение цены по сравнению с предыдущим днем.

minus tick = down tick.

mirror swap — "зеркальный" своп: противоположный по знаку своп, заключенный с тем же партнером.

misalignment — устойчивое отклонение реального эффективного вал. курса от уровня фундаментального равновесия.

mismatch — несовпадение, "мисмэтч": 1) расхождение в сроках уплаты процентов по активам и пассивам; 2) расхождение в сроках выплаты процентов и фиксации процентного периода (в свопе).

mismatch bonds (FRNs) — облигации с плавающей ставкой, у которых не совпадают периоды выплаты процентов и фиксации ставки купона.

mismatched payment swap — процентный своп, платежи по которому стороны совершают в разные сроки; см. interest rate swap.

mismatch pricing = mismatch bonds (FRNs).

Misr-Roumanian Bank — Египетско-румынский банк: консорциальный банк, созданный в 1977 г. в Каире при участии Румынского банка для внешней торговли (19%), румынских Инвестиционного банка (15%) и Банка для сельского хозяйства и пищевой промышленности (15%), а также египетского банка Миср (51%).

missing the market — "пропуск рынка": пропуск возможности заключить сделку по лучшей цене.

Mittel-oeropäische Handelsbank — Среднеевропейский торговый банк: польско-западногерманский консорциальный банк, созданный в 1973 г. во Франкфурте-на-Майне; 70% капитала принадлежат Банку хандлёвы в Варшаве, 30% — Ландесбанку жироцентрале (ФРГ).

mixed — "смешанный" рынок: рынок, на котором одни цены повышаются, другие снижаются.

mixed account — смешанный счет: счет у брокера, ценные бумаги на котором частично куплены и частично позаимствованы.

mixed credit — "смешанный" кредит: сочетание экспортного рыночного кредита и бесплатной помощи на развитие (эффективная ставка ниже рыночного уровня); по правилам Консенсуса доля помощи должна быть не менее 20%.

mixed investment trust — смешанный инвестиционный трест: трест, инвестирующий как в недвижимость, так и в ценные бумаги.

mixers — "миксеры" (Великобритания): спекулятивные ценные бумаги, которые слишком рискованно держать в больших количествах и необходимо "смешивать" с другими в портфеле инвестора.

mobile home certificate — "сертификат передвижных домов" (США): ценная бумага, обеспеченная ипотеками на передвижные дома и гарантированная ГНМА; см. Government National Mortgage Association.

Model Code (for directors' dealings) — примерный кодекс правил операций директоров с акциями их компаний, выпущенный фондовой биржей (Великобритания); поощряет владение директорами акциями компаний, но запрещает спекулятивные сделки (напр., нельзя торговать перед публикацией фин. результатов или др. важных сообщений).

modified cash basis — модифицированная наличная основа: метод бухг. учета, который признает краткосрочные поступления и платежи при получении и выплате наличных, а для долгосрочных используется принцип учета по дате реализации товаров и услуг или появления обязательства; см. cash basis; accrual basis.

monetarism — монетаризм: экон. теории, согласно которым достижение безынфляционного роста экономики требует контроля за ден. массой в обращении; чрезмерный рост ден. массы объясняется прежде всего неспособностью правительства контролировать дефицит гос. бюджета; современная концепция монетаризма основывается на работах М. Фридмана 50-х годов; особую популярность монетаризм приобрел в 70 — 80-х годах, когда он использовался в политике США, Великобритании и др. стран; см. Medium Term Financial Strategy.

monetarist — монетарист: приверженец теории монетаризма; см. monetarism.

monetary aggregates — ден. агрегаты: показатели объема и структуры ден. массы в обращении (M1, M2, M3 и др.); см. M0; M1; M2; M3; monetary base.

monetary assets/liabilities — денежные активы и пассивы (в ден., а не товарной форме).

Monetary Authority of Singapore — Валютное управление Сингапура: орган, выполняющий функции центрального банка за исключением ден. эмиссии.

monetary base — ден. (монетарная) база: показатель ден. массы в обращении, включающий наличные деньги в обращении и счета (резервы) коммерческих банков в центральном банке (иногда также средства корпораций в центральном банке); = M0.

monetary compensatory amounts — суммы вал. компенсации: субсидии и налоги в странах ЕЭС, призванные компенсировать разницу между "зелеными" и рыночными вал. курсами и освободить цены на сельскохозяйственную продукцию от стихийных курсовых перепадов (это делает цены в разных странах сопоставимыми и сдерживает товарную торговлю, осуществляемую ради курсового выигрыша).

monetary policy — ден.-кредитная и, в некоторых случаях, вал. политика: контроль за ден. обращением и ликвидностью банковской системы (т. е. за кредитом) через операции на ден. рынке, манипулирование официальной учетной ставкой, резервные требования к банкам, эмиссию гос. ценных бумаг, управление вал. резервами и курсом нац. валюты; см. fiscal policy; credit policy.

monetary reform — 1) ден. реформа: введение новой ден. единицы, изменение ее масштаба (деноминация), переход на десятичную систему; 2) вал. реформа; см. international monetary reform.

monetary system — ден. (вал.) система: совокупность принципов и методов регулирования ден. отношений (ден. единица, курсовая система, законные платежные средства, конвертируемость, управление вал. резервами).

monetary targets — целевые ориентиры темпов роста ден. массы в обращении и иногда кредита, представляющие важнейшую составную часть ден.-кредитной политики некоторых стран Запада; как правило, устанавливаются в виде пределов (верхнего и нижнего) темпов роста показателей ден. массы и кредита.

monetary union — валютный союз: группа стран, которые договорились о единой ден. единице или фикс. курсе для взаимозаменяемости своих валют; см. Scandinavian Monetary Union.

monetary unit (MU) — нац. ден. единица.

money — деньги: все то, что является общепринятой мерой стоимости, средством платежа, обращения, накопления; в современных условиях деньги выступают главным образом в форме бумажных денег, монеты, остатков на счетах в банках и др. кредитных и фин. институтах (т.е. ден. массы в обращении).

money at call and short notice — деньги до востребования или при краткосрочном уведомлении: статья баланса банка, включающая наиболее ликвидные активы, в т. ч. ссуды учетным домам (обычно до 7 дней) и биржевым фирмам (до 14 дней).

money broker — ден. брокер: 1) учреждение, специализирующееся на посредничестве в операциях ден. рынка (обычно также и вал. рынка); 2) в Великобритании — одна из шести фирм на Лондонской фондовой бирже, специализирующихся на обеспечении участников рынка ценными бумагами, которые необходимы последним для выполнения обязательств по сделкам (берут и дают бумаги взаймы и тем самым способствуют поддержанию ликвидности рынка).

money centre banks — 1) банки, наиболее активно оперирующие на ден. рынках и участвующие в международных вал.-кредитных операциях; в США обычно имеются в виду десять ведущих банков; 2) банки в ведущих фин. центрах, активно работающие на ден. рынках (в отличие от периферийных банков).

money in circulation — объем денег в обращении (включая средства в центральном банке).

money loan — банковский кредит, предоставляемый в ден. форме (в отличие от выдачи гарантии).

money market — ден. рынок: рынок краткосрочных ссудо-заемных операций, включая межбанковские депозиты и куплю-продажу различных ценных бумаг; участники ден. рынка — центральный и коммерческие банки.

money market account = money market deposit account.

money market banks = money centre banks.

money market certificate (MMC) — сертификат ден. рынка (США): разновидность срочных (6 мес.) депозитов (ставка привязана к ставкам по казначейским векселям).

money market deposit account (MMDA) — депозитный счет ден. рынка (США): счет в банке, процент по которому привязан к рыночным ставкам (введен в 1982 г.), но число изъятий средств в месяц ограничено (3 чека).

money market (mutual) fund (MMF; MMMF) — взаимный фонд ден. рынка (США): разновидность взаимных фондов, специализирующихся на инвестициях в инструменты ден. рынка и обеспечивающих вкладчикам более высокие доходы.

money market instrument = money market paper.

money market paper — ценные бумаги ден. рынка: ценные бумаги с короткими сроками (коммерческие и казначейские векселя, депозитные сертификаты и т.д.).

money market preferred stock (MMP) — привилегированные акции ден. рынка (США): акции с плавающей ставкой дивиденда, устанавливаемой через короткие промежутки времени (введены в 1984 г.).

money order (MO) = payment order.

money shop — "ден. магазин": мелкое фин. учреждение, пытающееся конкурировать с банками и рассчитанное на частных лиц; открывает отделения, похожие на магазины или киоски; специализируется на кредитовании, страховании и консультациях; в Великобритании имеется свыше 400 таких "магазинов", принадлежащих фин. компаниям и американским банкам.

money spread = vertical spread.

money stock = money supply.

money supply — ден. масса в обращении: количество денег в обращении на определенную дату; включает наличность и текущие счета в банках (показатель M1), а также различные виды срочных и сберегательных счетов, депозитных сертификатов (показатели M2, M3, и др.); см. monetary aggregates.

money supply targets — ориентиры роста ден. массы в обращении, официально установленные властями.

money transfers — ден. переводы в безналичной форме (с помощью бухг. записей по счетам).

monitoring — мониторинг (Великобритания): система тройственного надзора за фондовым рынком — со стороны Министерства торговли и промышленности, Банка Англии и самой фондовой биржи; создана в 1983 г. после соглашения между правительством и биржей об отмене минимальных комиссий и др. ограничений до конца 1986 г. (для надзора за процессом дерегулирования).

monometallism — монометаллизм: ден. система, основанная на использовании одного металла (обычно золота).

Monopolies and Mergers Commission — Комиссия по монополиям и слияниям (Великобритания): гос. орган, занимающийся рассмотрением проблем монополий, конкуренции, ограничительной практики, слияний компаний (создан в 1949 г.); дает рекомендации правительству, в т. ч. по запрещению слияний; в настоящее время действует в рамках Закона о добросовестной конкуренции 1973 г.; см. Fair Trading Act.

monopoly — монополия: компания, производящая данный товар в количестве, достаточном для воздействия на цены (также группа компаний, объединившаяся для воздействия на рынок), т. е. компания, контролирующая производство или сбыт определенного товара или услуги.

monopoly agreement — монополистическое соглашение: соглашение между индивидуальными фирмами с целью контроля за ценами, объемом производства или деления рынков.

monopoly profit — монополистическая прибыль: повышенная прибыль, которую позволяет получить контроль за рынком и производством.

monopsony — монопсония: монополия покупателя, когда на рынке присутствует только один покупатель.

month-end closing — сделки с ценными бумагами, расчет по которым (поставка и оплата) производится в конце текущего или следующего месяца.

monthly investment program — инвестиционная программа, предусматривающая ежемесячные взносы инвестора.

Montreal Stock Exchange (ME) — Фондовая биржа Монреаля (основана в 1863 г.).

Moody's investment grade (MIG) — рейтинг инвестиционного уровня (т.е. приемлемого для покупок инвесторами), присваиваемый агентством Муди некоторым краткосрочным муниципальным ценным бумагам в США; подразделяется на МИГ-1 (самый лучший), МИГ-2 (высокий), МИГ-3 (благоприятный), МИГ-4 (приемлемый).

Moody's Investors Service — Мудиз инвесторз сервис: ведущее агентство по установлению рейтингов ценных бумаг (создано в Нью-Йорке в 1913 г.); является дочерней компанией Дан Брэдстрит.

Moody's ratings — рейтинги ценных бумаг агентства Муди (США); для облигаций: Ааа (высшее качество), Аа, А, Ваа (приемлемый уровень риска), Ва, В (высокий уровень риска), Саа, Са (очень высокий риск, задержки платежей), С (самый низкий рейтинг).

moon-lighting — вторая работа: практика вторичной занятости — вторая работа в свободное время для повышения личных доходов.

moral obligation bond — муниципальная облигация, обеспеченные моральным обязательством правительства штата (США).

moral suasion = jawbone.

moratorium — мораторий: временная приостановка выплаты задолженности (обычно страной); может быть односторонним или предоставляться кредитором.

mortgage (Mort) — ипотека, закладная, ипотечный кредит: передача заемщиком кредитору права на недвижимость в качестве обеспечения ссуды, а также долговой инструмент, обеспеченный правом на недвижимость (обычно обращающийся).

mortgage-backed securities (MBSs) — ценные бумаги, обеспеченные неделимым пулом ипотек (США); доход выплачивается за счет платежей по ипотечным кредитам, входящим в пул; примером таких бумаг могут быть сертификаты ГНМА, ФНМА и т.д.; см. pass-through securities; GNMA/FNMA certificate.

mortgage bank — ипотечный банк: недепозитный институт, специализирующийся на ипотечном кредите, перепродаже ипотек, различных техн. услугах.

mortgage banker = mortgage bank.

mortgage bonds = mortgage debentures.

mortgage debentures — 1) облигации компаний, обеспеченные ипотекой на земельный участок, здание; 2) облигации, используемые банками и др. институтами для финансирования ипотечных кредитов.

mortgagee — кредитор в ипотечном кредите.

mortgage intermediary note issue (MINI) — разновидность ценных бумаг, обеспеченных ипотеками (введена Морган Гренфелл в 1985 г.).

mortgage investments — ипотечные инвестиции: приобретение ипотечных долговых обязательств ради прибыли.

mortgage market — ипотечный рынок: вторичный рынок ипотек.

mortgage note — ипотечная ценная бумага.

mortgage pool — пул ипотек: портфель ипотек со сходными характеристиками (обычно один и тот же вид заложенной собственности, одинаковые сроки и процентные ставки); инвесторы покупают участия в таких пулах или обеспеченные ими ценные бумаги.

mortgage REIT (real estate investment trust) — инвестиционный трест (фонд), специализирующийся на кредитовании строительных фирм и землевладельцев под обеспечение недвижимостью; см. equity REIT.

mortgage revenue bond — разновидность ипотечных облигаций, выпускаемых в США властями штатов и штатными жилищными агентствами для финансирования продажи и ремонта жилых домов и погашаемых за счет средств, поступающих в оплату ипотечных кредитов (выданных на основе выпуска облигаций).

mortgage servicing — обслуживание ипотечного кредита: ведение всех расчетов, получение ежемесячных платежей и др. операции банка, предоставившего кредит.

mortgage subsidy bond = mortgage revenue bond.

mortgagor (mortgager) — заемщик в ипотечном кредите.

Moscow Narodny Bank (MNB) — Московский народный банк: коммерческий банк в Лондоне (создан в 1919 г.); в 1932 г. слился с Банком для русской торговли; капитал полностью принадлежит Госбанку СССР, Внешэкономбанку СССР и др. советским организациям; имеет отделение в Сингапуре.

most active list — список акций, по которым объем торговли в данный день был наибольшим.

most-favoured-nation (MFN) clause — условие торгового договора о предоставлении сторонам "режима наибольшего благоприятствования" (наиболее благоприятствуемой в торговле нации); подразумевается, что в торговле с данной страной не будет дискриминации по сравнению с любой другой.

multi-currency clause — мультивалютная оговорка: оговорка в соглашении о еврокредите, позволяющая заемщику менять валюту.

multi-currency credit (facility) — кредит, который можно использовать в нескольких валютах.

multilateral development bank (MDB) — международный банк развития: межгос. кредитный институт, созданный для оказания содействия развитию менее развитым странам; такие банки могут быть общемировыми и региональными.

multilateral trade — многосторонняя торговля: торговля между несколькими странами, не требующая двусторонней сбалансированности расчетов (в отличие от двусторонней торговли или клиринга).

multinational bank — многонациональный банк: международный банк, управляющими и владельцами которого могут быть граждане различных государств.

multinational company — многонациональная компания (корпорация): компания, действующая на международной основе; в капитале и управлении могут принимать участие резиденты разных стран.

multi-option facility (MOF) — кредитная программа, дающая заемщику возможность выбора форм получения средств (в т. ч. евронотная программа).

multi-option funding facility (MOFF) = multi-option facility.

multiple = price/earnings ratio.

multiple component facility = multi-option facility.

multiple exchange rates — множественные валютные курсы: вал. система, при которой установлено несколько курсов для различных операций и др. нужд (впервые применялась в Германии в 30-х годах).

multiple lien on property — залог нескольких земельных участков в обеспечение одного требования.

multiple placing agency (MPA) — размещение евронот группой банков-агентов, каждому из которых гарантирована его доля ценных бумаг.

multiplier (effect) — мультипликатор (эффект мультипликатора): 1) инвестиционный (кейнсианский) мультипликатор: воздействие капиталовложений на суммарный доход (небольшие инвестиции через эффект мультипликатора могут оказать воздействие на всю экономику, т. к. последовательно затрагивают разные отрасли); 2) депозитный (кредитный) мультипликатор: повышенное воздействие небольшого изменения в банковских депозитах на ден. массу и объем кредитования через многократное использование одних и тех же денег в банковской системе и на кредитных рынках.

multi tranche tap note (MTTN) — разновидность среднесрочных евробумаг (введена Меррилл Линч); см. Euro medium term note.

multiyear rescheduling — пересмотр условий кредитов (процентных платежей и выплаты основной суммы) на несколько лет вперед.

multiyear rescheduling agreement (MYRA) — долгосрочная программа пересмотра внешнего долга; занимает обычно более 2 лет и включает консолидацию отдельных частей долга (в урегулировании внешней задолженности развивающихся стран).

municipal bond insurance — страхование муниципальных облигаций на случай неплатежеспособности эмитентов (США).

municipal bonds — муниципальные облигации: долгосрочные долговые обязательства, выпускаемые властями штата или графства, муниципалитетами;

см. general obligation bonds; municipal revenue bonds; public purpose bonds; private purpose bonds.

municipal investment trust (MIT) — паевой инвестиционный фонд, вкладывающий средства акционеров в муниципальные облигации (США).

municipal note — муниципальное долговое обязательство с первоначальным сроком менее 2 лет (США).

municipal revenue bonds — муниципальные облигации, основная сумма и проценты по которым выплачиваются из доходов от финансируемых с их помощью проектов (США).

municipals — муниципальные облигации.

municipal zero — облигация с нулевым купоном, выпущенная местным органом власти.

mutilated — испорченный (рваный, в негодном состоянии) документ, вексель, ценная бумага, банкнота; обычно подразумевается невозможность прочитать какой-либо реквизит (номер, имя).

mutual association — взаимная ассоциация (США): ссудо-сберегательная ассоциация, которая организована как кооператив и принадлежит ее членам; вклады членов представляют собой акции (паи) с правом голоса, а доход распределяется в виде дивиденда.

mutual capital certificate = investment certificate.

mutual company — взаимная компания (США): корпорация, право собственности на которую и прибыль распределяются между членами пропорционально их бизнесу с этой корпорацией (взаимные банки, ссудо-сберегательные ассоциации, страховые компании).

Mutual ECU Settlement Account (MESA) — система взаимных клиринговых расчетов в ЭКЮ на базе семи крупных европейских банков; с 1 октября 1986 г. заменена клиринговой системой на базе БМР.

mutual fund — взаимный фонд: паевой инвестиционный фонд открытого типа, дающий инвесторам доступ к более высоким рыночным процентным ставкам, возможность диверсифицировать риск и экономить на брокерских комиссионных; обычно управляется инвестиционной компанией; см. unit trust (fund).

mutual fund custodian — хранитель взаимного фонда: коммерческий банк или трастовая компания, обеспечивающие безопасное хранение ценных бумаг взаимного фонда и иногда выступающие агентами по оформлению перехода бумаг из рук в руки, получению дивидендов и осуществлению платежей.

mutual insurance company — взаимная страховая компания (США): страховая компания, членами и владельцами которой являются держатели страховых полисов.

mutual life assurance company — взаимная компания страхования жизни; средства складываются из премиальных платежей клиентов, которые одновременно являются членами и владельцами компании (Великобритания).

mutual savings bank (MSB) — взаимно-сберегательный банк (США): сберегательный банк, принадлежащий его вкладчикам; основные решения принимаются советом попечителей банка; в последние годы такие банки все шире занимаются обычными операциями коммерческих банков.

N

Naamloze Vennootschap (NV) — тип организации акционерных компаний в Нидерландах, сходный с публичной компанией с ограниченной ответственностью в Великобритании; см. public limited company.

naked bonds (USA) = unsecured loan stocks.

naked debentures = unsecured loan stocks.

naked option — "голый" (непокрытый) опцион: опцион, продавец которого не защищен на случай использования покупателем своего права; напр., продавец опциона "колл" не имеет "длинной" позиции по фин. инструменту, лежащему в основе опциона (т. е. у него этого инструмента нет), а продавец опциона "пут" — "короткой" позиции (т.е. риск при неблагоприятном движении конъюнктуры не ограничен).

naked position — "голая" позиция: рыночная позиция, которая не защищена от ценового риска (не захеджирована); см. naked option.

naked warrants — "голые" варранты: варранты, выпускаемые вне связи с конкретными облигациями, но дающие право, напр., на покупку акций определенного эмитента.

naked writer — продавец "голых" опционов; см. naked option.

name — член страхового синдиката Ллойдса ("имя" в списке членов данного синдиката).

name day — "именной" день в системе расчетов на Лондонской фондовой бирже: второй день расчетного периода, когда брокеры-покупатели информируют продавцов об именах своих клиентов и др. деталях (после этого начинаются расчеты); см. account day; settlement 2.

Napoleon d'or — наполеондор (франц., букв.: золотой наполеон): франц. золотая монета номиналом в 20 франков и изображением Наполеона I или III (объект торговли в тезаврационных целях).

narrow a spread — уменьшить спред (разницу) между ценой покупателя и ценой продавца данного участника рынка.

narrow market — "узкий" ("вялый") рынок: 1) рынок ценных бумаг компании с небольшой капитализацией или малым удельным весом бумаг в обращении (даже небольшая сделка оказывает воздействие на цены); 2) неактивный рынок: рынок называют "узким", если цена акции падает между двумя сделками более чем на 1 пункт без видимых причин.

NASDAQ index — индекс "НАСДАК" (США): индекс внебиржевого рынка, ежедневно публикуемый Национальной ассоциацией дилеров по ценным бумагам и основанный на ее котировках; см. National Association of Securities Dealers; National Association of Securities Dealers Automated Quotations.

NASD form FR-1 — документ, который требует Национальная ассоциация дилеров по ценным бумагам в США от иностранных дилерских фирм в качестве подтверждения согласия подчиняться правилам НАСД относительно "горячих" займов (не наживаться на перепродаже, в т. ч. через третьих лиц); см. hot issue.

National Association of Investment Clubs (NAIC) — Национальная ассоциация инвестиционных клубов (США): организация, способствующая созданию инвестиционных клубов; см. investment club.

National Association of Securities Dealers (NASD) — Национальная ассоциация дилеров по ценным бумагам (НАСД): профессиональная ассоциация банков и брокерских фирм, специализирующихся на торговле ценными бумагами на внебиржевом рынке США; регулирует торговлю на внебиржевом рынке, устанавливает правила для своих членов (создана в 1939 г.); правление состоит из 27 членов, а текущая работа ведется по 13 округам; все учреждения-члены должны отвечать жестким требованиям; см. Maloney Act.

National Association of Securities Dealers and Investment Managers (NASDIM) — Национальная ассоциация дилеров по ценным бумагам и инвестиционных менеджеров Великобритании (до 1981 г. — Ассоциация лицензированных дилеров по ценным бумагам); представляет интересы участников внебиржевой торговли ценными бумагами.

National Association of Securities Dealers Automated Quotations (NASDAQ) — "Автоматизированные котировки Национальной ассоциации дилеров по ценным бумагам" ("НАСДАК"): система компьютеризированной внебиржевой котировки акций в США, организованная НАСД в 1971 г.; объединяет примерно 3300 брокеров и дилеров и позволяет получать котировки по 3700 ценным бумагам (по каждой должно быть зарегистрировано не менее 2 дилеров, поддерживающих рынок); состоит из трех уровней: получение наивысших котировок; получение всех котировок; введение в систему дилерами своих котировок.

national bank — нац. банк: 1) центральный банк в некоторых странах; 2) в США — коммерческий банк, зарегистрированный на федеральном (общенациональном) уровне; для таких банков обязательно членство в ФРС.

National Bank of Bulgaria (Bulgarska Narodna Banka) — Национальный банк Болгарии (Болгарский народный банк): центральный банк Болгарии (основан в 1879 г.).

National Bank of Hungary (Magyar Nemzeti Bank) — Национальный банк Венгрии (Венгерский национальный банк): центральный банк Венгрии (создан в 1924 г.); имеет форму акционерного банка.

National Bank of Poland (Narodowy Bank Polski) — Польский национальный банк: центральный банк Польши (создан в 1945 г.).

National Bank of Roumania — Национальный банк Румынии: центральный банк Румынии (основан в 1880 г.; национализирован в 1947 г.).

National Bank of Yugoslavia (Narodna Banka Jugoslavije) — Национальный банк Югославии (Народный банк Югославии): центральный банк Югославии (основан в 1883 г.; национализирован и переименован в "народный" в 1946 г.).

National Companies and Securities Commission — Национальная комиссия по компаниям и ценным бумагам (Австралия): федеральный орган надзора за торговлей ценными бумагами (создан в 1981 г.).

National Consumer Cooperative Bank — Национальный банк потребительских кооперативов (США); создан при содействии правительства для помощи развитию кооперативов кредитами и техн. услугами.

National Credit Union Administration (NCUA) — Национальное управление кредитных союзов (США): независимое федеральное агентство, которое регистрирует и регулирует кредитные союзы, страхует вклады в союзы (через специальный фонд) и является для них кредитором последней инстанции.

national debt — нац. долг: внутренний и внешний долг центрального правительства; в США Конгресс устанавливает предел роста нац. долга; в Великобритании этот долг состоит из "плавающего", консолидированного и внешнего долга, долгосрочных облигаций и ценных бумаг для привлечения сбережений населения; см. unfunded debt 1; funded debt 1; floating debt 1; national savings certificates.

National Debt Commissioners — Комиссары национального долга (Великобритания): подразделение Банка Англии, уполномоченное правительством (с 1786 г.) управлять нац. долгом; формально комиссарами являются министр финансов, управляющий Банка Англии и его заместитель, спикер Палаты общин и др.

national development bond — нац. облигация развития (Великобритания): разновидность гос. облигаций, выпущенных в 1964 г. для замены оборонных облигаций.

National Futures Association (NFA) — Национальная фьючерская ассоциация (США): ассоциация участников срочной биржевой торговли.

National Girobank — Национальный жиробанк (Великобритания): гос. банк, созданный в 1968 г. (до 1978 г. назывался "Национальное жиро") для организации эффективной системы ден. переводов через почтовые отделения; принимает депозиты, делает переводы, предоставляет кредиты, ведет различные виды счетов.

nationalization — национализация: перевод предприятий, организаций, целых отраслей в гос. сектор (с или без компенсации частным владельцам).

nationally chartered bank = national bank 2.

national market system — система нац. рынка (США): 1) концепция единого рынка по всем ценным бумагам в стране (все сделки по данному виду бумаг должны быть увязаны независимо от местонахождения клиента и брокера, который получил приказ); 2) система торговли ценными бумагами, в которой цены предложений сообщаются одновременно на всех биржах и участники рынка могут выбирать лучшие котировки; 3) система внебиржевой торговли акциями под эгидой НАСД и "НАСДАК"; по акциям, удовлетворяющим требованиям этой системы, сообщается более подробная информация; см. National Association of Securities Dealers; National Association of Securities Dealers Automated Quotations.

National Savings — Национальные сбережения (Великобритания): необращающиеся бумаги, выпускаемые правительством как объект вложения мелких сбережений; как правило, имеют льготный налоговый режим и продаются в одни руки в ограниченном количестве; система нац. сбережений включает счета в Национальном жиробанке, нац. сберегательные сертификаты, брит. сберегательные облигации и премиальные облигации; см. National Girobank; premium bond; British savings bonds; National savings certificates.

National Savings Bank — Национальный сберегательный банк (основан в 1861 г. как Почтово-сберегательный банк, нынешнее название получил в 1969 г.): банк для сбережений населения в Великобритании (под контролем министерства финансов); действует через почтовые отделения.

national savings certificates — нац. сберегательные сертификаты (Великобритания): гос. ценные бумаги, выпускаемые с 1916 г. для поощрения сбережений населения; выпускаются с небольшими номиналами через почты и банки; число сертификатов, продаваемых одному инвестору, ограничено.

national savings register — нац. сберегательный регистр (ранее почтовый регистр): система, позволяющая населению в Великобритании покупать гос. облигации через почтовые отделения (на сумму до 10 тыс. ф. ст. в день); для мелких инвесторов данная система дешевле, чем использование брокеров, но отсутствует оперативность заключения сделок и можно купить не все виды бумаг.

National Securities Clearing Corporation (NSCC) — Национальная клиринговая корпорация по ценным бумагам (США): клиринговая корпорация, созданная в 1977 г. для ускорения расчетов и уменьшения физ. движения ценных бумаг; действует через Корпорацию автоматизации индустрии ценных бумаг; см. Securities Industry Automation Corporation; Depositary Trust Company.

natural — clean trade.

natural monopoly — естественная монополия: монополия, вытекающая из особых природных условий (климата, почвы, ограниченности ресурса), характеристик сферы деятельности или собственно компании.

nearby futures — "ближние фьючерсы": фьючерские контракты, которые имеют истекающие сроки (близки к сроку расчета или поставки); см. deferred futures.

nearest month — ближайший месяц: фьючерсы или опционы с ближайшим месяцем поставки (расчета).

near money — "почти деньги" (квазиденьги): 1) высоколиквидные и свободнообращающиеся активы, которые могут быть использованы для погашения обязательств, но не являются законным средством платежа; 2) активы, легко обращающиеся в наличность; 3) облигации, у которых почти истекли сроки.

near order = approximate-limit order.

Nederlandsche Crediteverzekering Maatschappij (NCM) — частная организация, специализирующаяся на страховании экспортных кредитов (Нидерланды).

negative = negative pledge.

negative carry — отрицательный результат "хранения": стоимость финансирования актива (ценной бумаги), превышающая доход по нему (напр., облигация куплена за счет кредита по 12%, а приносит 10%).

negative cash flow — отрицательный "кэш флоу": превышение наличных выплат компании над поступлениями; необязательно означает работу в убыток (напр., при работе компании на контракт, который предусматривает поставку и оплату товара через несколько месяцев); см. positive cash flow.

negative confirmation — негативное подтверждение: документ, который аудитор компании посылает ее клиентам и контрагентам с просьбой сообщить об ошибках в платежах и поступлениях; см. positive confirmation.

negative income tax (NIT) — отрицательный подоходный налог: система, при которой лица с доходами ниже облагаемого налогом уровня получают дотации.

negative interest — отрицательный процент: процент, который вычитается из суммы банковского вклада — инструмент политики правительства по ограничению притока иностранных капиталов.

negative leverage — негативный "левередж": расходы по привлечению дополнительных заемных средств превышают доходы от этой операции (от использования заимствований); см. capital leverage.

negative mortgage clause — негативное ипотечное обязательство: обязательство заемщика по ипотечному кредиту не использовать заложенное имущество для каких-либо операций (напр., повторного залога) без согласия кредитора; см. negative pledge.

negative pledge — негативное обязательство: обязательство должника кредитору не принимать материальные и фин. обязательства перед третьими лицами без согласия последнего (это может ухудшить обеспечение кредита).

negative real rate of interest — отрицательная реальная процентная ставка: реальная процентная ставка в случае, когда темпы инфляции превышают уровень номинальных ставок.

negative tax = negative income tax.

negative working capital — отрицательный оборотный капитал: ситуация, когда текущие обязательства компании больше ее активов.

negative yield curve = inverted yield curve.

negotiability — обращаемость: способность фин. инструментов переходить из рук в руки в результате купли-продажи; инструмент на предъявителя просто передается, а на других необходима передаточная надпись; критерий обращаемости — возможность приобретения краденого инструмента, если об этом не было известно (напр., коносамент может переходить из рук в руки, но не является обращающимся инструментом); см. not negotiable; negotiable instruments; assignment 3.

negotiable certificate of deposit — свободнообращающийся депозитный сертификат (на предъявителя или "приказу" вкладчика); является объектом торговли на вторичном рынке (партиями по 5 млн. долл.); см. certificate of deposit.

negotiable instruments — обращающиеся инструменты: документы, которые могут свободно переходить из рук в руки (облигации, чеки, простые и переводные векселя, различные варранты на предъявителя и др.).

negotiable order of withdrawal — свободнообращающийся приказ об изъятии средств с банковского счета (инструмент типа чека).

negotiable order of withdrawal (NOW) account — счет НАУ (счет с обращающимся приказом об изъятии средств): текущий счет с выплатой процентов и возможностью выписки инструментов типа чеков (технически они не являются чеками); с 1981 г. такие счета доступны всем физ. лицам и некоммерческим организациям в США, а с 1982 г. — также гос. органам.

negotiated bid — договорная заявка (США): предложение одного или нескольких гарантов займа приобрести все новые ценные бумаги для последующего размещения среди инвесторов; равнозначно термину "купленная сделка", т. к. не проводится конкурс заявок; см. competitive bid; bought deal; best efforts; non-competitive bid.

negotiated commission — договорное комиссионное вознаграждение брокеру; клиент и брокер сами договариваются о размере комиссии (минимальные фикс. комиссии были отменены в США в 1975 г., в Канаде — в 1983 г., в Австралии — в 1984 г., в Великобритании — в 1986 г.).

negotiated sale — договорная продажа: размещение ценных бумаг на условиях, определенных в ходе переговоров (в противоположность торгу).

negotiated underwriting — гарантирование нового займа, при котором разница между ценой предложения ценных бумаг инвесторам и ценой, уплачиваемой эмитенту, определяется путем переговоров менеджера синдиката и эмитента.

negotiation — переговоры: метод заключения сделок с ценными бумагами, которые сравнительно редко появляются на рынке и не имеют настоящей рыночной цены.

nest egg — "яйцо в гнезде": деньги, откладываемые для получения дохода в пенсионный период (обычно инвестируются с минимальным риском).

net — 1) нетто, чистый: за вычетом налогов и др. расходов; 2) реализовать чистую прибыль.

net assets — нетто-активы: обыкновенный и привилегированный акционерный капитал — суммарные активы за вычетом текущих пассивов (обязательств) и номинальной стоимости заемного капитала; см. loan capital; current liabilities.

net asset value (NAV) per share = net assets worth.

net assets worth — стоимость чистых активов компании в расчете на одну акцию: средства обычных акционеров (чистые активы минус номинальная стоимость привилегированных акций) в расчете на одну обыкновенную акцию — показатель, используемый для сравнения с рыночными ценами акций; см. net assets.

net book value = depreciated cost.

net borrowed reserves = borrowed reserves.

net capital requirement (ratio) — требование к уровню чистого капитала (США): правило Комиссии по ценным бумагам и биржам, по которому отношение задолженности биржевых фирм к ликвидным активам должно составлять 15:1.

net cash flow — нетто-"кэш флоу": разница между наличными поступлениями и платежами компании плюс амортизационные отчисления после выплаты налогов и дивидендов, т. е. часть прибыли (нетто-прибыль), оставшаяся для инвестиций, пополнения резервов и др. нужд компании (иногда после выплаты дивидендов, но до уплаты налогов); см. cash flow.

net change — нетто-изменение курса ценной бумаги в течение рабочего дня; в Великобритании нетто-изменение рассчитывается на основе средних котировок, а не цен фактических сделок.

net current assets — чистые текущие активы (оборотный капитал): разница между текущими активами и пассивами компании (в т. ч. в расчете на одну акцию).

net coupon formula securities — ценные бумаги с нетто-купонами: облигации, у которых уровень купона установлен за вычетом налогов.

net distribution basis — один из методов расчета соотношения цены и доходности акции, при котором доход определяется как нетто-стоимость дивидендов плюс переведенная в резервы прибыль компании; см. net dividend; price/earnings ratio; nil distribution basis.

net dividend — нетто-дивиденд (после вычета налога).

net earnings = net income.

net equity assets = equity 1.

net estate — чистая стоимость активов умершего физ. лица, причитающаяся наследникам (после выплаты долгов и налогов); см. gross estate.

net flat yield — текущий доход (нетто-доход) по ценной бумаге после вычета налога (в процентах).

net income — чистый доход: все доходы (напр., продажи компании) за вычетом всех расходов; чистый доход компании может быть до и после вычета налогов; = net profit.

net income per share — чистый доход компании

(после вычета всех издержек, налогов) в расчете на одну обыкновенную акцию.

net interest — чистый процентный доход: 1) процентный доход после вычета налогов или комиссий; 2) = net interest income.

net interest income — чистый процентный доход банка: брутто-процентный доход банка за вычетом процентов, выплаченных по заимствованиям.

net interest margin — чистая процентная маржа: отношение чистого процентного дохода банка к средней сумме его активов, приносящих проценты (в %).

net lease — нетто-аренда: соглашение об аренде, по которому арендатор оплачивает все текущие расходы по обслуживанию данной собственности (налоги, страхование, ремонт); см. gross lease.

net operating loss (NOL) — чистые операционные убытки компании: превышение издержек над доходами в течение учетного периода.

net out — вычитать; определять нетто-позицию.

net position — нетто-позиция: 1) разница между покупками и продажами; 2) срочная позиция, которая не зачтена противоположной.

net price — чистая цена акции, котируемая брокером клиенту; включает брокерскую комиссию и др. сборы (обычно брокер котирует рыночную цену, а комиссия указывается отдельно); чаще всего брокер котирует чистую цену в том случае, когда он выступает в сделке принципалом.

net proceeds (NP) — нетто-поступления от продажи собственности, от кредита (за вычетом всех операционных расходов).

net profit — чистая прибыль; = net income.

net profit margin — маржа чистой прибыли: отношение нетто-прибыли компании к ее нетто-продажам.

net quick assets — чистые ликвидные активы: ликвидные активы компании за вычетом ее текущих обязательств.

net realized capital gains — чистый реализованный прирост капитала: прирост капитала, реализованный инвестиционной компанией путем продажи ценных бумаг (за вычетом убытков от снижения цен бумаг); распределяется среди акционеров.

net redemption yield — нетто-доход по ценной бумаге при ее погашении: доход при погашении с учетом подоходного налога на дивиденды или проценты и налога на прирост капитала в случае превышения рыночной цены бумаги над номинальной.

net sales — нетто-продажи компании: суммарные продажи компании за вычетом возврата продукции, штрафов, расходов по доставке, скидок; см. gross sales.

net tangible assets — чистые "осязаемые" активы компании: суммарные активы компании за вычетом "неосязаемых" активов и всех обязательств, включая привилегированные акции; см. intangible assets.

netting — "неттинг": взаимная компенсация обязательств и активов между филиалами банка или несколькими банками для выявления чистой позиции под риском.

net worth — чистая стоимость компании (бизнеса): суммарные активы за вычетом всех обязательств; средства акционеров; = equity 1; net assets.

net worth certificates — сертификаты на сумму нетто-активов банков и сберегательных институтов (США); могут быть выпущены для обмена на простые векселя федеральных институтов страхования депозитов в порядке помощи со стороны последних; векселя оплачиваются наличными только в случае банкротства банка.

net writers — "чистые" продавцы опционов: участники опционной торговли, в основном выступающие продавцами.

net yield — нетто-доход: доход инвестора за вычетом налога или расходов, связанных с приобретением фин. актива.

neutral transactions — "нейтральные" операции; = off-balance sheet activities.

new account = new time.

New Deal — "Новый курс" (США): мероприятия, предпринятые президентом Ф. Рузвельтом в 1933 г. для преодоления экон. кризиса (программа общественных работ для повышения занятости, девальвация доллара на 40%, помощь фермерам, введение социального страхования, программа дешевого кредита и субсидирования жилищного строительства).

newgo = new time.

new issue — новый заем: 1) получение дополнительного капитала путем выпуска новых ценных бумаг; 2) первый выпуск ценных бумаг данной компанией.

new issues market — рынок новых эмиссий; = primary market 1.

newly industrialized countries (NICs) — новые индустриальные страны (НИС).

new money — "новые деньги": сумма, на которую новые долгосрочные бумаги превышают рефинансируемый заем.

new money bonds — облигации, с помощью которых банки предоставляют развивающимся странам новые средства в рамках программ урегулирования долга.

new shares — новые акции: вновь выпущенные акции, которые не дают пока права на дивиденд и на рынке обращаются отдельно от др. акций компании.

new sovereign — новый соверен: золотая монета номиналом в 1 ф. ст. с изображением королевы Елизаветы II, выпускаемая с 1974 г. (объект торговли в тезаврационных целях).

new time — "новое время": сделки на Лондонской фондовой бирже, заключенные в последние два дня операционного периода с расчетом в конце следующего операционного периода; см. account 3.

New York Coffee, Sugar & Cocoa Exchange (NYCSCE) = Coffee, Sugar & Cocoa Exchange.

New York Commodity Exchange = Commodity Exchange.

New York Cotton Exchange (NYCE) — Хлопковая биржа Нью-Йорка: срочная товарная биржа в Нью-

Йорке (помимо сырьевых товаров занимается фин. опционами).

New York Futures Exchange (NYFE) — Нью-Йоркская срочная финансовая биржа (создана в 1980 г.): дочерняя компания Нью-Йоркской фондовой биржи, созданная специально для торговли фин. фьючерсами и опционами; сокращенное название читается *naif*.

New York Insurance Exchange — Нью-Йоркская страховая биржа; создана в 1980 г. по образцу лондонского Ллойдса.

New York interbank offered rate (NYBOR) — ставка предложения на межбанковском депозитном рынке в Нью-Йорке (НИБОР).

New York Mercantile Exchange (NYMEX) — Нью-Йоркская товарная биржа (НИМЕКС); специализируется на энергоносителях.

New York Stock and Exchange Board — название Нью-Йоркской фондовой биржи в 1817—1863 гг.; см. New York Stock Exchange.

New York Stock Exchange (NYSE) — Нью-Йоркская фондовая биржа: крупнейшая в мире фондовая биржа, основанная в 1792 г. (современное название — с 1863 г.); имеет 1366 индивидуальных членов (места могут продаваться); на бирже котируются ценные бумаги свыше 1500 компаний; совет директоров включает председателя, президента, 10 членов биржи и 10 представителей деловых кругов; см. Big Board; Buttonwood Tree Agreement; trading post.

New York Stock Exchange (NYSE) Common Stock Indices — группа индексов курсов ценных бумаг, котируемых на Нью-Йоркской фондовой бирже; помимо обобщающего индекса (см. New York Stock Exchange Composite Index) рассчитываются отраслевые подиндексы (промышленность, транспорт, коммунальное хозяйство, финансы).

New York Stock Exchange (NYSE) Composite Index — составной индекс Нью-Йоркской фондовой биржи; отражает движение курсов всех ценных бумаг, котируемых на бирже; базовый период — 31 декабря 1965 г. (1965 г. = 50); курсы взвешиваются в соответствии с числом акций в каждом выпуске; рассчитывается и публикуется на тикере непрерывно.

Next bonds — еврооблигации брит. корпорации Некст (первые облигации, выпущенные для размещения среди акционеров).

next time = new time.

New Zealand Futures Exchange — Новозеландская срочная биржа: срочная компьютерная биржа в Окленде, Новая Зеландия (фин. фьючерсы).

niche — "ниша": рынок товаров и услуг, который слишком мал для сильной конкуренции или пока никем не занят; занятие "ниши" гарантирует фин. успех предприятию.

nicker — один фунт стерлингов.

nifty fifty — 50 наиболее популярных среди инвесторов акций (США); обычно отличаются высоким стабильным доходом, соотношением цены к доходу выше среднего по рынку.

night safe — ночной сейф в банке: сейф, в котором клиент может оставить наличные деньги и чеки на то время, когда банк не работает.

Nikkei-Dow Jones Average (NDJA) — индекс Никкей-Доу Джонс: индекс курсов ценных бумаг на Токийской фондовой бирже (225 акций первого подразделения биржи); определяется как невзвешенное арифметическое среднее курсов ценных бумаг; базовый период — 16 мая 1949 г. (1949 г. = 100); см. First Section.

nil distribution basis — один из методов расчета соотношения цены и доходности акции, при котором не учитывается выплата дивидендов и просто берутся доходы компании после вычета налогов; см. price-earnings ratio; net distribution basis.

nil paid issue — новый выпуск акций, по которому компания-эмитент еще ничего не получила, но торговля на бирже уже началась.

nine-bond rule — "правило девяти облигаций": правило Нью-Йоркской фондовой биржи (правило 396), по которому приказы на сумму девяти облигаций и меньше должны находиться в торговом зале в течение часа для поиска наилучших предложений; призвано помочь мелким инвесторам.

Nobel prize in economics — Нобелевская премия по экономике: премия за достижения в экон. науках в память Альфреда Нобеля, присуждаемая с 1969 г. (учреждена в честь 300-летия Риксбанка).

Noble — "нобль": 1) платиновая монета Великобритании (объект торговли в тезаврационных целях); 2) старинная золотая монета в 6 шиллингов 6 пенсов или 10 шиллингов (XIV — XVI вв.).

no-brainer — рынок, тенденция движения конъюнктуры на котором очевидна и не требует особого анализа (напр., курсы всех акций поднимаются или опускаются, т. е. не имеет особого значения, какие бумаги покупать).

noise — "шум": активность на фондовом рынке, вызванная торговлей на основе компьютерных программ и др. факторами, не связанными прямо с общими настроениями рынка (США).

no liability — "без обязательства": ситуация, когда покупатель новых акций не несет ответственности в случае неоплаты ценных бумаг (акции просто становятся недействительными).

no-load fund — взаимный инвестиционный фонд (США), продающий свои акции непосредственно инвесторам без первоначальной комиссии (а не через брокеров, которые берут комиссионные и консультируют инвесторов); см. sales charge; load fund.

nominal — 1) номинал, номинальная стоимость ценной бумаги; 2) номинальный: без учета инфляции.

nominal capital — 1) уставный, или номинальный, капитал; 2) номинальная стоимость акций компании; см. authorized capital.

nominal exchange rate — номинальный вал. курс: текущая цена одной ден. единицы, выраженная в другой; см. real exchange rate.

nominal interest rates — номинальные процентные ставки: текущие рыночные ставки, котируемые

банками (не включают комиссионные и др. дополнительные расходы заемщика).
nominal price — номинальная цена: 1) номинальная стоимость ценной бумаги, номинал; 2) котировка цены, по которой не было заключено реальной сделки (на фондовых и срочных биржах), т. е. цена для информации; см. for your information.
nominal quotation = for your information.
nominal share capital = authorized capital.
nominal value = par value 1.
nominal yield — номинальный доход: фикс. доход по ценной бумаге в процентном выражении к ее номинальной стоимости.
nominee company — компания, созданная банком (брокером) с целью управления ценными бумагами их настоящих владельцев; бумаги регистрируются на имя такой компании и она осуществляет всю учетную и техн. работу, информирует владельца о событиях, затрагивающих его права; см. nominee name.
nominee name — номинальный инвестор: инвестор, зарегистрированный как владелец ценных бумаг, хотя они фактически ему не принадлежат (обычно банк или др. учреждение по просьбе клиентов).
nominee shareholder = nominee name.
non-assented bonds — несогласованные облигации: облигации, владельцы которых не согласились на изменение своих прав (условий займа).
nonbank bank — небанковский банк: 1) кредитно-фин. подразделение (дочерняя компания) торгово-промышленной монополии; 2) в США — компания, которая только принимает депозиты или только выдает кредиты и, следовательно, не подпадает под определение банка.
nonbanking activities — небанковская деятельность: различные виды деятельности, которыми, как правило, не могут заниматься банки в соответствии с законодательством (исключение делается для деятельности, которой банк занимался до принятия законодательства).
non-business day — нерабочий день: день, в который не работают банки и фин. рынки (суббота, воскресенье, официальные праздники); в случае попадания на такой день срока любой операции расчет автоматически переносится на следующий рабочий день.
non-callable bond — облигация, которая не может быть погашена досрочно или в течение некоторого времени (США).
non-chargeable assets — активы, продажа которых в Великобритании не облагается налогом на реализованный прирост капитала (личное жилище, облигации с фикс. ставкой, гос. ценные бумаги); см. capital gains tax; chargeable assets.
non-clearing member — неклиринговый член биржи: биржевик, расчеты по сделкам которого осуществляются др. членом биржи (членом клиринговой палаты) за определенное вознаграждение.
non-competitive bid (tender) — неконкурентная заявка (США): заявка на приобретение новых казначейских векселей, выставляемая мелким инвестором без указания цены (он согласен на среднюю цену, которая будет установлена в результате сопоставления заявок крупных покупателей; минимальная сумма заявки — 10 тыс. долл.); см. competitive bid; negotiated bid; best efforts; bought deal.
non-contributory pensions — пенсионные схемы, по которым трудящиеся не должны делать регулярных взносов и все расходы несут наниматели (право на такую пенсию обычно теряется при смене работы).
non-convertible = inconvertible.
non-credit banking business = off-balance sheet activities.
non-cumulative dividend — некумулятивный дивиденд: дивиденд, который при невыплате не становится обязательством компании и не должен быть выплачен в будущем; см. cumulative preference share; accumulative dividend.
non-cumulative preference share — привилегированная акция, пропущенный дивиденд по которой не накапливается и не должен выплачиваться позднее (США); см. preference share.
non-cumulative preferred stock (USA) = non-cumulative preference share.
noncurrent asset — актив, который не является текущим (не должен быть использован, продан, обменен в течение года).
non-executive director — неисполнительный директор: директор компании, не принимающий участия в повседневном руководстве ее деятельностью; включается в совет директоров для привнесения независимого опыта и мнений, оказания влияния на исполнительных директоров в качестве представителя акционеров.
non-marketable collateral — обеспечение кредита, которое трудно быстро реализовать (напр., некотируемые ценные бумаги).
non-marketable securities — нерыночные ценные бумаги: ценные бумаги, не обращающиеся на фондовой бирже и в целом на оптовом рынке (напр., сберегательные облигации).
non-member firm — брокерская фирма, не являющаяся членом биржи.
non-oil producing and exporting countries (NOPECs) — развивающиеся страны, не являющиеся крупными производителями и экспортерами нефти (НОПЕК).
non-participating preferred stock — "не участвующая" привилегированная акция: наиболее часто встречающийся вид привилегированной акции, не дающий права на участие в распределении остатка прибыли в дополнение к фикс. дивиденду; см. participating preferred stock.
non-performing loan — недействующий кредит: кредит, по которому не уплачены проценты за срок свыше 90 дней (бухг. учет в США).
non-price competition — неценовая конкуренция (по качеству, рекламе, услугам по доставке и т. д.).
non-productive loan — непроизводительный кре-

дит: кредит, используемый на цели, которые не ведут к увеличению производства.

non-public information — внутренняя информация: информация о корпорации, которая может повлиять на цены ее акций в случае широкой публикации.

non-purpose loan — ссуда, обеспеченная ценными бумагами, но не предназначенная для приобретения ценных бумаг; размеры кредитов банков, предназначенных для покупки ценных бумаг и обеспеченных ценными бумагами, ограничиваются "правилом Ю" ФРС США и поэтому заемщик обязан написать заявление о цели кредита; см. purpose statement; Regulation U.

non-qualifying stock option — право служащего на льготную покупку акций компании, не отвечающее требованиям Службы внутренних доходов в США; использование такого права влечет уплату налога; см. qualifying stock option; share incentive schemes.

non-recourse credit (finance) = à forfait.

non-recourse loan — кредит без права оборота: 1) = à forfait; 2) кредит, обеспеченный участием заемщика в товариществе с ограниченной ответственностью (в программе прямого участия в инвестициях) без оборота на все активы товарищества.

non-recurring charge — разовый или чрезвычайный расход (списание), отраженный в отчетности компании.

non-refundable — условие облигационного займа, запрещающее или ограничивающее права эмитента погашать его с помощью нового займа до определенной даты (или с помощью займа на худших условиях); см. call protection.

non-resident — нерезидент: юр. или физ. лицо, имеющее зарегистрированный деловой адрес в др. стране; при существовании вал. ограничений отношения между резидентами и нерезидентами регламентируются.

non-resident accounts — нерезидентские счета; напр., в Великобритании — стерлинговые счета, принадлежавшие нерезидентам стерлинговой зоны в период существования вал. ограничений.

non-specific capital — неспецифический капитал: машины и оборудование, которые могут использоваться в различных производственных процессах.

non-sterilized interventions — "нестерилизованные" интервенции: тактика официальных вал. интервенций, увязанная с воздействием на ден. обращение и др. внутренние процессы.

non-tariff barriers — нетарифные барьеры в торговле: защита рынка с помощью количественных ограничений, техн. и санитарных стандартов, требования добровольного ограничения экспорта.

non-underwritten facility = Euro-commercial paper.

non-versé — неоплаченная часть номинала акции (франц.).

non-voting share — безголосая (неголосующая) акция: акция, которая не дает права голоса, но в остальном ничем не отличается от обыкновенных акций; такие акции выпускаются для мобилизации капитала с сохранением контроля за компанией со стороны уже имеющихся акционеров (это главным образом привилегированные акции).

no-par stocks = no-par-value stocks.

no-par-value (NPV) stocks — акции, у которых нет фикс. номинала (США); большинство акций сегодня имеют низкие номиналы, но отсутствие номинала устраняет путаницу между реальной и номинальной стоимостью ценных бумаг; см. low-par stocks.

Nordiske Aktieselskab — Северное акционерное общество: банк с советским капиталом, существовавший в Копенгагене в 20 — 30-е годы.

normal market — "нормальный" рынок: ситуация во фьючерсной торговле, когда цены на более далекие сроки выше, чем на более близкие; см. inverted market.

normal trading unit (NTU) = round lot.

nostro account — счет "ностро" ("наш" счет): корреспондентский счет банка-резидента в иностранном банке в иностранной валюте (напр., счет Внешэкономбанка СССР в Ллойдс бэнк в Лондоне); см. vostro account; loro account.

notch — небольшое повышение или понижение курса или цены; пункт.

note — 1) краткосрочная (реже среднесрочная) ценная бумага, выпущенная компанией или гос. органом; 2) банкнота, кредитный билет.

not easily marketable securities — ценные бумаги, которые трудно быстро продать.

note financing = à forfait.

note issuance facility (NIF) — программа выпуска евронот: термин для обозначения всех видов евронотных программ с банковской поддержкой.

note issue — банкнотная эмиссия: наличноденежная эмиссия центрального банка.

note-issuing bank = bank of issue.

note-issuing privilege — исключительное право эмиссии банкнот, предоставленное законом или правительством центральному банку.

notes = Euronotes; Euro medium-term note.

not-held (NH) order — биржевой приказ с ценой, которую брокер может изменить по своему усмотрению без принятия какой-либо ответственности; напр., брокер может попытаться улучшить цену, немного задержав заключение сделки (США).

notice day — день уведомления: день, когда продавец фьючерсного контракта посылает уведомление о намерении поставить соответствующий фин. инструмент или товар.

notification — 1) уведомление заемщика кредитором в случае перехода долговых обязательств из рук в руки или их использования в качестве обеспечения; 2) официальное уведомление об отказе плательщика погасить чек или вексель (направляется держателем бумаги предыдущему владельцу, индоссанту).

noting — нотариальное опротестование векселя: неоплаченный вексель передается нотариусу, который вновь предъявляет его к оплате и нотариально заверяет отказ от платежа, а затем заполняет сертификат протеста; см. protest.

notional principal — условная основная сумма кредитного обязательства в процентном свопе (не участвует в обмене).

not negotiable — необращающийся: 1) о документе, ценной бумаге, которые не могут свободно переходить из рук в руки (напр., коносаменты, складские варранты, сертификаты акций, векселя, оплачиваемые только определенному лицу, чеки с надписью "необращающийся"); 2) надпись на кроссированном чеке, делающая его необращающимся; см. negotiability; crossed check.

not rated (NR) — "нет рейтинга": обозначение ценной бумаги или компании, для которой нет рейтинга, установленного специализированной компанией.

not sufficient funds (NSF) check — чек, не покрытый средствами на счете; возвращается банком эмитенту с соответствующей пометой.

not to order — "не приказу": надпись на векселе или чеке, исключающая его переход из рук в руки путем индоссамента.

not-to-press — "не настаивать": условие биржевой сделки, при котором покупатель ценных бумаг, имеющих незначительный рыночный оборот, соглашается не настаивать на поставке этих бумаг в нормальный расчетный день, чтобы позволить биржевику прикупить их.

novation — новация: 1) форма переуступки банковского кредита или др. обязательства, когда права одной из сторон соглашения переходят третьему лицу; 2) замена старого долга или обязательства новым.

Now account — счет НАУ; = negotiable order of withdrawal account.

nugget — самородок золота.

null and void — недействительный, не имеющий силы.

nullification — нуллификация (денег): аннулирование, признание недействительными.

numbered account — "номерной" счет в банке: имя владельца такого счета в операциях не упоминается и может быть известно только узкому кругу сотрудников банка; владельцу счета присваивается кодовый номер, который используется в операциях.

numbered custody account — "номерной" счет в банке для хранения ценных бумаг, др. ценностей (документов, драгоценностей).

numismatics (numis) — нумизматика: коллекционирование и изучение монет и металлических ден. знаков (наука и хобби).

nursery finance — "ясельное" финансирование: фин. ресурсы, предоставленные инвесторами частным компаниям, которые еще только создаются или намерены получить публичный статус и выпустить свои акции на рынок; см. venture capital.

O

objects clause — статья в меморандуме об ассоциации, определяющая цели компании (Великобритания); в прошлом юр. силу имели только контракты, соответствующие оговоренным целям компании; сегодня директива ЕЭС по законодательству о компаниях признает законным любой честно заключенный контракт.

obligation — 1) обязательство; долг; облигация, долговое обязательство; 2) облигация (франц., нем.).

obligation bond — ипотечная облигация с номиналом выше стоимости собственности, которой она обеспечена.

obligation to provide additional cover if necessary — обязательство заемщика увеличить обеспечение кредита, если стоимость обеспечения снизилась.

obligator = obligor.

obligee — лицо, по отношению к которому имеется обязательство: кредитор, инвестор.

obligor — лицо, принявшее на себя обязательство: должник, эмитент облигаций; = debtor.

odd date — нестандартный срок вал. или депозитной операции (обычно расчет в промежутке между одной неделей и одним месяцем); см. fixed date.

odd lot — нестандартная сделка: биржевая сделка, размер которой меньше стандартного (в фондовых сделках — менее 100 акций); цена нестандартной сделки и размер комиссионного вознаграждения брокера в расчете на одну акцию могут быть несколько выше, чем в стандартной сделке; см. round lot; differential 2.

odd-lot broker — брокер, специализирующийся на нестандартных операциях с ценными бумагами клиентов (набрав портфель заказов, он составляет стандартные сделки, которые проводит через биржу).

odd-lot dealer — биржевой дилер, покупающий стандартные партии акций для перепродажи по частям брокерам, обслуживающим мелких инвесторов.

odd-lot differential = differential 2.

odd-lot selling indicator = odd-lot short sale ratio.

odd-lot short sale ratio — отношение нестандартных "коротких" продаж к общей сумме нестандартных продаж на Нью-Йоркской фондовой бирже: показатель настроения мелких инвесторов, который обычно достигает максимума при падении конъюнктуры и наоборот (не совпадает с таким же показателем для членов биржи); см. member short sale ratio.

odd-lot theory — теория, согласно которой мелкие инвесторы (торгующие партиями акций менее 100 штук) обычно принимают неверные решения и прибыль можно получать, действуя в противоположном направлении (напр., рост продаж мелких инвесторов при падающей конъюнктуре рынка интерпретируется как сигнал покупать ценные бумаги).

Oesterreichische Nationalbank — Австрийский

национальный банк: центральный банк Австрии (создан в 1922 г., реорганизован в 1945 г.).

off-balance sheet liability — забалансовое обязательство: операция, которая учитывается в балансе при наступлении определенного события, напр., фьючерсы, опционы, гарантии.

off board — внебиржевой (о сделках с ценными бумагами, включая котируемые на бирже; США); = over-the-counter.

off-budget — внебюджетный (о расходах или доходах, не включенных в годовой бюджет; США).

off-cover — отказ в страховом покрытии риска по экспортному кредиту со стороны гос. агентства типа ДГЭК; см. on-cover; Export Credits Guarantee Department.

offer — предложение: 1) цена предложения; 2) предложение заключить сделку (предложение акций для продажи, о слиянии компаний и т.д.).

offer by prospectus — предложение новых ценных бумаг широкой публике непосредственно компанией-заемщиком при помощи проспекта.

offered market = buyer's market.

offered price (rate) — цена (курс) предложения (продавца) депозитов, ценных бумаг.

offer for sale — предложение ценных бумаг для продажи широкой публике с последующей котировкой на бирже (через инвестиционные банки; подразумевает выпуск проспекта с бланками заявок на покупку акций): наиболее распространенный метод эмиссии ценных бумаг в Великобритании; см. firm commitment 1.

offer for sale by tender — предложение новых ценных бумаг для продажи путем торга: один или несколько инвестиционных банков берут у заемщика все бумаги по фикс. цене, а затем устраивают торг (аукцион); все желающие подают заявки и размещение производится по наиболее высоким ценам; см. issue by tender.

offering = public offer(ing).

offering circular = prospectus.

offer(ing) price — цена продавца: цена публичного предложения продать ценные бумаги или паи в инвестиционном фонде; = offered price; asked (price); public offering price.

offering scale — шкала цен, по которым публике предлагаются серийные облигации с различными сроками (может быть выражена в форме дохода при погашении); см. serial bonds.

offer period — срок действия предложения о покупке акций в порядке поглощения компании; в Великобритании такое предложение действует в течение 21 дня со дня объявления (с продлением на 14 дней в случае изменения условий); торговля акциями компании при этом продолжается, но с немедленным информированием властей.

offer to purchase = take-over bid.

offer wanted (OW) — "необходимо предложение о продаже": объявление потенциального покупателя ценной бумаги о поиске потенциального продавца.

off-exchange = over-the-counter.

off floor — не в торговом зале биржи (о сделке с ценными бумагами, заключенной вне биржи по телефону или с помощью др. средств связи); см. on floor; upstairs.

off-floor order — биржевой приказ клиента брокеру (т.е. не имеющий местом происхождения саму биржу); см. on-floor order.

Office of Comptroller of the Currency (OCC) — Управление валютного контролера (США): бюро Министерства финансов, отвечающее за выдачу лицензий и регулирование деятельности общенациональных банков (вал. контролер назначается президентом на 5 лет и утверждается Сенатом).

Office of Fair Trading (OFT) — Управление добросовестной конкуренции (Великобритания): гос. орган, созданный в соответствии с Законом о добросовестной конкуренции 1973 г. для борьбы с деловой практикой, которая противоречит общественным интересам; в случае невозможности урегулировать вопрос дело передается в суд ограничительной деловой практики; см. Restrictive Practices Court.

Office of Management and Budget (OMB) — Административно-бюджетное управление (при президенте США); готовит и представляет Конгрессу президентский бюджет, сотрудничает с Министерством финансов и Советом экономических консультантов в разработке налоговой программы, анализирует деятельность правительственных агентств, консультирует президента.

official assignee — официальный правоприемник: официальное лицо, уполномоченное фондовой биржей в Великобритании провести ликвидацию фирмы-члена, объявленной банкротом; урегулирует все вопросы, производит выплаты из компенсационного фонда биржи.

official check = cashier's check.

official discount rate — официальная учетная ставка центрального банка; в большинстве развитых стран используется по операциям с первоклассными векселями и для кредитования в качестве инструмента регулирования ден. рынка; изменяется по мере необходимости через неравные промежутки времени.

official ECU — "официальные" ЭКЮ, эмитируемые властями ЕВС и используемые как эталон стоимости, счетная единица, резервный актив; см. European Currency Unit.

Official List — официальный список ценных бумаг, котируемых на Лондонской фондовой бирже; публикуется ежедневно по рабочим дням и содержит все основные данные по котируемым бумагам.

official quotation — официальная котировка: высшая и низшая цены при закрытии биржи, публикуемые в ежедневном бюллетене Лондонской фондовой биржи (средняя между ними цена признана в качестве официальной для любых расчетов).

official rate — официальный вал. курс: вал. курс, устанавливаемый властями (центральным банком).

official settlements account — счет официальных

расчетов (США): часть платежного баланса страны, отражающая гос. операции.

official support — официальная поддержка курса нац. валюты или цен гос. облигаций: операции по покупке нац. валюты и ценных бумаг центрального банка или др. гос. учреждения.

off-line — "офф лайн": отсутствие прямой связи с компьютером компании — эмитента кредитной карточки в момент совершения сделки с ее помощью; см. on-line; plastic card.

off-prime — ниже прайм-рейт (США).

offset — зачет: 1) проведение операции для ликвидации предшествующего обязательства или для страхования; 2) сумма (бухг. запись), которая аннулирует (зачитывает) или уменьшает любое требование (противоположную бухг. запись); 3) использование банком депозитов заемщика для покрытия просроченной задолженности последнего; 4) номер на банковской карточке, который вместе с кодом держателя карточки составляет полный идентификационный номер данного клиента; см. PAN-PIN pair.

offset deal (transaction) — оффсетная сделка: 1) разновидность компенсационной сделки между индустриальными странами: в обмен на покупки вооружений, самолетов выдвигается требование контрпокупок, инвестиций; 2) зачет покупок и продаж ценных бумаг и др. фин. инструментов в расчетной (клиринговой) системе.

offsetting position — компенсирующая позиция: рыночное обязательство, которое противоположно другому и поэтому ликвидирует его.

off-shore — офф-шорный: не подпадающий под нац. регулирование (обычно о фин. учреждениях со специальным статусом или просто находящихся за границей).

off-shore bank (banking unit) (OBU) — офф-шорный банк: банк, расположенный в офф-шорном фин. центре или просто выведенный из-под нац. регулирования (все операции ведутся в иностранной валюте, нет ограничений на заключение сделок с нерезидентами); иногда также любой банк, находящийся за границей.

off-shore banking (financial) centre — офф-шорный банковский фин. центр: первоначально так называли фин. центры в бассейне Карибского моря, но сегодня к ним относят любые центры с международной ориентацией, предлагающие льготный налогово-инвестиционный режим; в более широком смысле офф-шорными являются все центры, где можно проводить операции, не подпадающие под нац. регулирование и не считающиеся составной частью экономики.

off-shore funds — офф-шорные фонды: инвестиционные фонды, расположенные в офф-шорных фин. центрах, предлагающих иностранным инвесторам налоговые льготы.

Oil Facility — "нефтяной кредит" в МВФ: программа финансирования МВФ, существовавшая в 1974—1975 гг. для помощи странам-членам, чьи платежные балансы пострадали из-за повышения цен на нефть.

oil money = petrocurrency.

Old Lady of Threadneedle Street — Старая леди с Треднидл стрит (разг.): Банк Англии; Треднидл стрит — место расположения Банка Англии; название происходит от карикатуры XIX в. с изображением премьер-министра У. Питта, пытающегося добраться до золота в сундуке, на котором сидит пожилая леди.

oligopoly — олигополия: ситуация на рынке, характеризующаяся наличием незначительного числа продавцов, которые контролируют предложение данного товара или услуг.

oligopsony — олигопсония: ситуация на рынке, характеризующаяся наличием незначительного числа покупателей, которые контролируют спрос на данный товар или услуг.

Ombudsman (Banking Ombudsman) — Омбудсман (Великобритания): неофициальный орган для урегулирования споров между банками и клиентами.

omitted dividend — пропущенный (невыплаченный) дивиденд; см. pass a dividend.

omnibus account — счет "омнибус" (Великобритания): счет одного биржевика у другого для проведения операций за счет клиентов первого; обычно имеются в виду операции члена ЛИФФЕ по поручению др. члена, а фактически его клиентов; см. London International Financial Futures Exchange.

on account (O/A) — 1) частичный платеж в счет погашения обязательства; 2) на условиях кредита: поставка товара с последующей оплатой, причем обязательство не оформлено долговым документом; 3) кредит по открытому счету; = open account.

on a scale = scale (order).

on-balance method — метод техн. анализа биржевой конъюнктуры, при котором график объема сделок накладывается на график цены фин. инструмента или товара; пересечение линий графиков расценивается как сигнал покупать (начало общей скупки фин. инструмента или товара) или продавать (начало "сброса").

on board bill of lading — бортовой коносамент: коносамент, подтверждающий, что принятые к перевозке грузы действительно погружены на судно.

on call = call (money).

on-card transaction processing — обработка операционной информации непосредственно в кредитной карточке (с помощью встроенного микропроцессора); см. smart card.

oncer — банкнота в 1 ф. ст. (жарг.).

oncosts = overheads.

on-cover — согласие гос. агентства по экспортным кредитам покрывать риск по данному должнику; см. off-cover.

on demand = at (on) sight.

onderhandse market — часть рынка капиталов в Нидерландах, где организуются долгосрочные ссуды компаниям и правительству.

one cancells the other order = alternative order.

one-man picture — котировка цен покупателя и продавца одним участником рынка.

one-sided market = one-way market.

one-way callable stock — ценная бумага, которая может быть досрочно погашена эмитентом, но инвестор до срока не имеет права предъявить ее к оплате.

one-way market — односторонний рынок (котируется только цена покупателя или только цена продавца).

on floor — в торговом зале (о сделке с ценными бумагами, заключенной обычным образом в торговом зале биржи); см. upstairs; off floor.

on-floor order — биржевой приказ в случае торговли членом биржи за свой счет (т. е. имеющий местом происхождения биржу); см. off-floor order.

on-lending — "передача" кредита: кредитование за счет кредита, т. е. промежуточный заемщик выступает кредитором конечного заемщика; напр., в некоторых странах гос. банки получают кредиты МБРР, а затем перераспределяют их в форме кредитов (в меньших суммах) между предприятиями и др. учреждениями.

on-line — "он-лайн": прямая связь с компьютером компании — эмитента кредитной карточки в момент совершения сделки с ее помощью; см. off-line; plastic card.

on margin — с уплатой только части стоимости ценных бумаг или товаров, т. е. маржи (о покупке в кредит); см. margin account.

on-selling — перепродажа (напр., перепродажа векселей банком-форфэтером на вторичном рынке).

on the day = on balance.

OPD — 1) символ на ленте биржевого тикера (США); = delayed opening; 2) первая сделка по ценной бумаге, цена которой значительно изменилась после вчерашнего закрытия биржи (более чем на 2 пункта по акциям с ценами свыше 20 долл.).

open — 1) открыть (счет в банке, у брокера, аккредитив); 2) открытый; = open order.

open account — открытый счет: форма расчетно-кредитных отношений между продавцом и постоянным покупателем, при которой товары отправляются без подтверждения оплаты, а покупатель в оговоренные сроки погашает свою задолженность.

open account credit — кредит по открытому счету: кредит продавца постоянному покупателю без обеспечения и часто без уплаты процентов в форме отсрочки платежа.

open book = unmatched book.

open check = uncrossed check.

open contract — открытый контракт: срочный контракт, срок которого еще не истек (поставки фин. инструмента не было) и который не зачтен противоположной сделкой.

open credit — открытый кредит: система, при которой клиент может получать наличные с помощью чеков в чужом банке (туда направляется заверенная подпись владельца чековой книжки, а также оговаривается максимальная сумма платежа).

open-end funds = open-end investment trust.

open-end credit = revolving credit.

open-end investment trust (company) — "открытый" инвестиционный трест: инвестиционное учреждение, которое может постоянно выпускать дополнительные паи (акции), продавать их инвесторам и покупать обратно, т. е. объем ресурсов не фиксируется; в Великобритании такие тресты обычно называются паевыми фондами, в США — взаимными фондами; см. unit trust; closed-end investment trust.

open-end lease — "открытая" аренда: лизинговое соглашение, по которому при возврате арендованного оборудования предусмотрен крупный разовый платеж или дополнительный платеж для урегулирования изменения стоимости собственности.

open-end management company — управленческая компания открытого типа: инвестиционная компания, которая продает инвесторам акции взаимных фондов (и управляет ими), причем число акций не ограничено; см. closed-end management company.

open-end mortgage — "открытая" ипотека: ипотечный заем, предусматривающий возможность выпуска дополнительных облигаций (в определенных пределах и с защитой интересов владельцев первоначальных облигаций); см. closed-end mortgage.

open-faced securities = bearer securities.

open indent — заказ торговому агенту на покупку определенного импортного товара без указания конкретного производителя.

opening — 1) ежедневное открытие торговли на бирже или рынке, период в начале рабочего дня (на срочных биржах официально фиксируется); 2) благоприятное "окно" в рыночной конъюнктуре (возможность получения прибыли); = window 1.

Opening Automated Report Service (OARS) — система, созданная Нью-Йоркской фондовой биржей в 1980 г. для обработки приказов, поступивших до официального открытия биржи (для сделок до 5099 акций); ускоряет торговлю при открытии биржи.

opening price — цена открытия: 1) цена, по которой заключены первые сделки после открытия биржи (на срочной бирже — в течение 2 мин. после открытия); первая котировка после открытия; 2) самая высокая и самая низкая цены покупателя и продавца в начале торговой сессии на срочной бирже.

opening price convention — соглашение между брокерами о котировке одинакового спреда между ценами покупателя и продавца при первом обращении брокера (Великобритания); если брокер выразил намерение заключить сделку, то конкретная цена является предметом двусторонней договоренности.

opening purchase — "открывающая" покупка: открытие "длинной" позиции путем покупки опциона.

opening range = opening price.

opening sale — "открывающая" продажа: открытие "короткой" позиции путем продажи опциона.

open interest — открытые позиции: объем открытых позиций на срочной бирже (число контрактов на определенную дату, по которым не произведена поставка или зачет).

open market — открытый рынок: рынок, торговать на котором могут все желающие, а цены определяются спросом и предложением.

Open Market Committee — Комитет открытого рынка (ФРС США): орган, определяющий политику операций на открытом рынке.

open-market operations — операции на открытом рынке: купля-продажа гос. ценных бумаг на ден. рынке для воздействия на процентные ставки, ден. массу и объем кредитования; в США такие операции проводятся Федеральным резервным банком Нью-Йорка под руководством федерального Комитета открытого рынка.

open-market rates — процентные ставки открытого рынка: ставки, формирующиеся под воздействием спроса и предложения (в отличие от административно устанавливаемых ставок).

open offer — открытое предложение: предложение купить акции какой-либо компании без указания конкретной цены (как результат попытки поглощения или выкупа компанией собственных акций).

open on the print — сделка на крупную партию акций (блок), которая заключена с институциональным инвестором и отражена на ленте тикера, но биржевик не покрыл свой риск (напр., продал акции, которых у него нет); см. block trading.

open order — "открытый" приказ: 1) нерыночный приказ клиента биржевому брокеру (т. е. о совершении сделки по цене, не совпадающей с текущей), который действителен до его отмены; 2) приказ, который не выполнен и не аннулирован.

open outcry — свободный биржевой торг, метод заключения сделок голосом и жестом в торговом зале биржи (без аукциониста): биржевик выкрикивает свои цены и заключает сделку с первым, кто ответит на предложение; à la criée.

open policy — "открытый" страховой полис: полис, стоимость объекта которого не определена.

open position — открытая позиция: позиция под риском, т. е. возможны убыток или риск — превышение покупок или продаж валюты, ценных бумаг, товаров одного вида на определенную дату, незавершенные или не покрытые сделки на срок; см. long position 1; short position 1.

open pricing — свободное ценообразование: метод эмиссии еврооблигаций, при котором банку-организатору выдается мандат без предварительного оговаривания цены.

open REPO — "открытое" соглашение о продаже ценных бумаг с обратным выкупом; такое соглашение не имеет фикс. даты обратной сделки, и стороны могут провести ее в любой момент.

open reserves = disclosed reserves.

open safe custody account — открытый счет безопасного хранения в банке (ценности, документы не упаковываются, не запечатываются); см. safe custody account; sealed safe custody account.

operating assets = current assets; working assets.

operating cost ratio — коэффициент операционных издержек: отношение операционных издержек к стоимости нетто-продаж (США).

operating earnings — операционные доходы компании.

operating lease — операционная аренда (лизинг): аренда оборудования на сроки значительно меньше сроков его полезной службы, причем на арендатора возлагаются все расходы по обслуживанию; арендованное оборудование обычно можно вернуть в любой момент; см. capital lease.

operating profit (loss) — операционная прибыль (убыток): стоимость нетто-продаж компании минус суммарные операционные издержки (США).

operating profit margin — маржа операционной прибыли: отношение чистой операционной прибыли компании к ее нетто-продажам (США).

operating ratios — операционные коэффициенты: показатели деятельности компании на основе соотношения прибыли и издержек друг к другу и др. балансовым цифрам (отношения продаж к запасам продукции, запасов готовой продукции к производственным издержкам, операционных издержек к операционным доходам и др.).

operational leverage — зависимость прибыли компании от уровня фикс. издержек (аренда, страхование, зарплата руководителей); показателем является отношение изменения операционной прибыли к изменению объема продаж.

operational risk — операционный риск: риск небрежных или некомпетентных действий.

operations department — операционный (учетно-расчетный) отдел брокерской фирмы; = back office.

opportunity cost — "цена шанса": 1) издержки выбора инвестиций с меньшим доходом и бо́льшим риском в надежде на повышенную прибыль (напр., отказ от ценных бумаг с доходом в 10% в пользу бумаг с доходом в 6% и бо́льшим потенциалом несет безусловный убыток в 4%); 2) самый высокий доход по альтернативному виду инвестиций.

optimum capacity — оптимальный уровень производства: уровень производства на предприятии с наименьшими издержками на единицу продукции.

Optiomeklarit — рынок фин. опционов в Финляндии (создан в 1988 г.).

option — 1) опцион (право выбора); 2) разновидность срочной сделки, которую необязательно исполнять: право купить или продать товар или фин. инструмент в течение некоторого срока по оговоренной цене в обмен на уплату определенной суммы (премии); 3) в конвертируемом займе право купить ценные бумаги эмитента на оговоренных условиях; 4) в организации эмиссии ценных бумаг право участника синдиката на дополнительную квоту.

option agreement — опционное соглашение: форма, заполняемая клиентом при открытии счета у брокера для торговли опционами (США); содержит фин. информацию о клиенте и его обязательство соблюдать правила торговли.

optional dividend — дивиденд с правом выбора:

владелец акций может получать дивиденд наличными или в форме дополнительных ценных бумаг.

optional payment bond — облигация, держатель которой может выбирать валюту выплаты основной суммы и/или процентов.

option book — опционный портфель (участника рынка): все купленные или проданные им опционы.

option contract — опционный контракт: право купить или продать определенное количество фин. инструментов или товаров по фикс. цене в течение оговоренного срока в обмен на уплату некоторой суммы (премии); см. contract.

option dealer — опционный дилер: биржевая фирма-покупатель или продавец опционов; сотрудник банка или брокерской компании, специализирующийся на опционах.

option exchanges — опционные биржи: биржи, специализирующиеся на торговле различными видами опционов, — Европейская биржа опционов, Чикаго борд опшнз иксчендж и др.; см. European Options Exchange; Chicago Board Options Exchange.

option holder — держатель опциона: владелец опциона, который его еще не использовал и не продал.

option money = option premium.

option mutual fund — опционный взаимный фонд: взаимный фонд, который покупает и продает опционы для повышения стоимости своих акций.

option on a futures contract — опцион на фьючерский контракт: приобретение права купить или продать определенный фьючерский контракт.

option premium — опционная премия: сумма, уплачиваемая за опцион (за право купить или продать что-либо).

Options Clearing Corporation (OCC) — Опционная клиринговая корпорация (США); принадлежит ряду фондовых бирж; организует клиринговые расчеты по фондовым опционам.

option series — опционная серия: опционы одного класса и на один и тот же фин. инструмент с равными ценами и др. условиями; см. class of options.

option spread — опционный спред: одновременная купля-продажа опционов одного класса.

options pricing model = Black-Scholes options pricing model.

option swap = swaption.

option to cancel swap — опцион прекращения свопа: право на аннулирование долгосрочного свопа (взамен уплаты премии).

option writer = writer 1.

or better (OB) — "или лучше": обозначение биржевого приказа, который должен быть выполнен по цене, указанной в приказе, или по более выгодной цене.

order — приказ: 1) приказ клиента брокеру купить или продать ценные бумаги (товары) на тех или иных условиях; см. market order; limit order; stop order; time order; 2) предписание суда; распоряжение властей; 3) см. to the order of.

order check — ордерный чек: чек, выписанный на определенное лицо (или его приказу).

order driven — на основе приказов (о рынке ценных бумаг, функционирование которого (ценовой механизм) основывается на балансировании приказов клиентов о продажах и покупках, в отличие от системы на основе изменения котировок); примером может служить система "специалистов" на Нью-Йоркской фондовой бирже; см. quote driven; specialists.

order imbalance — несбалансированность (биржевых) приказов: преобладание приказов купить или продать ценные бумаги, мешающие фиксации цены (США).

order of priority — порядок ранжирования ценных бумаг и др. обязательств по очередности удовлетворения претензий в случае банкротства должника.

order ticket — бланк, заполняемый брокером при получении приказа клиента; содержит все основные сведения о приказе (вид приказа, цену, сумму и т. д.); после исполнения сделки на нем указываются фактическая цена и имя брокера-контрагента (хранится в течение определенного времени).

ordinary capital = equity 1.

ordinary dividend — дивиденд, выплачиваемый по обыкновенным акциям.

ordinary guarantee = simple guarantee.

ordinary income — обычный доход: регулярный доход от какого-либо вида деятельности в отличие от прироста капитала при продаже активов.

ordinary interest — "обычный" процент: процентный платеж, рассчитанный на основе года в 360 дней (в отличие от "точного" процента на основе 365 дней); отношение "обычного" к "точному" проценту составляет 1,0139; см. exact interest.

ordinary life insurance = whole life insurance.

ordinary partnership — простое товарищество: контрактные отношения между двумя и более юр. лицами для достижения общей цели (получения прибыли, размещения облигационного займа) на основе вклада их собственности, опыта, труда.

ordinary safe custody account = open safe custody account.

ordinary share (Ord) — обыкновенная акция: право на часть капитала компании (активов за вычетом всех долгов и привилегированных акций) и ее прибыли после распределения среди владельцев облигаций и привилегированных акций, а также на участие в руководстве деятельностью компании через голосование на собраниях акционеров.

ordinary share carital = equity 1.

ordinary shareholder — обыкновенный акционер компании (владеет обыкновенными акциями).

ordinary shareholders' funds = equity 1.

Organization for Economic Cooperation and Development (OECD) — Организация экономического сотрудничества и развития (ОЭСР): организация, созданная в 1961 г. взамен Организации для европейского экономического сотрудничества (см. Organization for European Economic Cooperation) в целях содействия экон. росту стран-членов, повышению уровня жизни, поддержанию фин. стабильности, развитию торговли на многосторонней основе; объединяет США, Канаду, Японию, страны Западной Европы, Турцию (штаб-квартира в Париже); в рамках ОЭСР регулярно обсуждается экон. политика стран-участниц, организация публикует обширную статистику, обзоры по странам, прогнозы развития.

Organization for European Economic Cooperation (OEEC) — Организация для европейского экономического сотрудничества: организация, созданная в 1948 г. для распределения средств в рамках плана Маршалла (см. Marshall Plan) и стимулирования внутренней европейской торговли; преемником данной организации стала ОЭСР; см. Organization for Economic Cooperation and Development.

original cost — первоначальная стоимость актива: все издержки по его приобретению.

original issue discount — скидка с номинальной цены ценной бумаги в момент ее выпуска (напр., облигации с нулевым купоном).

original margin = initial margin.

original maturity — первоначальный срок ценной бумаги (в отличие от оставшегося до погашения); см. current maturity.

origination fee — комиссия банку за организацию кредита или содействие в его получении.

originator — 1) поставщик бизнеса, инициатор операций; 2) учреждение, предоставившее ипотечный кредит, который попал в пул ипотек; 3) инвестиционный банк, работающий с потенциальным эмитентом ценных бумаг со стадии самого раннего планирования; 4) лицо, отдавшее приказ о ден. переводе.

Ost-West Handelsbank — Ост-Вест Хандельсбанк: коммерческий банк во Франкфурте-на-Майне (основан в 1971 г.); 15,4% капитала принадлежат Госбанку СССР, 13,24% — Внешэкономбанку СССР; специализируется главным образом на обслуживании торговли Восток — Запад; имеет представительство в Москве.

OTC (over-the-counter) margin stocks — акции крупных компаний, котируемые на внебиржевом рынке и пригодные по "правилу Т" ФРС США для покупки в кредит; см. margin security; Regulation T.

OTC (over-the-counter) market = over-the-counter (OTC) market.

OTC (over-the-counter) stocks — ценные бумаги, которые обращаются на внебиржевом рынке.

other income (revenue) — доходы компании, поступившие не от обычных операций (напр., дивиденды, продажа активов, прибыль от изменения вал. курса).

other names — "др. имена": фин. учреждения, не входящие в публикуемый Лондонской фондовой биржей список институтов, на имя которых могут регистрироваться американские и канадские облигации, сертификаты акций в американской форме; см. marking names.

other people's money (OPM) — "деньги др. людей" (США): заемные средства, используемые для увеличения доходов по инвестициям.

out-of-favour industry or stock — непопулярная среди инвесторов отрасль или конкретная ценная бумага.

out of line — не соответствующий общей тенденции (о ценной бумаге, курс которой слишком сильно отличается от курсов аналогичных бумаг).

out-of-money — опцион, цена исполнения которого ниже ("пут") или выше ("колл") текущей цены фин. инструмента, лежащего в его основе (т.е. "внутренняя" стоимость отрицательна); см. intrinsic value.

out of the window issue — быстрое и успешное размещение новых ценных бумаг; = blowout; hot issue.

outright — срочный вал. курс "аутрайт": срочный курс, включающий премию или скидку относительно наличного курса; см. spot rate.

outright forward — "аутрайт" форвард: 1) обычная (некомбинированная) срочная вал. сделка на межбанковском рынке; 2) = outright.

outright position — позиция "аутрайт": срочная вал. позиция, образовавшаяся в результате обычной форвардной сделки.

outright transactions — сделки "аутрайт": 1) обычные (постоянные) сделки при проведении ФРС США операций на открытом рынке: купля-продажа ценных бумаг в отличие от сделок с осуществлением через некоторое время обратной операции; см. temporary transactions; 2) = outright forward 1.

outside broker — "посторонний" брокер: брокерская фирма, не являющаяся членом фондовой биржи.

outside directors — "внешние" директора: директора-советники корпорации (не руководят текущей деятельностью корпорации и не являются ее служащими); законом им обычно запрещено входить в советы директоров нескольких конкурирующих фирм.

outside shareholder — внешний акционер: акционер, связанный с компанией только фактом владения акциями.

outside tender — "постороннее" предложение (Великобритания): заявка на приобретение казначейских векселей (на торге), поступившая не от учетного дома.

outstanding — 1) неоплаченный; 2) не предъявленный к платежу; 3) о всех ценных бумагах (или только данного заемщика) в обращении.

overall market price coverage — показатель покрытия рыночной стоимости данных ценных бумаг активами эмитента: отношение активов к рыночной стоимости данных ценных бумаг или к пассивам и бумагам, имеющим преимущественные права на активы.

overbooked issue = oversubscription.

overbought — "чрезмерно купленный" (о ценной бумаге или валюте, курс которой считается чрезмерно высоким в результате давления спроса покупателей, не соответствующего объективным факторам); термин используется в техн. анализе для обозначения нереальности тенденции движения конъюнктуры и возможности ее скорого падения; см. oversold.

overcapitalization — сверхкапитализация: ситуация, когда в результате "разводнения" капитала (сверх нетто-активов) доход по акциям компании падает ниже приемлемого уровня; см. watering of stock.

overdraft (O/D) — овердрафт (кредит по текущему счету, или контокоррентный кредит): получение кредита путем выписки чека или платежного поручения на сумму, превышающую остаток средств на счете; кредит по овердрафту оговаривается при открытии счета и не может превышать фикс. суммы.

overdue bill — просроченный вексель: вексель, который не был оплачен в срок.

overfunding — 1) избыточное финансирование гос. долга (выпуск ценных бумаг сверх бюджетного дефицита для изъятия рыночной ликвидности); 2) увеличение продаж компании до уровня, который не обеспечен оборотным капиталом; 3) излишние фондовые операции брокера по счету клиента, допускающему определенную свободу действий.

overhang — "выступ", "навес": 1) достоверно известное существование крупного потенциального продавца ценных бумаг; это сдерживает повышательное давление на цены, т. к. продавец может воспользоваться ситуацией и "сбросить" бумаги; 2) обращение значительных сумм валюты вне страны ее происхождения без надежды на использование в торговле или прямых инвестициях: фактор потенциального обесценения валюты (обычно о долларе США).

overheads — накладные расходы: издержки, которые прямо не связаны с производством или сбытом, — аренда помещений, расходы на исследования, зарплату директоров компании; иногда также включаются расходы на сбыт.

overheating — "перегрев" (экономики): чрезмерно высокие темпы экон. роста, часто вызванные "перекредитованием" и необоснованными гос. расходами и угрожающие усилением инфляционных тенденций.

overissue — выпуск акций сверх суммы, установленной в уставе компании.

overnight — сделка на срок до начала следующего рабочего дня (в конце недели — от пятницы до понедельника).

overnight loan — суточная ссуда: в Великобритании — ссуда коммерческого банка учетному дому со сроком один день.

overnight position — "длинная" или "короткая" позиция дилера в конце рабочего дня.

overnight REPO — соглашение о продаже ценных бумаг с совершением обратной сделки на следующий день.

overrun — превысить запланированные расходы или показатели.

oversaving — чрезмерное сбережение (накопление): сбережения в ущерб потреблению (часто в результате нехватки товаров).

overseas banks — 1) иностранные банки (головная контора находится в др. стране); 2) брит. заморские банки (головная контора находится в Великобритании, но основная деятельность осуществляется за границей).

Overseas Private Investment Corporation (OPIC) — Корпорация заграничных частных инвестиций (США): подразделение Агентства по международному сотрудничеству для развития, специализирующееся на реализации правительственных программ поддержки американских частных инвестиций в развивающихся странах (создано в 1969 г.).

overshooting — движение (уровень) вал. курса, которое длительное время не соответствует положению в экономике, паритету покупательной способности (обычно завышенный курс); см. overvaluation.

oversold — "чрезмерно проданный" (о ценной бумаге или валюте, курс которой считается чрезмерно низким в результате давления предложения продавцов, не соответствующего объективным факторам); термин используется в техн. анализе для обозначения нереальности тенденции движения конъюнктуры и возможности ее скорого подъема; см. overbought.

oversubscription — подписка на ценные бумаги сверх предлагаемой суммы (число заявок превышает число бумаг); в такой ситуации банк - организатор займа пропорционально уменьшает суммы удовлетворяемых заявок или может быть увеличена сумма займа.

over-the-counter (OTC) market — внебиржевой рынок ценных бумаг (сделки заключаются по телефону или телексу); как правило, имеется ввиду рынок акций, которые не котируются на биржах, а также облигаций всех типов.

overvaluation — завышенность вал. курса, цены фин. актива относительно фундаментальных экон. факторов.

overvalued — переоцененный: 1) о валюте с завышенным курсом; 2) о ценной бумаге или любом др. фин. активе с завышенной стоимостью, т. е. текущая цена не соответствует фин. положению компании.

overwriting — спекулятивная практика чрезмерной продажи опционов в надежде на то, что они не будут исполнены; основанием служит убеждение в завышенности или заниженности цен на соответствующий фин. инструмент.

own account (for) — (за) собственный счет (о купле-продаже фин. инструментов за свой счет, т. е. в качестве принципала).

ownership — собственность, владение; право собственности; см. beneficial owner; nominee name.

own funds — собственные средства (компании).

P

Pac-Man strategy — стратегия "Пэк Мэн" (США): стратегия защиты от попытки нежелательного поглощения путем ответной попытки поглотить компанию-агрессора (по названию популярной видеоигры, в которой побеждает тот, кто смог проглотить всех противников).

paid-in capital — оплаченная часть капитала

международного банка развития (часть подписного капитала или оплаченная часть квоты); см. callable capital; paid-up capital.

paid-up capital — оплаченная часть объявленного (уставного) акционерного капитала: капитал, внесенный акционерами; см. called-up capital 2.

paid-up share — оплаченная акция: акция, стоимость которой полностью оплачена.

painting the tape — "раскрашивание ленты": 1) в США — незаконная практика проведения фиктивных операций для симулирования активной торговли и привлечения интереса участников рынка к определенному виду ценных бумаг; 2) активная торговля определенной ценной бумагой с частым появлением информации о таких сделках на ленте биржевого тикера.

paired shares — парные (Сиамские) акции: обыкновенные акции двух компаний под одним руководством, продаваемые вместе, причем часто в форме одного сертификата (на одной стороне — одна акция, на другой — другая).

Panda — "Панда": современная китайская золотая монета (объект торговли в тезаврационных целях).

Panel on Take-Overs and Mergers — Комитет по поглощениям и слияниям (Великобритания): орган надзора за поглощениями и слияниями, созданный в 1968 г. девятью ассоциациями различных фин.-кредитных учреждений; контролирует соблюдение "Кодекса Сити" по поглощениям и слияниям, публикует соответствующие правила; председатель и его заместитель назначаются управляющим Банка Англии; с 1978 г. Комитет является рабочим органом Совета индустрии ценных бумаг; см. City Code; Council for Securities Industry.

PAN-PIN pair — идентификационный номер владельца банковской кредитной карточки; состоит из номера на карточке и кода, которые должен помнить владелец карточки.

paper — ценные бумаги, документы (обычно краткосрочные фин. инструменты рынка).

paper asset — бумажный актив: фин. актив типа акций и облигаций.

paper bid — попытка "бумажного" поглощения компании (покупка акций поглощаемой компании оплачивается акциями компании-покупателя, в т. ч. новыми).

paper gold — бумажное золото: разг. обозначение СДР; см. Special Drawing Rights.

paper money — бумажные деньги: банкноты.

paper profit/loss — бумажная, или нереализованная, прибыль/убыток: прибыль или убыток, которые существуют только на бумаге (напр., в результате переоценки активов); см. realized profit (loss).

par — 1) = at par; 2) паритет, номинальная стоимость ценных бумаг.

parallel deal — "параллельная" сделка: разновидность "контрпокупки" — товарообменная сделка на базе двух контрактов, связанных обязательством экспортера произвести "контрпокупку" в течение оговоренного срока (2 — 3 года); см. frame contract.

parallel loan — параллельная ссуда; = back-to-back loan.

Parallel Market — Параллельный рынок (Нидерланды): фондовый рынок со сниженными требованиями при Фондовой бирже Амстердама.

parallel markets — "параллельные" рынки: 1) евровалютный рынок (параллелен национальным); 2) более новые сегменты брит. ден. рынка (образовавшиеся в дополнение к учетному рынку); 3) см. Parallel Market.

par bond — облигация, которая выпускается или просто продается на вторичном рынке по номинальной стоимости.

par casiers — "с помощью ячеек" (франц.): один из трех основных видов котировки ценных бумаг (торговли) на франц. фондовых биржах; каждой фирме брокеров выделено несколько "ячеек" — мест в торговом зале биржи, закрепленных для совершения сделок по определенным бумагам; в начале торговой сессии представитель брокера занимает свою "ячейку", принимает все приказы др. участников рынка и фиксирует цену, при которой можно заключить сделки на максимальную сумму; см. auction market.

parcel — блок (партия) акций, которые переходят из рук в руки на фондовом рынке; см. block of shares.

parent company — материнская компания: компания, контролирующая одну или несколько дочерних компаний (через контрольный пакет акций); в отличие от чисто холдинговой компании сама осуществляет конкретную производственную деятельность.

Pareto's Law — закон Парето: теория, согласно которой распределение доходов имеет постоянный характер и не зависит от системы налогообложения и социального обеспечения (напр., если 80% доходов достаются 20% населения, то улучшения положения бедных слоев можно достичь только общим повышением уровня благосостояния); есть и др. приложения теории: основная часть производства приходится на меньшую часть рабочей силы; основная часть продаж приходится на незначительную часть клиентов; В. Парето — итало-швейцарский инженер и экономист (1848-1923); = 80-20 law.

par exchange rate = par value.

pari passu — "пари пассу": "равный во всех отношениях", "эквивалентный" (лат.); напр., о новых акциях компании, выпускаемых на равных условиях с уже имеющимися акциями того же класса.

Paris — "Париж": франц. франк (жарг. вал. дилеров).

Paris bourse — Парижская фондовая биржа (франц.).

Paris Club — Парижский клуб стран-кредиторов ("группа семи" плюс Австрия, Нидерланды, Бельгия, Испания, Норвегия, Швеция, Швейцария): неформальная организация стран-кредиторов для обсуждения вопросов пересмотра условий кредитов суверенным заемщикам (создана в 1956 г.); 2) = Group of Ten.

Paris interbank offered rate (PIBOR) — ставка предложения межбанковского депозитного рынка в Париже (ПИБОР).

parity — паритет, равенство: 1) соотношение, по которому производится обмен двух товаров или любых предметов; 2) = par value 2.

parity grid — паритетная сетка в Европейской валютной системе: таблица паритетных кросс-курсов валют, участвующих в курсовом механизме ЕВС.

parity price — паритетная цена: цена товаров или услуг, прикрепленная к др. цене, или спред цен за определенный период; соотношение между текущими и базисными ценами определяется в виде индекса, причем паритетным является значение индекса 100 (напр., в США сельскохозяйственные цены прикреплены к ценам на базе покупательной способности фермеров в 1910—1914 гг.; если индекс падает ниже 100, то правительство осуществляет компенсацию фермерам в виде ден. выплат, скупки избыточного урожая, кредитов).

Park Avenue — Парк авеню: улица, пересекающая Манхэттен с севера на юг и являющаяся средоточием кредитно-фин. институтов; наряду с Уолл стрит считается фин. центром Нью-Йорка и США.

parking — "паркинг": временные инвестиции в безопасные активы до принятия основного инвестиционного решения.

par of exchange = par value 2.

par opposition — путем противопоставления (франц.): один из трех методов котировки ценных бумаг (торговли) на франц. фондовых биржах; используется для определения наличных цен бумаг, которые также котируются на срочном рынке; разница между наличной и срочной ценами ограничивается максимумом 2%; см. auction market.

par price (rate) — курс ценной бумаги, совпадающий с ее номиналом.

par-priced issue — ценные бумаги, выпускаемые по номинальной цене.

parquet — "паркет" (площадка, паркетный пол — франц.): торговый зал биржи; первоначально — официальный рынок на Парижской фондовой бирже (брокеры имели монополию на сделки с бумагами из официального списка) в противоположность неофициальному рынку ("кулисе"); с 1962 г. различия между официальным и неофициальным рынками уничтожены, и термин относится к бирже в целом; см. coulisse.

partial acceptance — частичный акцепт: акцепт с условиями, которые отличаются от условий самого векселя (напр., на меньшую сумму или с др. сроком).

partial compensation — частичная компенсация: разновидность компенсационной сделки (оговаривается процент компенсации товарами).

partial delivery — частичная поставка: поставка только части ценных бумаг (или товара), оговоренных в биржевой сделке.

partial fill — частичное исполнение биржевого приказа (не на полную сумму).

participant — участник: 1) участник синдиката, организующего заем на рынке капиталов; 2) участник расчетной системы, пользователь.

participating bond — облигация участия: облигация, дающая право не только на фикс. процентный доход, но и на участие в части чистой прибыли компании-эмитента.

participating preference share — привилегированная акция участия: акция, которая помимо фикс. дивиденда дает право на долю в остатке прибыли (встречается редко); см. non-participating preferred stock.

participating preferred stock (USA) = participating preference share.

participation — участие: 1) участие в капитале компании; 2) участие в синдицированном кредите, проекте.

participation certificate (PC) — сертификат участия: 1) ценная бумага, сочетающая участие в капитале компании с отсутствием некоторых прав обычного акционера (напр., права голоса на общих собраниях); 2) сертификат, удостоверяющий участие в инвестиционном или ипотечном пуле.

participation fee — комиссия за участие (взимается банком за участие в гарантировании кредита).

participation forward — срочная сделка "участия": гибрид форвардной и опционной сделок; допустимый уровень неблагоприятного движения курса для клиента пропорционален его "участию" в благоприятном движении конъюнктуры (чем выше процент "участия", тем ниже гарантируемый минимальный курс).

participation loan — кредит участия: кредит, в котором участвует несколько банков во главе с главным организатором займа (синдицированный кредит).

participation securities — ценные бумаги участия: ценные бумаги, которые помимо процента или дивиденда дают право на долю в прибыли компании.

particular average (PA) loss — частная авария: убыток в результате ущерба судну или грузу, затрагивающий только владельца судна, груза или страхователя, а не все заинтересованные стороны одновременно.

partly paid bonds — частично оплаченные облигации, т. е. внесена только часть цены (требование полной оплаты — право эмитента).

partly paid shares — частично оплаченные акции (владелец выплатил в соответствии с требованием компании только часть стоимости акций); см. fully paid shares.

partnership — товарищество: в Великобритании — ассоциация от 2 до 20 лиц (до 10 в случае банка), занимающихся тем или иным бизнесом с целью получения прибыли; партнеры несут неограниченную ответственность по обязательствам товарищества (солидарную и индивидуальную); в США неограниченную ответственность обычно несут "общие" партнеры, занимающиеся повседневным руководством деятельностью товарищества, а "пассивные" партнеры отвечают только своим вкладом; см. general partner; limited partnership.

par value — 1) номинал, номинальная стоимость ценной бумаги (100% номинала, напр., облигации); 2) вал. паритет: официально зафиксированный курс валюты к золоту (золотой паритет, золотое содержание) или к резервной валюте; с введением плавающих вал. курсов такие паритеты отменены.

pass a dividend — пропустить дивиденд: не выплатить по той или иной причине акционерам доход по акциям.

passbook — сберкнижка: именная книжка, в которой отражаются операции по счету; с введением автоматизации банковского дела постепенно выходит из употребления.

passbook account — счет в банке или сберегательном учреждении, все операции по которому отражаются записями в специальной именной книжке, предъявляемой при обращении в банк (обычно сберегательные счета населения).

passed dividend — пропущенный дивиденд; = omitted dividend.

passive bond — "пассивная" облигация: облигация, не приносящая процентного дохода; такие облигации обычно выпускаются в случае реорганизации компаний и для мобилизации ресурсов для некоммерческих целей.

pass-throughs = pass-through securities.

pass-through securities — ценные бумаги, выпущенные на базе пула ипотек или др. кредитов (США); процентные платежи по первоначальным ссудам "превращаются" в процентные платежи по ценным бумагам; см., напр., GNMA certificate.

past payment record = credit history.

payable in advance — выплачиваемый заранее (о процентах, выплачиваемых в начале очередного процентного периода).

payable in arrears — выплачиваемый позднее (о процентах, выплачиваемых после окончания очередного процентного периода).

pay-as-you-earn (PAYE) — система сбора подоходного налога в Великобритании (с 1944 г.): налоги автоматически вычитаются из еженедельной или ежемесячной зарплаты (букв.: "плати по мере того, как зарабатываешь").

pay-as-you-go — принцип выплаты пенсий из текущих доходов, а не из специальных фондов, составленных из регулярных взносов в течение всего периода работы будущего пенсионера.

payback period — период окупаемости инвестиций: отношение первоначального вклада капитала к ежегодным наличным поступлениям.

pay bracket — уровень дохода, соответствующий определенному налоговому разряду.

pay day = account day.

paydown — частичное погашение кредита или облигационного займа (в т. ч. путем выпуска меньшего займа на более выгодных условиях).

pay down the back — платить фондовому брокеру путем проведения через него операций (Великобритания).

payee — получатель платежа: лицо, в пользу которого делается платеж (или выписывается чек или вексель).

payer — плательщик: лицо, осуществляющее платеж.

paying agent — платежный агент: банк или др. кредитно-фин. институт, который выплачивает дивиденды по акциям или проценты по облигациям, проводит иные операции в связи с обращением ценных бумаг данного эмитента.

paying banker — банк-плательщик: банк, оплачивающий чеки клиента.

paying-in-slip — платежная форма, заполняемая при занесении на банковский счет наличных денег или чеков.

payment card — платежная карточка: карточка, с помощью которой производятся платежи; = plastic card.

payment day (date) — платежный день (Великобритания): день, когда владельцам ценных бумаг переводятся суммы дивидендов или процентов.

payment in kind — оплата товарами и услугами (в отличие от оплаты деньгами).

payment order — платежное поручение: поручение плательщика своему банку перевести на счет др. лица определенную сумму, ценные бумаги и т. д.

payment systems — платежные системы: системы проведения переводов средств (платежей) между банками и др. кредитно-фин. институтами (это могут быть системы распределения наличности центральным банком, электронные системы переводов и расчетов по ценным бумагам, чековый клиринг, расчетные палаты, системы кредитных карточек); представляют собой самостоятельные компании или соглашения между членами.

pay off — выплачивать, погашать долг.

payoff = yield.

payout ratio — коэффициент выплаты прибыли компании в форме дивидендов (дивиденды в процентах к прибыли).

payroll tax — налог на зарплату: налог, взимаемый с корпорации в размере определенного процента ее суммарных расходов на зарплату.

PaySOP (stock ownership plan) — разновидность плана наделения рабочих и служащих акциями (США): наниматели могут получить дополнительную скидку с налога на зарплату в 0,75% в целях создания специального фонда наделения рабочих и служащих акциями (система используется многими крупными корпорациями).

pay-through bonds = pass-through securities.

pay up — 1) оплатить; 2) переплатить: заплатить более высокую цену.

pawnbroker — ростовщик (владелец, служащий ломбарда), выдающий кредит под залог вещей; в Великобритании традиционной вывеской ломбардов являются три золотых шара.

pawnshop — ломбард.

peg — 1) привязывать, индексировать; 2) база, ориентир.

pegging — привязка цены или курса (валюты, товара, ценной бумаги) к определенному ценовому ориентиру, индексу.

pegging of exchanges — фиксация государством курса нац. ден. единицы относительно иностранных валют или вал. индексов.

penal terms — штрафные условия кредитования центральным банком коммерческих банков в функции кредитора последней инстанции (в кредите не отказывается, но его стоимость повышается); также штрафные процентные ставки (более высокие) при нарушении условий кредита или превышении установленных государством количественных кредитных ограничений.

penalty — штраф, штрафная санкция.

penalty clause — штрафная оговорка: условие контракта, кредитного соглашения, сберегательной программы, по которому наказывается задержка платежа или досрочное изъятие средств.

pennant — вымпел, флажок (треугольной формы): термин, используемый в техн. анализе конъюнктуры фин. рынков для обозначения движения цен на графике, похожего на треугольный флажок (равносторонний треугольник), — после подъема или падения цена некоторое время движется в коридоре с затухающей амплитудой колебаний; см. consolidation pattern.

Penn Square Bank — Пенн скуэр бэнк: небольшой банк в Оклахоме, обанкротившийся в 1982 г. в связи с нефтяными кризисами и нанесший серьезные убытки банку Континентл Иллинойс (США).

penny — 1) пенни — 1/100 ф. ст. (до введения в Великобритании десятичной системы — 1/240; 2) монета в 1 цент.

penny bank — небольшой сберегательный банк (главным образом на севере Англии).

penny stock — "копеечная" акция: акция с рыночной ценой обычно менее 1 долл. (США) или 10 пенсов (Великобритания).

pension funds — пенсионные фонды: гос. и частные фонды, в которые вносятся пенсионные отчисления (самих трудящихся, корпораций) и из которых выплачиваются пенсии; свободные средства инвестируются в фин. активы с целью получения дохода; во многих странах являются ведущими инвестиционными институтами.

People's Bank of China (PBC) — Народный банк Китая: центральный банк КНР (основан в 1948 г.).

peppercorn rent — номинальная арендная плата; взимается для юр. закрепления факта аренды, а не получения дохода (может быть чисто символической).

per aval — гарантийная надпись банка на векселе (сопровождается именем того, в чью пользу выдается гарантия).

per capita debt — долг на душу населения (обычно в отношении задолженности государства, местного органа власти).

percentage-of-completion method — метод процента выполнения: метод бухг. учета, по которому доходы и расходы по долгосрочному контракту учитываются ежегодно в сумме выполненных работ; см. completed contract method.

percentage order — приказ клиента брокеру купить или продать определенное число акций после того, как на рынке в течение дня с этим видом акций совершены сделки на фикс. сумму (США).

perfect competition — идеальная конкуренция: ситуация на рынке, когда нет дискриминации или нехватки информации, присутствует большое число покупателей и продавцов, которые не могут менять цены по своему желанию.

perfected security — актив, который в законодательном порядке сделан обеспечением долга.

perfect hedge — "идеальный хедж": хеджирование, которое полностью элиминирует возможность будущей прибыли или потерь от колебаний конъюнктуры.

performance bond — контрактная гарантия: гарантия точного исполнения контракта; обычно банк гарантирует выплату определенной суммы, если поставщик, попросивший гарантию, не выполнит свое обязательство; юридически оформленной гарантии может требовать одна сторона контракта у другой.

performance fee = incentive fee.

performance fund — результативный фонд: инвестиционный фонд, целью которого является получение высокого прироста капитала (напр., активно проводятся краткосрочные операции в надежде на повышенную прибыль).

performance indexed paper (PIP) — долларовые (коммерческие) бумаги с доходом, индексированным относительно курса доллара США к одной из иностранных валют (введены Саломон бразерс); см. commercial paper.

performance letter of credit — аккредитив, с помощью которого гарантируется выполнение контракта.

performance measurement — оценка результатов использования данного портфеля ценных бумаг: элемент "портфельной теории", предполагающий выделение общих рыночных и специфических факторов для каждой бумаги; см. portfolio theory.

performance stock — акция с потенциалом быстрого увеличения стоимости; по таким акциям часто выплачиваются минимальные дивиденды (или их вообще нет), т. к. прибыль идет на развитие компании; = growth stock.

period bill = term bill.

periodic inventory — система периодического учета (инвентаризации) запасов компании; запасы учитываются в ден. и физ. выражении на определенную дату; см. perpetual inventory.

periodic payment plan — программа инвестиций во взаимные фонды путем периодических взносов (месячных или квартальных) в течение 10—20 лет (США).

period money — срочные депозиты в банках со сроками 1 — 12 месяцев (Великобритания).

period of digestion — период "принятия" рынком новых ценных бумаг: период, в течение которого устанавливается рыночный уровень цен новых акций и облигаций (в этот период возможна их крайняя неустойчивость).

period of grace = 1) days of grace; 2) grace period 1.

peripheral currencies — периферийные, или второстепенные, валюты (особенно государств и территорий, находящихся на "периферии" — Австралии, Новой Зеландии, Сингапура, Гонконга); см. exotic currencies.

permanent financing — постоянное финансирование: 1) долгосрочное финансирование компании с помощью выпуска акций и облигаций; 2) долгосрочный ипотечный кредит или облигационный заем (на 15—30 лет).

permanent holdings — постоянное (долгосрочное) участие в капитале др. компаний с целью оказания воздействия на их деятельность (в отличие от инвестиций только ради дохода).

permanent life insurance = whole life insurance.

perpendicular spread — "перпендикулярный" спред: опционная стратегия, использующая опционы с близкими датами исполнения и разными ценами.

perpetual bond — "вечная", или бессрочная, облигация (срок не фиксируется, но заемщик обычно имеет право погашения); в настоящее время выпускаются, как правило, с плавающей ставкой; см. perpetual FRN; Consols.

perpetual debt — бессрочный долг (заимствования): субординированный долг без фикс. срока; см. subordinated debt.

perpetual FRN — бессрочная облигация с плавающей процентной ставкой.

perpetual inventory — система непрерывного учета (инвентаризации) запасов компании; запасы учитываются в ден. и физ. выражении ежедневно, а не на определенную дату; см. periodic inventory.

perpetual warrant — бессрочный варрант: инвестиционный сертификат, дающий право на покупку оговоренного числа обыкновенных акций эмитента без каких-либо ограничений в сроках.

personal allowances — личные скидки с подоходного налога (на семью, детей и т. д.): установленные законом суммы (скидки), вычитаемые из облагаемого налогом дохода.

personal identification number (PIN) — личный идентификационный номер: цифровой код, присваиваемый владельцу пластиковой карточки для установления его личности в операциях (напр., по телефону); см. plastic card.

personal loan — личная ссуда: банковская ссуда (обычно без обеспечения), основная сумма и проценты по которой выплачиваются равными взносами в течение оговоренного срока; выдается на основе анализа кредитоспособности клиента.

personal security — личная гарантия обязательства др. лица.

petite bourse — "маленькая биржа" (франц.): период торговли на Парижской фондовой бирже, совпадающий по времени с открытием рынка в Нью-Йорке.

petition — петиция: официальное обращение в суд о принудительной ликвидации компании или объявлении физ. лица или товарищества банкротом.

petrocurrency — нефтевалюта: 1) валюта, курс которой тесно связан с положением на рынке нефти; 2) = petrodollars.

petrodollars — нефтедоллары: банковские депозиты, др. фин. активы в долларах США, принадлежащие странам — экспортерам нефти (понятие появилось в 70-х годах, когда в результате повышения цены на нефть указанные страны стали владельцами огромных долларовых активов).

petty cash (PC) — небольшие наличные суммы, которые компания держит не в банке, а непосредственно в конторе для покрытия непредвиденных расходов.

phantom competition — "призрачная" конкуренция: ссылка покупателей на несуществующие низкие цены конкурентов.

phantom stock plan — программа премирования руководителей компании в увязке с повышением рыночной стоимости ее акций за определенный период (каждый руководитель условно наделяется некоторым числом акций пропорционально уровню зарплаты).

Philadelphia options — филадельфийские опционы: опционные контракты на иностранную валюту на Фондовой бирже Филадельфии.

Philadelphia Stock Exchange (PHLX) — Фондовая биржа Филадельфии (США); первая начала торговлю вал. опционами в 1982 г. (основана в 1790 г.).

Phillips curve — кривая Филлипса: кривая взаимодействия инфляции и безработицы, разработанная проф. А.У. Филлипсом (Лондонская школа экономики); кривая подразумевает, что снижение безработицы сопровождается ростом цен и зарплаты и наоборот.

physical market — наличный рынок, рынок "спот".

physicals = actuals.

physical verification — физ. проверка: осмотр аудитором физ. активов компании и в т. ч. запасов (в отличие от проверки документации).

picking winners — выбор победителей: выбор акций, которые, как ожидается, вырастут в цене выше среднего уровня (фондового индекса), — выбор компаний с большим потенциалом развития как объекта капиталовложений.

pick up — прибыль, полученная в результате облигационного свопа (также валютного или процентного).

pick up bond — облигация со сравнительно высокой купонной ставкой и вблизи даты возможного досрочного погашения; в случае падения ставок облигация, вероятно, будет погашена, и инвестор получит дополнительную прибыль (цена погашения будет выше номинальной), а эмитент сможет рефинансироваться на более льготных условиях.

picture — "картина": курсы покупателя и продавца и информация о сумме сделки при запросе биржевого дилера о конкретной ценной бумаге (напр., "какова "картина" по акциям АВС?").

piggyback registration — размещение новых акций компании вместе с партиями старых акций, принадлежащих частным инвесторам: комбинация публичного и частного предложения акций (США).

piggy bank — копилка (часто в форме свиньи); обычно раздается бесплатно в качестве банковской рекламы.

pink form = preferential form.

pink form issue — эмиссия "розовой формы" (Великобритания): гибрид публичной эмиссии акций (см. public issue) и размещения новых ценных бумаг среди существующих акционеров (см. rights issue); акционеры получают право покупки новых бумаг на особых условиях и заполняют специальные формы заявок (обычно на розовой бумаге); см. preferential form.

pink sheets — "розовые листки" (США): список акций и их цен на внебиржевом рынке.

pip — "пип": одна десятитысячная вал. курса.

pipeline, in the — о новых ценных бумагах, которые прошли регистрацию и могут быть в любой момент выпущены на рынок (выжидается благоприятная конъюнктура); см. thirty day visible supply.

pirate issue — "пиратский" заем: эмиссия облигаций в ЭКЮ вне очередности, установленной тремя бельгийскими банками, монополизировавшими этот рынок.

pit — "яма": площадка круглой (или многоугольной) формы в помещении срочной биржи, на которой проводится торг ("ринг"); может представлять собой углубление в полу с несколькими ступеньками (на крупной бирже обычно не менее 2—3 "ям"); см. ring.

pit broker — брокер в торговом зале: член срочной биржи, исполняющий приказы др. биржевиков непосредственно в торговом зале.

place — размещать ден. средства, кредитовать, продавать вновь выпущенные ценные бумаги.

placement (USA) = placing.

placement on commission — самостоятельное размещение ценных бумаг заемщиком на свой страх и риск; банки только принимают подписку на новые ценные бумаги и получают за эту техн. функцию комиссию.

placement ratio — коэффициент размещения: отношение распроданных новых облигаций к общей сумме их эмиссии.

placing — размещение ценных бумаг через посредников: брокер размещает бумаги среди своих клиентов (в основном институциональных инвесторов), и это снижает издержки заемщика; в основном используется для небольших займов и выпусков акций; см. private placement.

placing broker — фондовый брокер, размещающий новые ценные бумаги среди брокеров.

placing memorandum — меморандум размещения: документ, в котором сообщаются данные о выпуске ценных бумаг путем частного размещения (в т. ч. данные о заемщике); см. private placement.

placing power — способность фин. института разместить у своих клиентов-инвесторов вновь выпущенные ценные бумаги.

plain vanilla swap — "простой" процентный своп: своп, в котором происходит обмен обязательства с плавающей ставкой на обязательство с фикс. ставкой.

plan company — "плановая" компания: взаимный инвестиционный фонд, помещение средств в который осуществляется регулярными фикс. взносами в течение 10—15 лет (США); см. contractual plan.

plastic card — пластиковая карточка: общий термин для обозначения всех видов платежных карточек — кредитных, дебетовых, банковских, магазинных (различаются по внешнему виду и материалу изготовления); см. payment/debit/bank /credit/ memory/smart/gold/platinum/charge/company/store/ travel and entertainment card.

platinum (Pt) card — "платиновая" карточка компании Америкен экспресс: кредитная карточка с практически неограниченным кредитом и многочисленными привилегиями, предназначенная для богатых людей; по всем показателям превосходит аналогичную "золотую" карточку; см. gold card; plastic card.

play the yield curve — "играть" на кривой доходности: получать прибыль от использования изменений в соотношении кратко- и долгосрочных процентных ставок (напр., купить долгосрочный депозитный сертификат и продать его, когда он станет краткосрочным).

Plaza agreement — "соглашение Плаза": соглашение пяти ведущих стран Запада в сентябре 1985 г. в Нью-Йорке о координированных вал. интервенциях.

pledge — залог: обеспечение (кредита).

pledged collateral — ценности (напр., ценные бумаги), внесенные в качестве обеспечения кредита.

pledging — передача ценных бумаг, страховых полисов, различных видов собственности в качестве обеспечения кредита (без передачи титула собственности).

ploughing-back — "обратная вспашка": реинвестирование прибыли компании в основные фонды, т. е. самофинансирование.

plow-back = ploughing-back.

plus — плюс, значок "+": 1) значок после котировки казначейской облигации (напр. 95,16+), означающий, что дробная часть учитывается в 1/64-х долях единицы (вместо обычных 1/32-х); 2) значок после котировки ценной бумаги, обозначающий рост цены по сравнению с прошлой сделкой; см. up tick; 3) значок в колонке "изменение" в газетной таблице биржевых цен, обозначающий их рост по сравнению с прошлым закрытием биржи.

plus accrued interest — "включая наросшие проценты" (о цене облигаций).

plus tick = up tick.

plus tick rule = shortsale rule.

point — "пункт": 1) = pip; 2) = minimum price fluctuation; 3) в торговле акциями изменение цены на 1 долл., а облигациями — на 10 долл. (или на 1% от номинала); 4) комиссия кредитора по ссуде в 1%; = points.

point-and-figure chart — разновидность графика, используемого в техн. анализе: поднимающиеся цены отмечаются на клетчатой бумаге вертикальными столбцами знаков "x", снижающиеся — "о"; при каждом повороте тенденции график переходит в новый столбец без учета времени; см. bar chart.

point-of-sale (terminal) system (POS; POSS) — система терминалов для производства платежей в местах совершения покупок; в зависимости от системы клиент может не только оплачивать покупку, но и совершать переводы, подтверждать подлинность чеков, получать краткосрочный кредит.

points — "пункты": дополнительные комиссионные сборы, взимаемые по ипотечным и др. кредитам; каждый пункт равен 1% номинальной суммы кредита.

poison pills — "отравленные таблетки": в случае попытки враждебного поглощения корпорация может принять на себя обязательства, которые сделают такую операцию чрезмерно дорогостоящей (напр., выпуск новых привилегированных акций, погашаемых по высокой цене при поглощении); см. hostile take-over; golden parachutes.

policy = insurance policy.

policy-holder — держатель страхового полиса (страхователь).

policy loan — кредит под страховой полис: кредит, получаемый от страховой компании под обеспечение страховым полисом.

policy switch — стратегический "свитч": "переброска" инвестиций из одних ценных бумаг в другие с целью воспользоваться отдаленными возможностями, удовлетворяющими потребностям инвестора; см. switch 2.

political risk — политический риск по инвестициям или экспортным поставкам (связан с войнами, революциями, национализацией и т. д.).

poll tax — подушный налог: налог, взимаемый в равной сумме со всех налогоплательщиков.

polymetallism — полиметаллизм: ден. система, основанная на использовании более чем двух металлов (с фикс. соотношением между их весовыми количествами в ден. единице); см. bimetallism; monometallism.

polyopoly — полиополия: рыночная ситуация, сходная с олигополией; характеризуется небольшим числом продавцов; предложение каждого продавца оказывает воздействие на цены рынка, но он не может достоверно оценить такое воздействие (для этого продавцов достаточно много); см. oligipoly; duopoly; monopoly.

pool — пул: 1) временное объединение компаний инвесторов, напр., для поддержки цен или для др. целей; 2) объединение фин. ресурсов; 3) сумма: портфель кредитов, ценных бумаг; 4) см. International Gold Pool.

pooling — "пулинг", собирание воедино, концентрация (Великобритания): 1) усреднение цен ценных бумаг, купленных в разные периоды, для целей обложения налогом на реализованный прирост капитала; с 1982 г. каждая покупка ценных бумаг физ. лицами рассматривается отдельно; 2) концентрация всех сделок инвесторов с ценными бумагами на счетах у джобберов.

pooling of interests — объединение интересов: форма слияния компаний, при которой все активы и пассивы последовательно суммируются; при этом компания, сохраняющая юр. статус, должна выпустить новые акции в объеме капитала компании, прекратившей существование; см. purchase acquisition.

porcupine provisions — "условия дикобраза"; = shark repellent.

portfolio — портфель ценных бумаг: ценные бумаги, принадлежащие одному юр. или физ. лицу (включая векселя); также инвестиционный портфель, включающий самые разнообразные активы (ценные бумаги, недвижимость, товары, депозиты и т.д.).

portfolio analysis — портфельный анализ: анализ гипотетических или реально имеющихся у инвесторов ценных бумаг на предмет изменения цен, рисков, перспектив компаний-эмитентов.

portfolio beta score — показатель "бета" для данного портфеля ценных бумаг: показатель неустойчивости портфеля ценных бумаг инвестора; см. beta coefficient.

portfolio insurance — портфельное страхование: схемы автоматического страхования портфеля ценных бумаг с помощью индексных фьючерсов (на основе ЭВМ).

portfolio investment — портфельные инвестиции: инвестиции в ценные бумаги в отличие от инвестиций в реальные активы.

portfolio investor — портфельный инвестор: инвестор в ценные бумаги.

portfolio management — управление портфелем ценных бумаг: операции банка или брокера по оптимальному размещению портфеля инвестора.

portfolio manager — сотрудник банка, брокерской фирмы, отвечающий за управление инвестициями клиента.

portfolio optimization — оптимизация портфеля с точки зрения риска и дохода: элемент "портфельной теории"; см. portfolio theory.

portfolio switching — арбитраж, изменение состава портфеля ценных бумаг: продажа одних бумаг и покупка других.

portfolio theory — "портфельная теория": инвестиционная теория, использующая статистические методы для определения правильного распределения риска портфеля ценных бумаг и оценки прибыли (обычно диверсификация риска обеспечивается количественным анализом ожидаемого дохода с учетом индивидуальных особенностей данного инвестора); теория включает четыре основных элемента: оценку активов, инвестиционные решения, оптимизацию портфеля, оценку результатов; см. security valuation; asset allocation decision; portfolio optimization; performance measurement.

position — позиция, положение: 1) фин. положение компании, банка; 2) остаток средств на счете; 3) нетто-остаток средств банка в иностранной валюте; 4) ценные бумаги и др. фин. активы, которыми банк или брокер владеет ("длинная" позиция) или должен кому-то ("короткая" позиция); см. open position; long position; short position; bear position; bull position.

position building — "строительство" позиции: процесс покупки или продажи фин. активов для накопления "длинной" или "короткой" позиции (процесс растягивается во времени для того, чтобы избежать нежелательного воздействия на цены).

positioning of swaps = warehousing 1.

position limits — позиционные лимиты: 1) официальные лимиты спекулятивных позиций на срочных биржах; 2) внутренние банковские лимиты по вал., депозитным и др. операциям.

position trading — позиционная торговля на срочных рынках: позиции не закрываются (не зачитываются) достаточно длительное время — обычно 6—12 месяцев и более (в отличие от открытия и закрытия позиций в течение дня); см. day trading.

positive carry — положительный результат поддержания позиции по ценным бумагам или др. фин. инструментам: процентный доход превышает доход по альтернативным видам инвестиций или стоимость финансирования позиции.

positive cash flow — положительный "кэш флоу": превышение наличных поступлений компании над платежами; см. negative cash flow.

positive confirmation — положительное подтверждение: документ, который аудитор компании посылает ее клиентам с просьбой подтвердить все платежи и поступления; см. negative confirmation.

positive leverage — положительный "леверeдж": доходы от привлечения дополнительных заемных средств превышают расходы по этой операции; см. capital leverage.

positive yield — положительный доход: доход, превышающий ожидаемый уровень инфляции.

positive yield curve — положительная кривая доходности: обычная рыночная ситуация, когда процентные ставки на более далекие сроки выше, чем на близкие; см. yield curve; inverted yield curve.

post — "пост" (США): одно из мест в торговом зале Нью-Йоркской фондовой биржи, где "специалисты" торгуют конкретными ценными бумагами (сооружение в форме подковы, окруженное видеоэкранами); = trading post.

Post 30 = inactive post.

postal check — почтовый чек: чек, выставленный на базе почтового счета.

postal giro transfer — безналичный перевод денег между двумя почтовыми счетами.

postal money (payment) order — почтовое платежное поручение в пользу лица, не имеющего почтового счета.

postdate — датировать более поздним числом (числом в будущем), чтобы сделать документ (напр., чек) недействительным до этого числа.

post-dated (P/D) check — чек с будущей датой; до наступления указанной даты получить деньги по чеку нельзя, а чекодатель может его аннулировать.

Post Execution Reporting — электронная система информации о биржевых приказах после их исполнения на Американской фондовой бирже (Амекс) в Нью-Йорке (для небольших приказов); аналогична системе "ДОТС" на Нью-Йоркской фондовой бирже; см. American Stock Exchange; Designated Order Turnaround System.

post office savings bank (POSB) — почтово-сберегательный банк: тип гос. кредитного института, привлекающего сбережения населения через почтовую сеть; в Великобритании в настоящее время называется Национальным сберегательным банком.

post(pre)market trade system — электронная система торговли после (до) закрытия или открытия рынка (США): система, созданная ЧМЕ и агентством Рейтер в 1989 г. для торговли инструментами ЧМЕ на основе терминалов вне официальных часов работы биржи; см. Chicago Mercantile Exchange.

post-tax profits — прибыль после вычета налогов и до чрезвычайных резервов (включает прибыль, причитающуюся младшим акционерам в дочерних компаниях).

pot — часть нового выпуска ценных бумаг, которая остается у лид-менеджера для удовлетворения крупных заказов институциональных инвесторов.

pot is clean — полная распродажа части выпуска новых институциональных инвесторов.

pound cost averaging — усреднение издержек в фунтах стерлингов: инвестор покупает акции в течение некоторого времени для усреднения покупной цены; обычно имеется в виду план, по которому ежемесячно или ежеквартально выделяется фикс. сумма для покупок ценных бумаг.

pound sterling — фунт стерлингов: ден. единица Великобритании; состоит из 100 пенсов; до перехода в 1971 г. на десятичную систему состоял из 20 шиллингов и 240 пенсов; впервые из фунта серебра 240 серебряных пенсов были отчеканены в VIII в.; в 1489 г. впервые отчеканены золотые соверены — монеты в 1 ф. ст.

power of attorney — юр. документ, уполномочивающий одно лицо действовать от имени другого (в целом, в определенных целях или на оговоренный срок).

powers of central bank — полномочия центрального банка по проведению ден.-кредитной и вал. политики: классические инструменты центрального банка — официальная учетная ставка, учет векселей и ломбардные кредиты, операции на открытом рынке, минимальные резервы.

praecipium — доля лид-менеджера в комиссионных за управление (в синдицированных кредитах); см. lead-manager.

precedence — порядок (очередность) исполнения приказов клиентов (заключения сделок) брокером на бирже; напр., преимущество отдается приказу с лучшей ценой или первому по времени из приказов с равными ценами (при прочих равных условиях предпочтение отдается более крупному приказу); см. priority.

precompemsation = advance purchase.

predatory export financing — "грабительское" экспортное финансирование: экспортные кредиты, субсидируемые государством и имеющие гораздо более низкую стоимость и более длинные сроки, чем на рынке.

preemption right — преимущественное право существующих акционеров на вновь выпускаемые акции (чтобы поддерживать свою относительную долю в капитале).

preemptive bid — упреждающее предложение: предложение одной компании купить акции др. компании с целью предотвратить поглощение третьей стороной, "отбить" др. предложение.

preemptive right = preemption right.

preference capital — привилегированный капитал: капитал, состоящий из привилегированных акций.

preference share — привилегированная акция: акция, дающая владельцу преимущественное право на прибыль и капитал компании по сравнению с обыкновенной акцией; имеет фикс. размер дивиденда (напр., 5% к номиналу).

preferential creditor — преференциальный кредитор: лицо, претензии которого должны быть удовлетворены в первую очередь.

preferential debts — преференциальные долги: долги, погашаемые в первую очередь при ликвидации компании.

preferential form — преференциальная форма заявки на публично выпускаемые акции в Великобритании (розового цвета); используется при приобретении акций акционерами и служащими компании, которая выпускает эти ценные бумаги (обычно в пределах 10% суммы предложения).

preferred dividend coverage — покрытие дивиденда по привилегированным акциям: отношение чистого дохода компании после выплаты процентов и налогов (но до дивидендов по обыкновенным акциям) к сумме дивидендов по привилегированным акциям.

preferred ordinary share — привилегированная обыкновенная акция: акция, имеющая преимущество перед обыкновенными акциями — по ней выплачивается фикс. дивиденд (но после привилегированных акций).

preferred stock (PF;PFD;PR) (USA) = preference share.

preferred stock ratio — отношение привилегированных акций компании по номинальной стоимости к ее суммарной капитализации.

pref. trick — преферансная уловка: метод снижения суммы гербового сбора при переходе акций из рук в руки в операции поглощения компании (Великобритания); стоимость акций резко занижалась и соответственно уменьшалась сумма гербового сбора (в настоящее время сбором облагаются только поглощения с оплатой наличными).

preliminary prospectus — предварительный проспект нового выпуска ценных бумаг; = red herring.

pre-market dealings — торговля ценными бумагами до официального открытия биржевой сессии (напр., в Швейцарии).

premie marketer — дилер, принципал (голл.), торгующий на Европейской опционной бирже в Амстердаме.

premium (PM; Prem) — премия, ма́ржа: 1) премия (надбавка) к цене, курсу: разница между более высокой текущей (рыночной) и номинальной ценами фин. актива (напр., облигации); разница между более высоким срочным (форвардным) и наличным вал. курсами (т. е. валюта на срок продается с премией); 2) цена опциона (сумма, уплачиваемая за получение права продать или купить фин. инструмент); 3) = insurance premium.

premium bond — премиальная облигация: облигация с рыночной ценой выше номинальной.

premium bonds — премиальные облигации, выпускаемые брит. правительством для частных инвесторов с 1956 г.: облигации (номинал — 1 ф. ст., но продаются блоками по 5 штук) не приносят дохода, но еженедельно и ежемесячно участвуют в розыгрыше ден. призов (от 25 до 250 000 ф. ст.); право на участие в розыгрыше приобретается через 3 месяца после покупки облигации.

premium deal — премиальная сделка: разновидность форвардной или опционной сделки, из которой можно выйти путем уплаты оговоренной суммы (премии); в некоторых странах (напр., в Швейцарии) выйти из сделки может только покупатель.

premium dollars = investment dollars.

premium income — премиальный доход: доход продавца опционов или страховой компании.

premium over bond value — премия сверх стоимости облигации: положительная разница между рыночной ценой конвертируемой облигации и ценой обычной облигации той же компании, т. е. премия за возможность конверсии.

premium over conversion value — премия сверх конверсионной стоимости (облигации или привилегированной акции): положительная разница между рыночной ценой конвертируемой облигации или конвертируемой привилегированной акции и ценой конверсии.

premium raid — "премиальный рейд (набег)": внезапная попытка поглотить компанию (поставить ее под контроль) путем предложения акционерам премии сверх рыночной цены их акций.

premium savings bonds — премиальные сберегательные облигации: облигации, процентный доход по которым разыгрывается в форме ден. выигрышей; см. premium bonds.

prenuptial contract — добрачный контракт: соглашение между будущими супругами о фин. взаимоотношениях в браке и в случае развода.

prepaid (PPD) expenses — предварительно оплаченные расходы: "транзитные" статьи актива (напр., уже оплаченные расходы, которые относятся к следующему фин. году); см. accrued liabilities.

prepayment — досрочный платеж: погашение займа, кредита, любого др. обязательства (в т. ч. налогов) до оговоренного срока.

prepayment penalty — штраф (плата) за досрочное погашение ссуды, выплачиваемый заемщиком банку (если в кредитном соглашении не оговорена возможность досрочного погашения).

pre-priced deal — заем, условия размещения которого (цена) заранее зафиксированы.

prerefunding — перерефинансирование: досрочный выпуск новых ценных бумаг для рефинансирования др. займа; бумаги выпускаются заранее (до первой даты возможного погашения), чтобы воспользоваться благоприятной конъюнктурой; полученные от новых облигаций средства до настоящего рефинансирования инвестируются в безопасные активы.

presale order — предпродажный заказ (США): заказ на новые муниципальные облигации, принятый менеджером синдиката до объявления условий займа и его размещения; муниципальные займы освобождены от регистрационных требований Комиссии по ценным бумагам и биржам, запрещающих предварительные заказы.

prescribed right to income and maximum equity (PRIME) — сертификат "ПРАЙМ", дающий владельцу право на дивиденд и прирост стоимости акции до определенного уровня (впервые введен в США в 1983 г.); параллельно выпускаемые сертификаты "СКОР" дают право только на прирост стоимости акций сверх фикс. уровня (и те и другие котируются на бирже и являются объектом торговли специальными паевыми инвестиционными фондами); см. unit share investment trust; special claim on residual equity (SCORE).

prescription — право давности: ограничение срока действия тех или иных прав, документов, требований; напр., в Швейцарии общий срок действия любых требований ограничен 10 годами, по процентам, дивидендам — 5 годами, по векселям, чекам — 3 годами.

present value — текущая стоимость: текущая стоимость будущего платежа или серии платежей, дисконтированная на основе той или иной процентной ставки (сложные проценты); напр., сумма в 100 долл., которая должна быть получена через 40 лет, сегодня при ставке 10% стоит примерно 38,55 долл.

present value tables — таблицы текущей стоимости: статистические таблицы, показывающие текущую стоимость суммы, которая будет получена в будущем (через фикс. отрезок времени); данная сумма указывается с дисконтом, размер которого зависит от срока.

preshipment cover — страховое покрытие до отгрузки товара: страхование производственного риска; см. manufacturing risk.

preshipment finance — предварительное финансирование: оплата издержек экспортера до отгрузки товара.

president — президент: высший руководитель корпорации в США после председателя правления; если он также является главным исполнительным директором, то может по рангу превосходить председателя.

president election cycle theory — теория циклов президентских выборов (США): теория, согласно которой фондовая конъюнктура зависит от четырехлетних циклов президентских выборов; сразу после выборов власти принимают меры по борьбе с инфляцией, снижению бюджетных дефицитов, и это ведет к снижению деловой активности и, соответственно, фондовой конъюнктуры; чем ближе новые выборы, тем больше правительство стремится стимулировать деловую активность, и это ведет к биржевому подъему.

presold issue — запроданный заем: новый заем, размещение которого обеспечено до объявления окончательных условий; в США это разрешено только по муниципальным и гос. займам.

pre-tax profits — чистая прибыль компании до вычета налогов (после вычета резервов на сомнительные долги).

pre-tax rate of return — доход по фин. активу до вычета налогов.

Prevention of Fraud (Investments) Act — Закон о предотвращении мошенничества в инвестиционной сфере (Великобритания, 1958 г.): закон, регулирующий торговлю ценными бумагами, их продажу инвесторам.

price change — нетто-изменение курса ценной бумаги в течение рабочего дня (разница между сегодняшней и вчерашней ценами закрытия рынка).

price chart — подробный график движения цен, используемый в техн. анализе (чартизме).

price continuity — ценовая преемственность: один из показателей качества рынка, используемый Нью-Йоркской фондовой биржей; определяется как уровень вариаций цены от одной сделки к другой; см. quotation spread; depth of a market.

price discovery — выявление цен товаров и фин. инструментов в ходе свободного биржевого торга.

price/earnings ratio (P/E ratio; PER) — отношение рыночной цены акции компании к ее чистой прибыли в расчете на одну акцию; прибыль компании берется либо после вычета налогов без учета дивидендов, либо как сумма дивидендов и зарезервированной прибыли; является одним из важнейших показателей в инвестиционном анализе.

price gap = gap 3.

price limits — ценовые лимиты: 1) минимально и максимально возможные уровни цен в течение рабочего дня на срочной бирже; 2) цена в биржевых приказах.

price-nursing — поддержание стабильности курса ценной бумаги с помощью рыночных операций.

price pattern — "фигура" движения цены на графике: в техн. анализе термин для обозначения "фигур" на графиках, напоминающих "флаг", "прямоугольник" и т.д.; повторение "фигур" используется при интерпретации движения конъюнктуры; см. reversal patterns; consolidation patterns.

price range — амплитуда колебаний цен в течение определенного периода (самая высокая и самая низкая).

price ring — ценовой ринг: неформальное объединение компаний для контроля за ценами на рынке определенного товара.

price risk — ценовой риск: риск изменения цены товара или фин. инструмента во времени.

price sensitive information — информация о состоянии дел компании или др. явлениях и событиях, способная воздействовать на курс ценной бумаги.

price spread = vertical spread.

price spread agreement = opening price convention.

price support — ценовая поддержка: минимальная цена, гарантированная правительством фермерам или др. производителям (если цена на рынке падает ниже этого уровня, то правительство компенсирует разницу).

price-weighted index — фондовый индекс, в котором более дорогие акции имеют более высокий удельный вес; см. market-value weighted index.

pricey — явно заниженная или завышенная цена покупателя или продавца ценной бумаги (США).

primage duty — таможенная пошлина на импортируемые товары.

primary capital — первичный капитал (банка): средства акционеров, общие резервы, участие в капитале др. компаний, первичные бессрочные субординированные заимствования; см. secondary capital; subordinated debt.

primary commodities — сырьевые товары.

primary dealer — первичный дилер: дилер по правительственным облигациям (всего 37) в США, имеющий право покупать новые бумаги прямо у казначейства, постоянно котирующий цены продавца и покупателя и действующий как принципал в отношениях с Федеральным резервным банком Нью-Йорка (собственный капитал должен быть не менее 10 млн. долл.).

primary distribution — первичное размещение ценных бумаг на рынке (США): продажа вновь выпущенных ценных бумаг.

primary earnings per common share — доходы компании после выплаты налогов и привилегированных дивидендов в расчете на одну обыкновенную акцию (без учета всевозможных прав конверсии, варрантов); см. fully diluted earnings per share.

primary market — первичный рынок: 1) рынок организации займов и получения заемщиком соответствующих сумм — рынок новых ценных бумаг (в отличие от вторичной торговли ценными бумагами); 2) в срочной биржевой торговле рынок фин. инструмента или физ. товара, лежащего в основе срочного контракта; 3) рынок сырьевых товаров.

primary mortgage market — первичный ипотечный рынок: условное обозначение операций по предоставлению кредита под залог собственности и выпуску ипотек как обращающихся рыночных инструментов.

primary offering = primary distribution.

primary perpetual debt — первичные бессрочные заимствования (банка): бессрочные облигации, которые в соответствии с правилами центрального банка включаются в первичный капитал (напр., при условии возможности отсрочки уплаты процентов, конверсии только в акции, постоянного наличия для покрытия убытков).

primary reserves — первичные резервы: вал. резервы, состоящие из подлинно международных активов (СДР, резервной позиции в МВФ, а также золота).

primary securities — первичные ценные бумаги (только что выпущенные и впервые предлагаемые к продаже).

primary trend — первичная, фундаментальная тенденция движения цен или курсов (в чартистском анализе); см. chartism.

prime-based lending — кредитование на основе прайм-рейт (ставка привязана к прайм-рейт).

prime bill — первоклассный вексель (с минимальным уровнем кредитного риска).

prime commercial paper — первоклассные "коммерческие бумаги"; таким фин. инструментам присваиваются рейтинги, напр. рейтинги Мудиз — P-1 (высочайшее качество), P-2 (более высокое), P-3 (высокое); бумаги с рейтингом ниже P-3 не считаются первоклассными (P — англ. буква); см. commercial paper.

prime rate — прайм-рейт (США): публикуемая банками ставка по кредитам первоклассным заемщикам (ставка по конкретному кредиту устанавливается путем двусторонней договоренности); прайм-рейт изменяется сравнительно редко и служит ориентиром стоимости кредита; в Великобритании таким ориентиром являются базовые ставки банков; см. base rate.

prime underwriting facility (PUF) — евронотная программа типа RUF, маржа в которой определяется относительно американской прайм-рейт; см. revolving underwriting facility.

principal — 1) основной (о сумме кредита, займа в отличие от процентных платежей); 2) принципал:

лицо, действующее за свой счет; 3) партнер фирмы (товарищества), отвечающий за ее обязательства и в полной мере участвующий в прибылях; 4) владелец частного бизнеса.
principal amount = principal 1.
principal shareholder — основной (крупный) акционер: акционер, имеющий крупный пакет акций компании (обычно более 10%); такие акционеры часто включаются в совет директоров.
principal sum — 1) сумма, которая должна быть выплачена бенефициару по страховому полису; 2) = principal amount.
prior charges — предварительные (фиксированные) расходы: преимущественные права владельцев облигаций, привилегированных акций при выплате дивидендов или банкротстве компании по сравнению с владельцами обыкновенных акций (Великобритания).
prior charges market — 1) рынок ценных бумаг, имеющих преимущественные права; 2) рынок облигаций компаний с фикс. ставкой.
priority — приоритет: приоритет первого ответа на предложение заключить сделку в биржевом торге (даже если последующие больше по размеру), а также клиентских сделок над дилерскими (между биржевиками); см. precedence.
prior lien bond — облигация с преимуществом по сравнению с др. облигациями того же эмитента (даже при одинаковом обеспечении).
prior preferred stock (PPS) — привилегированные акции, имеющие преимущество перед др. привилегированными и обыкновенными акциями в случае ликвидации компании (США).
private account (P/A) — частный счет: банковский счет физ. лица (обычно текущий).
private (Pte) bank — частный (неакционерный, семейный) банк; в Великобритании — банк менее чем с 20 акционерами с неограниченной ответственностью.
private company = private limited company.
private corporation = close(d) corporation.
private ECU — "частные" ЭКЮ: ЭКЮ, используемые банками и компаниями в эмиссии ценных бумаг, вал. и товарных операциях; выпуск частных ЭКЮ совершается путем "составления" из средств в валютах стран — членов ЕЭС по формуле корзины; см. European Currency Unit.
Private Export Funding Corporation (PEFCO) — Частная корпорация финансирования экспорта (США): частная корпорация, принадлежащая американским банкам и промышленным корпорациям (создана в 1970 г.); финансирует экспорт из США при гарантии Экспортно-импортного банка (обычно совместно с коммерческими банками и ЭИБ).
private limited company — частная компания с ограниченной ответственностью (от 2 до 50 акционеров, ограниченное право передачи акций, невозможность выпуска на рынок акций и облигаций, ответственность акционеров ограничена вложенным капиталом); после названия пишется сокращение "Ltd."

(Лтд.); см. limited; limited liability; unlimited company; company limited by shares; public limited company.
private limited partnership — частное товарищество с ограниченной ответственностью (США): инвестиционное товарищество, которое не зарегистрировано в Комиссии по ценным бумагам и биржам и имеет максимум 35 членов с ограниченной ответственностью; см. public limited partnership.
private placement — частное размещение: размещение ценных бумаг полностью через банки и брокеров среди их клиентов или непосредственно среди институциональных инвесторов без широкого оповещения публики о займе (такие ценные бумаги могут не котироваться на фондовой бирже).
private purpose bonds — муниципальные облигации для финансирования частных целей (США); на частные цели должно идти более 10% всей суммы займа; обычно облагаются налогом; см. public purpose bonds.
private sector liquidity (PSL) — ликвидность частного сектора (Великобритания): одно из широких определений ден. массы в обращении; напр., ПСЛ1 включает М1, банковские депозиты частного сектора в фунтах стерлингов со сроками до 2 лет, стерлинговые депозитные сертификаты в руках частного сектора, коммерческие и казначейские векселя, др. инструменты ден. рынка; ПСЛ2 включает ПСЛ1, вклады в строительных обществах и др. сберегательные документы.
private sector liquidity 1 (PSL1) — показатель ликвидности частного сектора 1 (Великобритания): широкий показатель ден. массы в обращении, включающий компоненты стерлингового М3 в руках частного сектора и др. инструменты денежного рынка.
private sector liquidity 2 (PSL2) — показатель ликвидности частного сектора 2 (Великобритания): самый широкий показатель ден. массы в обращении, включающий ПСЛ1, акции и депозиты строительных обществ, др. формы ликвидных сберегательных инструментов (напр., счета в Национальном сберегательном банке).
privatization — приватизация: распродажа гос. активов (акций предприятий) частным лицам и компаниям, допуск частного сектора в традиционно гос. отрасли.
Privredna Banka Zagreb — Привредна банка Загреб: югославский коммерческий банк в Загребе (основан в 1964 г.); занимается международными операциями (представительства в Цюрихе и Франкфурте-на-Майне).
probate price — цена, используемая для оценки ценных бумаг в целях налогообложения в случае смерти владельца; разница между ценами продавца и покупателя на закрытие биржи делится на 4 и прибавляется к более низкой цене; см. quarter up.
proceeds — поступления: 1) доход от продажи продукции компании; 2) сумма, полученная компанией в результате выпуска ценных бумаг, продажи актива.

proceeds sale — продажа ценных бумаг на внебиржевом рынке с использованием выручки для покупки др. бумаг (США); по правилам Национальной ассоциации дилеров по ценным бумагам считается одной сделкой.

procuration endorsement — индоссамент по доверенности: передаточная надпись, которая дает индоссату право получить платеж, но не делает его владельцем ценной бумаги.

produce exchange (market) = commodity exchange.

producer's goods = capital goods.

product enhancement — дополнительные услуги владельцу пластиковой карточки: привилегии, призванные повысить заинтересованность в использовании карточек (напр., бесплатное страхование путешествий); см. plastic card.

product exchange agreement = framework agreement.

product extension merger — слияние компаний, продающих на одном рынке разные, но сходные товары.

product innovation = financial engineering.

production rate — процентная ставка, с которой выпускаются сертификаты ГНМА в США (на полпроцента ниже превалирующей ставки Федеральной жилищной администрации — максимальной ставки по гарантированным ею ипотекам); см. GNMA certificate.

profit — прибыль: 1) превышение доходов (поступлений) над расходами (издержками) компании; 2) положительная разница между продажной и покупной ценами (товара, фин. инструмента).

profit and loss (P & L; P/L) account — счет прибылей и убытков (компании): отчет о доходах и расходах компании за определенный период, налогообложении и планах распределения прибыли.

profit center — "центр получения прибыли": подразделение компании, которое самостоятельно получает прибыль (является источником конкретной части суммарной прибыли).

profit margin — маржа прибыли: показатель прибыли в процентах к объему реализованной продукции или капитала.

profit sharing plan (scheme) — программа участия служащих в прибылях компании: обычно определенный процент годовой прибыли компании распределяется между служащими в виде премии, пропорционально основной зарплате, или наделения всех занятых акциями на льготных условиях; премия может выдаваться наличными или вкладываться в ценные бумаги.

profit sharing share scheme — разновидность программы участия директоров и служащих компании в ее прибылях, которая состоит в бесплатном распределении акций этой компании (на это выделяется часть прибыли); как правило, предоставляются налоговые льготы при условии отказа от продажи акций в течение нескольких лет.

profit taking — реализация рыночной прибыли путем купли-продажи ценных бумаг или др. фин. инструментов по цене, которая лучше первоначальной; обычно подразумевается рыночный подъем.

pro forma — "ради формы", "формальный" (лат.): гипотетические данные в балансе или счете прибылей и убытков компании (напр., еще не полученная прибыль, не осуществленный заем и т.д.).

pro forma invoice — предварительный счет-фактура (выданный экспортером импортеру); содержит цены, на основании которых покупатель подтверждает или не подтверждает сделку.

program trading — 1) программная торговля: торговля фин. инструментами на основе компьютерных программ; 2) покупка всех акций, входящих в определенный список ("программу") или в индекс, на котором базируются фьючерские и опционные контракты.

progressive interest bond = rising coupon bond.

progressive tax — прогрессивный налог (ставка налога возрастает с увеличением дохода).

progress payments — 1) периодические платежи по мере выполнения контракта, осуществления проекта; 2) увеличение кредита по мере строительства объекта.

project finance — проектное финансирование: крупные средне- или долгосрочные кредиты под конкретные промышленные проекты (проект и кредит увязаны).

project notes (PNs) — проектные ценные бумаги (США): краткосрочные долговые обязательства местных органов власти, выпускаемые для финансирования жилищного строительства (после завершения строительства для финансирования используются долгосрочные облигации); как правило, не облагаются налогами и гарантированы гос. органами.

prolongation — пролонгация: продление срока сделки, биржевого приказа, векселя; см. renewal.

promissory note (PN) — простой вексель: безусловное обещание выплатить предъявителю векселя определенную сумму (вексель выписывает заемщик на кредитора).

promoter — агент, который помогает создавать новые компании (улаживает все формальности).

Promotion of Non-Executive Directors (PRONED) — ассоциация, созданная в 1982 г. при участии Банка Англии и ряда фин. и управленческих институтов для поощрения введения в правления брит. компаний неисполнительных директоров (сводит компании и желающих стать такими директорами).

prompt cash payment — наличный платеж за товары, при котором дается 2—3 дня отсрочки для проверки счетов-фактур и самих товаров.

proper title = just title.

property — собственность: как правило, термин относится к земельным участкам, недвижимости, но в принципе означает любой актив, приносящий регулярный доход (в т. ч. ценные бумаги).

property tax — налог на собственность (на землю и недвижимость).

Proportion — "пропорция": соотношение между

резервами Банка Англии в форме банкнот и монеты в его банковском департаменте и суммарными депозитами в этом департаменте (вкладами банков и гос. учреждений).

proportional representation — пропорциональное представительство: метод голосования акционеров при выборах директоров, при котором владельцы определенного класса акций имеют право выбирать фикс. число директоров или могут умножать число своих голосов на число вакансий и отдавать их все за одного кандидата (для защиты прав мелких акционеров).

proportional tax — пропорциональный налог (ставка налога не зависит от объема дохода).

proprietary company (Pty.) — 1) частная компания с ограниченной ответственностью (Австралия, ЮАР); 2) компания, которая владеет правами на участок земли, пригодный для добычи полезных ископаемых, и сдает его др. компаниям на принципах участия в прибыли от разработки.

proprietorship — собственность: неинкорпорированная компания, принадлежащая одному лицу, которое получает все прибыли и покрывает все убытки.

proprietors' stake = shareholders' funds.

pro rata — "пропорционально" (лат.); напр., пропорциональное распределение налоговых скидок.

prorogation = prolongation.

prospectus — проспект (при выпуске акций или облигационного займа): письменное предложение ценных бумаг с описанием условий займа, фин. положения и характера деятельности заемщика; должен быть зарегистрирован регулирующим органом; проспекты также выпускают взаимные фонды; различают предварительный и окончательный проспекты; см. statutory prospectus; red herring; preliminary prospectus.

prospectus issue — проспектный заем (Великобритания): необычный метод выпуска нового займа, при котором компания-заемщик предлагает ценные бумаги непосредственно инвесторам с помощью проспекта; см. offer for sale.

protected bear = covered bear.

protectionism — протекционизм: использование тарифной политики для защиты нац. экономики и получения для нее односторонних преимуществ в международной конкуренции.

protective covenant = covenant.

protest — протест: нотариально заверенный сертификат об отказе от оплаты векселя.

protracted default — длительная неплатежеспособность контрагента (неспособность выполнить обязательство).

provisional account = sundries account.

provisional allotment letter — предварительный документ о выделении акций, выпускаемых для размещения среди существующих акционеров; в отличие от др. выпусков ценных бумаг, где подается конкурентная заявка, акционеру выделяется квота только после оплаты (он может отказаться от предложения, и поэтому документ называется предварительным); см. rights issue.

provisions for bad (doubtful) debts — банковские резервы на покрытие "плохих" долгов, создаваемые за счет прибыли; могут быть "общими" (в размере определенного процента от всей суммы сомнительной задолженности) или "специальными" (по каждому конкретному долгу в зависимости от уровня риска); см. general provisions; specific provisions.

proxy — 1) лицо, которому доверено голосовать от имени акционера на общем собрании компании (юр. фирма, адвокат, фин. учреждение); 2) право голосовать от имени акционера.

proxy card — доверенность на голосование на общем собрании акционеров компании.

proxy fight — борьба за голоса акционеров в случае попытки поглощения: компания-агрессор пытается заполучить поддержку большинства акционеров и заменить руководство компании — объекта поглощения.

proxy statement — документ с информацией о предстоящем ежегодном собрании акционеров компании, направляемый владельцам акций с целью информирования и получения их голосов за или против той или иной резолюции (США).

proxy vote — голосование по доверенности: право голоса на собрании акционеров, переданное др. лицу.

prudential ratios — "коэффициенты благоразумия": соотношения между различными частями балансов банков, поддержание которых должно обеспечить своевременное выполнение обязательств и в целом нормальное функционирование; поддержание некоторых соотношений может являться частью системы гос. регулирования и быть обязательным; см. capital ratio; liquidity ratio 1; free capital ratio.

prudent man rule — "правило благоразумного человека" (США): инвестиционный стандарт для проведения операций по доверенности; в некоторых штатах агенты могут инвестировать средства клиентов только в ценные бумаги из специального списка; если списка нет, то действует "правило благоразумного человека", т. е. вопросы доходности и риска должны быть сбалансированы; см. investment list.

public company — публичная компания: компания, акции которой предлагаются широкой публике и свободно обращаются на фондовом рынке (свыше 7 акционеров в Великобритании).

public corporation — гос. корпорация (Великобритания): организация, управляющая национализированной отраслью и принадлежащая государству.

public debts — гос. долги (нац. долг плюс все долги гос. сектора).

public enterprise — гос. предприятие.

public finance — гос. финансы (расходы и доходы государства, налоги, заимствования, управление гос. долгом и т. д.).

public funds — 1) гос. финансирование: фин. средства, предоставленные правительством или каким-либо гос. учреждением; 2) гос. ценные бумаги.

public issue — публичный выпуск новых акций:

компания фиксирует цену акций и через газеты приглашает широкую публику приобретать их по данной цене (обычно при посредничестве банков).

public limited company (PLC) — публичная компания с ограниченной ответственностью (Великобритания): компания с капиталом свыше 50 тыс. ф. ст., выпустившая свои акции на свободный рынок и публикующая требуемый объем информации о своей деятельности (статус, введенный Законом о компаниях 1980 г.); см. Companies Act 1980.

public limited partnership — публичное товарищество с ограниченной ответственностью, специализирующееся на инвестициях в недвижимость, нефтегазоразработки, лизинг оборудования (США); должно быть зарегистрировано Комиссией по ценным бумагам и биржам; число партнеров не ограничено; см. private limited partnership.

publicly held corporation — корпорация, акции которой доступны широкой публике.

public offering (USA) = public issue.

public offering price — цена, по которой новые ценные бумаги предлагаются инвесторам.

public ownership — 1) гос. собственность (право собственности); 2) часть акций компании, находящаяся в свободном обращении.

public placement = offer for sale.

public purpose bonds — муниципальные облигации, выпускаемые для финансирования общественных проектов (США); см. private purpose bonds.

public sector — гос. сектор экономики: все предприятия и учреждения, принадлежащие государству (включая деятельность местных органов власти).

public sector borrowing requirement (PSBR) — потребность гос. сектора в заемных средствах (Великобритания): дефицит гос. сектора плюс нетто-кредиты, предоставленные гос. учреждениями.

public sector deficit — дефицит гос. сектора экономики: превышение гос. расходов над доходами.

Public Securities Association (PSA) — Ассоциация дилеров по государственным ценным бумагам (США): ассоциация, представляющая интересы банков, дилеров, брокеров, занимающихся правительственными и муниципальными облигациями, бумагами федеральных агентств и бумагами, обеспеченными ипотеками.

Public Trustee — Государственный попечитель (Великобритания): учреждение, созданное в 1908 г. для предоставления услуг по управлению имуществом, проведению операций по доверенности, выполнения завещаний.

public utilities (PU) — 1) гос. коммунальные предприятия (водо- и газоснабжение, электроэнергия, почта и т. д.); 2) ценные бумаги гос. коммунальных предприятий, котируемые на фондовой бирже.

Public Works Loan Board (PWLB) — Департамент кредитов на общественные работы (Великобритания): независимое учреждение, кредитующее местные органы власти (финансируется министерством финансов).

published accounts — публикуемый баланс компании: отчетность, которую компания обязана публиковать в соответствии с законодательством; см. annual accounts.

puisine mortgage — ипотечное соглашение, по которому кредитор не получает в свои руки документы на закладываемую собственность.

pull out of the market — "уйти с рынка": зачесть (закрыть) имеющиеся позиции.

pump-priming (USA) = deficit financing.

pundit — ученый, аналитик: ироническое обозначение "теоретиков", пытающихся научно объяснить события на фин. рынках, в экономике.

punt — ирландский фунт.

punter — мелкий биржевой спекулянт.

purchase (Pur) acquisition — поглощение, при котором приобретенная компания рассматривается в качестве капиталовложения и ее активы присоединяются по полной рыночной цене; см. pooling of interests.

purchase agreement (contract) = underwriting agreement.

purchase and resale agreement — соглашение о покупке ценных бумаг с последующей продажей; см. sale and repurchase agreement.

purchase and sale statement — выписка о покупках и продажах, представляемая фьючерским брокером клиенту; содержит данные о числе купленных или проданных контрактов, ценах, комиссиях и чистой прибыли или убытке по операциям.

purchase fund — выкупной фонд: условие выпуска привилегированных акций или облигаций, по которому эмитент обязуется выкупать определенное число этих бумаг по ценам не выше номинала в случае поступления предложений о продаже.

purchase group — покупная группа: группа инвестиционных банков, договорившихся покупать новые ценные бумаги у эмитента для перепродажи инвесторам; организует продающую группу банков для размещения бумаг (членство может совпадать).

purchase group agreement = agreement among underwriters.

purchase-money mortgage — ипотека, которая выдается покупателем взамен наличных при приобретении собственности.

purchase order — заказ на товары: письменный заказ продавцу поставить товары или услуги по оговоренной цене; в случае принятия продавцом превращается в контракт покупки.

purchaser — покупатель: покупатель ценной бумаги, опциона, фьючерского контракта.

purchaser of an option = buyer of an option.

purchasing power — покупательная сила (способность): 1) стоимость денег, измеряемая способностью приобретать товары и услуги; прямо связана с уровнем цен; 2) размер кредита, который брокер может предоставить клиенту для покупки ценных бумаг.

purchasing power of the currency — покупательная сила (способность) валюты: сумма товаров и услуг, которую можно приобрести на одну ден. единицу по сравнению с базовым периодом; напр., 1 долл.

1970 г. в результате инфляции в 1985 г. имел покупательную силу в 59 центов.

purchasing power parity (PPP) — паритет покупательной силы валют: относительная покупательная способность валюты, определяемая путем сопоставления цен в двух странах.

pure competition = perfect competition.

pure play — "чистая игра" (жарг.): компания (или ее акции), занимающаяся почти исключительно одним видом деятельности.

purpose loan — целевой кредит; в США — кредит, обеспеченный ценными бумагами и используемый для покупки др. ценных бумаг в соответствии с правилами ФРС.

purpose statement — заявление о цели кредита (США): документ, заполняемый заемщиком в случае получения кредита под обеспечение ценными бумагами, в котором он обязуется использовать кредит в соответствии с правилами ФРС.

put and call (PAC) option = straddle.

put bond — облигация "пут": облигация, владелец которой имеет право предъявить ее для погашения по номиналу в определенный срок.

put-call ratio — отношение всех опционов "пут" ко всем опционам "колл" на данную ценную бумагу или индекс: индикатор настроений рынка.

put option (P) — опцион "пут": 1) контракт, дающий покупателю право продать соответствующий фин. инструмент по оговоренной цене в течение определенного времени (обычно фикс. число акций или контракт на базе индекса); за получение этого права уплачивается некоторая сумма (премия); 2) право владельца облигации предъявить ее до срока к погашению.

puttable swap — кредитный своп с правом досрочного завершения (стороной, которая платит фикс. процентную ставку).

put-through — "пропускание" брокером сделки через дилера при наличии у него равных приказов клиентов на покупку и продажу одной и той же ценной бумаги (напр., он покупает бумаги и тут же их продает).

put to seller — исполнение опциона "пут", т. е. его продавец должен купить оговоренное число акций по фикс. цене.

pyramiding — 1) концентрация контроля за акционерными компаниями через серию контрольных пакетов в холдинговых компаниях ("пирамидальная система участий"); 2) в случае налогообложения на ранней стадии производства: составление конечной цены продукта из определенных элементов на каждой последующей стадии производственного процесса; 3) дополнительная покупка одних и тех же ценных бумаг при повышении рыночной конъюнктуры; см. averaging; 4) использование положительной вариационной маржи в случае ее выплаты наличными для увеличения соответствующей открытой позиции; 5) использование нереализованной прибыли по сделкам с ценными бумагами или товарами в качестве обеспечения кредита у брокера; 6) мошенничество, основанное на несуществующих ценностях и вовлечении все большего числа жертв; см. chain letter.

Q

Q-tip (qualified terminable interest property) trust — разновидность попечительского фонда, создаваемого для пожизненных выплат доходов одному из супругов (США).

qualified acceptance — квалифицированный акцепт векселя (при соблюдении определенных условий).

qualified accounts — "квалифицированная" фин. отчетность (компании): опубликованная отчетность, не получившая полностью удовлетворительного заключения аудиторов; см. true and fair view of the state of affaires of the company; annual accounts.

qualified endorsement — квалифицированный индоссамент: передаточная надпись на чеке или векселе с ограничительным условием ("без права регресса", "только на вклад" и т. д.).

qualified opinion — квалифицированное заключение аудитора по отчетности компании (с определенными ограничениями в связи, напр., с судебным иском).

qualified plan (trust) — квалифицированная программа участия в прибылях или пенсионная программа, созданная работодателем для своих служащих в соответствии с правилами Службы внутренних доходов в США (1954 г.); выплаты начинаются после выхода на пенсию или увольнения.

qualified voting right — квалифицированное право голоса: более полное право голоса, которое дают одни акции по сравнению с другими.

qualifying shares — "квалификационные акции": 1) акции, депонируемые членами правления компании на срок их пребывания в должности; 2) акции, которые нужно иметь, чтобы удовлетворять требованиям к директорам компании.

qualifying stock option — право на покупку акций компании по оговоренной цене без уплаты налогов, предоставляемое служащему при соблюдении определенных условий Службы внутренних доходов США; см. non-qualifying stock option.

qualitative analysis — качественный анализ: оценка факторов, не поддающихся точному количественному измерению (напр., надежности менеджмента).

quality — "качество" (компании): степень устойчивости прибыли компании.

quality of earnings — "качество" доходов (компании): хорошее "качество" характеризуется увеличением продаж и снижением издержек, а не ростом цен.

quality of markets — качество рынков (США): эффективность рынков, проявляющаяся в характере формирования цен и заключения сделок; измеряется "глубиной рынка", котировочным спредом, непрерывностью цен; см. depth of a market; quotation spread; price continuity.

quality shares — "качественные" акции: акции компаний с устойчивой тенденцией роста прибыли, высоким показателем соотношения цены акции и получаемого на нее дохода.

quality swap — своп "качества": облигационный своп с целью повышения безопасности инвестиционного портфеля (улучшения его "качества").

quantitative analysis — количественный анализ: оценка факторов, поддающихся точному измерению (стоимости активов, цен, прибыли).

Quantos — "Квантос": разновидность опциона на форвардный вал. контракт для защиты от риска портфеля ценных бумаг; сумма контракта автоматически изменяется с изменением курса, а опционная премия включена в форвардный курс (введен фирмой Гоулдман Сакс).

quarter — монета в 25 центов.

quarter days — квартальные дни (Великобритания): дни, отмечающие соответствующие кварталы года (в эти дни осуществляются квартальные мероприятия типа уплаты арендной платы); в Англии и Уэльсе — 25 марта, 24 июня, 29 сентября, 25 декабря; в Шотландии — 25 февраля, 15 мая, 1 августа, 11 ноября.

quarterly — квартальный дивиденд.

quarter (QR; Qtr) stock — "четвертная" акция: акция номиналом в 25 долл. вместо обычных 100 долл.

quarter up — метод расчета цены акций для налоговых целей: разница между ценами продавца и покупателя делится на 4 и прибавляется к более низкой цене; см. probate price.

quasi money = near money.

quasi-public corporation — квазигосударственная корпорация: корпорация, которая действует как частное предприятие, но имеет особое разрешение на определенную деятельность и ту или иную форму гос. поддержки (США); см. Federal National Mortgage Association; Government National Mortgage Association.

questioned trade = don't know.

quick assets — "быстрые", ликвидные активы (США).

quick (assets) ratio = acid-test ratio.

quid — фунт стерлингов или соверен (мн. ч. без изменения).

quid pro quo — "что-нибудь за что-то" (лат.): предоставление товара или услуги по взаимному соглашению сторон (напр., оплата инвестором рекомендаций брокерской фирмы путем проведения через нее сделок); см. soft dollars.

quiet period — "тихий" период: период регистрации займа в Комиссии по ценным бумагам и биржам в США (в это время запрещено заниматься рекламой).

quota — квота: 1) количественные ограничения на импорт или экспорт товаров (в т. ч. через систему лицензий); квота может устанавливаться на определенный период; 2) максимальный объем выпуска продукции, предельная норма выработки; 3) взнос страны-члена в МВФ (размер квоты определяется числом голосов).

quotation (Quot) — котировка: 1) см. listing; 2) котировка цены, курса, ставки: цена продавца или покупателя.

quotation board — котировочное табло: электронное табло, на котором демонстрируются текущие котировки цен и курсов, др. фин. информация.

quotation list — котировочный бюллетень (текущих цен акций и облигаций); публикуется биржей.

quotations committee — 1) котировальный комитет фондовой биржи (отвечает за допуск на биржу новых ценных бумаг); 2) комитет, ответственный за официальные цены на любом организованном рынке.

quotation spread — котировочный спред: разница между ценами покупателя и продавца; на Нью-Йоркской фондовой бирже является показателем качества рынка: чем он меньше, тем более активен и ликвиден рынок (2/3 котировок обычно имеют спред в пределах 1/4 пункта, т. е. 25 центов для акций и 2,5 долл. для облигаций).

quote — 1) котировать цены продавца и покупателя; 2) котировка.

quoted company = listed company.

quoted price — прокотированная цена: цена последней сделки с данной ценной бумагой или товаром.

quote driven — на основе котировок (о рынке ценных бумаг, функционирование которого основывается на постоянном изменении цен ведущими участниками в поиске бизнеса, в отличие от рынка на основе балансирования приказов на продажу и покупку); см. order driven.

quoted securities — ценные бумаги, котируемые на фондовой бирже.

R

rack-rent — непомерная арендная или квартирная плата.

rack up — зарегистрировать (напр., рост прибыли).

radar alert — "радарная тревога": тщательное изучение тенденций торговли акциями компании для выявления "сигналов" начала попыток поглощения; см. shark watcher.

Radcliffe Report — доклад Рэдклиффа: доклад Комитета по работе денежной системы Великобритании (под руководством лорда Рэдклиффа), опубликованный в 1959 г., — важнейший документ по функционированию банковской системы и ден.- кредитной политике.

raider — налетчик, рейдер: лицо, начинающее агрессивно скупать акции компании с целью получения контрольного пакета; в случае приобретения более 5% акций в США необходимо проинформировать Комиссию по ценным бумагам и биржам, соответствующую биржу, компанию — объект поглощения.

Raiffeisen bank — райффайзен-банк (касса): небольшой кредитный кооператив в немецкоязычных странах (в основном в сельской местности), кредитующий на льготных условиях своих членов; принцип таких институтов был разработан в XIX в. мэром одного немецкого города Ф. Райффайзеном (1818—1888).

Rainbow — "Радуга": облигации, призванные защищать от вал. риска; сумма погашения базируется на корзине валют(введены фирмой Номура в 1987 г.).

rally — 1) значительное повышение курсов ценных бумаг или товарных цен после их снижения; 2) восстановление уровня экон. активности после спада.

ramping (of an issue) — скупка на вторичном рынке ценных бумаг с целью поднять цены и получить спекулятивную прибыль.

random walk — "ходьба наугад": теория, согласно которой курсы акций и фьючерские цены двигаются бессистемно и их нельзя предсказать на базе прошлых конъюнктурных данных (возникла в 50 — 60-е годы и позднее превратилась в гипотезу эффективного рынка); см. efficient market hypothesis; higgledy-piggledy growth.

range — низшая и высшая цены фин. инструмента, контракта в течение определенного периода ("разброс" цен).

range forward — "рэндж форвард": гибрид форвардной и опционной вал. сделок: клиенту гарантируются пределы колебания курса, внутри которых он может немного выиграть или проиграть, но в целом риск ограничен и не требуется выплачивать премию (введен фирмой Саломон бразерс в 1985 г.).

ratchet — непреодолимое (неминуемое) движение цены вверх или вниз.

rate — 1) ставка (процента, комиссии); 2) вал. курс; 3) темп роста, уровень.

rate cut-off date — дата при расчете платежей по свопу, после которой изменение ставки не учитывается.

rate for advances against collateral = lombard rate.
rate for advances on securities = lombard rate.
rate of exchange = exchange rate.
rate of interest = interest rate.
rate of return — ставка дохода: годовой доход от вложения капитала в реальный или фин. актив в процентном выражении к стоимости этого актива (напр., дивиденд или купонный доход по ценной бумаге, поделенный на ее покупную цену).

rates — налог, взимаемый местными органами власти с владельцев недвижимости (Великобритания).

rating — рейтинг: 1) показатель кредитоспособности заемщика или уровня кредитного и инвестиционного риска по его обязательствам (в виде комбинации букв или цифр, индекса); 2) расчет ставок страховых премий на основе статистических данных и математических методов.

ratio analysis — кредитный и инвестиционный анализ на основе расчета соотношений между различными фин. показателями (для определения рисков, тенденций).

ratio covenant = financial covenant.

rationalization — рационализация: перестройка деятельности компании в целях повышения ее прибыльности (слияние части подразделений, продажа второстепенных производств или дочерних компаний, концентрация на определенных видах деятельности).

rationing — рационирование государством важнейших товаров (напр., в военное время), карточная система: гос. мероприятия по обеспечению минимального потребления при ограничении общей суммы потребления.

ratios — коэффициенты, соотношения; различают деловые (отношение прибыли к обороту, запасов к продажам) и балансовые (активы к пассивам) коэффициенты; см. price/earnings ratio.

ratio writer — продавец опционов, который продает больше контрактов "колл", чем имеет соответствующих акций, т. е. действует на основе определенной пропорции.

reaction — реакция: 1) падение цен фин. инструментов после длительного подъема; 2) = rally 1.

readjustable treasury bond — казначейская облигация с основной суммой, индексированной относительно инфляции.

read the tape — "читать ленту тикера": анализировать положение конкретных ценных бумаг на основе изменения их цен на ленте тикера.

ready money (cash) — наличность, наличные деньги.

real economic growth rate — реальные темпы экон. роста: темпы изменения ВНП в годовом исчислении за вычетом инфляции.

real effective exchange rate — средневзвешенный вал. курс (относительно валют основных торговых партнеров) с поправкой на темпы роста цен; см. effective exchange rate.

real estate — недвижимость: земля и здания (недвижимая собственность).

real estate investment — инвестиции в недвижимость.

real estate investment trust (REIT) — учреждение, специализирующееся на инвестициях в недвижимость, ипотечном кредите, операциях по доверенности (США); см. mortgage REIT; equity REIT.

real exchange rate — реальный вал. курс: номинальный вал. курс с поправкой на относительные цены (издержки) двух стран; см. nominal exchange rate.

realignment — перегруппировка, перестройка, пересмотр: пересмотр центральных курсов в ЕВС.

real income — реальный доход: доход с поправкой на инфляцию.

real interest rates — реальные процентные ставки: текущие ставки за вычетом темпов роста цен (обычно прогнозируемых).

real investment — реальные инвестиции (в отличие от портфельных): инвестиции в земельные участки, недвижимость, машины и оборудование, запасы сырья.

realized profit/loss — реализованные прибыль или убыток от продажи актива (в отличие от бумажных); см. paper profit/loss.

real rate of return — ставка дохода по капиталовложению, скорректированная на темпы роста цен.

real time — в режиме реального времени (об информации на текущий момент; напр., автоматические кассовые машины показывают состояние счета, операции на текущий момент, а не остаток на конец прошлого дня; о фондовых индексах, которые рассчитываются непрерывно).

real value — реальная стоимость (ценность) актива (об активе с реальной внутренней стоимостью — недвижимости, ценных металлах, сырье и т. д.).

rear-end load = back-end load.

rebate — 1) скидка с цены товара; 2) возврат части процентных платежей при досрочном погашении кредита.

recapitalization — рекапитализация: изменение структуры капитала компании (напр., обмен облигаций на акции); причиной рекапитализации часто является банкротство.

recapture — 1) восстановление правительством ранее ликвидированных налоговых льгот (часть доходов возвращается); 2) = recapture clause.

recapture clause — 1) условие кредитного соглашения, обязующее заемщика погасить кредит досрочно при наступлении определенных обстоятельств; 2) условие лизингового соглашения, по которому арендодатель помимо фикс. ренты получает процент от прибыли.

receipt (Rcpt) — расписка, письменное подтверждение уплаты долга или др. операции.

receipts — денежные поступления, платежи.

receivables — причитающиеся суммы.

receive against payment = receive versus payment.

received letter of lading — "полученный коносамент": надпись (штамп) на коносаменте, подтверждающая, что судовладелец получил товары для отгрузки.

receiver — официальное лицо (обычно адвокат или бухгалтер), назначенное судом для проведения ликвидации неплатежеспособной компании (урегулирует все фин. вопросы).

receiver for debenture holders — официальное лицо, уполномоченное владельцами облигаций неплатежеспособной компании реализовать активы, которыми обеспечены данные облигации.

receive versus payment — получение ценных бумаг против платежа: условие сделки, по которому при поставке ценных бумаг будут приниматься только наличные; см. cash on delivery 2.

receiving banker — банкир-получатель: банк, уполномоченный принимать заявки на приобретение новых ценных бумаг (также рассылает письма с уведомлением о получении ценных бумаг или отказе).

receiving order — приказ суда о назначении правопреемника неплатежеспособного физ. лица или товарищества; с момента издания приказа все дела банкрота находятся в руках ликвидатора (Великобритания).

recession — рецессия: снижение уровня деловой активности (снижение темпов роста или падение производства, занятости и доходов); часто имеется в виду снижение ВНП в течение двух кварталов подряд.

reciprocal business — взаимный бизнес: операции, которые одна компания поручает провести другой в обмен на аналогичное поручение (обычно имеются в виду взаимовыгодные отношения между компаниями с разной специализацией).

reciprocity — взаимность: принцип взаимности в вал.-кредитном регулировании — иностранные учреждения пользуются в принимающей стране такими же правами, что и нерезиденты в их государстве.

reclamation — 1) восстановление или исправление обращающегося фин. инструмента (его суммы) в случае неверной проводки в клиринговой палате; 2) восстановление непроизводительного актива (напр., превращение болот или пустынь в сельхозугодья); 3) право участника сделки с ценными бумагами истребовать возмещения любых убытков в связи с неверными расчетами.

recognized bank — признанный банк (Великобритания): категория банков по Банковскому закону 1979 г., отмененная законом 1987 г.; главным критерием было предоставление банком широкого круга услуг; см. licensed deposit-taking institution.

recognized investment exchange (RIE) — признанная инвестиционная биржа: официальный статус лондонских фин. рынков и бирж после реформы в октябре 1986 г.

recognized marking names = marking names.

reconciliation — приведение клиентом учета своих операций в соответствие с учетом банка.

reconciliation statement — подтверждение правильности ведения банковского счета, подписанное и направленное клиентом банку (в ответ на получение выписки из счета); в некоторых случаях подтверждением является непредъявление в течение определенного времени претензий.

reconstruction — реконструкция: перестойка организации компании и структуры ее капитала для повышения эффективности деятельности и улучшения фин. результатов.

record date — 1) дата регистрации акционера для получения объявленного дивиденда, голосования по вопросам деятельности компании и т. д. (США); 2) дата выплаты дивиденда или процентов.

recourse — право оборота (регресса): право владельца векселя предъявить требование к лицу, индоссировавшему этот вексель, если плательщик оказывается неплатежеспособным.

recourse loan — 1) ссуда с правом регресса: с кредитора, гаранта или индоссанта берут обязательство погашения кредита в случае банкротства заемщика; 2) кредит инвестиционному товариществу, обеспеченный определенными активами и одновременно с правом регресса на все активы товарищества.

recoveries — статья в балансе банка, отражающая списанные кредиты и др. активы, которые удалось возвратить.

recovery — 1) подъем экон. активности, рыночной конъюнктуры; = rally; 2) амортизация издержек; 3) получение списанного долга; 4) остаточная стоимость фикс. актива после амортизации.

rectangle — "прямоугольник": термин, используемый в техн. анализе конъюнктуры фин. рынков для обозначения движения цен, укладывающегося на графике в прямоугольник (несколько подъемов и падений с одинаковой амплитудой); см. consolidation pattern.

recycling — рециклирование: перераспределение средств; обычно имеется в виду перераспределение через международный рынок ссудных капиталов избыточных ресурсов нефтедобывающих стран, образовавшихся в результате подъема цен на нефть в 1973—1974 гг. и в 1979 г.; на практике значительная часть таких средств ссужалась странам, у которых из-за повышения цен образовались дефициты платежных балансов (получился полный цикл).

red clause — "красное" условие (аккредитива): напечатанное красным условие аккредитива, позволяющее экспортеру получать платеж заранее (до представления товарных документов и даже до отправки груза); используется в основном в австралийской торговле шерстью.

redeemable bond — 1) облигация, которая может быть погашена досрочно; 2) облигация, подлежащая погашению (в отличие от бессрочной).

redeemable preference share — привилегированная акция, которая может быть погашена за счет резервов компании.

redeemable security — ценная бумага, подлежащая погашению через определенное время или досрочно по номиналу, или с премией.

redemption (Red) — погашение кредита или ценных бумаг по истечении их срока (или досрочно).

redemption date — дата погашения кредита или облигационного займа.

redemption premium — выкупная премия: премия к номиналу ценной бумаги, выплачиваемая при погашении займа (также премия к номинальной сумме кредита).

redemption price — цена погашения: цена, по которой погашаются облигации после истечения их срока или досрочно.

redemption yield — доход по ценной бумаге при ее погашении (в процентах), рассчитываемый как текущий доход с учетом прироста или сокращения вложенного капитала (разницы между номинальной и рыночной стоимостью в расчете на год): показатель реальной доходности актива при его погашении или перепродаже (брутто и нетто); см. gross redemption yield; net redemption yield; flat yield.

red futures contract month — фьючерский контракт "красного месяца": контракт со сроком исполнения свыше 1 года (напр., купленный в сентябре "красный" декабрьский контракт имеет срок 15 месяцев).

red herring — предварительный вариант проспекта выпуска акций или займа (на обложке имеется красная надпись "только для информации"); не является законным предложением облигаций или акций, и его условия могут быть изменены; (букв.: "копченая селедка", т.е. нечто, служащее для отвлечения внимания); см. prospectus.

rediscount — переучет: учет векселей, которые уже были учтены.

reduction of share capital — сокращение акционерного капитала: списание части капитала до уровня реальной стоимости компании (Великобритания).

reexport — реэкспорт: экспорт импортированных товаров (с или без доработки).

reference — рекомендация: оценка банком кредитоспособности клиента, направляемая др. банку.

reference banks — банки, чьи процентные ставки используются при расчете ЛИБОР и др. ставок-ориентиров.

refinancing — рефинансирование: 1) выпуск новых ценных бумаг для погашения бумаг с истекающими сроками или изменение условий займа; 2) пролонгирование срока долга, займа и/или увеличение его суммы; 3) изменение условий личной ссуды (графика погашения, ставки процента); 4) обеспечение ссудных операций банка заимствованиями на более льготных условиях; см. refunding 1.

reflation — рефляция: экон. политика, направленная на расширение совокупного спроса и, следовательно, занятости, напр., путем снижения процентных ставок и налогов, увеличения гос. расходов.

refugee capital — 1) "капитал-беглец": капитал, вывозимый из страны вследствие политической и экон. неустойчивости; 2) = hot money.

refunding — 1) выпуск ценных бумаг для замены выпущенных ранее для продления срока заимствований или сокращения издержек при снижении процентных ставок; = refinancing 1; см. prerefunding; 2) возврат денег покупателю товара в случае каких-либо претензий.

regional bank — региональный банк: банк, оперирующий только в конкретном регионе страны (в отличие от общенациональных и международных банков).

regional check processing center (RCPC) — региональный центр обработки (инкассирования и оплаты) чеков (США): один из чековых центров, организованных в рамках ФРС (всего 46).

regional stock exchanges — региональные фондовые биржи (США): фондовые биржи за пределами Нью-Йорка: биржи Бостона, Цинциннати, Спокана, Филадельфии (Филадельфии и Майами), а также "Пэсифик" (Лос-Анжелеса и Сан-Франциско), "Мидвест" (Чикаго), "Интермаунтин" (Солт-Лейк-Сити).

register — регистр (реестр): официальный список компаний, физ. или юр. лиц.

registered (Regd) — зарегистрированный: в отношении учреждения означает получение лицензии на проведение определенных операций, в отношении ценных бумаг — именную форму.

registered bond — именная, или зарегистрированная, облигация: ценная бумага, внесенная в регистр компании на имя владельца; переход в др. руки возможен только с согласия зарегистрированного владельца (путем передаточной надписи).

registered capital = authorized capital 1.

registered check — зарегистрированный чек: чек, который выпускается банком для клиента, поместившего средства на специальный счет (для клиентов, не имеющих обычного чекового счета).

registered company — зарегистрированная компания: 1) компания, получившая лицензию на проведение тех или иных операций; 2) в США — компания, которая направила в Комиссию по ценным бумагам и биржам заявление о регистрации публичного предложения ценных бумаг; см. registration statement.

registered competitive market maker (RCMM) — зарегистрированный дилер по ценным бумагам, поддерживающий рынок на конкурентоспособной основе (США): 1) член Национальной ассоциации дилеров по ценным бумагам, поддерживающий внебиржевой рынок по конкретным бумагам (минимум два дилера по бумаге); 2) = registered competitive trader; см. market maker.

registered competitive trader — зарегистрированный член Нью-Йоркской фондовой биржи, торгующий за свой счет и поддерживающий рынок по определенным ценным бумагам на конкурентоспособной основе; как и "специалисты", обязан делать 75% своих сделок стабилизирующими (продавать только после подъема цены, покупать — после падения); = floor trader; competitive trader.

registered coupon bond — зарегистрированная купонная облигация (США): облигация, внесенная в регистр компании-эмитента на имя владельца только в отношении основной суммы (процентные выплаты может получать предъявитель бумаги).

registered equity market maker — зарегистрированный дилер, поддерживающий рынок конкретных акций (США): член Американской фондовой биржи (Амекс), торгующий за свой счет и обязанный заключать сделки для сбалансирования спроса и предложения по ценным бумагам своей специализации.

registered investment company — зарегистрированная инвестиционная компания (США): инвестиционная компания, зарегистрированная Комиссией по ценным бумагам и биржам.

registered lien (charge) — зарегистрированное право на движимую собственность без получения титула собственности (в случае залога).

registered market maker = registered competitive market maker 1.

registered office — зарегистрированный офис (Великобритания): официальный адрес компании, где хранятся все основные документы и отчетность (напр., регистры директоров, акционеров, владельцев облигаций и т. д.).

registered options trader — зарегистрированный дилер по опционам (США): член Американской фондовой биржи (Амекс), поддерживающий рынок по определенным опционам.

registered representative — зарегистрированный представитель (США): сотрудник брокерской фирмы, уполномоченный на работу с клиентами (Нью-Йоркская фондовая биржа предъявляет к нему квалификационные требования).

Registered Representative Rapid Response System (R4) — Система быстрого ответа зарегистрированных представителей, созданная на Нью-Йоркской фондовой бирже в 1982 г.; позволяет членам биржи предлагать своим клиентам почти мгновенное исполнение приказов.

registered secondary offering — зарегистрированное вторичное предложение крупной партии ценных бумаг через банк или брокера (США).

registered securities — 1) именные ценные бумаги: бумаги, владельцы которых регистрируются компанией-эмитентом (при продаже нужна их передаточная надпись); 2) ценные бумаги, зарегистрированные Комиссией по ценным бумагам и биржам (США).

registered share — именная, или зарегистрированная, акция (имя владельца внесено в специальный регистр компании; при продаже требуется его передаточная надпись); см. bearer share.

registered share with restricted transferability — зарегистрированная акция с ограниченным обращением: акция, которая может быть передана новому владельцу только с согласия компании-эмитента (для защиты от появления нежелательных акционеров).

registered stock = inscribed stock.

registered trader = competitive trader.

Register of Agents — Регистр агентов (Великобритания): список юр. и физ. лиц, которые выступают агентами в сделках с ценными бумагами и имеют право делить комиссионные с биржевыми брокерами; составляется фондовой биржей.

Register of companies — Регистр компаний (Великобритания): список всех компаний, зарегистрированных в установленном порядке.

Register of Debenture Holders — Регистр владельцев облигаций (Великобритания): список, в который компания-заемщик вносит всех владельцев ее облигаций.

Register of Defunct and Other Companies — Регистр прекративших существование и других компаний (Великобритания); публикуется Лондонской фондовой биржей: содержит данные о котировавшихся в прошлом компаниях (с 1981 г. включается в официальный ежегодник биржи).

Register of Directors and Secretaries — Регистр директоров и секретарей компаний (Великобритания): список директоров и секретарей, который должна иметь каждая компания.

register of members = share register.

registrar — регистратор: физ. или юр. лицо, уполномоченное компанией вести регистры акций и облигаций, осуществлять контакты с их владельцами, удостоверять подлинность ценных бумаг и т. д.

Registrar of companies — регистратор компании (Великобритания): официальное лицо, уполномоченное вести Регистр компаний и наблюдать за выполнением ими формальностей регистрации, публикации информации и т. д.

registration = registration of securities.

registration application form — регистрационная заявка (Великобритания): документ, прилагаемый к уведомлению о выделении ценных бумаг нового выпуска в случае, когда акции будут регистрироваться не на имя первоначального подписчика.

registration fee — регистрационный сбор: 1) в США — сбор за регистрацию нового выпуска ценных бумаг, взимаемый Комиссией по ценным бумагам и биржам; 2) плата, которую взимает клиринговая палата срочной биржи за регистрацию и расчеты по сделкам ее членов (в процентном выражении к стоимости контракта).

registration of business names act — закон о регистрации названий деловых предприятий, действовавший в Великобритании в 1916—1982 гг.

registration of securities — регистрация ценных бумаг; в США по законам 1933—1934 гг. существует специальная система регистрации новых ценных бумаг до предложения широкой публике или начала торговли на фондовой бирже (в Комиссию по ценным бумагам и биржам подается специальный регистрационный документ); закон 1933 г. регулирует регистрацию для выпуска акций, закон 1934 г. — для допуска на биржу; см. registration statement.

registration statement — регистрационный документ (США): документ, представляемый в Комиссию по ценным бумагам и биржам; содержит информацию о целях и условиях займа, о деятельности компании и т. д.

Règlement général de la Compagnie des agents de change — Общие правила Ассоциации фондовых брокеров (Франция): включают правила допуска ценных бумаг к котировке на всех видах рынков, операционной практики, публикации цен, вознаграждения брокеров и др.

regressive tax — регрессивный налог (ставка налога уменьшается с увеличением дохода).

regular way delivery (and settlement) — стандартная процедура поставки ценных бумаг (и расчета) в США: на Нью-Йоркской фондовой бирже брокер-продавец обязан поставить бумаги, а брокер-покупатель — уплатить необходимую сумму на 5-й рабочий день после заключения сделки по акциям и на следующий день — по облигациям.

regulated commodities — регулируемые товары (США): биржевые товары, на которые распространяется юрисдикция Комиссии по срочной товарной торговле (до ее создания в 1974 г. — закон о товарных биржах 1936 г.).

Regulation A — "правило А" (США): 1) упрощенные правила регистрации Комиссии по ценным бумагам и биржам для небольших выпусков ценных бумаг (более короткий проспект и меньшая ответственность директоров компании); 2) распоряжение Совета управляющих ФРС о кредитовании резервными банками коммерческих банков (через "учетное окно"); см. discount window.

Regulation G — "правило Г" (США): распоряжение Совета управляющих ФРС, регулирующее предоставление кредитов физ. лицам для покупки ценных бумаг (кроме кредитов коммерческих банков и биржевиков).

Regulation Q — "правило Кью" (США): распоряжение Совета управляющих ФРС, устанавливающее "потолок" процентных ставок по депозитам в банках — членах ФРС (целый набор ограничений ставок по сберегательным и срочным депозитам); такие ограничения начали постепенно отменяться с 1980 г. и в настоящее время не действуют.

Regulation T — "правило Т" (США): распоряжение Совета управляющих ФРС, регулирующее пределы кредитов биржевиков клиентам на покупку ценных бумаг; устанавливает размер первоначальной маржи и определяет круг приемлемых бумаг; см. margin security; initial margin 2.

Regulation U — "правило Ю" (США): распоряжение Совета управляющих ФРС, регулирующее пределы кредитов банков клиентам на покупку ценных бумаг.

Regulation Z — "правило Зед" (США): распоряжение Совета управляющих ФРС, требующее, чтобы любой клиент, обращающийся за потребительским кредитом, получал полную и достоверную информацию о его стоимости.

rehypothecation — перезакладывание: использование брокерами ценных бумаг клиентов в качестве обеспечения получаемого от банка кредита; такие "брокерские кредиты" покрывают кредиты брокеров клиентам, обеспеченные также ценными бумагами клиентов; = broker's loan 2.

reinsurance — перестрахование: размещение всего или части застрахованного риска среди др. страховых компаний (первоначальный страховщик таким образом снижает уровень своего риска).

reinvestment discount — реинвестиционная скидка: скидка с цены, которую инвестиционный фонд предоставляет клиенту, использующему свою прибыль для покупки новых ценных бумаг того же типа.

reinvestment privilege — реинвестиционная привилегия: право акционера использовать дивиденды для покупки дополнительных акций на льготных условиях.

reinvestment risk — реинвестиционный риск: риск того, что суммы процентных платежей будут реинвестированы на худших условиях, чем условия облигации.

reinvestment warrant — реинвестиционный варрант: облигационный варрант, дающий право на реинвестирование купонного дохода в облигации того же типа.

rejection — отказ предоставить кредит, застраховать риск, принять поставку ценных бумаг в силу их неправильного оформления.

Reka check — чек Река: разновидность дорожного чека, выпускаемого Швейцарским туристическим фондом для поощрения внутреннего семейного туризма; продается со скидкой и используется для оплаты транспорта, отелей.

relative value — относительная стоимость: "привлекательность" фин. инструмента по сравнению с другим.

release clause — условие ипотечного соглашения, предусматривающее возврат заложенной собственности по мере осуществления платежей.

remargining — внесение дополнительной наличности и ценных бумаг для пополнения маржинального счета клиента у брокера (до требуемого уровня); см. margin account.

remittance (Rem) — ден. перевод (обычно в безналичной форме для оплаты чего-либо).

remonetization — ремонетизация: возврат к металлическому ден. стандарту (после демонетизации); возврат к товарно-ден. отношениям.

remote service unit (RSU) — электронные терминалы, устанавливаемые банками США в торговых центрах для оперативного совершения их клиентами платежей; см. point-of-sale (terminal) system.

renewal — возобновление: трансформация или продление кредитного соглашения, в результате которого старое обязательство ликвидируется путем создания нового.

renewal coupon = talon.

renounceable certificate — сертификат акции, который можно передать др. лицу.

rent — рента, арендная плата: плата за пользование землей, зданиями, оборудованием.

rentes — бессрочные франц. правительственные процентные ценные бумаги (франц.).

rentier — рантье: лицо, получающее доход в результате владения теми или иными активами (в отличие от зарплаты).

renting back = lease-back.

renunciation — отказ от прав; напр., отказ от права на выделенные новые ценные бумаги путем оформления соответствующего документа; см. letter of renunciation.

reopen issue — "вновь открыть заем" (США): выпустить дополнительные казначейские облигации в рамках уже существующего займа вместо эмиссии нового.

reorganization = reconstruction.

reorganization bond — реорганизационная облигация: разновидность долговых обязательств, выпускаемых компанией на стадии реорганизации; обычно выдаются кредиторам, и процент платится только при наличии прибыли.

repackaged securities — "переупакованные" ценные бумаги: ценные бумаги, выпущенные на основе др. бумаг, но с новыми характеристиками.

repatriation — репатриация (капитала): возвращение капитала в страну пребывания инвестора (из-за границы).

repayment — выплата, погашение.

repayment risk = credit risk.

repeat option business — срочная операция с ценными бумагами, в которой одна из сторон (продавец или покупатель) имеет право повторно продать или купить такие же ценные бумаги по той же цене.

replacement capital — капитал замещения: в "рисковом" финансировании выкуп инвестиционным учреждением участия директоров или основателей новой компании.

report (Fr.) = contango 1.

representative money — представительные деньги: бумажные деньги, полностью обеспеченные драгоценными металлами.

representative office — представительство: банковское учреждение в иностранном государстве, представляющее интересы своей материнской компании и клиентуры, но не проводящее конкретных операций (осуществляет переговоры, сбор информации, завязывание контактов, техн. содействие); обычно имеет всего несколько сотрудников; открытие представительства может быть вызвано запретом открытия отделений в данной стране или желанием изучить новый рынок.

reproductive debt — часть нац. долга Великобритании, обеспеченная реальными активами (напр., гос. облигации, выданные в качестве компенсации бывшим владельцам национализированных предприятий).

repudiation — отказ от выполнения контракта или погашения долга (напр., новое правительство отказывается от долгов предыдущего режима).

repurchase agreement (REPO) = sale and repurchase agreement.

repurchase (redemption) price — цена, по которой инвестиционный фонд выкупает свои акции у инвесторов-клиентов; равна нетто-цене актива минус возможные комиссионные сборы или издержки.

required rate of return — уровень дохода, который требует инвестор при данном уровне риска; если ожидаемый доход ниже требуемого, то данные инвестиции неприемлемы; см. hurdle rate of return; mean return.

required reserves = reserve requirements.

reschedule — пересматривать условия долга (продлевать срок, конвертировать краткосрочный долг в долгосрочный).

rescheduling — пересмотр сроков погашения кредита (долга), в т. ч. сроков конкретных процентных или амортизационных платежей; см. multiyear rescheduling agreement.

rescind — аннулировать контракт, соглашение.

rescriptions — рескрипции (Швейцария): казначейские облигации (выпускаются правительством) и векселя (кантонами и общинами) со сроками до 4 лет; выпускаются для аккумулирования средств и регулирования ликвидности ден. рынка.

research and development (R&D) limited partnership — товарищество с ограниченной ответственностью, вкладывающее средства в исследования и разработки в обмен на участие в прибылях (США).

research department — исследовательский отдел: отдел банка, брокерской фирмы или страховой компании, занимающийся анализом рынков, инвестиционных активов, рисков.

reserve assets — резервные активы (Великобритания): активы брит. банков, учитывавшиеся в 1971—1981 гг. для расчета коэффициента резервных активов (средства в Банке Англии, казначейские векселя, налоговые резервные сертификаты, ссуды до востребования, первоклассные коммерческие векселя, гос. облигации со сроками до 1 года); см. reserve assets ratio.

reserve assets ratio — коэффициент резервных активов (Великобритания): отношение резервных активов к "приемлемым" обязательствам, которое брит. банки в 1971—1981 гг. должны были поддерживать на уровне 12,5%; см. reserve assets; eligible liabilities.

reserve authorities = central bank 1.

reserve bank = central bank 1.

Reserve Bank of Australia — Резервный банк Австралии: центральный банк Австралии (создан в 1911 г.); эмиссионную монополию получил в 1920 г.; окончательно оформился как центральный банк и получил нынешнее название в 1960 г.

reserve capital — резервный капитал; см. uncalled capital.

reserve city — "резервный" город (США): один из 12 городов, в которых расположены федеральные резервные банки.

reserve currency — резервная валюта: валюта, используемая правительствами и международными организациями в качестве валюты резервов; такая валюта широко применяется в международных торговых и фин. операциях.

reserve liability — резервное обязательство: часть уставного акционерного капитала, которая может быть задействована только при ликвидации компании.

reserve requirements — резервные требования центрального банка по отношению к коммерческим банкам (банки обязаны держать часть своих пассивов в форме наличности или вкладов в центральном банке); используются в качестве инструмента ден.-кредитной политики для регулирования ликвидности банков и ден. рынка, контроля за ден. массой в обращении.

reserves — резервы: 1) = international reserves; 2) в США — резервы банков (кассовая наличность плюс депозиты в федеральных резервных банках); представляют собой важный компонент ден. массы в обращении и являются объектом регулирования через операции на открытом рынке и "учетное окно"; см. open-market operations; discount window; 3) резервы, создаваемые компаниями и банками из прибыли и др. источников для увеличения собственных средств, покрытия непредвиденных расходов и уменьшения стоимости своих активов; 4) = hidden reserves.

reserves for bad debts = provisions for bad debts.

reserve tranche — резервная транша (квота) в МВФ: разница между величиной квоты страны и суммой ее валюты в распоряжении МВФ; в пределах резервной квоты страна может автоматически получать иностранную валюту в обмен на национальную; резервная квота и кредиты МВФ расцениваются как резервная позиция страны и входят в ее официальные резервы.

reset date — дата изменения (фиксации) плавающей процентной ставки в долгосрочном свопе.

reset swap — разновидность свопа на базе формулы "мисмэтч" (несовпадение сроков выплаты процентов и фиксации процентного периода).

resident — резидент: юр. или физ. лицо, которое с точки зрения налогообложения, вал. контроля постоянно пребывает в данной стране и не считается иностранцем (напр., компания официально зарегистрирована, а физ. лицо имеет гражданство).

resident account — резидентский счет: счет, принадлежащий резиденту данной страны; в период существования вал. ограничений в Великобритании счет в фунтах стерлингов резидента страны стерлинговой зоны (были ограничения при переводе средств на нерезидентские счета).

residential energy credit — федеральный налоговый кредит на оборудование индивидуальных жилищ энергосберегающими устройствами в США до 1986 г. (вычет из суммы налога).

resident sterling — резидентские фунты стерлингов: авуары в фунтах стерлингов, принадлежавшие резидентам стран стерлинговой зоны.

residual maturity — отстаточный срок: время, оставшееся до погашения кредита или долгового обязательства.

residual securities — "остаточные" ценные бумаги: конвертируемые облигации, варранты, права, которые могут превратиться в обыкновенные акции, что уменьшит прибыль в расчете на одну акцию.

residual value — остаточная стоимость: 1) стоимость реализации актива за вычетом издержек по продаже; 2) стоимость актива за вычетом амортизации.

resistance level — уровень (точка) сопротивления: в техн. анализе уровень цены, при котором можно ожидать увеличения предложения и приостановки подъема конъюнктуры (обычно предыдущий "пик"); см. support level.

resting order — нерыночный ("выжидающий") приказ: приказ клиента брокеру о совершении сделки по цене, которая отличается от текущей.

restore the balance sheet — восстановить баланс: улучшить соотношение между капиталом и кратко- и долгосрочными заимствованиями.

restricted account — ограниченный счет (США): маржинальный счет, остаток на котором меньше минимальных требований ("правило Т" ФРС); по такому счету нельзя совершать покупки, и требуется его пополнение; см. Regulation T; margin account.

restricted retained earnings = restricted surplus.

restricted securities — ограниченно обращающиеся ценные бумаги (США): ценные бумаги, не зарегистрированные Комиссией по ценным бумагам и биржам.

restricted surplus — часть нераспределенной чистой прибыли компании, которая по закону не может использоваться для выплаты дивидендов по обыкновенным акциям (напр., невыплаченные дивиденды по кумулятивным привилегированным акциям).

restricted transferability (of shares) — ограниченная обращаемость (акций): ограничение права передачи регистрируемых акций (или др. ценных бумаг) из рук в руки — только с согласия компании-эмитента (для контроля за составом акционеров, защиты от попытки поглощения).

restrictive covenant = covenant.

restrictive endorsement — ограничительная передаточная надпись: индоссамент с условием "не приказу", не позволяющим ценной бумаге переходить из рук в руки; индоссант несет обязательство только перед прямым индоссатом.

Restrictive Practices Court — Суд по рассмотрению ограничительной деловой практики (Великобритания); дела на рассмотрение этого суда выносит Управление добросовестной конкуренции; см. Office of Fair Trading.

restructuring — 1) debt rescheduling; 2) reconstruction.

resyndication — ресиндикация: повторная синдикация, т. е. повторная организация синдиката для выпуска новых ценных бумаг, осуществления какого-либо проекта.

retail bank — розничный банк: коммерческий банк, который обслуживает любую клиентуру (в т. ч. население), проводит множество мелких сделок и нуждается в сети отделений.

retail broker = commission house; wire house.

retail business — розничный бизнес; см. volume business.

retail house = commission house; wire house.

retail investor = small investor.

retained correspondence — корреспонденция банка клиенту, сохраняемая по приказу клиента в банке до особого распоряжения.

retained earnings = retained profits.

retained earnings statement — документ, отражающий изменение суммы нераспределенной прибыли компании за отчетный период (в разбивке по различным статьям).

retained profits — чистая прибыль компании, не распределенная среди акционеров и направленная в резервы или на др. цели.

retention — 1) число новых ценных бумаг, выделенных участнику гарантийного синдиката, минус бумаги, переданные членам продающей группы или менеджеру эмиссии для удовлетворения запросов крупных институциональных инвесторов (т. е. бумаги, оставшиеся у члена синдиката); 2) — retained profits; 3) часть валюты, которую предприятия-экспортеры могут оставить себе (т. е. не продавать): вал. отчисления.

retention rate — процент прибыли компании после вычета налогов, не распределяемой среди акционеров; см. dividend pay-out ratio.

retirement — 1) погашение ценных бумаг, долговых обязательств; 2) выход на пенсию.

retirement savings account — пенсионный сберегательный счет: сберегательный счет для лиц старше 60 — 65 лет с повышенной ставкой процента.

retiring a bill — изъятие векселя из обращения при его оплате.

retractable = bond with put; put bond.

retractable bond = bond with put; put bond.

retrocession — ретроцессия: передача (уступка) части комиссии, полученной банком, др. банку (агенту), который в той или иной форме участвовал в операции.

return — 1) доход (прибыль) на вложенный капитал по ценным бумагам (обычно в процентной форме); 2) налоговая декларация.

return on capital (ROC) — доходность капитала: 1) чистая прибыль компании в процентном выражении к средствам акционеров (обыкновенным акциям); 2) выплаты акционерам в результате продажи капитального актива, др. операций, не связанных с нераспределенной прибылью.

return on equity = return on capital 1.

return on invested capital — доходность инвестированного капитала: отношение суммарной прибыли компании до вычета налогов к ее собственному и заемному капиталу.

return on investment (ROI) = return on invested capital.

return on sales (ROS) — доходность продажи: отношение чистой прибыли компании до вычета налогов к нетто-продажам (показатель операционной эффективности).

return on total assets — доходность суммарных активов: отношение прибыли до вычета налогов к средней сумме активов.

returns — чеки, возвращенные в отделение банка, где они первоначально были предъявлены (напр., в связи с неправильным оформлением).

revaluation — 1) ревальвация валюты: повышение курса валюты органами власти в условиях той или иной формы фикс. вал. курсов для достижения определенных экон. целей; 2) переоценка стоимости активов в соответствии с изменением курсов валют или цен.

revenue — доходы (главным образом о гос. доходах).

revenue anticipation note (RAN) — краткосрочное долговое обязательство местного органа власти, которое будет погашено за счет будущих налоговых поступлений (США).

revenue bond = municipal revenue bond.

revenue neutral — не оказывающий влияния на доходы государства: принцип проведения налоговой реформы, при котором увеличение одних налогов компенсируется уменьшением других.

revenue reserves — резервы, которые созданы компанией или банком из прибыли, но по решению руководства могут быть распределены между акционерами; см. capital reserves.

revenue sharing — распределение доходов (между партнерами товарищества, между выше- и нижестоящими органами власти).

reversal — изменение, поворот на 180°, отмена, аннулирование: 1) поворот тенденции движения цены (курса); 2) резкое падение цены (курса) после плохой новости; 3) ликвидация операции своп по взаимной договоренности сторон; 4) = writing a reverse.

reversal patterns — фигуры движения цен (в техн. анализе), сигнализирующие о смене тенденции; см. saucer top/bottom; head-and-shoulders (top/bottom); V-bottom/top; ascending/descending triangle; double bottom/top.

reverse annuity mortgage (RAM) — обратная рентная ипотека: ипотечный инструмент, позволяющий пожилому человеку получать пожизненную ренту в обмен на постепенную утрату прав на собственный дом (после смерти владельца дом переходит банку).

reverse a swap — ликвидировать своп (кредитный, облигационный путем проведения обратной операции).

reverse conversion — обратная конверсия: техника, используемая брокерами для получения дохода от ценных бумаг их клиентов; напр., брокер может осуществить "короткую" продажу акций, вложить выручку в инструменты ден. рынка и захеджироваться покупкой опциона "колл" и продажей опциона "пут".

reverse pricing — обратное ценообразование; = upsidedown reverse pricing.

reverse repurchase agreement (reverse REPO; RRP) — покупка ценных бумаг с совершением через некоторое время обратной операции (фактически предоставление краткосрочного кредита); используются центральными банками для регулирования ликвидности ден. рынка.

reverse split — обратный "сплит": увеличение номиналов акций путем трансформации определенного числа бумаг в одну (общая сумма капитала не изменяется, а число акций уменьшается); см. split.

reverse swap — обратный своп: своп, который проводится для нейтрализации рисков по др. свопу; см. mirror swap.

reverse takeover — "обратное" поглощение; напр., небольшая компания поглощает более крупную, частная — публичную и т. д.

reverse yield gap — обратная разница в доходности: напр., в Великобритании ситуация, когда средняя доходность по правительственным облигациям выше доходности по облигациям корпораций; см. yield gap.

revival — оживление: период, когда экономика выходит из депрессии.

revocable letter of credit — отзывный аккредитив (банк-эмитент имеет право отозвать его).

revocable stock exchange orders — приказы клиента биржевому брокеру с ограничением цены, которые считаются действительными до отзыва (в любом случае до конца будущего месяца).

revocable trust — завещание приносящей доход собственности наследникам с возможностью изменить решение: завещатель остается владельцем и продолжает получать доходы, но после его смерти собственность автоматически переходит наследникам; см. irrevocable trust.

revolver = revolving credit.

revolving acceptance facility by tender (RAFT) — среднесрочная кредитная программа, финансируемая выпуском банковских акцептов (размещаются с помощью аукциона).

revolving charge account = revolving credit.

revolving credit — возобновляемый (револьверный) кредит: кредитное соглашение, позволяющее заемщику регулярно в течение определенного периода многократно получать кредит до некоторой максимальной суммы (напр., с помощью кредитной карточки, выпуска векселей); банк обычно взимает комиссию и требует определенного остатка средств на счете.

revolving credit agreement — возобновляемое кредитное соглашение: обязательство банка предоставить кредит клиенту на оговоренных условиях.

revolving letter of credit — аккредитив на определенную сумму, который автоматически возобновляется в течение оговоренного периода (не должна превышаться общая сумма).

revolving line of credit = revolving credit.

revolving underwriting facility (RUF) — форма среднесрочных кредитных программ (РУФ) на базе евронот с банковской поддержкой (обязательством купить бумаги в случае невозможности сбыть их на рынке).

Rialto — Риальто: торговый зал Лондонской фондовой биржи (разг.); термин происходит от названия моста в коммерческом районе средневековой Венеции (Понте ди Риво Альто).

rich — богатый: 1) завышенный (о курсе ценной бумаги); 2) слишком высокий (о процентной ставке, не соответствующей риску).

ride the yield curve = play the yield curve.

rigged market — манипулируемый рынок: рынок, ценами которого незаконно манипулируют для привлечения покупателей или продавцов и извлечения прибыли.

rigging a market — манипулирование рынком с помощью определенной стратегии для получения спекулятивной прибыли.

right — право: право владельца акций компании на участие в новых выпусках ценных бумаг этой компании на льготных условиях; см. rights issue.

right of lien = lien 1.

right of offset — право банка арестовывать депозиты (вклады) заемщика для погашения просроченного кредита.

right of preemption = preemption right.

right of redemption — право вернуть заложенную или арестованную собственность путем уплаты долга.

right of rescission — право отказаться от потребительского кредита в течение 3 дней после заключения соглашения без каких-либо штрафов (США): предусмотренная законом защита потребителя от принятия поспешных решений.

right of survivorship — право одного из совладельцев собственности стать единственным владельцем после смерти партнера.

rights issue — выпуск обыкновенных акций для размещения среди уже существующих акционеров по льготной цене (акционеры могут продать или просто не использовать свое право на эти акции).

rights letter (of allotment) — документ, дающий право акционеру компании участвовать в новом выпуске акций; в случае отказа от участия документ может быть продан.

rights offering = rights issue.

ring — "круг", "ринг": 1) незаконное соглашение между участниками рынка с целью манипулирования ценами, вытеснения конкурентов и получения повышенной прибыли; 2) круг в центре торгового зала биржи (огороженный перилами), вокруг которого собираются биржевики (напр., на Парижской фондовой бирже, Лондонской бирже металлов); см. pit; corbeille.

ring trading = open outcry.

rising bottoms — повышательная тенденция движения конъюнктуры, при которой нижние значения ежедневных колебаний цен постоянно растут (в техн. анализе).

rising coupon bond — облигация с повышающимся уровнем процентной ставки (купона).

risk — поддающаяся измерению вероятность понести убытки или упустить выгоду; см. actuarial/inflation/credit/exchange/interest rate/inventory/political risk; risk of principal; settlement/sovereign/manufacturing/underwriting/investment risk.

risk arbitrage — рисковый арбитраж: арбитражные сделки, в которых присутствует риск; напр., игра на акциях участников слияния или поглощения в отличие от игры на разнице в ценах; см. take-over arbitrage.

risk asset ratio — коэффициент "рисковых" активов: отношение откорректированной капитальной базы (собственных средств) банка к активам, взвешенным в соответствии с уровнем риска; см. adjusted capital base.

risk averse — не расположенный к риску (не приемлющий риск); здравомыслящий инвестор всегда выбирает меньший риск при равном доходе, а повышение риска всегда требует увеличения вознаграждения.

risk capital — "рисковый" капитал: 1) = venture capital; 2) капитал, вложенный в акции, др. ценные бумаги или фин. активы.

riskless transaction — операция, которая не несет риска и гарантирует прибыль (напр., арбитраж на разнице в ценах).

risk management — управление риском: совокупность методов и инструментов минимизации риска.

risk of principal — риск снижения стоимости вложенного капитала.

risk prior to delivery = manufacturing risk.

risk spread — распределение риска (напр., путем диверсификации инвестиций или кредитов и сбалансирования рисков).

rock bottom — "каменное дно": уровень, ниже которого цены не будут падать.

rocket scientist — "ракетный ученый": сотрудник банка или брокерской фирмы, занятый операциями на фин. рынках на основе компьютерных программ и др. техн. методов, разработкой новых фин. инструментов и операций.

roll-down — замена одной опционной позиции другой — с более низкой ценой исполнения (первая позиция закрывается).

roll-down and forward — замена одной опционной позиции другой — с более низкой ценой и далеким сроком исполнения (первая позиция закрывается).

roll-forward = rolling over.

rolling coupon formula = mismatch bonds.

rolling hedge — хеджирование с помощью возобновляемой срочной операции (серии последовательных контрактов, когда закрытие одной позиции означает открытие другой).

rolling over — замена ранее открытой опционной позиции новой с более далеким сроком; см. roll-down and forward; roll-up and forward.

rolling-rate note — облигация с плавающей ставкой, фиксируемой через нестандартные промежутки времени.

rolling stock — подвижной состав: транспортные машины (локомотивы, вагоны, грузовики).

roll-over — ролл-овер: 1) продление срока кредита путем его возобновления: производится техн. погашение кредита с одновременным предоставлением нового (в т. ч. на новых условиях); 2) перевод средств из одной формы инвестиций в другую.

roll-over credit — ролл-оверный кредит: средне- и долгосрочные международные фин. кредиты с плавающей процентной ставкой (фиксация ставки происходит каждые 3 — 6 месяцев).

roll-over date — период очередной фиксации плавающей ставки по кредиту.

roll-over mortgage — ролл-оверная ипотека: ипотечный кредит с плавающей ставкой или периодическим рефинансированием.

roll-up — замена одной опционной позиции другой — с более высокой ценой исполнения (первая позиция закрывается).

roll-up and forward — замена одной опционной позиции другой — с более высокой ценой и далеким сроком исполнения (первая позиция закрывается).

roll-up funds — офф-шорные инвестиционные фонды, которые реинвестируют доходы пайщиков, т. е. прибыль реализуется только при ликвидации вложения в форме прироста капитала.

Romanian Bank for Foreign Trade — Румынский банк для внешней торговли: специализированный коммерческий банк для обслуживания внешнеэкономических связей (основан в 1968 г.); имеет представительства в Риме, Франкфурте-на-Майне, Цюрихе, Нью-Йорке и участвует в трех консорциальных банках.

rounding top/bottom = saucer top/bottom.

round lot — стандартная сделка: единица торговли на фин. или товарном рынке; на Нью-Йоркской фондовой бирже стандартная единица торговли составляет 100 акций, 1000 или 5000 долл. по облигациям (по неактивным акциям может быть и 10 акций); в институциональной торговле стандартной считается сделка в 500 акций; на внебиржевом рынке депозитных сертификатов стандартная сделка составляет 1 млн. долл.; цены по нестандартным сделкам обычно немного ниже; см. odd lot; differential 2.

round tripping — 1) вид процентного арбитража (Великобритания): получение кредита и его помещение в депозит для получения выигрыша в процентных ставках; 2) купля ценной бумаги, товара, опционного или фьючерского контракта с последующей продажей в течение короткого времени.

round trip trade = round tripping 2.

round turn — 1) разовая комиссия брокеру при ликвидации срочной позиции; 2) завершенная фьючерская операция (осуществлена поставка или зачет).

Royal Exchange — Королевская биржа (Великобритания): основана в Лондоне в 1565 г. Т. Грэшамом; до 1920 г. представляла собой вал. биржу; с 1982 г. в ее помещении функционирует срочная биржа ЛИФФЕ; см. London International Financial Futures Exchange.

Royal Mint — Королевский монетный двор (Великобритания): единственный производитель монет с середины XVI в.; находится под контролем министра финансов; изготавливает монеты и медали по заказу иностранных правительств.

royalty — 1) компенсация за использование патента, авторского права, собственности (определенный процент отчислений от объема продаж); 2) плата за право разработки природных ресурсов (разновидность налога).

rubber check — "резиновый" чек: чек, не обеспеченный средствами на счете.

Rule 394 — правило 394 (США): правило Нью-Йоркской фондовой биржи, согласно которому все сделки должны были заключаться через "специалистов" (в настоящее время отменено); см. specialists.

Rule 396 = nine-bond rule.

Rule 405 — правило 405 Нью-Йоркской фондовой биржи об этике взаимоотношений биржевиков с клиентами: брокер должен знать фин. положение и особенности деятельности своего клиента, чтобы предложить ему оптимальный совет; см. know your customer rules.

Rule 415 = shelf registration.

rule of 72 — правило цифры 72: упрощенный способ вычислить срок удвоения суммы при начислении сложных процентов по фикс. ставке — 72 делится на ставку процента и получается срок удвоения капиталовложения; напр., при 3% годовых он будет равен 72:3=24 (года).

rule of the 78s — правило 78-х: правило расчета ежемесячного платежа по покупке (ссуде) в рассрочку; поскольку сумма цифр от 1 до 12 (число месяцев в году) составляет 78, то в первый месяц выплачивается 12/78 суммы годовых процентов, во второй — 11/78 и т. д. до 1/78 (т. е. платежи постепенно уменьшаются).

Rules of Fair Practice — Правила добросовестной конкуренции Национальной ассоциации дилеров по ценным бумагам (США); регулируют деятельность членов ассоциации, их взаимоотношения с клиентами, а также борьбу с мошенничеством и злоупотреблениями.

run — 1) список ценных бумаг (с текущими ценами), которыми торгует биржевик, поддерживающий ("делающий") рынок; 2) = run on a bank.

Run — девять крупнейших американских банков, чьи депозитные сертификаты считаются равными по качеству и взаимозаменяемы.

runaway gap — "убегающий" разрыв в ценах на графике техн. анализа (примерно в середине быстрого подъема или падения цены).

rundown — информация, список, перечень ценных бумаг.

running ahead — "бежать впереди": незаконная практика заключения фондовым брокером сделок за свой счет до исполнения приказов клиентов (США).

running broker — вексельный брокер, который служит посредником между учетными домами, банками (Великобритания); см. discount house.

running costs — операционные издержки, включая сырье, энергию, рабочую силу (исключаются капиталовложения, исследования, сбыт).

running yield = flat yield.

runoff — печатание на ленте тикера цен на закрытие рынка (США).

run on a bank — "набег" на банк: массовое изъятие вкладчиками депозитов из банка в связи с сомнениями в его фин. положении или др. событиями (слухами о повышении цен или ден. реформе, политической нестабильностью).

Russo-Iran Bank — Русско-Иранский банк (первоначально Русско-Персидский банк): банк с советским капиталом, действовавший в Тегеране с 1923 г.; в 1980 г. национализирован.

Russo-Mongolian Commercial Bank — Русско-монгольский коммерческий банк: банк с советским капиталом, действовавший в Урге (Улан-Баторе) в 20-е годы.

S

S — облигации с полугодовым циклом выплаты процентов.

safe custody — безопасное хранение банком или др. кредитно-фин. институтом ценностей, принадлежащих клиентам.

safe custody account — счет безопасного хранения ценностей клиента в банке; см. safe custody; open safe account; sealed safe custody account.

safe deposit box — небольшой запирающийся сейф в хранилище ценностей банка, который за плату сдается в аренду клиенту (для хранения документов, ценных бумаг, драгоценностей).

safeguarding interests — "охраняя интересы": фраза, используемая в крупных фондовых сделках, которые исполняются брокером на лучших условиях; означает, что брокер может временно воздержаться от сделки, если выполнение приказа может изменить уровень цен во вред клиенту.

safe harbour — "безопасная гавань": 1) положение закона, позволяющее избежать ответственности, если тот или иной поступок совершен честно, без умысла (напр., составление прогноза движения конъюнктуры); 2) разновидность защиты от попыток поглощения путем приобретения жестко регулируемого властями предприятия (это делает поглощение непривлекательным и создает "безопасную гавань"); 3) фин. или бухг. мероприятия, позволяющие избежать юр. или налоговых последствий (напр., использование льготной программы ускоренной амортизации оборудования — оборудование приобретается для снижения налогового бремени и тут же сдается в аренду по приемлемой цене компании, которая сама не могла участвовать в такой программе).

safekeeping = safe custody.

safety net — "сеть безопасности": гос. или частная система обеспечения стабильного функционирования фин. рынка, банковской системы.

saitori — сайтори (разновидность членов фондовой биржи — яп.): члены бирж Токио, Осаки и Нагои, посредничающие в операциях между др. биржевиками (не имеют дела с клиентурой и не торгуют за свой счет).

salary account — разновидность текущего счета в банке, на который регулярно поступает зарплата или пенсия.

sale and lease-back (S&L) = lease-back.

sale and repurchase agreement (REPO; RP) — соглашение о продаже и обратной покупке (РЕПО): соглашение о продаже ценных бумаг с совершением через некоторое время обратной сделки (фактически краткосрочный кредит); используется центральными банками для регулирования ден. рынка.

sale docket — продажная квитанция: документ, который расчетная система Лондонской фондовой биржи выдает брокеру-продавцу, — при поставке ценной бумаги к ней прикрепляют данную квитанцию, чтобы расчетный центр мог определить, о какой сделке идет речь.

sales charge — комиссионный сбор, уплачиваемый инвестором брокеру при покупке или продаже участия во взаимном инвестиционном фонде, если брокер дает рекомендации, когда продавать или покупать дополнительные акции (ставка обычно начинается с 8,5 — 10% и уменьшается с ростом капиталовложения); см. load fund; no-load fund; front-end load; back-end load.

sales finance company — компания финансирования продаж, или акцептная компания (США): фин. компания, покупающая краткосрочные обязательства фирм, торгующих потребительскими и др. товарами (напр., автомобилями); см. finance company 2.

sales load = sales charge.

sales tax — налог на продажи: налог, уплачиваемый потребителем при совершении покупок (устанавливается по единой ставке для всех товаров, кроме освобожденных от налогообложения).

Sallie Mae = Student Loan Marketing Association.

salvage — вознаграждение за спасение судна или товара.

salvage value = residual value.

salve errore et omissione (SE&O) — за исключением ошибок и пропусков (лат.): просьба банка к клиенту проверить счет с сохранением за банком права позднее исправить обнаруженные ошибки.

same day funds — однодневные средства: операции с расчетом в тот же день.

same day settlement — расчет в день заключения операции.

same day substitution — взаимозачитывающиеся изменения счета клиента у фондового брокера в течение одного дня (равные купля и продажа, взаимозачитывающиеся повышение и снижение стоимости разных ценных бумаг, предложенных в качестве обеспечения).

sample — образец (товара): небольшая часть товара, демонстрирующая его качество.

sample grade — минимально приемлемое качество товара при поставке по срочному контракту.

Samurai bonds — облигации "Самурай" (Япония): иеновые облигации, публично эмитированные нерезидентами на фин. рынке страны.

Samurai CP — "коммерческие бумаги Самурай" (Япония): среднесрочные программы выпуска иеновых векселей ("коммерческих бумаг") нерезидентами на внутреннем рынке страны.

sandwich coin = clad coin.

Sarakins — саракины: нерегулируемые кредитные учреждения в Японии; специализируются на кредитовании потребительских покупок.

satellite banking — "спутниковая" организация банковского дела: мелкие отделения-спутники группируются вокруг крупного отделения, которое предоставляет более широкий круг услуг.

Saturday night special — внезапная попытка поглощения компании в США путем публичного предложения купить акции по фиксированной цене (часто производилась в конце недели); закон Вильямса 1968 г. ограничил данную практику и обязал сообщать о приобретении пакета акций свыше 5% капитала.

saucer top/bottom — фигура движения цен (в техн. анализе), напоминающая перевернутое или обычное блюдце (плавные подъем и снижение или снижение и подъем цен).

Saudi Arabia Monetary Agency (SAMA) — Валютное агентство Саудовской Аравии: учреждение, выполняющее в Саудовской Аравии основные функции центрального банка.

save-as-you-earn (SAYE) — "сберегай, зарабатывая" (Великобритания): различные системы сбережений населения (ежемесячные отчисления из зарплаты на льготных условиях).

saving — сбережение: отвлечение фин. ресурсов от потребления, отложенное потребление; в отличие от тезаврации (см. *hoarding*) сбережение подразумевает активное использование ден. средств, в т. ч. через фин.-кредитную систему.

savings account — сберегательный счет: счет в банке, приносящий проценты и предназначенный, как правило, для сбережений населения; число и характер операций по такому счету обычно ограничены, а средства поступают регулярно и небольшими суммами; см. *savings deposit*.

savings and loan association (S&L) — ссудо-сберегательная ассоциация (США): разновидность сберегательных учреждений кооперативного типа, принадлежащих пайщикам или вкладчикам ("взаимная" разновидность); такие ассоциации традиционно аккумулируют сбережения населения и финансируют жилищное строительство, а в настоящее время по своим функциям сближаются с банками, получают акционерную форму; впервые возникли в XIX в.; могут быть зарегистрированы на штатном или федеральном уровне (в последнем случае регулируются Федеральным советом банков жилищного кредита).

savings bank (SB) — сберегательный банк: кредитно-фин. учреждение, принимающее мелкие вклады населения, а также ему предлагающее расчетные услуги, кредиты и т. д.; см. *building society*.

savings bond (SB) — сберегательная облигация, предназначенная для продажи населению; в США такие облигации выпускаются в форме правительственных бумаг с номиналами от 50 до 10 000 долл. со сроками 10 лет (могут продлеваться); процентные выплаты освобождены от всех местных налогов, а федеральный налог взимается только при погашении (бумаги с истекающими сроками можно обменивать на новые).

savings book account = *passbook account*.

savings certificate — сберегательный сертификат (США): 6- или 30-месячный гос. заемный инструмент со ставками, привязанными к казначейским векселям.

savings deposit — сберегательный депозит: деньги, положенные на срок на сберегательный счет; см. *savings account*.

savings passbook — сберегательная книжка: книжка, выписываемая банком на имя владельца сберегательного счета для регистрации поступлений и изъятий.

savings passbook for young people — сберегательная книжка для молодежи (напр., в Швейцарии для лиц моложе 20 лет); выдается владельцам сберегательного счета с повышенной ставкой процента или налоговыми льготами.

savings ratio — норма сбережения: доля личных доходов, которая идет на сбережение, а не на потребление.

scale — 1) ставка зарплаты; 2) подробные данные о выпуске серийных облигаций: срок, цена, ставка, число облигаций (США); 3) шкала ставок или комиссий банка по различным операциям.

scale order — приказ со шкалой цен (США): приказ клиента брокеру о совершении сделки с указанием общей суммы и сумм при конкретном уровне цен; напр., купить 1000 акций при цене 500 долл., 900 — при 510, 800 — при 520 долл. и т. д.

scale trading — инвестиционная стратегия, предполагающая покупку определенного числа акций при снижении цены на оговоренную величину (напр., на полпункта) и последующую продажу такого же числа акций при повышении цены на большую величину (напр., на полный пункт).

scalper — "скальпер" (США): 1) спекулянт на срочной бирже, обычно открывающий и закрывающий позицию в течение дня; 2) участник фондового рынка, который завышает и занижает цены при сделках с клиентом либо использует свои советы клиентам как средство увеличения прибыли по собственным сделкам.

Scandinavian Monetary Union — Скандинавский валютный союз (1873—1914 гг.): валютный союз Швеции, Норвегии и Дании, основывавшийся на едином золотом стандарте и единой валюте (кроне).

schedule — опись, список, перечень; расписание, таблица, график.

schedule 13D — форма 13Д, которую по Закону о торговле ценными бумагами 1934 г. (США) необходимо заполнить в течение 10 дней после приобретения 5% и более акций компании (содержит информацию о покупке и намерениях покупателя); представляется в Комиссию по ценным бумагам и биржам, соответствующей бирже или самой компании.

scheduled territories = *sterling area*.

Schweizerische Effekten-Giro AG (SEGA) — швейцарская клиринговая (расчетная) система для ценных бумаг (создана в Базеле в 1970 г.); выступает центральным депозитарием для ценных бумаг.

scorched earth — "выжженная земля" (США):

техника защиты от попытки поглощения, которая может включать продажу наиболее прибыльных дочерних компаний, реструктуризацию долга таким образом, чтобы срок погашения наступил сразу после поглощения; см. crown jewels; poison pills.

Scottish coinage — шотландская ден. (монетная) система (до Англо-Шотландской унии 1707 г.); 1 английское пенни приравнивалось к 1 шотландскому шиллингу.

screen-based market = over-the-counter market.

screening stocks — поиск ценных бумаг с необходимыми характеристиками на экране компьютера.

scrip — 1) сокращение слова "подписка" (subscription); 2) документ, податель которого должен что-либо получить; 3) ценные бумаги, акции, облигации; 4) = scrip certificate.

scrip certificate — 1) подписной сертификат: сертификат акции или облигации, выдаваемый на время до выплаты их полной стоимости; 2) письменное обязательство банка выдать сертификат ценной бумаги после его выпуска; 3) разновидность товаросопроводительного документа; 4) временный документ, выдаваемый вместо неполной акции, образовавшейся в результате разбивки акций (одна акция делится на несколько), обмена акциями с др. компанией.

scrip dividend — выплата дивиденда ценными бумагами корпорации (акциями или облигациями) в отличие от наличного дивиденда; см. cash dividend.

scrip issue — "бонусная" эмиссия акций: выпуск новых акций для бесплатного пропорционального распределения между акционерами (т. н. капитализация прибыли или резервов).

scripophily — скрипофилия: коллекционирование старых облигаций и сертификатов акций (термин возник в 70-х годах).

scrutiny — проверка (напр., проверка ценных бумаг, депонированных для расчета на Лондонской фондовой бирже).

seal — печать (в т. ч. для производства оттисков на воске): инструмент удостоверения подлинности документа.

sealed-bid auction — аукцион, заявки на который подаются в запечатанных конвертах (нет публичного торга).

sealed safe custody account — закрытый счет безопасного хранения в банке (ценности, документы хранятся упакованными и запечатанными); см. safe custody account; open safe custody account.

séance complémentaire (Fr.) = petite bourse.

seasonal adjustment — поправка на сезонные колебания: корректировка статистических данных (месячных, квартальных) с учетом сезонных колебаний (годовые данные не корректируются, т. к. сезонность при этом не имеет значения).

seasonal borrowing — сезонные заимствования (США): заимствования у ФРС, за счет которых мелкие банки имеют возможность выравнивать сезонную потребность в ресурсах.

seasonality — сезонность: регулярные изменения спроса и предложения, различных экон. показателей в связи с временем года, праздниками, климатом и т. д.; в экон. анализе, как правило, делается поправка на сезонность.

seasonal loan — сезонный кредит: кредит на покрытие временной сезонной потребности в фин. средствах (фермерам, домам моделей и т.д.).

seasoned bonds (issue) — облигации, со времени эмиссии которых прошло некоторое время (более 3 месяцев) и которые пользуются популярностью среди инвесторов и имеют активный вторичный рынок (США).

seat — "место" (на бирже): членство на фондовой или срочной бирже в случае ограничения числа членов; напр., на Нью-Йоркской фондовой бирже число мест ограничено с 1953 г. 1366; места могут свободно продаваться и покупаться.

secondary bank — второстепенный банк: мелкий банк, занимающийся ограниченным кругом операций.

secondary banking crisis — вторичный банковский кризис (Великобритания): резкое ухудшение фин. положения группы мелких банков в 1973—1974 гг., потребовавшее от Банка Англии проведения спасательной операции; см. lifeboat.

secondary banking sector — вторичный банковский сектор: учреждения, предоставляющие значительно более узкий круг кредитных и иных услуг, чем коммерческие банки.

secondary capital — вторичный капитал (банка): срочные субординированные заимствования и бессрочный долг, не включенный в первичный капитал; см. primary capital; term subordinated debt; perpetual debt.

secondary credit (USA) = back-to-back credit.

secondary distribution — вторичное размещение (предложение) ценных бумаг (США): распродажа большой партии ценных бумаг (обычно по фикс. цене через биржу) через некоторое время после их первичного размещения (т. е. уже один раз купленных бумаг) с помощью агента или синдиката; см. primary distribution.

secondary market — вторичный рынок: 1) купля-продажа ценных бумаг после завершения организации займа и получения заемщиком соответствующей суммы на биржевом или внебиржевом рынке — важнейшее условие гибкости рынка капиталов, приобретения инвесторами долгосрочных ценных бумаг; 2) рынок, на котором инструменты ден. рынка обращаются среди инвесторов.

secondary mortgage market — вторичный ипотечный рынок: рынок, на котором покупаются и продаются выпущенные ипотеки (в отличие от рынка, на котором они выпускаются).

secondary offering = secondary distribution.

secondary trend — вторичная тенденция движения цен или курсов (в чартистском анализе): приостановка, нарушение, но не поворот фундаментальной тенденции; см. chartism.

Seconde marché — "второй рынок" (франц.): рынок с ослабленными требованиями при фондовых биржах Парижа (функционирует с 1982 г.), Брюсселя или рынок "некотируемых" ценных бумаг; во Франции для выпуска акций на такой рынок достаточно предоставить 10% акций, нет предела минимальной капитализации.

second generation of financial instruments — второе поколение фин. инструментов: опционы, фьючерсы, свопы.

second mortgage — вторая ипотека: кредит под уже заложенную собственность; субординирована по отношению к первой ипотеке и из-за более высокого риска обычно имеет более высокую процентную ставку; см. first mortgage.

second-preferred stocks — привилегированные акции, которые уступают др. привилегированным акциям в правах на дивиденды и активы при ликвидации.

second round financing — финансирование второго этапа: добавочное "рисковое" финансирование уже созданной новой компании — стадия финансирования между "первым раундом" и "меззанином"; см. first round financing; mezzanine financing.

second run-through — второе чтение (выкрикивание) списка котируемых ценных бумаг на континентальных фондовых биржах (напр., в Цюрихе), вторая торговая сессия: биржевики приглашаются заключать сделки (котировать цены) по называемым бумагам; см. à la criée.

Second Section — вторая секция (подразделение) фондовых бирж Токио, Осаки, Нагои: подразделение, созданное в 1961 г. для облегчения торговли ценными бумагами, которые ранее обращались только на внебиржевом рынке, — требования к котировке ослаблены по сравнению с первой секцией; см. First Section.

Section 65 = Article 65.

sector — сектор: 1) сектор экономики, рынка (обособленная часть); 2) группа ценных бумаг (акций) компаний (обычно одной отрасли).

sector fund — секторный фонд: инвестиционный фонд, специализирующийся на ценных бумагах одной отрасли.

secular — вековой; долгосрочный (свыше 10 — 50 лет) в отличие от периодического, циклического.

secured — обеспеченный, гарантированный.

secured bond — обеспеченная облигация: облигация с конкретным обеспечением (напр., ипотекой).

secured call loan — обеспеченная онкольная ссуда: онкольный кредит, обеспеченный векселями или депозитными сертификатами.

secured credit = lombard credit.

secured creditor — обеспеченный кредитор (кредиты которого имеют ту или иную форму обеспечения).

secured debenture — заем (облигации), обеспеченный активами компании (необязательно конкретными).

secured debt — обеспеченный долг: долг, гарантированный залогом активов или др. обеспечения.

secured lending = asset-based financing.

secured liability — обеспеченное обязательство (выполнение обязательства гарантируется каким-либо активом).

securities (Secs) — ценные бумаги: 1) любые ден. документы, титулы собственности, которые можно использовать как залог, обеспечение (напр., кредита); 2) бумаги, приносящие доход и обращающиеся на вторичном рынке; синоним акций и облигаций.

Securities Act 1933 — Закон о ценных бумагах, принятый в США в 1933 г. (в целях защиты инвесторов после краха 1929 г.); требует регистрации эмиссии ценных бумаг и предоставления соответствующей информации Комиссии по ценным бумагам и биржам; см. registration of securities.

securities analyst — служащий банка, брокерской компании или др. учреждения, специализирующийся на анализе фин. положения компании или группы компаний (различных показателей, коэффициентов) с точки зрения фондового рынка; дает рекомендации по купле-продаже ценных бумаг.

Securities and Exchange Commission (SEC) — Комиссия по ценным бумагам и биржам (США): независимое регулирующее агентство, созданное в 1934 г. для надзора за выполнением федеральных законов о торговле ценными бумагами.

Securities and Exchange Commission rules — правила Комиссии по ценным бумагам и биржам (США); регулируют все возможные аспекты биржевой торговли.

Securities and Exchange Law — Закон о ценных бумагах и биржах (Япония): закон, регулирующий рынки ценных бумаг в стране; принят в 1948 г. по образцу законодательства США.

Securities and Investments Board (SIB) — Управление по ценным бумагам и инвестициям (Великобритания): центральный орган, регулирующий фин. рынки страны (создан в 1985 г.).

Securities Association, the (TSA) — Ассоциация рынка ценных бумаг (Великобритания): главный орган саморегулирования; см. self-regulation.

securities clearing — клиринг ценных бумаг: централизованная система расчетов по операциям с ценными бумагами (в т. ч. путем взаимозачета сделок).

Securities Dealers Association — Ассоциация дилеров по ценным бумагам (Япония): организация, которая регулирует торговлю на фондовых биржах и внебиржевом рынке, устанавливает квалификационные стандарты для дилеров, взаимодействует с органами саморегулирования бирж (создана в 1973 г.).

Securities Exchange Act 1934 — Закон о торговле ценными бумагами (США): закон, принятый в 1934 г. для улучшения информированности инвесторов и борьбы со злоупотреблениями; требует регистрации всех бирж, дилеров, ценных бумаг, представления на регулярной основе информации о компаниях-эмитентах, сделках директоров компаний и владельцев более 10% капитала, а также регулирует торговлю акциями в кредит.

Securities Industry Association (SIA) — Ассоциация индустрии ценных бумаг (США и Канада): профессиональная ассоциация свыше 500 брокеров и дилеров, которые специализируются на ценных бумагах, облагаемых налогами; представляет интересы членов, собирает статистику и организует обучение членов; создана в 1972 г. в результате объединения двух более старых организаций; см. также Public Securities Association.

Securities Industry Automation Corporation (SIAC) — Корпорация автоматизации индустрии ценных бумаг (США); создана в 1972 г. для предоставления услуг связи и компьютерных систем Нью-Йоркской фондовой бирже (владеет 2/3 капитала) и Американской фондовой бирже (1/3).

securities investment trust — инвестиционный фонд, вкладывающий свои средства в ценные бумаги.

Securities Investor Protection Act 1970 (SIPA) — Закон о защите инвесторов в ценные бумаги (США, 1970 г.); помимо др. мер предусматривал создание Корпорации защиты инвесторов в ценные бумаги; см. Securities Investor Protection Corporation.

Securities Investor Protection Corporation (SIPC) — Корпорация защиты инвесторов в ценные бумаги (США): некоммерческая организация, созданная в 1970 г. для страхования средств клиентов в руках брокерских фирм — членов корпорации на случай банкротства последних; членами корпорации должны быть все зарегистрированные фондовые брокеры и дилеры; компенсация не может превышать 500 тыс. долл. (в т. ч. до 100 тыс. наличными).

securities loan — ссуда ценных бумаг: 1) ссуда одним брокером другому ценных бумаг (обычно для покрытия "короткой" продажи клиента); 2) ссуда, обеспеченная свободнообращающимися ценными бумагами (обычно ссуда брокера или банка клиенту).

Securities Management Trust — Секьюритиз менеджмент траст (Великобритания): агентство, созданное Банком Англии и коммерческими банками в период "великой депрессии" (1929—1933 гг.) в целях фин. помощи промышленности.

securities market line (SML) — "линия рынка ценных бумаг": графическое изображение взаимоотношения ожидаемого дохода по ценной бумаге и рыночного риска.

securities number (SN) — номер ценной бумаги, используемый для учета, идентификации (в Швейцарии, напр., представляет собой шестизначное число).

securities portfolio — портфель ценных бумаг: все ценные бумаги, принадлежащие одному инвестору.

securities trading statement — выписка об операциях клиента, подготовленная его брокером (даты, суммы, комиссии, налоги, номера ценных бумаг и т.д.).

securities transferred and repackaged (STARs) — разновидность "синтетических" облигаций; см. synthetic security.

securities transferred and repackaged into pound equivalent securities (STRIPES) — разновидность "синтетических" облигаций в фунтах стерлингов ("СТРАЙПС").

securitization — "секьюритизация": процесс повышения роли различных видов ценных бумаг как формы заимствований (по сравнению с банковскими кредитами).

security — 1) = securities; 2) обеспечение (кредита, облигаций); в случае отказа заемщика от погашения кредита обеспечение может быть реализовано.

security analysis — система методов анализа движения курсов ценных бумаг как основа инвестиционной или спекулятивной стратегии (анализируются как положение компании, так и специфические рыночные факторы).

security capital — безопасный капитал: капитал, подверженный минимальному риску (в отличие от "рискового" капитала); см. venture capital.

security department — отдел банка, специализирующийся на управлении портфелем ценных бумаг (операциях с ценными бумагами).

security dollars = investment dollars.

security interest — право кредитора вступить во владение собственностью, предложенной в качестве обеспечения (напр., автомобилем).

security issue at par — выпуск ценных бумаг по номиналу (т. е. без скидки или премии).

security numbering system — система нумерации и регистрации ценных бумаг: регистр ценных бумаг.

security ratings — рейтинги ценных бумаг (оценка уровня кредитного и инвестиционного рисков); см. rating 1.

security valuation — оценка инвестиционных активов с точки зрения ожидаемых рисков и доходов: элемент "портфельной теории"; см. portfolio theory.

seed capital (money) — "семенной" капитал: "рисковое" финансирование на самой ранней стадии осуществления проекта; первый вклад "рискового" капиталиста в создание новой компании (в форме кредита, приобретения акций или конвертируемых облигаций); см. first round financing.

seek a market — искать покупателя или продавца ценных бумаг или др. фин. инструментов.

segmentation — сегментация: тенденция к сегментации фин. рынков — появление все большего числа специализированных рынков, удовлетворяющих потребности конкретного круга экон. агентов.

segregation — сегрегация: разделение средств и операций клиента и самого брокера (в учете), разных клиентов.

seignorage (seigniorage) — плата, взимавшаяся монетным двором за чеканку золотой и серебряной монеты из металла заказчика.

selected dealer agreement = selling group agreement.

selective credit controls — селективный кредитный контроль: инструменты ден.-кредитной политики государства, призванные стимулировать или ограничивать использование кредита в конкретной отрасли, сфере деятельности экон. агентов (напр., гос. регулирование условий кредита на те или иные цели, выдача разрешений на выпуск ценных бумаг и т. д.).

selective hedging — селективное хеджирование:

выборочное страхование вал. риска в соответствии с анализом рыночной конъюнктуры (не страхуются операции, риск по которым минимален).

self-directed IRA (individual retirement account) — самоуправляющийся индивидуальный пенсионный счет в США (владелец может сам принимать инвестиционные решения); см. individual retirement account.

self-financing — самофинансирование: финансирование закупок машин и оборудования, расширения производства или операций за счет чистой прибыли (не распределяемой среди акционеров) или выпуска акций в противоположность использованию банковского кредита или эмиссии облигаций.

self-financing ratio — коэффициент самофинансирования: отношение собственных инвестиционных ресурсов (нераспределенной прибыли, амортизации и т. д.) к общим инвестиционным потребностям.

self-liquidating advances — самоликвидирующиеся кредиты: банковские кредиты клиентам для восполнения временной (сезонной) нехватки средств, т. е. по истечении некоторого периода кредиты погашаются (напр., кредит фермеру, выданный в период посевной и погашенный после реализации урожая).

self-liquidating bills — самоликвидирующиеся векселя: векселя, финансирующие конкретную торговую сделку, результаты которой позволяют их погашать; см. trade bills.

self-regulation — саморегулирование: регулирование фондовых рынков, их участников и котируемых компаний негос. органами (биржами, ассоциациями и т. д.); как правило, гос. регулирование сочетается с саморегулированием.

self-regulatory organizations (SROs) — саморегулирующие организации: 1) в Великобритании — профессиональные организации в Лондоне, регулирующие отношения между специализированными фин.-кредитными учреждениями и их клиентами, а также контролирующие соблюдение правил рыночной торговли (созданы после реформы в октябре 1986 г.); 2) в США — все негос. организации, регулирующие торговлю ценными бумагами (все биржи, Национальная ассоциация дилеров по ценным бумагам и т. д.).

self-supporting debt — самопогашающийся долг: облигации, выпущенные для финансирования проекта, который дает достаточно доходов для их погашения (напр., муниципальные бумаги для строительства платного моста).

sell a spread — продать спред: продать фьючерский контракт на близкий срок и купить на далекий; см. buy a spread.

sell down — распродажа: частичная распродажа менеджерами синдиката своей доли в кредите — процесс синдикации объявленного кредита.

seller of an option = writer 1.

sellers' market — рынок продавцов: рынок, на котором условия диктуют продавцы (в силу ограниченного предложения товара, небольшого числа продавцов).

seller's option (SO) — опцион продавца: 1) разновидность операции на Нью-Йоркской фондовой бирже: продавец получает право поставить ценные бумаги в любое время в течение оговоренного периода (от 6 до 60 рабочих дней); 2) право продавца определять время и место (а также качество товаров) поставки.

selling = writing.

selling climax — кульминация продаж: резкое падение цен на фондовом рынке (в т. ч. после постепенного снижения в течение некоторого времени); в техн. анализе обычно оценивается как признак скорого поворота конъюнктуры, т. к. на рынке практически не остается продавцов.

selling commission — комиссионное вознаграждение за размещение новых ценных бумаг; см. selling concession.

selling concession — комиссионное вознаграждение группы банков, размещающих заем по поручению синдиката андеррайтеров (гарантов); продавцы получают вознаграждение в форме части разницы между ценой публичного предложения ценных бумаг и ценой, уплаченной андеррайтерами заемщику (обычно 50% и более); вознаграждение выражается в форме скидки к цене предложения; см. selling group; public offering price.

selling dividends — продажа дивидендов: сомнительная практика рекомендовать покупку акций во взаимном инвестиционном фонде в расчете на получение близкого дивиденда (на самом деле дивиденд учитывается в цене и инвестор не получает дополнительной выгоды).

selling, general and administrative (SG&A) expenses — группировка расходов в счете прибылей и убытков компании, включающая оплату коммивояжеров, рекламы, командировок, приемов и др. накладные расходы (США).

selling group — продающая группа: группа банков, занимающихся размещением (евро)облигаций среди инвесторов; назначается менеджером гарантийного синдиката в качестве агента-продавца; может включать членов гарантийного синдиката и достигать сотен участников; действует на основе специального соглашения; см. selling group agreement.

selling group agreement — соглашение, на основе которого группа банков размещает новый заем; содержит условия операции, определяет размер комиссии и срок завершения размещения (обычно 30 дней); см. selling group; selling concession.

selling hedge = short hedge 1.

selling off — сброс, активная распродажа фин. инструментов или товаров в связи с угрозой дальнейшего снижения цен.

selling on the good news — продажа ценных бумаг сразу после "хороших новостей" (компания выпустила новый продукт, увеличила прибыль); большинство инвесторов в этой ситуации рассчитывают на повышение цен и делают покупки, но часто именно в этот момент цена достигает "потолка", и выгоднее продавать; см. buying on the bad news.

selling-out — распродажа особым отделом биржи

ценных бумаг, которые были приобретены, но не могут быть оплачены (Великобритания); см. buying-in 1.

selling short = short selling.

selling short against the box — "короткая" продажа ценных бумаг, которыми продавец владеет, но не имеет в наличии, т. к. они находятся на хранении в банке; следовательно, для покрытия сделки бумаги все равно приходится брать в кредит (нежелание трогать свои бумаги может объясняться налоговыми мотивами); см. box 2; short selling 1.

selling syndicate = selling group.

selloff = selling off.

sell on closing (close) — продажа в конце рабочего дня по ценам на момент закрытия биржи.

sell on opening — продажа в начале рабочего дня по ценам на момент открытия биржи.

sell out — продажа, распродажа: 1) покрытие, зачет или закрытие срочной "длинной" позиции; 2) продажа брокером бумаг, не оплаченных клиентом-покупателем; 3) распродажа всех бумаг нового займа; 4) ликвидация счета клиента у фондового брокера, открытого для совершения операций в кредит при поддержании фикс. уровня обеспечения.

sell plus — приказ клиента биржевому брокеру продавать по цене, которая выше предшествующего уровня.

sell-stop order = stop order.

sell the book — "продать книгу": приказ владельца большой партии акций своему брокеру продать максимально возможное количество по текущей цене ("книга" — запись брокером приказов клиентов).

senior (Sr) debt — "старший" долг: кредиты или облигации, которые имеют преимущественное право на активы компании в случае ликвидации по сравнению с иными долговыми обязательствами и акциями; как правило, включает заимствования у банков и др. кредитно-фин. институтов, ценные бумаги, которые не обозначены как "младшие", или субординированные.

senior issue = senior security.

senior refunding — замещение (рефинансирование) ценных бумаг со сроками погашения 5 — 12 лет ценными бумагами со сроками 15 и более лет (для снижения издержек, увеличения сроков).

senior security — "старшая" ценная бумага: ценная бумага, которая дает преимущественное право на активы компании в случае ее ликвидации по сравнению с др. облигациями и акциями (обычно с фикс. ставкой процента).

sensitive market — "чуткий" рынок: рынок, цены которого чутко реагируют на поступление информации.

sensitivity analysis — анализ чувствительности конъюнктуры, объема продаж или операций на рынке к уровню риска, прибыльности капиталовложений.

sentiment indicators — индикаторы настроения инвесторов: мнения о вероятности улучшения или ухудшения конъюнктуры.

separate custody of securities — хранение определенных ценных бумаг клиента в банке отдельно от иных бумаг этого и др. клиентов; см. collective custody of securities.

separate trading of registered interest and principal of securities (STRIPS) — разновидность раздельной торговли основной суммой и купонами казначейских облигаций (США); фактически казначейские облигации США с нулевыми купонами ("СТРИПС").

Sequal — "Сиквал" (Великобритания): электронная система заключения и подтверждения вторичных сделок с ценными бумагами (принадлежат Лондонской фондовой бирже).

sequestration — секвестр, конфискация (арест) имущества в случае банкротства, отказа от платежей, предъявления прав на него др. лицом (до урегулирования спора).

serial bonds — серийные облигации: в США — облигации займа (обычно муниципального), который погашается регулярными равными долями в течение некоторого времени; каждая серия имеет свою дату погашения.

serial loans = serial bonds.

serial rescheduling — "серийный" пересмотр условий просроченной задолженности: периодическая консолидация части долга.

series E/EE/HH bonds — сберегательные облигации серий E (1941—1979 г.), EE и HH (с 1980 г.) в США; см. savings bond.

series of options = option series.

service — услуга, обслуживание: 1) банковская услуга; 2) обслуживание долга: своевременная выплата процентов.

service corporation — дочерняя компания одного или нескольких банков или сберегательных институтов в США, предоставляющая владельцам и их клиентам определенный набор услуг (в т. ч. небанковского характера).

service lease = operating lease.

set of bills — набор векселей или коносаментов (несколько копий или частей).

set-off — зачет: 1) взаимный зачет покупок и продаж, счетов, расчетов; компенсация; 2) контрпретензия.

settle — урегулировать, оплатить обязательство, рассчитаться по рыночной операции.

settle an account = balance an account.

settlement — 1) расчет (в т. ч. окончательный), оплата или поставка ценных бумаг, платеж, урегулирование взаимных фин. претензий; 2) расчетный период на Лондонской фондовой бирже (4 дня), начинающийся через 3 дня после окончания операционного периода; см. account 3; account day; contango day; name day.

settlement day (date) — расчетный день: 1) любой рабочий день в конце месяца поставки по фьючерсному контракту, когда производятся окончательные расчеты (осуществляются оплата и поставка); 2) день расчета по сделке с ценными бумагами; в США обычно 5-й день после заключения сделки по акциям и облигациям, следующий день — по опционам и правительственным облигациям; в Великобритании по гос. ценным бумагам — следующий день, по акциям — 7-й день после завершения операционного периода на бирже; см. account 3; 3) = declaration day 2; 4) = account day.

settlement price — расчетная цена: цена официальных расчетов, определяемая на основе усреднения цен закрытия биржи (за день до поставки по фьючерскому контракту; принцип определения цены указывается в спецификации контракта) или усредненных котировок нескольких банков; по этой цене производится расчет по поставке фин. инструментов или товаров на срочной бирже; = exchange delivery settlement price.

settlement risk — расчетный риск: риск операционных затруднений при поступлении ден. средств даже при выполнении партнером своих обязательств.

settlements — межгос. расчеты, осуществляемые центральными банками.

settlement-to-market — выплата вариационной маржи; см. variation margin.

settlor — доверитель: лицо, доверяющее управление (создающее опеку над) имуществом не по завещанию, а будучи в добром здравии; = donor; grantor; trustor; см. intervivos trust.

several and joint agreement — индивидуальная и солидарная ответственность участников гарантийного синдиката при выпуске новых ценных бумаг: участник синдиката обязуется выкупить свою квоту и др. нераспроданные ценные бумаги; см. severally but not jointly.

severally but not jointly — индивидуальная, но не солидарная ответственность участников гарантийного синдиката при выпуске новых ценных бумаг: участник синдиката обязуется купить бумаги на определенную сумму, но не отвечает за др. нераспроданные ценные бумаги; см. several and joint agreement.

Sezione specifiche per l'assicurazione del credito all'esportazione (SACE) — Специальный департамент для страхования экспортных кредитов (Италия): гос. организация, специализирующаяся на страховании и предоставлении экспортных кредитов (создана в 1977 г.).

shadow calendar — "теневой календарь" (США): выпуски ценных бумаг, зарегистрированные в Комиссии по ценным бумагам и биржам, но дата их предложения еще не объявлена.

shakeout — встряска: существенное изменение в рыночных условиях (напр., возникновение избытка предложения), в результате которого более слабые участники (спекулянты или торгующие в кредит) разоряются или несут потери.

shape — размер сделки на Лондонской фондовой бирже, выраженный числом проданных или купленных акций (букв.: "форма").

share — доля, часть: 1) акция, участие в капитале компании: ценная бумага, дающая право на долю в акционерном капитале компании и на пропорциональную часть прибыли и остатка активов при ликвидации (также обычно право голоса на общих собраниях акционеров при выборах директоров и утверждении результатов деятельности компании); право собственности представлено сертификатом акции; 2) пай (акция) во взаимном фонде, кооперативе, строительном обществе; 3) участие в товариществе.

share account — паевой счет: один из различного типа счетов в кредитных союзах (США) и некоторых др. кооперативных сберегательных институтах, которые одновременно являются вкладами и паями (титулами собственности); собственно паевой счет обычно аналогичен сберегательному счету до востребования; см. share draft account; share certificate account.

share broker — 1) дисконтный брокер, уровень комиссий которого зависим от числа акций в сделке (чем больше сделка, тем меньше уровень комиссии); обычно имеет смысл заключать сделки минимум на 500 акций; см. discount broker; value broker; 2) = stockbroker.

share buy-back — скупка корпорацией собственных акций для поддержания их рыночной цены или искусственного повышения уровня дивидендов в расчете на одну акцию.

share capital — акционерный капитал компании: капитал компании в форме акций — сумма номинальных стоимостей акций.

share certificate — сертификат акции: обращающаяся ценная бумага, удостоверяющая владение одной или некоторым количеством акций (долей капитала компании).

share certificate account — паевой счет в кредитном союзе (США), аналогичный срочному сберегательному счету; см. share account.

shared appreciation mortgage (SAM) — дешевая ипотека, по условиям которой заемщик должен поделиться прибылью от последующей продажи дома с кредитором.

shared currency option under tender (SCOUT) — общий вал. опцион участия в торгах (СКАУТ): система страхования вал. риска участников торгов для получения крупного контракта — стоимость опциона делится между всеми участниками торга, а сам контракт получает победитель торгов (введена Мидлэнд бэнк).

share draft account — чековый паевой счет, предлагаемый кредитным союзом (США); вкладчики кредитного союза имеют возможность использовать свои паевые счета путем выписки инструментов типа чеков; см. share account.

shareholder — акционер: владелец сертификата, удостоверяющего юр. право на часть капитала и прибыли компании, участие в выборах директоров и решении др. вопросов (также владелец пая во взаимном фонде, товариществе).

shareholders' equity (SE) — нетто-стоимость компании: все активы минус все пассивы компании; = equity 1; net worth.

shareholders' funds — средства акционеров: оплаченный капитал и резервы компании.

share incentive scheme — программа наделения менеджеров и др. служащих акциями их корпорации в определенной пропорции и по льготной цене (для повышения их заинтересованности и привязанности к компании).

share index — фондовый индекс: индекс на основе арифметического или геометрического среднего курсов определенного набора ценных бумаг (в т. ч. взвешенных в соответствии с их рыночной капитализацией или оборотом) — синтетический показатель движения фондовой конъюнктуры.

share market — рынок акций: фондовая биржа.

share of profits — доля в прибыли, тантьема: фикс. часть чистой прибыли компании, выплачиваемая ее директорам и менеджерам.

share option — опцион на акции: биржевая опционная сделка (или контракт) с определенным видом акций.

share option scheme = share incentive scheme.

share premium — премия акции: премия (надбавка), полученная к номинальной цене акций при их выпуске на рынок.

share premium account — счет премий акций: счет в отчетности компании, на котором учитывается сумма премий к номинальной стоимости акций, полученных при их выпуске на рынок.

share price — цена акции (курс): рыночная или номинальная цена одной акции.

share pushing — "проталкивание" акций: активная продажа инвесторам акций, которые могут иметь сомнительную ценность.

share register — акционерный регистр: список владельцев зарегистрированных акций, который ведет компания или по ее поручению юр. фирма (только зарегистрированный владелец считается законным).

share repurchase plan = share buy-back.

shares authorized — число акций компании, установленное в ее уставе.

share of no par value — акция без номинала (США).

shares outstanding = issued and outstanding shares.

share splitting = split.

share transfer form — форма передачи права собственности на акции (Великобритания): документ о передаче права на акцию, подписанный продавцом.

share warrant — сертификат акции на предъявителя; может свободно переходить из рук в руки без регистрации.

shark repellent — "акулий репеллент": меры по защите компании от враждебного поглощения (требование уплаты всем акционерам одинаковой цены акции, слияние, уставное требование о необходимости квалифицированного большинства при голосовании, "золотые парашюты", ежегодные перевыборы только части директоров); см. poison pills; golden parachutes; scorched earth; staggered board of directors.

shark watcher — наблюдатель за "акулами": фирма, специализирующаяся на предупреждении попыток поглощения, а также на анализе торговли акциями компании-клиента, сборе голосов акционеров в поддержку нужных решений.

shelf registration (Rule 415) — "регистрация на полке" (правило 415): правило Комиссии по ценным бумагам и биржам (США), позволяющее корпорациям выпускать акции без предварительного предупреждения и продавать их прямо инвесторам, если корпорации заранее зарегистрировали предполагаемую в будущем эмиссию (максимум за 2 года); действует с 1983 г.

shell branch — заграничное отделение ("почтовый ящик", букв.: "скорлупа"), которое банк использует для регистрации сделок в целях обхода нац. регулирования; на практике весь учет ведется в головной конторе; банки США часто имеют такие отделения на Багамских и Каймановых островах для дешевого доступа к еврорынку.

shell corporation — "почтовый ящик": официально зарегистрированная корпорация, не имеющая существенных активов и не ведущая операций (обычно такие корпорации создаются для облегчения налогового бремени, в т. ч. в налоговых оазисах).

shell operation = shell corporation.

Sherman Anti-Trust Act of 1890 — Антитрестовский закон Шермана (США, 1890 г.); см. anti-trust laws.

shex (Saturdays, holidays excepted; S.& h. e.) — исключая субботы и праздники (мор.).

Shibosai bonds — облигации в иенах, размещенные в "частном" порядке (Япония).

shifting tax = tax shifting.

shilling (S; Sh) — шиллинг: 1) 1/20 ф. ст. (12 пенсов) до введения десятичной системы в Великобритании; серебряная или никелевая монета (теперь приравнена к 5 пенсам); 2) ден. единица Австрии, Кении, Сомали, Танзании, Уганды.

shinc (Saturdays, Sundays, holidays included) — включая субботы, воскресенья и праздники (мор.).

ship mortgage — ипотека на судно: кредит или др. требование, обеспеченное правом собственности на судно.

shipping documents = transport documents.

shogun bonds — облигации "сегун", выпущенные нерезидентами на нац. рынке в иностранной валюте (Япония).

shop — 1) офис фондового брокера или дилера; 2) магазин; 3) производственное помещение; 4) профсоюзная организация.

short — 1) short dated; 2) shorts; 3) short position; 4) short bond.

short anchor — "краткосрочный якорь" (США): фин. инструменты министерства финансов с короткими сроками (для рефинансирования гос. флота).

short bill (SB) — "короткий" вексель: вексель, оплачиваемый при предъявлении или в течение короткого срока (не более 10 дней).

short bit = dime.

short bond — краткосрочная облигация (США): 1) облигация с коротким сроком (менее 2 лет); 2) облигация, которая должна быть погашена менее чем через год и расценивается как текущий пассив; 3) = short coupon.

short coupon — "короткий" купон: 1) купон за период менее традиционных 6 месяцев (обычно первый купон в связи с выпуском облигаций менее чем за полгода до первого платежа); 2) облигация с коротким сроком.

short cover — 1) зачёт "короткой" позиции покупкой фьючерского контракта; 2) покупка "коротким" продавцом ценных бумаг взамен занятых в момент продажи; см. cover 2; short selling.

short dated (stock) — краткосрочная (ценная бумага) сроком менее 5 лет в Великобритании и 2 лет в США.

short dates — короткие стандартные сроки на евродепозитном рынке (от 1 дня до 3 недель).

short end of the market — краткосрочный конец (сегмент) рынка; напр. на ден. рынке — сроки до нескольких дней, на рынках ценных бумаг — до 2 - 5 лет.

short form B/L (bill of lading) — сокращённая форма коносамента.

short gilts = shorts.

short hedge — "короткий" хедж: 1) продажа срочного контракта для нейтрализации наличного риска (снижения цены); 2) покупка опциона "пут"; 3) "короткая" продажа ценных бумаг, находящихся на хранении в банке; см. selling short against the box.

short interest — 1) общая сумма "коротких" продаж на фондовой бирже в США (незакрытые "короткие" позиции); показатель ожиданий падения конъюнктуры; для аналитиков большой объём "коротких" продаж свидетельствует также о возможности близкого подъёма, т. к. для покрытия "коротких" позиций потребуются покупки акций; 2) в мор. страховании — превышение страховой суммы над стоимостью застрахованных грузов.

short interest theory — теория, согласно которой большой объём "коротких" продаж предвещает подъём конъюнктуры (т. к. нужно будет покупать ценные бумаги для покрытия "коротких" позиций).

short loan (money) — краткосрочная ссуда.

short option position — "короткая" опционная позиция: позиция, образовавшаяся в результате продажи опциона "пут" или "колл".

short position — "короткая" позиция: 1) позиция, образовавшаяся в результате продажи фьючерских или др. срочных контрактов; 2) = short selling 1; 3) в валютных сделках отсутствие той или иной валюты.

shorts (short gilts) — гос. облигации со сроками менее 5 лет до погашения независимо от первоначальных сроков (Великобритания).

short sale = short selling.

short sale rule — правило Комиссии по ценным бумагам и биржам (США), по которому "короткие" продажи могут совершаться только при подъёме конъюнктуры (при условиях "плюс тик" или "ноль плюс тик"); введено для предотвращения злоупотреблений в форме чрезмерной игры на понижение; см. up tick; zero plus tick.

short selling — "короткая" продажа: 1) продажа "медведями" ценных бумаг, которые они не имеют в наличии, в надежде на снижение цен и проведение обратной операции или на прикуп недостающих бумаг; 2) открытие аналогичных позиций по фин. фьючерсам, товарам, валюте и т. д. (фьючерские "короткие" продажи обычно не зачитываются, а на фондовом рынке, как правило, обеспечиваются ценными бумагами, взятыми в кредит; целью "короткой" продажи может быть зачёт "длинной" позиции).

short squeeze — "короткое сжатие": ситуация, когда цены ценных бумаг или контрактов начинают резко повышаться и владельцы "коротких" позиций вынуждены срочно покупать бумаги и контракты для их покрытия и ограничения убытков; это ведёт к ещё большему повышению цен и потерям по непокрытым позициям.

short straddle — "короткий" стрэддл: одновременная продажа опционов "пут" и "колл" с одинаковыми ценами и сроками исполнения в расчёте на прибыль от премий при уменьшении неустойчивости конъюнктуры; см. straddle.

short strangle — "короткий" стрэнгл: одновременная продажа опционов "пут" и "колл" с разными ценами и одинаковыми сроками исполнения ("внутренняя" стоимость опционов обычно отрицательна); см. strangle; intrinsic value.

short tap — краткосрочные (до 5 лет) брит. правительственные облигации, выпускаемые на рынок непрерывно в соответствии со спросом или потребностями в заёмных средствах; см. tap basis.

short tender — "короткое" предложение: использование взятых взаймы ценных бумаг для ответа на предложение о покупке новых бумаг (в США запрещено).

short-term — краткосрочный: 1) в бухг. учёте — об активах, которые превратятся в наличные в течение обычного операционного цикла (1 год), или пассивах со сроками до 1 года; 2) об инвестициях со сроками до 1 года; 3) о ценных бумагах (обычно до 1 года, но облигации в США — до 2 лет, в Великобритании до 5 лет); 4) в налогообложении; см. short- term gain or loss.

short-term capital account — баланс движения краткосрочных капиталов: часть платёжного баланса страны.

short-term compensation — краткосрочные компенсационные операции; см. counterpurchase; advance purchase.

short-term debt — краткосрочный долг: в США — все долговые обязательства со сроками до 1 года.

short-term gain or loss — краткосрочная прибыль или убыток: прибыль или убыток от продажи ценных бумаг или др. активов, которыми продавец владел менее 6 месяцев; до 1988 г. в США краткосрочная прибыль от прироста капитала облагалась обычным

подоходным налогом, долгосрочная — по специальным льготным ставкам.
short-term liabilities = short-term debt.
short-term NIF (SNIF) — краткосрочный НИФ: евронотная программа, отличающаяся от РУФ использованием метода аукциона; см. tender panel; revolving underwriting facility.
shut for dividend — "закрытый для дивидендов" (Великобритания): о периоде, когда компаниями прекращается регистрация смены владельцев акций для выплаты дивидендов.
Siamese shares = paired shares.
side-by-side trading — торговля ценной бумагой и опционами на нее на одной бирже.
side deals — незаконные сделки директоров компании с ее ценными бумагами на основе имеющейся у них информации в ущерб компании; расцениваются как опасное злоупотребление.
sideways market — ситуация на фондовом рынке, когда цены двигаются в узких пределах (лишь небольшие сдвиги вверх или вниз): горизонтальное движение цен; = horizontal price movement.
sideways price movement = horizontal price movement.
sight bill — вексель, оплачиваемый при предъявлении.
sight draft, bill of lading attached (SDBL) — тратта до востребования с приложенным коносаментом.
sight draft (SD) = sight bill.
signatories — лица, подписавшие уставные документы компании, соглашение.
signature card — карточка с образцами подписей клиента банка или его уполномоченных агентов; хранится в банке для удостоверения подлинности документов.
silent partner = sleeping partner.
Silver Bubble — "серебряный пузырь" (афера Хантов): попытка американских миллиардеров братьев Хантов в 1979—1980 гг. поставить под контроль рынок серебра с целью нажиться на повышении цены; в результате принятых властями ограничений торговли на срочных биржах и резкого падения цены Ханты понесли огромные убытки; см. Silver Thursday.
Silver Thursday — "серебряный четверг": 27 марта 1980 г., когда братья Ханты не смогли внести дополнительный гарантийный депозит по серебряным фьючерсам на 100 млн. долл.; ознаменовал провал попытки контролировать рынок серебра и начало паники на товарных и фин. рынках; см. Silver Bubble.
simple debenture — простое обязательство (скрепленное печатью должника): ссуда или облигация, не обеспеченная активами компании.
simple (ordinary) guarantee — простая (обыкновенная) гарантия: гарант обязан выполнить взятое обязательство только в случае банкротства заемщика или др. условий.
simple interest — простые проценты (на процентный доход не начисляются проценты); выплаты производятся по истечении фикс. периода и не накапливаются; окончательная сумма $A = P (1 + XY : 100)$, где P — первоначальная сумма, X — ставка процента, Y — число процентных периодов.
simplified employee pension (SEP) plan — упрощенная пенсионная программа (США), по которой и работодатель, и работник делают взносы на индивидуальный пенсионный счет (для предприятий с менее 25 занятых); см. individual retirement account.
Singapore interbank offered rate (SIBOR) — ставка предложения на межбанковском депозитном рынке в Сингапуре (СИБОР).
Singapore International Monetary Exchange (SIMEX) — Международная денежная биржа Сингапура: срочная фин. биржа в Сингапуре (СИМЕКС); создана в 1984 г. на базе биржи золота.
single capacity — возможность выступать в единственном качестве (принципала или посредника): официальное разделение функций брокера и принципала (на Лондонской фондовой бирже в 1908—1986 гг. существовали брокеры и джобберы); см. dual capacity.
single entry bookkeeping — простая бухгалтерия: ведение бухг. учета путем регистрации операций одной записью.
single option — одиночный опцион ("пут" или "колл") в отличие от двойного опциона или опциона спред, в которых используются два или больше опционов; см. double option; spread option.
single-premium deferred annuity (SPDA) — инвестиционный план (рента) с отсроченным налогообложением (США); инвестор вносит разовую сумму страховой компании, продающей ренту, которая инвестирует полученные средства в фин. активы; налог взимается при изъятии средств.
single-premium life insurance — полис страхования жизни, по которому уплачивается разовая премия в начале действия договора.
single purpose corporation — одноцелевая корпорация (США): корпорация, созданная для эмиссии краткосрочных бумаг в целях покупки определенных активов или кредитования только одной компании.
single-state municipal bond fund — взаимный инвестиционный фонд (США), вкладывающий средства только в не облагаемые налогами облигации местных органов власти в пределах одного штата.
sinker = sinking fund bond.
sinking fund (SF) — фонд погашения: фонд, в который регулярно зачисляются суммы для будущего погашения долга, займа (создание фонда обычно является условием выпуска займа или получения кредита и рассматривается в качестве гарантии).
sinking fund bonds — облигации, выпускаемые при условии регулярного внесения эмитентом определенных сумм в фонд погашения займа (США).
sixpence — шестипенсовик: брит. монета в 6 пенсов (чеканилась до 1971 г.).
sixpenny bit (piece) = sixpence.
size — размер: 1) число (конкретное или просто большое) ценных бумаг, имеющихся для продажи (размер сделки); 2) размер рынка (капитализация); см. market size.

skip-day settlement — расчет на один день позже положенного срока (США).

skip-payment privilege — привилегия пропуска платежа: 1) условие ипотечного контракта и кредита в рассрочку о возможности пропуска платежа в случае опережения графика; 2) в США — право владельцев кредитных карточек пропустить декабрьский платеж.

slack market — неактивный рынок с большим разрывом между ценами продавца и покупателя.

slack money = easy money.

sld (sold) last sale — надпись на ленте тикера, появляющаяся в случае большого изменения в ценах между двумя сделками по ценной бумаге; для акций с низкими ценами (менее 20 долл.) такое изменение равно 1 пункту и более (1 пункт = 1 долл.), для дорогих акций — 2 и более пунктам (США); см. point.

sleeper — "спящая" ценная бумага, не привлекающая особого интереса инвесторов, но имеющая большой потенциал роста цены.

sleeping beauty — "спящая красавица" (США): потенциальный объект поглощения, которому не делалось предложений; обычно имеется в виду компания с такими привлекательными характеристиками, как большие наличные резервы или недооцененные активы.

sleeping company = dormant company.

sleeping partner — "спящий" партнер: член товарищества, внесший пай, но не принимающий активного участия в управлении компанией; см. active partner.

sliding peg = crawling peg.

slip — квитанция: 1) письменное подтверждение сделки; 2) документ с дополнительной информацией, прикрепляемый к проданной ценной бумаге.

slow assets = illiquid assets.

sluice gate price — "шлюзовая" цена: теоретическая импортная цена СИФ на некоторые сельскохозяйственные продукты в ЕЭС (для определения размера дополнительных импортных пошлин).

slump = depression.

smacker — 1 ф. ст. (жарг.).

Small Business Administration (SBA) — Управление мелкого бизнеса (США): федеральное агентство (создано в 1953 г.), предоставляющее небольшим компаниям кредиты, гарантии по кредитам, управленческую помощь; лицензирует и финансирует инвестиционные компании для мелкого бизнеса; источник ресурсов — дотации Конгресса; см. small business investment companies.

small business investment companies (SBICs) — инвестиционные компании для мелкого бизнеса (США): инвестиционные компании, создаваемые Управлением мелкого бизнеса для финансирования создания новых компаний; см. Small Business Administration; venture capital.

small investor — мелкий (розничный) инвестор: индивидуальный инвестор, покупающий небольшое количество ценных бумаг.

small loan company = consumer finance company.

small number = tail1.

small saver certificate (SSC) — сертификат мелкого вкладчика (США): разновидность срочных депозитов, предлагаемых банками (процентные ставки привязаны к средней доходности казначейских ценных бумаг).

smart card — "умная" карточка: кредитная или платежная карточка со встроенным микропроцессором (т. е. может обмениваться информацией с центральным компьютером); используется для хранения информации о предыдущих сделках, получения от банка данных, производства платежей на определенную сумму без связи с эмитентом (карточка "заряжается" на эту сумму); см. plastic card; super smart card.

Smithsonian Agreement — Смитсоновское соглашение, заключенное десятью ведущими странами Запада 18 декабря 1971 г. (в Смитсоновском институте в Вашингтоне); предусматривало изменение взаимных паритетов валют, расширение пределов колебаний курсов с ±1 до ±2,25% от паритета, девальвацию доллара к золоту (действовало до 1973 г.); см. snake in the tunnel; smithsonian rates.

smithsonian rates — смитсоновские курсы: курсы валют, зафиксированные Смитсоновским соглашением; см. Smithsonian Agreement; snake in the tunnel.

smooth — выравнивать рыночную конъюнктуру: осуществлять регулярные и небольшие по масштабам интервенции для стабилизации конъюнктуры.

smuggling — контрабанда: незаконный ввоз в страну и вывоз из страны товаров с целью обойти запрет и не платить таможенные пошлины.

snake — "змея" ("вал. змея"): соглашение западноевропейских стран об ограничении взаимных курсовых колебаний (±1,125%) при свободном (с 1973 г.) плавании относительно доллара США; действовало с 24 апреля 1972 г. до создания в 1979 г. ЕВС; см. snake in the tunnel; European Monetary System.

snake in the tunnel — "змея в туннеле": соглашение западноевропейских стран об ограничении взаимных курсовых колебаний в период, когда по Смитсоновскому соглашению 1971—1973 гг. были установлены более широкие пределы колебаний курсов (внутри широких пределов действовали более узкие); см. snake.

snowballing — "снежный ком": процесс нарастания исполнения приказов клиентов брокерам продавать или покупать ценные бумаги по фикс. цене (приказов "стоп") при падении или подъеме конъюнктуры; выполнение все большего числа приказов усиливает тенденцию, активизирует новые приказы и ситуация напоминает "снежный ком"; см. stop order.

social accounting (social report) — отчетность компании о затратах на выполнение требований закона о борьбе с загрязнением окружающей среды, защите здоровья, безопасности труда и др. социальных мероприятиях.

social consciousness mutual fund — взаимный инвестиционный фонд, придерживающийся определенной социальной политики (США); как правило, такие фонды, возникшие в 60 — 70-х годах, не вкладывают средства в ценные бумаги корпораций, которые загрязняют среду, производят вооружения или действуют в странах с реакционными режимами.

Sociedad Anónima (SA) — анонимное общество (исп.): акционерная компания с ограниченной ответственностью.

societa anónima (SA) = societa per azioni.

societa per azioni (SpA) — акционерная компания (итал.): компания с ограниченной ответственностью.

societe anonyme (SA) — анонимное общество (франц.): акционерная компания во Франции.

société de personnes a responsabilite limitee (SPRL) — общество с ограниченной ответственностью (франц.): акционерная компания в Бельгии.

Societe interprofessionelle pour la compensation des valeurs mobiliéres (SICOVAM) — клиринговая система для расчетов по ценным бумагам во Франции (создана в 1949 г.); принадлежит банкам и брокерам; служит центральным депозитарием для ценных бумаг.

Society for World-Wide Interbank Financial Telecommunications (SWIFT) — СВИФТ: межбанковская электронная система передачи информации и совершения платежей (создана в 1973 г. в Брюсселе); принадлежит свыше 2000 банков из более чем 50 стран.

soft currency — слабая ("мягкая") валюта: 1) валюта с понижательной тенденцией движения курса; 2) неконвертируемая валюта.

soft dollars — "мягкие" доллары: плата за услуги брокеров, которая покрывается из общей суммы комиссионных (не выделяется отдельно); данные услуги не приносят брокеру прямой прибыли (США); см. hard dollars.

soft landing — "мягкое приземление": плавное снижение курса валюты до экономически обоснованного уровня (после подъема); см. hard landing.

soft loan — льготный кредит: кредит по ставке ниже рыночного уровня на длительный срок.

soft-loan window — "окно льготных кредитов": специальная программа или филиал международного банка развития для предоставления кредитов на льготных условиях (со сроками до 50 лет, льготными периодами до 30 лет, низкими ставками или только комиссионными сборами) наименее развитым странам.

soft market — "слабый" (вялый) рынок: рынок, характеризующийся превышением предложения над спросом, низкой активностью, большой разницей между ценами продавца и покупателя; = buyer's market.

soft spot — "слабое место": ценные бумаги с понижательной тенденцией цен в условиях улучшения конъюнктуры.

sogo bank — банк "сого" (Япония): коммерческий банк, специализирующийся на кредитовании мелких предприятий и населения.

sola — соло-вексель: переводный вексель в единственном экземпляре (в отличие от векселя в трех экземплярах).

sold contract note — уведомление, посылаемое брокером клиенту в подтверждение продажи в пользу последнего (Великобритания); указываются детали сделки, комиссия, гербовый сбор, срок платежа; см. TALISMAN sold transfer.

sold-out market — проданный рынок: ситуация на бирже, когда невозможно купить определенные фьючерские контракты из-за ликвидации позиций и ограниченного предложения.

sold stock account — счет проданных ценных бумаг: внутренний счет в системе "ТАЛИСМАН" на Лондонской фондовой бирже для всех сделок продажи; см. TALISMAN.

sole placing agency (SPA) — размещение евронот одним банком-агентом.

sole proprietor — единоличный владелец: занятый индивидуальным бизнесом (одно лицо отвечает за финансирование, организацию, управление).

solvency — платежеспособность: способность оплачивать обязательства без ликвидации фикс. активов (основного капитала).

solvency ratio — коэффициент платежеспособности: отношение акционерного капитала к суммарным активам.

solvent — платежеспособный: способный выполнять обязательства.

source and applications of funds statement — документ об источниках и использовании фин. ресурсов: анализ фин. положения компании в течение учетного периода (часть годового отчета); содержит информацию об оборотном капитале, прибыли, амортизации, выпуске облигаций, налогах, покупке фикс. (капитальных) активов, платежах дивидендов, погашении долга.

South Sea Bubble — "пузырь Южного моря": скандал с Компанией Южного моря (основанной в 1711 г.), которая пользовалась поддержкой брит. правительства и получила монополию на торговлю в Южной Америке и регионе Тихого океана; в 1720 г. директора компании добились права приобрести весь нац. долг, и это способствовало росту цен акций в 10 раз; в декабре 1720 г. цены акций компании упали, и тысячи инвесторов понесли убытки или обанкротились; скандал задержал развитие торговли ценными бумагами в Великобритании.

sovereign (Sov) — соверен: английская золотая монета в 1 ф. ст. (объект торговли в тезаврационных целях); золотое содержание — 7,998 г (1/4 тр. унции); впервые отчеканена в 1489 г.; с 1974 г. выпускается с надписью "новый соверен" (в связи с переходом на десятичную систему).

sovereign borrower — суверенный заемщик: государство (правительство)-заемщик.

sovereign debt swap — "суверенный" долговой своп: обмен долговыми обязательствами стран, испытывающих фин. трудности, в т. ч. со значительной скидкой с номинала и частичным расчетом наличными.

sovereign immunity — суверенный иммунитет: доктрина, согласно которой суверенное государство не может быть преследуемо в судебном порядке, а на его средства не может быть наложен арест.

sovereign risk — "суверенный" ("страновой") риск: риск того, что иностранное правительство откажется обслуживать или погашать долг, выполнять др. обязательства в результате изменения нац. политики; риск, связанный с фин. положением целого государства, с возможностью прекращения всеми или большинством экон. агентов (включая правительство) внешних платежей; для контроля за "суверенным" риском банки устанавливают лимиты кредитования; = political risk.

Spalding Report — доклад Сполдинга: доклад об изменении законодательства о строительных обществах, подготовленный в 1983 г. комитетом под руководством главы общества Галифакс Дж. Сполдингом.

special accounts — специальные счета суверенного заемщика в центральном банке одной из стран-кредиторов для платежей по многостороннему соглашению о пересмотре условий просроченной задолженности.

special arbitrage account (SAA) — специальный арбитражный счет: специальный счет клиента у фондового брокера для операций, риск по которым захеджирован (вносимая маржа меньше обычной); см. margin account.

special assessment bond — разновидность муниципальных облигаций (США), погашаемых с помощью налогов на население, которое пользуется результатами общественных работ, профинансированных с помощью этих облигаций.

special bid — специальная покупка (США): разновидность покупки большой партии акций на Нью-Йоркской фондовой бирже, при которой приказ клиента о покупке выполняется с помощью противоположных приказов др. клиентов; фикс. цена покупки объявляется заранее (не может быть ниже цены последней сделки); комиссию платит только покупатель.

special bracket firm — один из пяти крупнейших инвестиционных банков США.

special claim on residual equity (SCORE) — сертификат "СКОР", дающий владельцу право на прирост стоимости акции сверх фикс. уровня (США); такие сертификаты выпускаются частной компанией (Америкус шэроунер сёрвис Корп.) наряду с сертификатами "ПРАЙМ" и котируются на бирже; являются объектом торговли специальными паевыми фондами (пай представляет собой либо "СКОР", либо "ПРАЙМ"); см. unit share investment trust; prescribed right to income and maximum equity (PRIME).

special crossed check — специальный кроссированный чек (с двумя параллельными полосами); банк, на который он выписан, оплачивает его клиенту или банку, имя которого указывается на чеке; см. crossed check.

special deposits — специальные депозиты (Великобритания): депозиты, которые Банк Англии может потребовать от коммерческих банков (в размере определенного процента от депозитной базы) для ограничения роста кредитования — инструмент ден.-кредитной политики (с 1960 г.).

Special Drawing Rights (SDR) — специальные права заимствования (СДР): ден. единица на основе (с 1981 г.) корзины 5 ведущих западных валют (доллар — 42%, марка — 19%, франц. франк, иена и фунт стерлингов — по 13%), созданная МВФ в 1969 г.; эмиссия ("распределение") СДР проводилась в 1970 — 1972 гг. и 1979 — 1981 гг.; СДР являются международным резервным активом, используются в качестве счетной единицы странами — членами МВФ и некоторыми международными организациями.

special ex div — "специальный экс див" (без дивиденда): система торговли акциями (облигациями) без права на дивиденд или проценты (Великобритания); обычно акциями торгуют с учетом в цене дивиденда до определенной даты, а после нее — без учета; для большинства гос. ценных бумаг действует особая система: в течение 21 дня до объявления бумаги "без дивиденда" ею можно торговать как "с дивидендом", так и "без дивиденда".

specialists — "специалисты" (США): члены фондовой биржи (примерно 400 на Нью-Йоркской фондовой бирже), зарегистрированные как специалисты по одному или нескольким видам ценных бумаг; поддерживают рынок по этим бумагам (оперируя за свой счет) и выступают в роли посредников между брокерскими фирмами.

specialist's book — портфель ценных бумаг и приказов совершить сделки фондового "специалиста" (США); см. specialists.

specialist's short-sale ratio — соотношение между "короткими" продажами "специалистов" и общей суммой "коротких" продаж на Нью-Йоркской фондовой бирже: показатель "настроения" "специалистов" (свыше 60% — ожидается ухудшение конъюнктуры, менее 45% — улучшение); см. specialists.

specialized mutual trust — специализированный взаимный фонд (США): фонд, специализирующийся на инвестициях в ценные бумаги компаний определенной отрасли.

specialized tender panel (STP) — специализированная панель предложения; равнозначно "непрошенным" заявкам, но число участников аукциона ограничено крупными банками, уже участвовавшими в эмиссиях данного заемщика и поддерживающих вторичный рынок его обязательств; см. unsolicited bidding.

special offering — специальное предложение (США): метод продажи крупной партии ценных бумаг, сходный с вторичным размещением, но доступный только членам Нью-Йоркской фондовой биржи (осуществляется в часы биржевой торговой сессии); член биржи-продавец объявляет свою фикс. цену (на тикере); требуется согласие Комиссии по ценным бумагам и биржам; см. secondary distribution.

special tax bond (STB) — специальная налоговая облигация: 1) в США — разновидность муниципальных облигаций, погашаемых за счет акцизов местных органов власти; 2) = special assessment bond.

specie — золотые и серебряные монеты или слитки.

specie points = gold points of exchange.

specific capital — специфический капитал: машины и оборудование, которые могут использоваться только в целях, для которых они были предназначены.

specific duty — специфическая пошлина: таможенная пошлина, устанавливаемая в зависимости от физ. характеристик товара (веса, количества), а не от стоимости.

specific provisions — "специальные" резервы (на покрытие сомнительных долгов); устанавливаются в необходимой сумме по каждому конкретному долгу в зависимости от уровня риска.

specified currency — валюта, одобренная законодательством для платежей за экспорт из Великобритании в страны, не входившие в стерлинговую зону (в период вал. ограничений).

specified pool — товарищество с ограниченной ответственностью, объявляющее объект своих инвестиций, напр. конкретную недвижимость (США); см. blind pool.

specimen — образец сертификата акции, банкноты.

spectail — биржевик, который выступает как розничный брокер, но преимущественно спекулирует за свой счет.

speculation — спекуляция: купля-продажа фин. активов, недвижимости с целью получения прибыли от изменения цен (в отличие от арбитража всегда велик риск, т. к. предсказать будущее движение цен трудно); чаще всего используются формы операций, при которых не нужно вносить полную сумму.

speculative margin — спекулятивная маржа: маржа по фьючерсному контракту, вносимая спекулянтами (обычно выше, чем для хеджеров).

speculator — спекулянт: физ. или юр. лицо, занимающееся спекуляцией; см. speculation.

spin-off = spin-out.

spin-out (sponsored) — "отпочкование" новой компании от существующей при участии специалистов "рискового" финансирования и самой материнской компании (ее акционеры могут получить акции новой компании): создание самостоятельной компании.

split (S) — "сплит": разбивка акций на несколько бумаг с меньшими номиналами путем выпуска нескольких акций вместо одной (общая сумма капитала не изменяется, а число акций увеличивается); см. reverse split.

split commission — комиссия, поделенная между двумя брокерами или брокером и лицом, которое свело брокера с клиентом.

split down = reverse split.

split-level trust — инвестиционный фонд с двумя типами паев, или акций (Великобритания): инвесторы в первый вид паев получают весь доход (проценты, дивиденды) по всем инвестициям фонда, а инвесторы во второй вид — весь прирост капитала.

split margin = split spread.

split offering — выпуск муниципальных облигаций, состоящий из двух частей: из серийных облигаций и облигаций с фикс. сроком погашения (США); см. serial bonds.

split order — крупный приказ о совершении покупки или продажи ценных бумаг, разбитый на несколько сделок (чтобы не вызвать нежелательного изменения конъюнктуры).

split rating — двойной рейтинг: ситуация, когда два ведущих рейтинговых агентства (Стэндард энд Пур, Муди) присваивают одной и той же ценной бумаге разные показатели.

split spread — 1) "разорванный спред": еврокредит с разным размером спреда (маржи) сверх ЛИБОР для различных периодов, (напр., 1/4% для первых 5 лет, 1/8% — для последующих 3 лет); 2) кредитная маржа сверх рыночной ставки, изменяющаяся со временем.

splitting = split.

split up = split.

sponsor — спонсор: 1) инвестиционный банк или брокер, организующий выпуск акций компании; 2) влиятельный инвестор, помогающий повысить спрос на определенные ценные бумаги; 3) инвестиционная компания, предлагающая акции в созданных ею взаимных фондах.

spot — "спот": 1) наличный; 2) условия расчетов, при которых оплата осуществляется немедленно; в вал. сделках условия "спот" означают расчет на второй рабочий день после заключения (или в пределах двух рабочих дней).

spot-a-month — вал. своп, состоящий в купле-продаже валюты на условиях "спот" с совершением обратной сделки через месяц (т. е. заключается противоположная срочная сделка с расчетом через месяц).

spot-a-week — вал. своп, состоящий в купле-продаже валюты на условиях "спот" с совершением обратной сделки через неделю (т. е. заключается противоположная срочная сделка с расчетом через неделю).

spot commodities = actuals.

spot delivery month — ближайший месяц поставки: ближайший месяц, когда может быть поставлен товар, которым торгуют на срочной бирже.

spot market = cash market.

spot month — месяц "спот": самый близкий месяц поставки по данному фьючерсному контракту.

spot next — вал. своп "спот некст": купля-продажа валюты на условиях "спот" с совершением обратной сделки на следующий рабочий день (т. е. на третий рабочий день); заключается сделка "спот" и противоположная сделка "форвард" с расчетом на третий рабочий день.

spot price — наличная цена товара или ценной бумаги (предполагает немедленный расчет).

spot rate — курс "спот", наличный курс валюты: курс, по которому расчеты по сделке проводятся на второй рабочий день после ее заключения.

spot transaction — наличная сделка: сделка с немедленным расчетом (по валюте — на второй рабочий день после заключения сделки).

spread — спред: 1) разница между ценами, курсами, ставками; = margin 1; 2) уровень диверсификации инвестиционного портфеля; = straddle.

spreading = straddle.

spread option — опцион спред: одновременная купля и продажа двух опционов на один фин. инструмент с разными ценами и/или сроками исполнения.

spread order — приказ "спред": биржевой приказ о заключении одновременно двух противоположных сделок на равную сумму, но с разными сроками (напр., приказ о покупке и продаже опционов с указанием желаемого спреда между их ценами).

spreadsheet — лист бумаги с обобщающей информацией о фин. положении компании (содержит баланс, счет прибылей и убытков, данные о продажах); информация вводится в компьютер, с помощью которого обновляется и анализируется.

square — закрытая, или сбалансированная, вал. позиция: дилер не имеет "длинной" или "короткой" позиции по валютам своей специализации (покупки и продажи выравнены).

Square Mile — "квадратная миля": лондонский Сити; = City.

squeeze — "сжатие", трудное положение: 1) ситуация, когда владельцы "коротких" позиций могут закрыть их только по завышенной цене, но вынуждены это делать для ограничения убытков в условиях повышающейся конъюнктуры; 2) ситуация, когда трудно получить кредит и процентные ставки находятся на высоком уровне (в т. ч. в результате действий властей); см. credit squeeze.

squirt — биржевой стажер или ученик (Великобритания).

Squirts' Guide — справочник джобберов для учеников биржевиков; = Jobbers' Index.

stabilization — стабилизация вал. курсов, процентных ставок, курсов ценных бумаг, экон. активности с помощью рыночных операций либо средств ден.-кредитной или фин. политики.

stable — стабильный (о ценах, курсах, ставках, которые остаются около определенного уровня).

stag — спекулянт, покупающий новые ценные бумаги при объявлении подписки в надежде продать их с прибылью после начала торговли на вторичном рынке: спекулянт, покупающий и продающий бумаги ради получения разницы в ценах; см. stagging of an issue.

stagflation — стагфляция: фаза цикла, характеризующаяся сочетанием стагнации и инфляции (термин возник в 70-х годах, когда многократное повышение цены на нефть способствовало росту инфляции при замедлении экон. развития).

staggered board of directors — совет директоров, состав которого ежегодно частично обновляется (а не весь сразу): метод защиты от поглощения — для получения контроля над советом недостаточно одного ежегодного собрания акционеров.

staggering maturities — диверсификация облигационного портфеля инвестора по срокам: инвестор покупает облигации с разными сроками для снижения неблагоприятного воздействия движения конъюнктуры.

stagging of an issue — 1) приобретение новых акций и облигаций для спекулятивной перепродажи, в т. ч. подача нескольких заявок на приобретение новых бумаг с последующей продажей (Великобритания); 2) любая покупка ценных бумаг для быстрой перепродажи.

stagnation — стагнация, застой: 1) период нулевого, крайне низкого (менее 3%) или отрицательного экон. роста (с учетом инфляции); 2) период низкой активности на рынке ценных бумаг.

stake — 1) участие в капитале акционерной компании (часто в процентах); 2) ставка, заклад.

stale — просроченный, потерявший законную силу.

stale bull — биржевой спекулянт, играющий на повышение ("бык"), который не может ликвидировать свою позицию из-за отсутствия покупателей.

stale check — просроченный чек: чек, не предъявленный к оплате в разумные сроки (после 6 месяцев со дня выписки банки обычно не оплачивают чеки).

stamp duty — гербовый сбор: налог, взимаемый при оформлении определенных документов, заключении контрактов, купле-продаже или эмиссии ценных бумаг (в Великобритании существует с 1694 г.).

stamp tax = stamp duty.

Standard and Poor's Corporation (S&P) — Стандарт энд Пур (США): ведущая фирма по установлению кредитных рейтингов ценных бумаг; оказывает разнообразные инвестиционные услуги; рассчитывает и публикует фондовые индексы; издает многочисленные справочные и аналитические материалы по ценным бумагам, компаниям, банкам.

Standard and Poor's (Composite) 500 Index (S&P 500) — один из важнейших фондовых индексов в США, рассчитываемый и публикуемый агентством Стэндард энд Пур (80% стоимости ценных бумаг на Нью-Йоркской фондовой бирже); включает акции 400 промышленных, 20 транспортных, 40 фин., 40 коммунальных компаний; цены взвешиваются в соответствии с количеством акций каждой компании; индекс рассчитывается непрерывно; базовый период — 1941—1943 гг., базовое значение — 10.

Standard and Poor's 500 indexed subordinated notes (SPINS) — облигации с индексированной выкупной стоимостью относительно фондового индекса Стэндарт энд Пур ("СПИНЗ").

Standard and Poor's Indices — фондовые индексы

ведущих компаний разных отраслей: 400 крупнейших промышленных компаний (с 1941—1943 гг.), 100 компаний, опционами на акции которых торгуют на опционной бирже в Чикаго.

Standard and Poor's ratings — рейтинги ценных бумаг агентства Стэндард энд Пур (США); основываются на анализе фин. положения компании, способности выполнять обязательства; для облигаций и привилегированных акций система рейтингов включает присвоение символов: ААА (высшее качество), АА, А, ВВВ (приемлемый уровень риска), ВВ, В, ССС, СС (задержки с выплатой процентов), С (платежи прекращены), Д (полная неплатежеспособность), NR (нет рейтинга); для обыкновенных акций: А+ (высший уровень), А, А-, В+ (средний), В, В- (низкий); С (самый низкий), Д (компания реорганизуется).

standard coin — стандартная монета (стоимость металла соответствует номиналу).

standard deduction (SD) — стандартные суммы дохода, не облагаемые индивидуальным подоходным налогом (облагается доход сверх этих сумм); в США в соответствии с налоговой реформой 1986 г. стандартные суммы для различных категорий плательщиков индексированы относительно инфляции.

standard fixed-rate mortgage — стандартная ипотека с фикс. процентной ставкой: в США — кредит по фикс. ставке с обеспечением, который амортизируется путем ежемесячных выплат в течение 15—30 лет.

Standard International Trade Classification (SITC) — стандартная международная торговая классификация: товарная классификация ООН (сходна с брюссельской классификацией); см. Brussels Tariff Nomenclature.

Stand-by Arrangement — соглашение о резервных кредитах в МВФ (выдаются с 1952 г.): соглашение между МВФ и страной-членом, по которому последняя может в течение оговоренного периода получать иностранную валюту в обмен на национальную в пределах согласованной суммы (срок — 12 мес. с продлением до 3 лет); соглашение о резервных кредитах обычно включает финансирование в рамках кредитных долей и политики расширенного доступа одновременно с реализацией стабилизационной программы; см. credit tranches; Enlarged Acces Policy.

stand-by commitment — резервное обязательство (США): 1) обязательство предоставить кредит в течение некоторого срока на оговоренную сумму, если др. схема кредитования не сработает ("промежуточный" кредит); 2) обязательство одного и более банков купить акции, размещаемые среди акционеров, если они не выкуплены в течение 2 — 4 недель (также в отношении "коммерческих бумаг"); риск гаранта заключается в неблагоприятном изменении цены в течение указанного периода.

stand-by credit — резервный (гарантийный) кредит: кредит, который может при необходимости быть получен в течение оговоренного срока; используется для поддержки др. кредитных операций, а также для покрытия несбалансированности внешних расчетов; см. stand-by arrangement; stand-by commitment 1; stand-by letter of credit.

stand-by letter of credit — резервный (гарантийный) аккредитив: форма поддержки заимствований, при которой корпорация просит свой банк открыть аккредитив в пользу банка, предоставляющего резервный кредит, в качестве обеспечения.

stand-by underwriter — группа банков, дающая резервное обязательство (США); см. stand-by commitment 2.

standing — фин. положение, кредитоспособность, репутация.

standing order — "постоянное поручение": письменный приказ клиента банку о проведении серии платежей с его счета для оплаты подписки, взносов по кредиту в рассрочку или страховому полису, т. е. для регулярных платежей.

standstill agreement — соглашение о невмешательстве (США): соглашение между корпорацией и рейдером, по которому последний обязуется не покупать акции корпорации в течение оговоренного срока; см. raider.

stanpoor's = Standard and Poor's 500.

staple — главный продукт, производимый в данном районе; основной товар.

stapled stock = paired shares.

start of interest entitlement — дата начала периода, когда появляется право на получение процентов по ценным бумагам.

startrek — "стартрек" ("звездная дорога"): облигация, выпущенная по цене, которая ранее не встречалась на рынке.

start-up — 1) создание новой компании; 2) вновь созданная компания.

start-up capital — начальный капитал; = seed capital.

state bank — 1) гос. банк: центральный банк или банк, принадлежащий государству; 2) банк штата (США): коммерческий банк, который зарегистрирован и в значительной мере регулируется властями штата.

State Bank of Albania — Государственный банк Албании: центральный банк страны (учрежден в 1945 г.).

State Bank of the Mongolian People's Republic — Государственный банк МНР: центральный банк МНР (основан в 1924 г.).

State Bank of the Socialist Republic of Vietnam — Государственный банк СРВ: центральный банк СРВ (основан в 1951 г.).

State Bank of the USSR — Государственный банк СССР: центральный банк СССР (основан в 1921 г.).

state-chartered bank = state bank 2.

stated value — условно принятая стоимость акций компаний для целей бухг. учета (вместо номинальной); не имеет отношения к рыночной стоимости ценных бумаг (США).

state lottery — гос. лотерея: метод аккумулирования ресурсов путем продажи населению лотерейных билетов по фикс. цене (гос. доход равен собранной сумме за вычетом стоимости выигрышей и издержек).

statement = bank statement.

statement of account = bank statement.

statement of condition — документ о фин. состоянии банка (компании) на определенную дату (в т. ч. представляемый по требованию регулирующего органа).

statement of income (USA) = profit and loss account.

statement of operations = profit and loss account.

Statni Banka Cesko-Slovenska — Государственный банк Чехо-Словакии: центральный банк ЧСФР (основан в 1950 г.).

statutory books — документы, которые по закону должны иметь все брит. компании: регистры директоров, секретарей компании, акционеров, журнал заседаний совета директоров.

statutory company — компания в Великобритании, созданная актом парламента (не по Закону о компаниях); такие компании обычно являются национализированными.

statutory consolidation — слияние двух компаний, в результате которого обе перестают существовать в качестве юр. лиц и создается новая компания (США).

statutory investment — законные капиталовложения: список инвестиций, разрешенных законом для операций по доверенности.

statutory meeting — общее собрание акционеров компании, которое по закону необходимо провести в течение 3 месяцев после регистрации компании (Великобритания).

statutory merger — слияние двух компаний, в результате которого только одна остается юр. лицом (США).

statutory prospectus — окончательный (законный) проспект выпуска ценных бумаг (в отличие от предварительного); см. prospectus; red herring (preliminary prospectus).

statutory report — информация о распределении акций и деталях создания новой компании, которая раздается акционерам не позднее чем за 7 дней до обязательного первого общего собрания (Великобритания); см. statutory meeting.

statutory reserves — уставные резервы: резервы, создание которых заложено в устав компании или банка.

statutory voting — система голосования "одна акция — один голос", принятая большинством корпораций (США); см. cumulative voting.

staying power — "выносливость" инвестора: способность не продавать актив при снижении его стоимости.

stellage (Fr.) = put option 1.

step-down FRNs — облигации с постепенно уменьшающимся купоном, но более высокой маржей сверх ЛИБОР.

stepped up floater swap — "ступенчатый" своп с плавающей ставкой: процентный своп, в котором одна сторона платит маржу сверх ЛИБОР, а другая в течение некоторого периода одну ставку, а затем другую, более высокую; такой своп может быть связан с выпуском ФРН с увеличивающимся купоном.

step-up swap — "ступенчатый" своп: долгосрочный кредитный своп с постепенно возрастающей номинальной суммой; см. currency swap; interest-rate swap.

sterilization of gold — стерилизация золота: предотвращение в условиях золотого стандарта негативного воздействия притока золота на экономику (через увеличение ден. массы в обращении и рост цен).

sterilization rescriptions — стерилизационные рескрипции (Швейцария): кратко- и среднесрочные ценные бумаги ден. рынка, выпускаемые центральным банком или правительством для изъятия избыточной ликвидности.

sterilized intervention — "стерилизованная" интервенция: тактика официальных вал. интервенций, не оказывающая воздействия на ден. обращение.

sterling (Stg) — 1) полновесный, установленной пробы (об английских монетах); 2) см. pound sterling.

sterling area (bloc) — стерлинговая зона (блок): группа стран, чьи валюты были привязаны к фунту стерлингов, служившему валютой резервов; на страны зоны (в основном члены Брит. содружества) распространялся особый режим вал. контроля; прекратила существование в связи с отменой в 1979 г. в Великобритании вал. ограничений (фактически распалась в 1972 г., когда была сведена к Соединенному Королевству и Ирландии).

sterling bond = Bulldog bond.

sterling securities — стерлинговые ценные бумаги (Великобритания): акции и облигации с номиналом и выплатами дивиденда или процентов в фунтах стерлингов.

sterling transferable accruing government securities (STAGS) — разновидность стерлинговых облигаций с нулевыми купонами на базе гос. ценных бумаг (Великобритания); процентные платежи отделены от основной суммы ("СТЭГС" — "олени").

sticky deal — "сложная сделка" (США): новые ценные бумаги, которые, по мнению гаранта, будет трудно реализовать при зафиксированном уровне цены; цену обычно снижают или отказываются от выпуска.

stock — 1) ценные бумаги, реально переходящие из рук в руки, — сертификаты акций и облигаций (Великобритания); 2) акционерный капитал корпорации (США): обыкновенные и привилегированные акции.

stock account — контрольный счет в рамках системы расчетов "ТАЛИСМАН" на Лондонской фондовой бирже; содержит данные о числе акций, принадлежащих каждому участнику системы; см. TALISMAN.

stock ahead — "ценные бумаги впереди" (США): фраза, используемая для объяснения инвестору при чины задержки исполнения приказа; означает, что очередь данного приказа не подошла (однотипные приказы исполняются в очередности поступления или начиная с большего по размерам).

Stock and Exchange Board — наименование фондовых бирж в США в XIX в.; см. stock exchange.

stock/bond power — право поверенного передать право собственности на акцию (облигацию) от владельца др. лицу.

stockbroker — фондовый брокер: член фондовой биржи, занимающийся операциями по поручению клиентов и за комиссионное вознаграждение.

stock certificate — 1) документ, подтверждающий депонирование акций для облегчения торговли на фондовой бирже; 2) = share certificate.

stock dividend (S) = scrip dividend.

stock exchange (SE; St. Ex.) — фондовая биржа: организованный вторичный рынок ценных бумаг, способствующий повышению мобильности капитала, выявлению реальных цен активов и в меньшей мере мобилизации новых капиталов; элемент системы эффективного перераспределения фин. ресурсов.

Stock Exchange (Completion of Bargains) Act 1976 — закон, принятый брит. парламентом в 1976 г. для признания машинных носителей информации доказательством заключения сделки; позволил внедрить расчетную систему "ТАЛИСМАН"; см. TALISMAN.

Stock Exchange Automated Quotation (SEAQ) — электронная система информации о ценах на Лондонской фондовой бирже; члены биржи, поддерживающие рынок по определенным ценным бумагам, вводят в систему цены продавца и покупателя и суммы возможных сделок по этим ценам; брокеры получают информацию на дисплеях и могут заключать сделки по телефону.

Stock Exchange Code of Dealing — операционный кодекс Лондонской фондовой биржи: свод правил, которых должны придерживаться биржевики при заключении сделок в Великобритании.

Stock Exchange Compensation Fund — Компенсационный фонд Лондонской фондовой биржи: фонд, созданный в 1950 г. для компенсации убытков инвесторов в результате банкротства членов биржи.

Stock Exchange Daily Official List (SEDOL) — официальный бюллетень с информацией о ценных бумагах, котируемых на Лондонской фондовой бирже (публикуется ежедневно).

Stock Exchange Fact Service — информационно-статистическая служба Лондонской фондовой биржи; публикует ежемесячный бюллетень и ежеквартальный журнал, а два раза в год — справочник по всем компаниям и ценным бумагам, котируемым на бирже.

stock exchange index = share index.

Stock Exchange Inspector — инспектор Лондонской фондовой биржи: официальное лицо совета биржи, осуществляющее надзор за членами биржи и проводящее специальные расследования (нарушения правил, подозрения на мошенничество).

Stock Exchange Official Year Book (SEOYB) — официальный ежегодник Лондонской фондовой биржи; содержит информацию о всех компаниях и котируемых ценных бумагах, об истории фондовой биржи, обанкротившихся компаниях, налогообложении ценных бумаг.

Stock Exchange of Singapore (Industrial and Commercial) Index (SESI) — индекс Фондовой биржи Сингапура: включает 32 промышленные и торговые компании и рассчитывается дважды в день; базовый период — 31 декабря 1973 г., базовое значение — 100; имеется еще пять разновидностей индексов Фондовой биржи Сингапура (финансы, отели, недвижимость, добывающая промышленность, плантации).

Stock Exchange Pool Nominees (SEPON) — специальная компания при Лондонской фондовой бирже (СЕПОН), в которую переводятся все акции в процессе расчетов через систему "ТАЛИСМАН" и из которой берутся ценные бумаги для исполнения приказов на покупку; см. TALISMAN.

stockholder = shareholder.

stockholders' equity — средства акционеров компании (капитал и резервы).

Stockholm interbank offered rate (STIBOR) — межбанковская ставка предложения на ден. рынке Стокгольма (СТИБОР).

stock-indexed CD — депозитный сертификат с доходом, индексированным относительно движения фондовой конъюнктуры; см. certificate of deposit.

stock-indexed unit trust (fund) — индексированный паевой фонд (трест): инвестиционный институт, вкладывающий средства в ценные бумаги по структуре того или иного фондового индекса (во все акции индекса в соответствии с их весами).

stock index futures — фьючерсные контракты на основе фондовых индексов; см. index futures.

stock index option — опционный контракт на основе фондового индекса; см. index option.

stockist — торговая фирма, которой производитель товаров дает льготные условия покупки в обмен на обязательство поддерживать определенный уровень запасов данного товара.

stockjobber = jobber 1.

stock market — фондовый рынок: организованная торговля ценными бумагами на биржах и внебиржевом рынке.

stock master — электронная система для сбора и распространения информации о ценных бумагах (цены, дивиденды, нетто-доходность).

stock note — документ, выдаваемый расчетной системой биржи в качестве доказательства, что акция относится к той или иной сделке (Великобритания); может предъявляться брокером клиенту, который согласен оплачивать такие документы наличными; см. cash-against-documents client.

stock number (SN) = securities number.

stock of record — ценная бумага, зарегистрированная на имя владельца до даты, дающей право на получение дивиденда.

stock option — фондовый опцион: 1) опционная сделка (приобретение права купить или продать акции в течение конкретного срока) с акциями определенной компании; = share option; 2) поощрение служащих компании путем предоставления им права купить акции данной компании; = share incentive scheme.

stockpiling — покупка и накопление запасов стратегического сырья.

stock purchase plan — программа покупки служащими корпорации ее акций (в некоторых случаях — акционерами компании).

stock purchase warrant — варрант на покупку ценных бумаг: сертификат, дающий держателю право купить по фикс. цене определенное количество ценных бумаг (в течение какого-то периода).

stock queue — очередь исполнения сделок в расчетной системе "ТАЛИСМАН" на Лондонской фондовой бирже (кроме взаимозачитывающихся сделок).

stock right — право на покупку некоторого числа акций компании по фикс. цене.

stocks — 1) акции и облигации: широкий термин, который может использоваться для обозначения брит. правительственных облигаций, акций компаний в США и т. д.; 2) запасы материалов и готовой продукции.

stock-sales ratio — отношение запасов товаров к продажам конкретной компании или в целом в экономике (показатель спроса и деловой активности).

stock split (USA) = scrip issue.

stock (ticker) symbols — стандартные символы, присваиваемые в США ценным бумагам (в виде комбинации букв); напр., GM — General Motors, XON — Exon, KO — Coca Cola.

stock transfer form (STF) — документ о продаже акций на Лондонской фондовой бирже до создания системы "ТАЛИСМАН"; см. TALISMAN sold transfer.

stock turn — оборачиваемость запасов: среднее число оборотов запасов в течение года (частное от деления продаж компании на запасы).

stock-watcher — компьютеризированная система, контролирующая торговлю на Нью-Йоркской фондовой бирже (следит за попытками манипуляций и мошенничества).

stock watering = watering of stock.

Stocky — "Стоуки" (Стокгольм): шведская крона (жарг. вал. дилеров).

stop-go — "стоп-вперед": экон. политика, характеризующаяся чередованием ограничения и стимулирования деловой активности.

stop-limit order (SLO) — приказ "стоп-лимит": биржевой приказ, который должен быть исполнен по указанной или лучшей цене, но только после достижения ею определенного уровня.

stop-loss order (SLO) — 1) приказ клиента биржевой фирме продавать по лучшей цене после ее снижения до определенного уровня (для ограничения убытков), т. е. по цене, которая ниже нынешнего рыночного уровня; 2) обещание перестраховщика покрыть убытки страхуемой компании сверх оговоренной суммы.

stop order — приказ "стоп": приказ клиента биржевой фирме покупать или продавать на лучших условиях по достижении ценой определенного уровня.

stop out bid — заявка "улучшения": один или несколько участников евронотного аукциона имеют право подать заявку на всю сумму, а другие должны ее улучшить.

stop out price — самая низкая долларовая цена, по которой казначейские векселя продаются на аукционе (США); данная цена и начальная цена аукциона усредняются для удовлетворения небольших заявок при неконкурентной системе продажи; см. noncompetitive bid.

stop payment — остановка оплаты чека лицом, которое его выписало (напр., в США, если чек не оплачен, то отозвать его можно в течение 6 месяцев).

stopped out — приказ клиента биржевому брокеру, исполненный по оговоренной клиентом "стоп-цене" или гарантированной цене "специалиста"; см. stop price; stopped stock.

stopped stock — "остановленная" акция (США): гарантия "специалиста" на бирже, что приказ брокера будет выполнен по лучшей цене на основе имеющегося у "специалиста" портфеля в течение оговоренного срока; см. specialists.

stopping list — список утерянных или похищенных ценных бумаг.

stop price — "стоп-цена": специально оговоренная в приказе клиента брокеру цена, по достижении которой следует покупать или продавать.

store card — магазинная карточка: кредитная (платежная) карточка, выпущенная торговой группой, сетью магазинов, крупным универмагом; см. plastic card.

story stocks — акции компаний, характеризующихся уникальной продукцией или событиями (смена руководства, перспектива поглощения), которые внушают доверие (букв.: акции с историей).

straddle — "стрэддл" (спред): срочная арбитражная сделка, состоящая в одновременной покупке и продаже одного и того же или разных фин. инструментов на различные или одинаковые сроки (для опционов: одновременная покупка опционов "пут" и "колл", в т. ч. с одинаковыми сроками и ценами исполнения) для получения прибыли от изменения соотношения между двумя ценами; см. long/short straddle.

straddle write — "стрэддл" продавца опционов: опционная стратегия, состоящая в продаже опционов "колл" и "пут" с одинаковыми сроками и ценами.

straight bond — "прямая" облигация: облигация с фикс. процентной ставкой, не конвертируемая в акции.

straight debt = straight bond(s).

straight life insurance = whole life insurance.

straight-line depreciation — обычная (не ускоренная) амортизация: из стоимости актива вычитается реализуемая стоимость материалов (напр., металлолома) и остаток делится на срок службы актива; так, если оборудование стоит 120 000 долл., остаточная стоимость — 20 000 долл., срок службы — 10 лет, то ежегодная амортизация равна 10 000 долл. $\left(\dfrac{120\,000 - 20\,000}{10}\right)$.

Straits Times Industrial Index (STII) — промышленный индекс Стрейтс таймс: один из индексов акций, котируемых на Фондовой бирже Сингапура; рассчитывается ежегодно при закрытии биржи как невзвешенное среднее геометрическое курсов 30 ведущих промышленных компаний; базовый период — 30 декабря 1966 г., базовое значение — 100; наряду с промышленным с 1948 г. рассчитываются еще пять индексов Стрейтс таймс по различным отраслям.

strangle — "стрэнгл" ("удушение"): покупка опционов "пут" и "колл" на один и тот же фин. инструмент с разными ценами и одинаковыми сроками исполнения; см. long/short strangle.

strap — "стрэп": опционная стратегия типа "стрэддл", в которой покупается больше опционов "колл", чем опционов "пут" (напр., покупаются один опцион "пут" и два "колл" с одинаковыми характеристиками.).

Street (the) = Wall Street

street market = 1) curb market; 2) after-hours dealings.

street-name stocks — свободнообращающиеся ценные бумаги, купленные по поручению клиентов, но зарегистрированные на имя брокеров (США); см. nominee name.

strike price = exercise price.

strike price increments — интервалы между ценами исполнения опционов.

striking price — 1) = exercise price; 2) цена, по которой удовлетворяются заявки участников аукциона новых ценных бумаг (заявки ниже этой цены не удовлетворяются).

striking price method — метод единой цены: цена эмиссии евронот устанавливается на уровне заявки, которая обеспечила размещение всей суммы (т. е. не по конкурентоспособности).

strip — "стрип" (полоса): 1) опционный "стрэддл", заключающийся в покупке большего числа опционов "пут", чем опционов "колл" (обычно одного "колл" и двух "пут"); 2) элемент кредита; см. loan stripping; 3) покупка акций с целью получения дивиденда; 4) = dividend stripping 1.

stripped bond — "ободранные" облигации: облигации, купоны и основная сумма которых покупаются и продаются раздельно.

stripped municipals — "ободранные" муниципальные облигации: муниципальные облигации, купоны и основная сумма которых покупаются и продаются раздельно.

strong room = vault.

stub = counterfoil.

Student Loan Marketing Association (SLMA; Sallie Mae) — независимая корпорация, гарантирующая "студенческие" кредиты, обращающиеся на вторичном рынке (США); создана в 1972 г. федеральным декретом, чтобы облегчить доступ студентов к кредитам.

subject quote = subject to negotiation.

subject to collection — "при условии инкассаций": условие, по которому банк резервирует право аннулировать кредитовую запись в случае, если векселя или чеки не будут инкассированы (оплачены).

subject to negotiation — котировка ценной бумаги, которая не является твердой и подлежит уторговыванию (переговорам между сторонами).

subordinated bonds = subordinated debt.

subordinated debt — субординированный долг: облигации с более низким статусом по сравнению с др. долговыми обязательствами эмитента (при банкротстве оплачиваются во вторую очередь).

subparticipation — субучастие: 1) участие в облигационном займе банка, который не входит в синдикат организаторов; 2) часть доли участника синдицированного кредита (в т. ч. продаваемая третьим банкам).

subrogation — 1) = loan sale; 2) передача права (напр., в страховании).

subscribed capital — 1) подписной капитал международной вал.-фин. организации (для каждой страны-члена устанавливается квота, на которую она "подписывается"); 2) = issued (share) capital.

subscription — подписка: 1) покупка вновь выпущенных ценных бумаг на основе подачи заявок в течение определенного периода; 2) сумма, выплаченная компании за выделенные акции нового выпуска.

subscription certificate = scrip certificate 1.

subscription form — документ (форма) подписки: обязательство подписчика купить выделенные ценные бумаги на условиях, указанных в проспекте.

subscription list — подписной лист: список юр. и физ. лиц, которым в результате подписки выделены ценные бумаги (т. е. получивших подписные сертификаты); см. scrip certificate 1.

subscription period — подписной период: период, в течение которого можно подавать заявки на приобретение вновь выпущенных ценных бумаг.

subscription price = coming out price.

subscription privilege — привилегия подписки (США): право акционера компании купить вновь выпускаемые обыкновенные акции этой компании до их предложения на рынке.

subscription ratio — подписной коэффициент (США): число акций, которое надо иметь, чтобы получить право на одну новую акцию того же эмитента.

subscription right = subscription privilege; right.

subscription shares — подписные акции: акции, которые могут оплачиваться регулярными взносами (напр., строительных обществ в Великобритании).

subscription warrant — подписной варрант: ценная бумага, которая выпускается вместе с облигацией или привилегированной акцией и дает владельцу право купить определенное число обыкновенных акций того же эмитента.

subsidiary = subsidiary company.

subsidiary coins = divisional coins.

subsidiary company — дочерняя компания: компания, в которой др. компания владеет контрольным пакетом акций (по крайней мере 51% капитала); баланс такой компании может быть включен в баланс материнской компании.

subsidiary mortgage = junior mortgage.

subsidy — субсидия, дотация: ден. сумма, выплачиваемая государством для поддержки компании или целой отрасли и для регулирования цен и объема производства (напр., сельскохозяйственных товаров).

substitution — замена, субституция: 1) замена одного вида обеспечения кредита другим; 2) замена одного участника контракта другим; 3) замена одной ценной бумаги в портфеле инвестора на другую, в т. ч. на равную сумму.

subunderwriter — субандеррайтер: вторичный гарант нового займа (основной гарант распределяет риск среди др. кредитно-фин. институтов).

suicide swap — своп "самоубийство"; = Hara Kiri swap.

suitability rules — правила приемлемости (США): правила для брокеров, специализирующихся на рискованных фин. инструментах; обычно требуется, чтобы инвестор имел определенный уровень ликвидных ресурсов.

summary bill enforcement procedure — быстрая процедура истребования оплаты векселя (чека): упрощенная форма объявления банкротами должников.

sundries (SDS) account — временный счет (обычно для разовых операций лица, не являющегося постоянным клиентом данного банка).

sunk capital = fixed capital (assets).

sunrise industries — новые и прогрессивные отрасли экономики.

sunset industries — традиционные, зрелые отрасли, роль которых в экономике постепенно снижается.

sunset provision — условие закона или др. регулирующего акта, предусматривающее конкретный срок прекращения действия того или иного положения.

sunshine laws — "законы солнечного света" (США): федеральные и штатные законы, требующие открытого проведения заседаний регулирующих органов и публикации соответствующей информации (напр., Закон о свободе информации).

Suomen Pankki — **Finlands Bank** — Банк Финляндии: центральный банк Финляндии (основан в 1811 г.).

superannuation funds = pension funds.

supermajority amendment — поправка о сверхбольшинстве: поправка к уставу компании, требующая значительного большинства голосов (обычно 67—90%) акционеров для решения важнейших вопросов.

superNOW account — счет супер-НАУ (введен в США в 1982 г.): гибрид депозитного счета ден. рынка и счета НАУ — чековый процентный счет, который используется для осуществления операций, а свыше оговоренного остатка приносит процент по ставкам ден. рынка; в отличие от счетов ден. рынка круг вкладчиков ограничен физ. лицами, некоммерческими и гос. организациями; см. money market deposit account; negotiable order of withdrawal account; sweep account.

super sinker bond — облигация с уровнем купона, равным ставкам по долгосрочным облигациям, но погашаемая через гораздо меньший период (напр., с 20-летним купоном, а погашение через 5 лет); используется для жилищного финансирования (США).

super smart card — кредитная карточка, в которую помимо микропроцессора и элемента питания встроены клавиатура и экран на жидких кристаллах.

supertax — сверхналог на высокие доходы, введенный в Великобритании в 1909 г. (увеличивал прогрессивность налога на высокие доходы); в 1927 г. был заменен добавочным подоходным налогом; см. surtax.

supplementary capital — дополнительный капитал банка (по методологии Базельского комитета), включающий скрытые резервы и общие резервы на покрытие убытков по кредитам, положительную переоценку основного капитала, субординированные облигации и гибриды облигаций и акций; см. core capital; subordinated debt.

Supplementary Financing Facility (SFF) — система дополнительного финансирования в МВФ в 1978—1981 гг., предназначенная для предоставления средств странам, испытывающим платежные трудности; ее продолжением явилась политика расширенного доступа; см. Enlarged Access Policy.

supplementary levy — дополнительный налог на некоторые сельскохозяйственные товары, импортируемые в страны ЕЭС (в рамках общей сельскохозяйственной политики).

supplementary special deposits scheme = corset.

supplier's credit — кредит поставщика (экспортера), предоставленный иностранному покупателю (обычно через коммерческие банки) чаще всего на основе аккредитива или под векселя без права оборота.

supply services — ежегодно утверждаемые парламентом расходные статьи гос. бюджета Великобритании: на оборону, здравоохранение, помощь местным органам власти; см. Consolidated Fund standing services.

supply-side economics — экономика предложения: теория, согласно которой для борьбы с инфляцией необходимо адекватное предложение товаров, а для стимулирования их производства — более высокие темпы увеличения капиталовложений (главный рычаг — снижение налогов).

support level (point) — уровень поддержки: 1) в техн. анализе: уровень цены, при котором можно ожидать увеличения спроса и приостановки падения конъюнктуры (обычно предыдущий минимальный уровень цены); см. resistance level; 2) уровень курса нац. валюты, при котором центральный банк начинает осуществлять вал. интервенции.

support price = intervention price.

surcharge — дополнительный (сверх)налог, сбор, плата.

surety — 1) гарантия в форме залога, поручительства; 2) гарант.

surety credit — гарантийный кредит, аваль-кредит: 1) кредит, по которому банк принимает до оговоренной суммы ответственность по обязательствам клиента; 2) кредитная линия, с помощью которой банк гарантирует оплату векселей клиента.

surplus — 1) избыток, излишек; 2) активное сальдо (бюджета, платежного баланса): превышение доходов над расходами.

surrender value — сумма, которую страховая компания выплатит владельцу полиса в случае досрочного расторжения договора; размер этой суммы определяет величину кредита, выдаваемого под обеспечение полисом.

surtax — добавочный подоходный налог (Великобритания): налог на наиболее высокие доходы в 1927—1973 гг. (отменен с переходом на единую систему подоходного налога); см. supertax.

surveillance department — департамент фондовой биржи, осуществляющий надзор за текущей торговлей (США).

sushi bonds — облигации "суши" (Япония): еврооблигации в иностранной валюте, эмитированные японской компанией и предназначенные для покупки японскими инвесторами.

suspended market order = buy stop order.

suspended trading — приостановка торговли (на бирже): 1) приостановка торговли конкретным видом ценных бумаг перед объявлением какой-либо важной новости или для корректировки дисбаланса спроса и предложения; 2) приостановка торговли на товарной бирже при превышении пределов движения цен.

suspense account — промежуточный счет (для сомнительных операций или ошибочных поступлений).

Svenska Economie Aktiebolaget — Шведское экономическое акционерное общество: банк с советским капиталом в Стокгольме в 20—30-е годы.

Sveriges Riksbank — Шведский государственный банк: центральный банк Швеции (основан в 1668 г.; единый эмиссионный банк с 1904 г.).

swap — своп, обмен: 1) операция по обмену обязательствами или активами для улучшения их структуры, снижения рисков и издержек, получения прибыли (с кредитами, облигациями); см. currency swap; interest rate swap; 2) = swap arrangement; 3) своп на вал. рынке: покупка или продажа валюты на условиях "спот" с одновременным заключением обратной форвардной сделки (напр., для покрытия валютного риска).

swap arrangement — соглашение о свопах: соглашение между центральными банками о получении иностранной валюты на короткий срок в обмен на национальную для целей вал. интервенций (позднее совершается обратная операция); подобные возобновляемые соглашения на фикс. сумму существуют между ФРС США и центральными банками ряда западных стран, между центральными банками скандинавских стран.

swap into band = ceiling/floor agreement.

swap inventory = warehousing 1.

swap line = swap arrangement.

swap order = contingent order 2.

swap rate — курс "своп": премия или скидка с наличного курса при сделках на срок — форвардная премия или скидка; см. forward discount/premium.

swaps tender panel — панель предложения свопов: эмитент евронот организует аукцион для немедленного обмена полученных средств (может быть аукцион и процентных, и вал. свопов).

swaption — "свопцион": комбинация свопа и опциона в форме опциона на заключение операции своп на определенных условиях (взамен уплаты премии).

Sweden Options and Futures Exchange (SOFE) — Шведская биржа опционов и фьючерсов (основана в 1987 г.).

sweep account — чековый процентный счет, по которому остаток выше оговоренного уровня автоматически инвестируется банком на ден. рынке и клиент получает повышенный процент (напр., счет супер-НАУ): разновидность услуг банка по управлению наличностью клиента; см. superNOW account; cash management.

sweeps and saints — фондовые брокеры и их клиенты (разг., Великобритания; букв.: трубочисты и святые).

sweetener — характеристика ценной бумаги, призванная сделать ее более привлекательной для инвесторов.

swing credit — кредитная линия "свинг": кредит, который может использоваться попеременно двумя компаниями одной группы или в двух формах (напр., в форме овердрафта и акцептного кредита).

swingline — кредитная линия со сроком до 10 дней, призванная обеспечить кратковременную потребность в заемных средствах до наступления действия основного источника финансирования (используется в евронотных программах).

swing loan = bridge financing (loan).

swings and roundabouts — непредсказуемые колебания рыночной конъюнктуры.

Swiss Bankers' Association (Schweizerische Bankiervereinigung, Association suisse des banquiers) — Ассоциация швейцарских банкиров (создана в Базеле в 1912 г.): профессиональная организация, представляющая интересы швейцарских банков.

Swiss Clearing Office — Швейцарская клиринговая контора: гос. агентство, созданное правительством Швейцарии для регулирования торговли с иностранными государствами на клиринговой основе; потеряла значение и была ликвидирована в 1978 г.

Swiss Franc bond issues of foreign borrowers — займы нерезидентов в швейцарских франках на нац. рынке капиталов Швейцарии (номиналы облигаций обычно 5000 швейцарских франков).

Swiss National Bank (SNB; Schweizerische Nationalbank, Banque nationale suisse) — Швейцарский национальный банк: центральный банк Швейцарии (основан в 1907 г.).

Swiss Options and Financial Futures Exchange (SOFFEX) — Швейцарская биржа финансовых фьючерсов и опционов (создана в 1988 г.).

Swissy (Swissie) — "Свисси": швейцарский франк (жарг.).

switch — "свитч": 1) использование несбалансированного сальдо по клирингу в торговле с третьими странами; 2) "переброска" инвестиций: продажа одних активов и покупка других для получения прибыли или снижения налогового бремени (особенно в отношении ценных бумаг); см. anomaly switch; coupon switch; policy switch; 3) ликвидация фьючерской позиции с немедленным открытием аналогичной позиции по тому же фин. инструменту.

switch dealer — дилер по "свитчам": компания, специализирующаяся на использовании товаров, предназначенных для погашения сальдо в двусторонней торговле (по клирингу), в торговле с третьими странами; см. switch 1.

switch dollars = investment dollars.

switching = switch.

switch order = contingent order.

switch selling — реклама одной модели товара и попытки продать другую, более дорогую (реклама "разжигает" интерес).

Sydney Futures Exchange — Срочная биржа Сиднея (фин. фьючерсы и опционы); основана в 1960 г.

symmetallism — симметаллизм: 1) ден. система, при которой бумажные деньги обеспечиваются золотом и серебром и разменниваются на них в определенной пропорции; 2) производство денег из сплава драгоценных металлов.

symmetrical triangle — "симметричный треугольник": термин, используемый в техн. анализе для обозначения цен на графике, аналогичного "вымпелу" (см. pennant) — после подъема или падения цена некоторое время движется в коридоре с затухающей амплитудой колебаний и образует равнобедренный треугольник (лежит на боку).

syndicate — синдикат; = consortium 1.

syndicate contract = agreement among underwriters.

syndicated bid — синдицированная заявка, предложение о покупке: коллективная заявка членов Ассоциации лондонского учетного рынка на еженедельном предложении казначейских векселей.

syndicated investment — синдицированные инвестиции: "рисковое" финансирование, осуществляемое синдикатом специализированных институтов; см. venture capital.

syndicated loan — синдицированный (консорциальный) кредит: кредит, предоставленный двумя или более банками, один из которых является менеджером; распространился с конца 60-х годов.

syndicate operation — синдицированная операция: фин. или иная операция, осуществляемая группой банков или др. институтов (синдикатом, консорциумом).

syndication — синдикация (синдицирование): период организации банком — менеджером синдиката для предоставления кредита.

synergy — синергия (синергизм): бо́льшая эффективность образовавшейся в результате слияния компании по сравнению с ее отдельными частями до объединения — цель любого слияния и поглощения.

synthetic position — "синтетическая" позиция: комбинация опционов и соответствующих фин. инструментов для получения позиций с необходимыми характеристиками.

synthetic security — "синтетическая" ценная бумага: комбинация ценной бумаги со свопом, представляющая собой новый свободнообращающийся инструмент.

systematic risk — систематический, или рыночный, риск: риск, который характерен для всех ценных бумаг данного класса и не может быть элиминирован диверсификацией.

Système de compensation électronique de la Banque de France (SAGITTAIRE) — электронная система клиринговых расчетов в Париже под эгидой Банка Франции ("САГИТТЭР").

T

Taft-Hartley Act — закон Тафта Хартли (США, 1947 г.): закон, наделяющий правительство полномочиями для предотвращения и урегулирования трудовых споров (включая запрет забастовок и установление процедур заключения трудовых договоров).

tail — 1) "хвост", или "маленькое число": обозначение в котировке цены ценной бумаги цифр после десятичного знака (напр., 625 в 98,625); см. big number; small number; 2) "хвост": разница между средним курсом нового выпуска казначейских векселей и нижним приемлемым курсом на аукционе Министерства финансов США.

tailgaiting — брокерская практика заключения сделок с ценной бумагой, относительно которой только что получен приказ клиента (такая практика осуждается).

tailor-made financial package — схема финансирования, страхования, подогнанная к потребностям конкретного клиента.

take — 1) реализованная прибыль; 2) брутто-доходы (напр., от лотереи); 3) арестовать (имущество); 4) принять (предложение о сделке).

take a bath — "принять ванну": понести большие убытки по инвестициям или спекулятивной сделке.

take a flier — спекулировать (букв: покупать "летуна", т. е. рискованную ценную бумагу).

take a position — открыть позицию: 1) купить акции компании с целью долгосрочных инвестиций; 2) открыть срочную позицию.

take down — 1) приобретение партии новых ценных бумаг на первичном рынке; 2) доля участника синдиката.

take-in — получение ставки контанго; см. contango 1; taker 2.

take-or-pay obligation — обязательство купить товар или выплатить определенную неустойку.

take out — 1) наличная прибыль от продажи партии акций и покупки др. партии по более низкой цене (США); 2) изъятие клиентом наличных средств со счета у брокера; 3) долгосрочный ипотечный кредит для рефинансирования краткосрочного.

take-over — поглощение: покупка одной компанией контрольного пакета акций другой; осуществляется путем предложения акционерам приобрести их акции, в т. ч. вопреки желанию директоров компании; см. take-over bid.

take-over arbitrage — арбитраж на поглощении: одновременная покупка акций компании — объекта поглощения и продажа акций компании-агрессора в расчете на рост цен первых и падение вторых; такой арбитраж несет высокий риск, т. к. поглощение может сорваться; см. risk arbitrage.

take-over bid — попытка поглощения одной компанией другой путем предложения акционерам купить контрольный пакет акций; оплата наличными или акциями компании-покупателя; предложение может быть условным (предлагаемая цена платится только при получении контрольного пакета) и безусловным (покупается любое число акций).

Take-over Code = City Code.

Take-over Panel — Комитет по слияниям и поглощениям лондонского Сити, созданный в 60-х годах и наблюдающий за выполнением соответствующих правил.

taker — 1) продавец опциона; 2) продавец ценных бумаг, который за вознаграждение предоставляет покупателю отсрочку платежа; см. contango 1; take-in; 3) плательщик фикс. ставки в процентном свопе.

taking a view — формирование мнения участников рынка о направлении движения конъюнктуры и о том, как его учитывать.

taking delivery — прием поставки физ. товара или ценной бумаги.

taking off a leg = lifting a leg.

TALISMAN (Transfer Accounting, Lodgement for Investors, Stock Management for Jobbers) — "ТАЛИСМАН": централизованная электронная система расчетов, введенная на Лондонской фондовой бирже в 1979 г.; все акции одного типа попадают в пул, из которого удовлетворяются все покупки; система имеет прямые связи с регистрами компаний для ускорения передачи права собственности и выпуска новых сертификатов; охватывает все брит. и многие иностранные акции.

TALISMAN bought transfer (TBT) — юр. документ, используемый для передачи фикс. числа акций покупателю от специальной компании СЕПОН Лондонской фондовой биржи в рамках расчетной системы "ТАЛИСМАН"; см. Stock Exchange Pool Nominees (SEPON).

TALISMAN sold transfer (TST) — юр. документ, используемый для передачи фикс. числа акций от продавца специальной компании СЕПОН Лондонской фондовой биржи в рамках расчетной системы "ТАЛИСМАН"; см. Stock Ehchange Pool Nominees (SEPON).

talking the market down = jawbone.

tallyman — 1) торговец, продающий товары с рассрочкой платежа; 2) лицо, проверяющее правильность погрузки товаров на судно и их соответствие документам.

tally trade — торговля с рассрочкой платежа.

talon — талон: часть купонного листа, предъявляемая для получения нового листа.

tangible asset — реальный актив (т. е. имеет материальную ценность и может быть более или менее легко реализован); к таким активам относят собственность с внутренней стоимостью (здания, оборудование) или активы, имеющие физ. воплощение.

tantième — тантьема (франц.): вознаграждение директорам и высшим служащим компании в виде процента от прибыли.

tap basis — 1) метод эмиссии, при котором инвестор или банк обращается к эмитенту при наличии спроса инвесторов, а не эмитент стремится получить заявки от банков; 2) мобилизация средств путем выпуска ценных бумаг на рынок.

tap bills (Treasury bills) — казначейские векселя, продаваемые непосредственно Банку Англии и гос. учреждениям, минуя рынок (Великобритания); это позволяет учреждениям инвестировать свободные средства; см. tender bills.

tap stocks — ценные бумаги, выпускаемые по мере предъявления спроса по фикс. цене.

tape = ticker.

target company — компания, которая является объектом попытки поглощения; см. take-over.

targeting — таргетирование: установление ориентиров роста ден. агрегатов и др. показателей (обычно на среднесрочную перспективу); правительство устанавливает пределы роста показателей на каждый год (в процентах или абсолютных цифрах) и стремится приблизиться к ним с помощью ден.-кредитной, налоговой и экон. политики в целом.

target price — целевая (базовая) цена: 1) базовая оптовая цена зерновых в рамках общей сельскохозяйственной политики ЕЭС (на основе цены в г. Дуйсбурге); 2) цена предполагаемого поглощения (цена акций); 3) цена, при которой опцион становится выгоден покупателю; 4) курс ценной бумаги, ожидаемый инвестором.

target range — пределы (максимум и минимум) роста ден. массы в обращении, установленные властями.

target zones — "целевые зоны" вал. курсов: одно из предложений по достижению вал. стабильности, заключающееся в установлении согласованных ориентиров вал. курсов.

tarif de combat — "боевой тариф" (франц.): таможенный тариф, используемый для достижения определенных привилегий в торговле.

tariff — тариф: 1) налог, которым облагаются ввозимые в страну товары на основе их стоимости или количества, — инструмент гос. экон. политики (напр., для защиты внутреннего рынка); 2) плата за коммунальные услуги (газ, электричество и т. д.); 3) прейскурант.

taxable income — доход, облагаемый налогом (после вычета необлагаемого минимума).

taxable surplus — прибыль, облагаемая налогом: прибыль компании до вычета налогов.

tax and price index — ценовой индекс, учитывающий налогообложение (Великобритания).

tax anticipation bills (TABs) — налоговые векселя, выпускаемые Министерством финансов США для привлечения средств корпораций, отложенных для уплаты налога (приносят доход и принимаются в уплату налога); аналог брит. налоговых резервных сертификатов; см. tax reserve certificates.

tax anticipation notes (TANs) — налоговые облигации, выпускаемые властями штатов и муниципалитетами под будущие налоговые поступления (США).

taxation — налогообложение: ден. платежи юр. и физ. лиц в пользу государства и местных органов власти — главный источник бюджетных средств; налогами облагаются доходы и прибыль, прирост капитала, наследства, недвижимая собственность и т. д.

tax at source — взимание налога у источника путем вычетов из общей суммы поступлений налогоплательщика; может относиться к подоходному налогу и налогу на проценты и дивиденды; см. withholding tax.

tax avoidance — "избежание" налогов: снижение суммы выплачиваемых налогов законными средствами.

tax base (basis) — налоговая база: сумма дохода, стоимость актива, на основе которых рассчитывается размер налога.

tax bracket — ступень налоговой шкалы в прогрессивном налогообложении; выражается в виде процента, взимаемого с суммы, превышающей базовый уровень для данной ступени.

tax break — налоговая льгота: официальное уменьшение налогообложения.

tax burden — налоговое бремя: сумма уплачиваемого налога.

tax credit — налоговый кредит: 1) в Великобритании — сумма налога, которая считается уплаченной с дивидендов; дивиденды уплачиваются за вычетом налога, но сумма налога указывается на дивидендном чеке и учитывается при расчете общих налоговых платежей; налоговый кредит рассчитывается по базовой ставке подоходного налога (при ставке 30% налоговый кредит составляет 30/70 нетто-дивиденда); разница к реальной ставке налога выплачивается или доплачивается; вся сумма налоговых кредитов переводится компанией в бюджет в качестве авансового корпорационного налога; 2) в США — разрешенный законом прямой (доллар за доллар) вычет определенных расходов из общей суммы налогов (обычно социально мотивированных и общественных расходов).

tax deferred — с отложенным налогом (о капиталовложении, доходы от которого облагаются налогом только после того, как инвестор их изъял из фин. учереждения).

tax evasion — уклонение от налогов: сознательное сокрытие или занижение суммы дохода, облагаемого налогами, обман налоговых властей.

tax-exempt security — ценная бумага, доход по которой не облагается налогом (в США главным образом муниципальные и штатные облигации).

tax haven — налоговое убежище (фискальный оазис): страна или территория, которые привлекают иностранных юр. и физ. лиц низким уровнем налогов.

tax incidence — сфера действия и реальное воздействие налогов с учетом любых форм перераспределения налогового бремени; определяется путем сравнения покупательной способности различных групп налогоплательщиков до и после налогообложения.

taxable income — доход, облагаемый налогом: сумма, с которой взимается подоходный налог (налоговая база).

tax loss — убыток, который учитывается при налогообложении путем вычета из аналогичных, др. или будущих доходов (т. е. сумма налогов уменьшается).

tax loss carry back/forward — возможность для компаний в США покрывать убытки за счет прибыли в предыдущие 3 года или за счет будущей прибыли в течение 5 — 15 лет (в зависимости от характера убытков) для соответствующего снижения налогового бремени; физ. лица могут переносить убытки только вперед без ограничения срока.

tax reserve certificates — налоговые резервные сертификаты (Великобритания): необращающиеся ценные бумаги, в которые брит. компании могут помещать средства, отложенные для уплаты налогов; компании получают проценты и могут вносить сертификаты в уплату налога; с 1971 г. новые сертификаты не выпускаются.

tax selling — продажа ценных бумаг (обычно в конце года) для реализации убытков и уменьшения налогового бремени.

tax shelter — налоговая защита (США): законное средство уменьшения или элиминирования налогового бремени; напр., приобретение не облагаемых налогом ценных бумаг, использование налоговых льгот.

tax shifting — перенос плательщиком своего налогового бремени на др. лиц (напр., путем закладывания налогов в цены товаров).

tax straddle — налоговый "стрэддл": использование комбинаций опционов и фьючерсов для уменьшения налогового бремени.

tax swap — налоговый своп: облигационный своп для уменьшения суммы уплачиваемых налогов (создает убытки, зачитываемые при налогообложении).

tax umbrella — налоговый "зонтик": перенос вперед убытков прошлых лет для защиты текущих и будущих доходов от налогов.

tax value — стоимость актива для целей налогообложения.

tax year = financial year 2.

T-bills = Treasury bills.

technical analysis (research) — техн. анализ рыночной конъюнктуры: система методов анализа тенденций движения цен, их разброса и устойчивости, объема операций и др. характеристик; см. chartism 1.

technical conditions of a market — техн. состояние фин. рынка: специфические рыночные факторы спроса и предложения, оказывающие воздействие на конъюнктуру.

technical decline — техн. спад на фин. рынке: ухудшение конъюнктуры под влиянием внутренних факторов (превышения предложения над спросом, особенностей организации торговли), а не таких внешних факторов, как ожидания, изменения в состоянии экономики и политики.

technically strong market — технически сильный рынок: фьючерский рынок, на котором тенденция роста или сокращения объема открытых позиций совпадает с движением цен (есть рациональное объяснение событиям, напр. объем позиций и цены растут в связи с новыми покупками, падают — в связи с закрытием "длинных" позиций); см. technically weak market.

technically weak market — технически слабый рынок: фьючерский рынок, на котором тенденция роста или сокращения объема открытых позиций не совпадает с движением цен; см. technically strong market.

technical rally — техн. подъем на фин. рынке: подъем под влиянием превышения спроса над предложением (внутренних факторов), а не ожиданий рынка и др. внешних факторов; подъем в рамках общей понижательной тенденции.

technical reaction — техн. реакция: изменение конъюнктуры, которое не связано с экон. или политическими причинами и объясняется особенностями функционирования рыночного механизма.

Telefonverkehr — внебиржевой, или телефонный, рынок ценных бумаг (ФРГ); на рынке могут продаваться и покупаться как котируемые, так и некотируемые бумаги; дилерами и брокерами являются "свободные" маклеры, инвесторами — банки и др. институты; связан с международным рынком ценных бумаг; см. Freie Makler.

telegraphic address — телеграфный адрес (компании): слово, используемое в телеграммах вместо полного наименования и адреса (регистрируется почтовыми властями).

telegraphic transfer (TT) — телеграфный ден. перевод: ден. перевод, осуществляемый с помощью телеграммы, которую один банк посылает другому по поручению клиента.

Telekurs A. G. — Телекурс А. Г. (Швейцария): корпорация в Цюрихе, специализирующаяся на распространении фин. информации (прежде всего о ценных бумагах) с помощью телекоммуникаций.

telephone banking — банковские услуги по телефону: клиент имеет возможность по телефону связаться с ЭВМ банка, идентифицировать себя с помощью номера и кодового слова, потребовать ряд услуг (узнать остаток на счете и детали последних операций, заказать чековую книжку или выписку со счета, оплатить счет, сделать ден. перевод).

telephone transfer — перевод ден. суммы со счета на счет путем отдачи распоряжения по телефону, а не в традиционной форме; см. telephone banking.

telephone switching — переброска инвестиций (напр., из одного взаимного фонда в другой) по телефону.

telex — телекс: 1) система коммуникаций, позволяющая передавать сообщения в любое время; 2) сообщение (телеграмма), переданное с помощью телексной связи.

teller — кассир: сотрудник банка, принимающий и выплачивающий клиентам наличные деньги.

temporary monopoly — временная монополия, "корнер"; см. corner 1.

temporary transactions — "временные" сделки при проведении ФРС США операций на открытом рынке; обычно имеются в виду продажа или купля ценных бумаг с осуществлением через некоторое время обратной операции; см. outright transactions.

tendency = trend.

tender — предложение, торг, аукцион: 1) предложение поставить товары, услуги, заключить контракт (с конкретной ценой и прочими условиями), представляемое после объявления торгов в конкуренции с др. фирмами; 2) выпуск ценных бумаг с помощью аукциона или торга; см. issue by tender; 3) официальное предложение купить ценную бумагу (напр., на вексельном аукционе); 4) платежное средство; см. legal tender; 5) акт продажи ценных бумаг в ответ на предложение купить их по фикс. цене.

tender acceptance facility = revolving acceptance facility by tender.

tender bills — векселя предложения (Великобритания): казначейские векселя, продаваемые через еженедельные аукционы (торги) Банка Англии (в отличие от векселей, продаваемых непосредственно гос. учреждениям); участниками аукционов в основном являются учетные дома (до 1971 г. подавали коллективную заявку), принявшие обязательство скупать все предлагаемые векселя; см. tap bills.

tender guarantee = big bond.

tender offer — предложение купить акции корпорации, в т. ч. с целью ее поглощения (за наличные или др. ценные бумаги, часто с премией к рыночной цене).

tender panel — панель предложения: метод размещения евронот, при котором группа банков путем специального аукциона раскупает евроноты пропорционально конкурентоспособности заявок.

tender to contract (TTC) option — вал. опцион для участия в торгах за контракт: разновидность вал. опциона, приспособленного к нуждам клиента, — для страхования вал. риска участник торга за какой-либо контракт уплачивает 10% премии за опцион, а остальные 90% — только в случае победы в торге.

Tengoku/Jigoku bond = Heaven and Hell bond.

tenner — сумма или банкнота в 10 долл. или ф. ст. (жарг.).

tenor — срок векселя.

ten-spot (ten) — сумма или банкнота в 10 долл. (жарг.).

term — срок, условие: 1) срок контракта или ценной бумаги, процентный период; 2) условие соглашения или контракта.

term bill = usance bill.

term certificate — срочный сертификат: депозитный сертификат со сроком от 1 до 10 лет (чаще всего 1 — 2 года); как правило, имеет фикс. ставку.

term fed funds — срочные "федеральные фонды" (со сроком более 1 дня); см. federal funds.

terminal markets — срочные биржевые (фьючерские) рынки в Лондоне.

term life insurance — срочное страхование жизни: разновидность страхования с фикс. сроком полиса, владелец которого вносит только стоимость страхования от смерти (нет накопления сбережений).

term loans — срочные кредиты (т. е. с фикс. сроком): средне- и долгосрочные банковские кредиты (обычно на 2 года — 10 лет) под обеспечение.

term share — срочная акция (пай): акция, которая не может быть продана в течение определенного срока (напр., пай в брит. строительном обществе).

terms of trade — условия торговли: индекс соотношения экспортных и импортных цен (к базовому году) — один из показателей состояния расчетов страны (при прочих равных условиях выгоднее более быстрый рост стоимости экспорта).

term structure of interest rates — временнáя структура процентных ставок: система взаимосвязей между процентными ставками по определенному фин. инструменту на разные сроки (напр., ставками по межбанковским депозитам на 3, 6 и 12 месяцев).

term subordinated debt — срочный субординированный долг; при удовлетворении правилам центрального банка включается во вторичный капитал банка; см. secondary capital.

tertiary trend — третичная тенденция движения

цен или курсов (в чартистском анализе): направление ежедневных колебаний конъюнктуры; см. chartism.

terzo mercato — "третий" рынок (итал.): рынок некотируемых ценных бумаг в Италии (не регистрируется и не контролируется).

test — тест, проверка: 1) критерий соответствия требованиям; 2) приближение цены к точке сопротивления или поддержки; см. resistance/support level.

testamentary trust — доверенность, опека по завещанию доверителя; см. inter vivos trust.

theta — изменение размера опционной премии в единицу времени.

thin market — вялый, или "узкий", рынок: рынок, характеризующийся незначительным числом участников и низким уровнем их активности, небольшим объемом операций.

third generation of financial instruments — третье поколение фин. инструментов: ФРА, ФСА, "свопционы", "кэпционы", "брейк-форварды", ФОКС, СКАУТ и др.

Third Market — "третий" рынок: 1) "третий" рынок при Лондонской фондовой бирже: рынок ценных бумаг новых и небольших компаний, не удовлетворяющих требованиям фондовой биржи и рынка некотируемых ценных бумаг (создан в 1987 г.); 2) внебиржевой рынок ценных бумаг (котируемых на бирже), на котором действуют брокеры, не являющиеся членами биржи (в США с 50-х годов).

third party check — чек третьей стороны: 1) чек получателя денег (первая сторона — банк, на который выписан чек, вторая — плательщик, выставивший чек); 2) чек с двумя индоссаментами.

third party insurance — страхование в пользу третьей стороны: страховой полис, покрывающий риск третьей стороны (не страхователя или страховщика).

thirty day visible supply — 30-дневное видимое предложение (США): общий объем муниципальных облигаций со сроками более 13 месяцев, которые должны попасть на рынок в ближайшие 30 дней.

thirty day wash rule — правило службы внутренних доходов (США), по которому потери от продажи акций не считаются убытками при налогообложении, если равная сумма ценных бумаг была куплена в течение 30 дней после продажи.

30 share index = Financial Times Industrial Ordinary Shares Index.

"3 (a) (2)" — схема эмиссии ценных бумаг в США без регистрации в Комиссии по ценным бумагам и биржам, предлагаемая компанией Мерилл Линч (по номеру параграфа в законе об эмиссии ценных бумаг).

three halfpence (ha'pence) — полтора пенни.

threepence — 1) три пенса; 2) трехпенсовая монета в Великобритании до введения десятичной системы.

threepenny bit (piece) = threepence 2.

thrift institutions — сберегательные учреждения (ссудо-сберегательные ассоциации и взаимные сберегательные банки в США, строительные общества в Великобритании и др.): учреждения, призванные поощрять личные сбережения и финансировать покупку жилищ (впервые возникли в начале XIX в. как некоммерческие институты); в настоящее время по функциям сближаются с коммерческими банками.

thrifts = thrift institutions.

Throgmorton Street — "Трогмортон стрит": Лондонская фондовая биржа (по названию улицы, где она находится); лондонский рынок капиталов.

through bill of lading (TBL; Thro B/L) — "сквозной" коносамент: коносамент, покрывающий отгрузку товара на несколько судов различными видами транспорта.

Thundering Herd — "громыхающее стадо" (США): фирма по торговле ценными бумагами компании Меррилл Линч (прозвище отражает масштабы операций и число сотрудников).

tick — "тик": разовое изменение биржевой цены (в т. ч. минимально допустимое); см. minimum price fluctuation.

ticker — тикер: телеграфный (электронный) аппарат (или система), оперативно выдающий текущую фин. информацию на бумажную ленту (напр., тикеры агентства Рейтер); информация об операциях на фондовой бирже печатается непрерывно; впервые был использован на биржах в США в 1867 г.

ticker symbol — кодовое сокращение названия ценной бумаги для целей идентификации и передачи информации; = stock (ticker) symbol.

ticker tape = ticker.

ticket day = name day.

tied loan — "связанный" кредит: кредит, который должен быть истрачен в стране-кредиторе или привязан к конкретной торговой сделке.

tier one capital — капитал первого порядка, или "сердцевинный" капитал: стандартное определение капитала по предложению Комитета Кука (включает акционерный капитал и публикуемые резервы); = core capital; см. tier two capital.

tier two capital — капитал второго порядка, или дополнительный капитал, по предложению Комитета Кука; см. tier one capital.

tiger bonds = Treasury Investment Growth Receipts (TIGRs).

tight market — "тесный" рынок: активный рынок с незначительным разрывом между ценами продавца и покупателя.

tight money = dear money.

till cash = vault cash.

time bargain — срочная сделка на Лондонской фондовой бирже: сделка, расчет по которой откладывается до следующего расчетного дня.

time deposit (TD) — срочный депозит: 1) депозит (вклад), который может быть изъят только по истечении определенного срока или после предварительного уведомления, и поэтому ставка по нему выше, чем по депозиту до востребования; 2) на фьючерсном рынке: контракт на базе срочного депозита (обычно трехмесячные евродоллары).

time draft — срочная тратта: переводный вексель, имеющий фикс. срок.

time limit — временно́е ограничение действия приказа клиента биржевому брокеру (приказ действует определенное время; см. good this week; good this month; good'til cancelled; buy or cancel.

time of day tariff — тариф платы за электричество, имеющий разные ставки в разное время дня (напр., выше днем и ниже ночью).

time order — приказ клиента биржевому брокеру, действительный в течение определенного времени.

time policy — срочный полис: страховой полис с ограниченным сроком действия.

time premium — временна́я (срочная) премия опциона; см. time value 1.

times covered — отношение чистой прибыли к дивиденду.

times interest earned — отношение доходов компании до вычета налогов и выплаты процентов к суммарным процентным платежам.

time spread — временной спред: опционная стратегия, при которой инвестор покупает и продает опционы "пут" и "колл" с одинаковой ценой исполнения, но разными сроками (для выигрыша от разницы в премиях); = calendar spread.

Times Share Indices — фондовые индексы, ежедневно публикуемые газетой "Таймс": 13 индексов курсов акций на Лондонской фондовой бирже (база — 1964 г.), из которых наиболее важным является индекс промышленных акций (охватывает весь промышленный сектор).

time value — 1) временна́я (срочная) стоимость опциона: сумма, на которую размер премии превышает "внутреннюю" стоимость опциона; см. intrinsic value; 2) разница между ценой акции компании при поглощении и рыночной ценой до объявления о поглощении.

timing — выбор правильного момента для покупки или продажи фин. инструмента.

tip — 1) информация, "подсказка" относительно целесообразности покупки тех или иных ценных бумаг; 2) плата сверх официально требуемого уровня.

tippee — тот, кто "подсказывает", дает информацию о целесообразности покупки тех или иных ценных бумаг (США).

tithes — церковная десятина: десятая часть продукции земледелия, выплачивавшаяся церкви; в Великобритании в 1836 г. трансформирована в ден. ренту, а в 1936 г. отменена с уплатой в течение 60 лет определенных сумм.

title deed — документ, удостоверяющий право собственности на участок земли.

toehold purchase — приобретение менее 5% акций компании (США); свыше 5% требуется разъяснение намерений Комиссии по ценным бумагам и биржам, соответствующей бирже, компании.

token coins — неполноценные монеты, номинал которых превышает стоимость металла; в настоящее время — любые монеты в обращении.

tokkin — пенсионный фонд (яп.).

Tokyo Round — Токио раунд: серия многосторонних торговых переговоров в рамках Генерального соглашения о тарифах и торговле (ГАТТ) в 1973—1979 гг.

Tokyo Stock Exchange (TSE) — Токийская фондовая биржа (вторая в мире по объему операций).

Tokyo Stock Exchange (TSE) Index — индекс Токийской фондовой биржи; создан в 1969 г.; базовый период — 4 января 1968 г., базовый уровень — 100; включает все акции "первой секции" биржи; рассчитывается непрерывно, цены акций взвешиваются; базовый уровень постоянно корректируется с учетом изменений в капитале компаний; субиндексы публикуются по крупным, средним и мелким компаниям, по 28 отраслям промышленности.

toll — плата, пошлина (напр., плата за проезд по частной дороге или междугородний телефонный разговор).

tombstone — "надгробный памятник": объявление в фин. прессе о сумме и участниках займа после завершения организационного периода (только для информации).

tom-next (tomorrow next) — "том-некст": комбинированная сделка, которая фактически начинается завтра и заканчивается послезавтра (своп или депозитная операция); напр., покупка валюты с поставкой на следующий рабочий день и ее одновременная продажа с поставкой на 2-й рабочий день (т. е. валютой можно пользоваться один день).

ton — "тонна": 100 млн. долл. (жарг. рынка облигаций в США).

tone — тон: настроение фин. рынка.

tontine — тонтин: разновидность займа, изобретенная неаполитанским банкиром Л.Тонти в 1953 г.; заем предоставляется под фикс. процент ограниченной группой людей, а смерть участников увеличивает доход оставшихся (последний оставшийся в живых получает за всех).

top-down approach to investing — подход к инвестициям, при котором инвестор последовательно анализирует общие тенденции в экономике, а затем выбирает перспективную отрасль и компанию; см. bottom-up approach to investing.

TOPIC (Teletext Output of Price Information by Computer) — "ТОПИК": видеоинформационная система на Лондонской фондовой бирже; дает участникам информацию о ценах ценных бумаг, фин. положении компаний.

topping out — достижение ценой "пика": конец повышения конкретной цены или улучшения конъюнктуры в целом (можно ожидать снижения).

top step rule — правило "верхней ступеньки" (США): правило, согласно которому сделки за свой счет не должны проводиться на верхней ступеньке биржевого "круга" (на Чикагской товарной бирже); см. ring.

Toronto Futures Exchange (TFE) — Срочная биржа Торонто (Канада): дочерняя компания Фондовой биржи Торонто, основанная в 1984 г. (индексные опционы).

Toronto Stock Exchange (TSE) — Фондовая биржа Торонто (основана в 1852 г.).

total assets turnover — оборот суммарных активов: отношение нетто-продаж компании к ее суммарным активам.

total capital — суммарный капитал: сумма первичного и вторичного капиталов; см. primary/secondary capital.

total capitalization — общая капитализация (компании): все формы акционерного капитала и долгосрочный долг.

total cost — общая стоимость: контрактная цена ценной бумаги плюс комиссия брокера и наросшие проценты, причитающиеся продавцу.

total return — суммарный годовой доход на вложенный капитал, включая амортизацию, дивиденды или процентный доход; для облигаций равен доходу при погашении.

total value — суммарный объем: общее число ценных бумаг или срочных контрактов, проданных в течение рабочего дня.

to the order of — "приказу такого-то лица": надпись на документе (векселе) после имени бенефициара, которая делает возможным его передачу из рук в руки с помощью индоссамента.

touch — разница между лучшей ценой продавца и лучшей ценой покупателя по конкретному виду ценных бумаг (букв.: "прикосновение").

touting — агрессивная реклама ценных бумаг среди инвесторов лицом (брокером, аналитиком), имеющим личную заинтересованность в данной компании.

town bill (USA) = local bill.

Town Clearing — "Городской клиринг" (Великобритания): отдел Лондонской клиринговой палаты, занимающийся расчетами по чекам свыше 10 тыс. ф. ст. банков Сити (с декабря 1985 г. — в составе самостоятельной компании ЧЭПС энд Таун Клиринг); см. Clearing House Automated Payment System and Town Clearing.

trace (tracing) — "след", "выслеживание": идентификация определенной ценной бумаги через одного или нескольких посредников с целью выявления имени настоящего владельца.

trade — 1) сделка, операция (с ценными бумагами); 2) торговля; 3) группа производителей, конкурирующих между собой на одном рынке; 4) = barter.

tradeable amount — минимальное количество товара, необходимое для заключения сделки на рынке.

trade acceptance (TA) — торговый акцепт: переводный вексель, выставленный на экспортера или импортера.

trade-backed paper = trade bills; self-liquidating bills.

trade balance = balance of trade.

trade barrier — торговый барьер: протекционизм, ограничение свободного обмена товарами и услугами с помощью пошлин, квот, вал. контроля.

trade bills — торговые векселя, используемые в отношениях между компаниями (акцептуются компаниями) для финансирования товарных операций (в незначительной мере попадают на ден. рынок); см. fine trade bill.

trade credit — торговый, фирменный, коммерческий кредит: кредит, предоставляемый одним предприятием (поставщиком) другому (обычно под векселя); см. trade bills.

trade date — дата заключения или исполнения сделки.

trade deficit/surplus — торговый дефицит/активное сальдо: превышение импорта над экспортом или наоборот.

trade discount — торговая скидка: скидка с цены товара, предоставляемая оптовым торговцем розничному или постоянному клиенту (зависит от размеров заказа и др. условий).

traded options — свободнообращающиеся (негоциируемые) опционы (в отличие от обычных опционов могут быть перепроданы; все условия стандартизованы); см. conventional options.

trade finance — торговые финансы: термин, обозначающий всю совокупность форм и методов финансирования внешней торговли.

trade house — торговая фирма, осуществляющая операции за свой счет и по поручению клиентов.

trade investments — инвестиции, которые тем или иным образом связаны с основной деятельностью компании.

trade mark (TM) — торговая марка: название или эмблема, которые призваны указать на производителя товара и используются в рекламе; торговая марка должна быть официально зарегистрирована.

trader = floor trader.

trade weighted index — торгово-взвешенный индекс: индекс, отражающий стоимость ден. единицы относительно корзины валют основных торговых партнеров, взвешенных в соответствии с их удельным весом в торговле.

trading — 1) торговля ценными бумагами и др. фин. инструментами ради прибыли; 2) принятие ценового риска прибыли в торговле фин. фьючерсами.

trading account — 1) торговый счет: форма счета прибылей и убытков, учитывающая только торговую деятельность компании (продажи, покупки, увеличение запасов готовой продукции); 2) в Великобритании — счет, который ведется расчетной системой "ТАЛИСМАН" для каждого участника рынка по определенной ценной бумаге; см. TALISMAN.

trading bank — коммерческий банк (Австралия).

trading certificate — сертификат, удостоверяющий, что компания зарегистрирована властями и получила право начать свою деятельность (Великобритания).

trading company — коммерческая компания, созданная для проведения определенных операций для получения прибыли.

trading crowd — дилеры, интересующиеся конкретными ценными бумагами (фин. инструментами) и группирующиеся в определенном месте биржи.

trading dividends — торговля дивидендами: купля-продажа корпорацией акций др. фирм с целью максимизации получаемых дивидендов; в США это выгодно в силу правила, по которому 80% дивидендного дохода не облагаются налогом.

trading floor — торговый зал биржи.

trading halt — временная приостановка торговли на бирже.

trading hours = trading session.

trading limit — лимиты торговли: 1) разрешенные пределы колебаний цен на бирже в течение дня; 2) максимальный размер фьючерсной позиции одного лица; 3) максимальное количество товара, которое может быть куплено на бирже одним лицом в течение дня.

trading market = secondary market.

trading pattern — долгосрочная тенденция движения цен; определяется на графике двумя прямыми, соединяющими текущие "пики" и "провалы" цены; направление коридора между прямыми дает тенденцию.

trailing P/E (price/earnings) — отношение рыночной цены акции к доходу по ней за последний завершившийся год в расчете на одну акцию; см. price/earnings ratio.

trading post — торговый пост (США): физ. место в торговом зале биржи, где торгуют ценными бумагами со сходными характеристиками; на Нью-Йоркской фондовой бирже имеется 22 поста и на каждом торгуют примерно 400 акциями.

trading post system — система торговли определенными ценными бумагами в конкретном месте торгового зала биржи.

trading price — цена сделки с ценными бумагами.

trading profit/loss — операционная прибыль/убытки компании.

trading range — 1) разброс цен: разница между самой высокой и самой низкой ценами на фондовой бирже в течение рабочего дня; 2) пределы допустимого колебания цен на фьючерсной бирже в течение рабочего дня.

trading session — торговая сессия: фикс. время официальной торговли на бирже (Нью-Йорк — 10.00-16.00, Лондон — 9.30-15.30, Франкфурт-на-Майне — 11.30-13.30, Париж — 11.30-12.30 (облигации) и 12.30-14.30 (акции), Милан — 10.00-13.45, Токио — 9.00-11.00 и 13.00-15.00 (по субботам только утром) и т. д.); в некоторых странах (Великобритания, ФРГ) разрешается торговля после официального закрытия.

trading variation — размеры округления курсов ценных бумаг (в США цены акций округляются до ближайшей 1/8, опционов свыше 3 долл. — до 1/8, до 3 долл. — до 1/16, корпорационных и муниципальных облигаций — до 1/8, средне- и долгосрочных гос. бумаг — до 1/32, краткосрочных гос. облигаций — до 1/64).

trading volume = volume of trade.

traditional options = conventional options.

tranche — транша, часть, доля: 1) часть эмиссии ценных бумаг; транши займа могут выпускаться в разное время для использования колебаний конъюнктуры или на рынках разных стран для расширения инвестиционный базы; 2) четвертая часть квоты страны-члена в МВФ; может быть получена на 3 — 5 лет для финансирования дефицита платежного баланса (всего 4 транши); см. credit tranches.

tranchette — траншетт (Великобритания): маленькие дополнительные выпуски правительственных облигаций в рамках уже эмитированных займов.

transaction (Trans) — сделка, операция: 1) купля-продажа фин. инструментов; 2) событие или условие, зафиксированное бухг. записью.

transaction account — операционный счет: счет в банке, предназначенный для проведения платежей и др. операций и расчетов (в отличие от сберегательного или срочного счета).

transaction balance — операционный остаток средств на чековом или сходном с ним счете.

transaction charges — операционные сборы: плата, взимаемая биржей со своих членов по каждой сделке.

transaction costs — операционные издержки: издержки по купле-продаже ценных бумаг или др. фин. инструментов (брокерская комиссия, налоги и сборы).

transaction risk — операционный вал. риск: риск реальных потерь или упущенной выгоды в конкретной операции.

transfer (Trf) — трансфер(т): передача продавцом покупателю сертификата ценной бумаги и регистрация перехода права собственности.

transferable account — "переводный счет" (Великобритания): обозначение около 30 стран в системе брит. вал. контроля до введения в 1958 г. обратимости фунта стерлингов (в эту группу не входили страны стерлинговой зоны и "американского счета"); расчеты не требовали предварительного разрешения, фунт был обратим; см. sterling area; American account.

transferable loan facility (TLF) — обращающийся кредит: международные банковские кредиты с правом переуступки на основе выпуска специальных ценных бумаг.

transferable rouble — переводный рубль: коллективная ден. единица, введенная 1 января 1964 г. для проведения взаимных расчетов и платежей стран — членов СЭВ; фактически представляла собой чисто счетную единицу.

transferable RUF (TRUF) — обратимый РУФ: форма евронотных программ, в которых обязательство банка покупать непроданные бумаги может свободно переводиться или уступаться др. учреждению; см. revolving underwriting facility.

transfer agent (TA) — трансфертный агент: 1) брокер или банк, выступающий в роли агента инвестора в процессе передачи права собственности на акции; 2) в США — банк, агент или официальное лицо, ведущее регистр облигаций или акций компании; = registrar.

transfer deed — документ, с помощью которого передается право собственности на ценные бумаги от продавца к покупателю.

transfer form — трансфертная форма (Великобритания): документ, используемый с 1963 г. для передачи собственности на акции; продавец подписывает форму, уполномочивающую изъятие его имени из списков акционеров, а брокер заполняет эту форму и посылает ее вместе с сертификатом акции регистратору компании.

transfer payments — переводные (трансфертные) платежи: правительственные платежи, напр., по социальному обеспечению.

transfer price — трансфертная цена: цена, используемая внутри корпорации при расчетах между самостоятельными подразделениями.

transfer receipt — трансфертная расписка (Великобритания): расписка регистратора компании в получении документов для перерегистрации ценных бумаг на имя нового владельца.

transfer risk — риск ограничения перевода средств из страны в страну.

transfer stamp duty — гербовый сбор при переходе титула собственности из рук в руки (Великобритания); взимается по сделкам с недвижимостью, земельными участками, ценными бумагами.

transfer tax — налог на передачу собственности (США): 1) комбинированный федеральный налог на дарения и наследства; 2) федеральный налог на продажу акций и облигаций корпораций; штатный или местный налог на передачу документов, ценных бумаг (равнозначно гербовому сбору в Великобритании); см. stamp duty.

transform maturities — трансформировать краткосрочные заимствования в долгосрочные кредиты.

transhipment — перегрузка товара с одного вида транспорта на другой в ходе доставки по месту назначения.

transit credit — транзитный аккредитив: аккредитив, эмитированный в одной стране, авизованный и подтвержденный в другой, а оплачиваемый в третьей.

transit item — транзитная (промежуточная) статья (баланса).

translation — трансляция: пересчет ден. сумм, отчетности из одной валюты в другую.

translation risk — трансляционный вал. риск: риск потерь при пересчете статей баланса в нац. валюту.

transmittal letter — сопроводительное письмо: письмо, посылаемое с документом или ценными бумагами для описания целей и существа сделки.

transnational firm — транснациональная фирма (корпорация — ТНК): фирма, принадлежащая акционерам различных стран и действующая на международной основе.

transportation average — транспортный индекс Доу Джонса (акций транспортных компаний); см. Dow Jones Index.

transport documents — транспортные (отгрузочные) документы (коносамент, сертификат качества и происхождения товара и др.).

travel and entertainment (T&E) card — карточка для оплаты путешествий и приема гостей: кредитная карточка, выдаваемая ответственным лицам какой-либо компании для произведения расходов за ее счет (карточка с большим лимитом кредита); = company card; см. plastic cards.

travellers' check (TC) — дорожный чек: платежное средство, используемое главным образом в международном туризме; в отличие от обычных чеков покупается клиентом у банка и может обмениваться на наличные деньги в любом учреждении, являющемся агентом банка-эмитента; чек подписывается его владельцем.

travellers' letter of credit — дорожный аккредитив: клиенту предоставляется право получать местную валюту в указанных в аккредитиве банках (являющихся корреспондентами банка-эмитента) путем предъявления чеков на свой банк (они инкассируются и направляются в банк-эмитент для перевода средств банку-корреспонденту).

TRAX — "ТРЭКС": электронная система заключения и подтверждения сделок на вторичном еврооблигационном рынке; принадлежит Ассоциации дилеров по международным облигациям; см. Association of International Bond Dealers.

treasurer (Treas) — казначей: сотрудник крупной компании, занимающийся управлением ее свободными средствами, заимствованиями, поддержкой рынка ценных бумаг, контролем за учетом.

treasurer's check = cashier's check.

Treasuries ⇒ казначейские ценные бумаги в США (векселя и облигации).

Treasury (T) — казначейство, министерство финансов: в Великобритании — департамент, ответственный за реализацию бюджетной, налоговой, ден.-кредитной и в целом экон. политики; номинально главой является премьер-министр (первый лорд казначейства), фактически — канцлер казначейства (министр финансов); см. First Lord of the Treasury; Chancellor of the Exchequer; Exchequer.

Treasury bills (TBs) — казначейские векселя: фин. векселя правительств, используемые для краткосрочных (до 1 года) заимствований и регулирования ликвидности ден. рынка; впервые выпущены в 1877 г. в Великобритании по предложению экономиста У. Бэджхота (в США выпускаются с 1929 г.).

Treasury bonds — казначейские облигации: в США — долгосрочные облигации со сроками более 10 лет и минимальными номиналами в 1 тыс. долл.

Treasury deposit receipts — казначейские депозитные расписки (Великобритания): форма принудительного кредитования банками правительства, введенная в 1941 г., — необращающиеся ценные бумаги министерства финансов с низким уровнем процента; к 1952 г. заменены казначейскими векселями.

Treasury investment (investors) growth receipts (TIGRs, TIGERs) -"тигры" (США): разновидность ценных бумаг с нулевыми купонами на основе казначейских бумаг (раздельная торговля основной суммой и купонами; впервые введены компанией Меррилл Линч в 1984 г.).

Treasury notes — среднесрочные свободнообращающиеся казначейские облигации (США): обязательства министерства финансов со сроками 1—10 лет и номиналами от 1 тыс. до 1 млн. долл. и выше.

Treasury stocks — 1) казначейские ценные бумаги (Великобритания): облигации, выпускаемые министерством финансов через фондовую биржу, банки, почтовые отделения; 2) собственные акции компании, которые хранятся в фин. отделе этой компании (США).

Treaty of Accession — Договор о вступлении в ЕЭС в 1972 г. Великобритании, Ирландии, Дании.

Treaty of Rome — Римский договор: соглашение о создании ЕЭС, подписанное в 1957 г. Францией, ФРГ, Италией и странами Бенилюкса.

trend — тренд: тенденция развития рынка или движения цены (курса).

trendline — прямая линия на графике движения цены, отражающая основную тенденцию (в техн. анализе): линия, соединяющая высшие или низшие точки движения цены, в течение некоторого периода.

trial balance — пробный баланс: проверка правильности учета путем ежемесячного балансирования активов и пассивов.

triangle — "треугольник": термин, используемый в техн. анализе конъюнктуры фин. рынков для обозначения движения цен на графике, напоминающего треугольник (две точки основания на одной прямой и вершина) — затухающие или возрастающие колебания цены при сохранении низших точек на одном уровне; "выход" из треугольника обычно означает начало новой тенденции; см. consolidation pattern.

triangular compensation — тройная компенсация: разновидность компенсационной сделки (компенсирующая поставка осуществляется в третью страну).

Triffin Plan — план Триффина: предложение профессора Р. Триффина (США) преобразовать МВФ в Мировой центральный банк.

trigger — триггер ("курок"): условие соглашения (напр., кредитного), невыполнение которого автоматически влечет определенные действия (в т. ч. требование досрочного погашения кредита).

trigger price — триггер-цена: 1) минимальная цена по международному товарному соглашению: достижение такой цены знаменует начало интервенций; 2) ценовой механизм для защиты сталелитейной промышленности США от импорта.

trigger ratio = minimum capital ratio.

Tripartite Currency Agreement — Трехстороннее валютное соглашение: соглашение Великобритании, Франции и США в 1936 г. (позднее присоединились Бельгия, Нидерланды и Швейцария) о сотрудничестве в стабилизации курсов валют (перестало действовать с началом войны).

Triple A securities — ценные облигации первоклассных заемщиков (ААА — высший кредитный рейтинг по системе Стэндард энд Пур).

triple nine — 999: высшая проба золота (содержание золота в слитке или изделии составляет 99,9%).

triple option = strap.

triple tax exempt — тройное освобождение муниципальных облигаций в США от налогов (федеральных, штатных, местных) для резидентов соответствующих районов.

Triple witching hour — третьи пятницы марта, июня, сентября и декабря, когда истекают сроки большинства фьючерских и опционных контрактов (букв.: "тройной колдовской час"); обычно имеется в виду последний час торговли перед закрытием биржи.

troc — бартер (франц.); = barter; countertrade.

troy ounce — тройская унция: основная мера веса драгоценных металлов (31,103477 г).

troy weight — тройская система весов; используется в основном для определения веса драгоценных металлов и камней; 1 тр. фунт = 12 тр. унций = 240 пеннивейтов = 5760 грейнов (0,373 кг).

truck = barter.

truck system — система оплаты труда рабочих товарами или суррогатными ден. знаками для покупок в специальных магазинах (вместо денег).

true and fair view of the state of affairs of the company — заключение аудиторов о том, что отчетность компании точно отражает состояние дел в соответствии с предписаниями Закона о компаниях (Великобритания).

true rate of interest — подлинная ставка процента: ставка процента, учитывающая регулярные выплаты основной суммы кредита.

truncation — сокращение процедуры обработки документов для уменьшения бумагооборота и операционных издержек.

trust — 1) ден. сумма или собственность, которыми управляют попечители; 2) трест: термин, используемый в США для обозначения картеля; см. cartel; 3) трастовая компания (фонд): компания, которой управляет группа доверенных лиц; см. trust company.

trust account = escrow account.

trust bank — трастовый банк (Япония): один из семи коммерческих по статусу яп. банков, имеющих право на доверительные операции.

trust company — трастовая компания: компания, специализирующаяся на операциях по доверенности — использовании наследств, управлении имуществом и ден. фондами, выполнении функций агента; в США трастовые компании близки по функциям к банкам (это разрешено законом) и могут входить в ФРС.

trust deed — доверенность: документ о передаче собственности попечителю (трастовой компании) в управление или на хранение.

trustee (Tree) — попечитель: лицо, которому доверено управление или хранение ден. сумм или собственности; по закону попечитель выступает владельцем актива (напр., ценные бумаги записываются на его имя), но полномочия его ограничены (любая прибыль, которую приносят активы, управляемые по доверенности, принадлежит настоящим владельцам).

trustee investments — инвестиции, осуществляемые попечителями (трастовыми компаниями).

Trustee Investments Act 1961 — Закон об инвестициях по доверенности, принятый в Великобритании в 1961 г.; определяет требования к ценным бумагам, в которые делаются инвестиции по доверенности (половина из них может быть в облигациях с фикс. процентом, остальные — в акциях, паях строительных обществ и паевых фондов).

trustee savings banks — доверительно-сберегательные банки (Великобритания): сберегательные учреждения (с 1810 г.); составляющие общенациональную систему кредитных учреждений, которая по широте функций и масштабам операций конкурирует с коммерческими банками; в 1987 г. получили статус публичных компаний.

trustee securities — ценные бумаги, которые по законодательству могут использоваться для инвестиций по доверенности (Великобритания).

Trust Fund (of the IMF) — Трастовый фонд МВФ: специальный фонд при МВФ, существующий с 1976 г. за счет прибыли от реализации золота МВФ на аукционах (в 1976—1980 гг.); до 1981 г. фонд предоставлял развивающимся странам фин. помощь на льготных условиях для решения платежных проблем.

trustor — доверитель: тот, кто доверяет; = settlor.

trust powers — доверенность, полномочия действовать по чьему-либо поручению.

Truth in Lending Law — закон, обязывающий кредиторов называть действительную процентную ставку и делать условия ссуды простыми для понимания (США).

turkey — разочаровавшее капиталовложение или операция (США).

turn = jobber's turn.

turnaround — благоприятный поворот (конъюнктуры, дел компании).

turnkey contract — контракт "под ключ": контракт на возведение и ввод в эксплуатацию (включая оснащение оборудованием) объекта; заказчик имеет дело с одним контрагентом и принимает готовый объект.

turnover — оборот: 1) суммарная стоимость продаж компании за отчетный период; 2) отношение продаж компании к ее собственным средствам; 3) объем сделок на бирже за какой-то период, в т. ч. в процентах к капитализации рынка.

turnover commission — комиссия с оборота (рассчитывается в форме процента с суммы оборота).

turnover rate — отношение объема сделок с конкретным видом акций в течение года к общей сумме акций в обращении.

turnover ratio — оборотный коэффициент: отношение стоимости готовых продаж компании к стоимости ее основных фондов.

turnover tax — налог с оборота: налог, взимаемый

при каждой продаже товара (смене владельца), включая движение полуфабрикатов и компонентов на разных стадиях производства готовой продукции.

turntable business = entrepôt business.

twenty day period = waiting period.

twenty-five percent rule — правило 25% (США): долг свыше 25% бюджета местного органа власти считается чрезмерным.

twenty-percent cushion rule — правило "20%-й подушки" (США): доходы от профинансированного с помощью облигаций местных властей проекта должны превышать все расходы по эксплуатации объекта и обслуживанию долга на 20%.

twin shares — акции-близнецы: акции двух юридически независимых компаний с одинаковым составом акционеров.

twist — "твист": попытки государства (центрального банка) изменить временную структуру процентных ставок (напр., повысить краткосрочные и понизить долгосрочные ставки).

twisting — нечестная и незаконная практика убеждения клиента совершать ненужные сделки для увеличения комиссионных брокера; = churning.

two bits — монета в 25 центов (жарг.).

two-dollar broker — "двухдолларовый брокер" (США): брокер, выполняющий поручения др. брокеров в периоды наибольшей активности на бирже (в прошлом они брали комиссию в 2 долл. за каждые 100 ценных бумаг); = independent broker.

two-part tariff — тариф за газ или электроэнергию из двух частей: фикс. суммы за год (или др. период) и платы за единицу потребляемого газа или электроэнергии (переменная часть).

twopence — два пенса: монета в 2 пенса в Великобритании.

two-sided market = two-way market.

two-tier bid — двухъярусное предложение: предложение о поглощении, предусматривающее большую цену за контрольный пакет акций, чем за остальные.

two-tier market — двухъярусный (двухуровневый) вал. рынок: рынок с двойной системой регулирования и двойным курсом валюты (напр., бельгийского франка по текущим и фин. операциям).

two-way market — 1) рынок ценных бумаг, на котором заключается большое число сделок без резких колебаний цен; 2) рынок, на котором постоянно котируются цены покупателя и продавца.

two-way prices — цены продавца и покупателя, по которым биржевик готов заключить сделку (не только для информации).

U

UK-US Banking Accord — англо-американское соглашение между регулирующими органами о гармонизации методов оценки достаточности капиталов банков (1987 г.).

ultimo (ult.) — "прошлого месяца" (напр., "5 ult. — пятого числа прошлого месяца"): термин деловой переписки.

ultra-cheap money policy — политика "сверхдешевых денег": мероприятия правительства по снижению процентных ставок до крайне низкого уровня в целях стимулирования экон. активности (напр., в Великобритании в 1945—1951 гг.).

ultra viras activities — операции корпорации, которые не соответствуют ее уставу (могут привести к судебным искам).

umbrella — "зонтик"; = safety net.

umbrella contract — контракт "зонтик"; = frame contract.

unauthorized clerk = Blue Button.

unbundle — "разбивать" суммы в ЭКЮ на составляющие валюты; см. private ECU.

unbundling of risks — "разделение" различных типов рисков в новых фин. инструментах, облегчающее защиту от них (напр., фьючерсы и опционы позволяют хеджировать вал. и процентные риски практически без создания кредитного риска).

uncalled capital — неоплаченная часть цены выпущенных акций компании; вносится по решению компании акционеров (может рассматриваться как резервный капитал); см. called-up capital 2; issued (share) capital.

uncollected funds — неинкассированные средства: часть ресурсов клиента банка в форме чеков, платеж по которым не получен.

uncovered — непокрытая позиция на фин. рынке (риск не компенсируется); напр., в случае непокрытой продажи ценных бумаг продавцу необходимо их поставить (поскольку в наличии их обычно нет, то могут возникнуть проблемы).

uncovered option = naked option.

uncovered writer = naked writer.

uncrossed check — обычный некроссированный чек (оплачивается предъявителю).

undated securities (undateds) = irredeemable securities.

undated securities = irredeemable stock; Consols.

underbanked (loan) — новый заем, по которому организатор испытывает сложности с поиском потенциальных членов гарантийного синдиката.

underbooked (loan) — новый заем, организатор которого (брокер) испытывает в период регистрации сложности с поиском потенциальных покупателей; см. fully circled (loan); circle.

undercapitalization — недостаточная капитализация: недостаток собственных средств (акционерного капитала и резервов) по сравнению с масштабами деятельности.

underlying contracts = underlyings.

underlying inflation — структурная инфляция: изменение цен за вычетом сезонных колебаний цен на продовольствие.

underlyings — фин. инструменты, лежащие в основе фьючерских и опционных контрактов.

undershooting — длительный период заниженности вал. курса; см. undervaluation.

undersubscription — недостаточная подписка на акции: ситуация, когда число заявок меньше числа предлагаемых акций.

undervaluation — заниженность вал. курса, цены фин. актива относительно фундаментальных экон. факторов.

undervalued — недооцененный, заниженный (о стоимости актива, курсе валюты).

underwriter (UW) — 1) гарант размещения ценных бумаг (на определенную часть займа); 2) андеррайтер: тот, кто принимает на себя страховой риск.

underwriting — 1) гарантирование займа; 2) страхование: оценка риска, заключение и выполнение страхового контракта.

underwriting agreement — гарантийное соглашение: соглашение между корпорацией-эмитентом и представителем гарантийного синдиката (стороны берут взаимные обязательства).

underwriting commission — гарантийная комиссия: вознаграждение, которое гарант получает за покрытие риска по новому займу (в Лондоне обычно 1,5%).

underwriting group (syndicate) — 1) группа банков, гарантирующая еврокредиты, еврооблигации, евроноты; 2) страховой синдикат; 3) = purchase group.

underwriting liability — 1) гарантийное обязательство: банк гарантирует заемщику получение кредита или размещение ценных бумаг на сумму, на которую он "подписался"; 2) страховое обязательство.

underwriting risk — гарантийный риск: риск того, что приобретенные банком — членом синдиката новые ценные бумаги не найдут покупателя или их цена в период размещения снизится.

underwriting spread — гарантийный спред: разница между суммой, выплаченной заемщику андеррайтерами, и ценой предложения на рынке (может колебаться от менее 1 до 25% для мелкой компании); делится между менеджером, андеррайтерами, продающей группой.

underwritten credit — гарантированный синдицированный кредит.

undigested securities — нераспроданные ценные бумаги нового выпуска (из-за низкого спроса).

undisclosed assignment — уступка кредита или др. долгового обязательства без уведомления заемщика.

undisclosed principal — "нераскрытый" принципал: лицо, проводящее операции через брокера или агента без объявления своего имени.

undisclosed reserves = hidden reserves.
undistributed profits = retained profits/earnings.

unearned income — незаработанный доход: 1) доход, полученный от инвестиций в ценные бумаги или недвижимость, сбережений (в отличие от зарплаты, операционного дохода); 2) доход, полученный раньше срока (напр., арендная плата вперед).

unearned interest (discount) — незаработанные проценты: уже полученные проценты, которые не могут считаться частью доходов, т. к. прошел недостаточный период с момента выдачи кредита.

unencumbered (property) — собственность (в т. ч. ценные бумаги), свободная от притязаний др. лиц.

unfair competition — нечестная конкуренция: конкуренция, нарушающая деловые стандарты, правила и традиции (при отсутствии нарушения законов); за соблюдением правил конкуренции могут следить деловые ассоциации и специальные гос. органы.

unfranked income — дивиденды, полученные компанией от юр. лица, еще не уплатившего корпорационный налог, и подлежащие налогообложению.

unfunded debt — 1) срочный (неконсолидированный, нефундированный) долг брит. правительства (должен быть выплачен в конкретные сроки); включает "плавающий" долг (см. floating debt), золотообрезные бумаги (см. gilt-edged securities) и различные сберегательные ценные бумаги; 2) обязательства, которые не покрыты фондом погашения займа (США).

Unicbank — Юникбанк: коммерческий банк в Будапеште (создан в 1986 г.); 15% капитала принадлежат Международной финансовой корпорации, по 15% — двум кооперативным банкам из Австрии и ФРГ, 55% — двум венгерским банкам и четырем ассоциациям кооперативов.

Unico Banking Group — банковская группа Юнико: группировка западноевропейских кооперативных банков, созданная в 1977 г. в составе: ДГбанк, Централе рабобанк, Данебанк, Кэсс насьональ дё креди агриколь, Окобанк, Геноссеншафтлихе центральбанк.

Uniform Customs and Practices for Documentary Credits (UCPDC) — унифицированные правила документарных аккредитивов, выпущенные Международной торговой палатой (Париж); этих правил придерживаются практически все страны мира.

Uniform Practice Code (UPS) — Кодекс унифицированной практики (США): правила Национальной ассоциации дилеров по ценным бумагам для проведения операций на внебиржевом рынке.

unissued capital (stock) — невыпущенный капитал: часть уставного капитала, которая не была выпущена в форме акций; см. issued (share) capital.

unit — часть, доля, единица; см. unit banking; unit of trading; monetary unit.

unit banking — банковская деятельность на основе самостоятельных банков: тип банковской системы, в которой имеется большое число самостоятельных банков (с немногими отделениями) или банкам запрещено открывать отделения (напр., во многих штатах США); см. branch banking; chain banking.

United Nations Conference on Trade and Development (UNCTAD) — Конференция ООН по торговле и развитию (ЮНКТАД): постоянный орган ООН, созданный в 1964 г. для содействия развитию международной торговли и помощи развивающимся странам.

United Nations Monetary Financial Conference = Bretton Woods Conference.

United States government securities — ценные бумаги правительства США: казначейские векселя и облигации, сберегательные облигации (в отличие от долговых облигаций агентств).

United States rule — "правило США": правило расчёта процентных платежей, по которым проценты начисляются только на невыплаченную часть долга; см. merchants' rule.

unit fund = unit trust.

unit investment trust (UIT) (USA) = unit trust.

unit-linked policy — страховой полис, связанный с паевым фондом; страховые взносы вкладываются в паевой фонд, и полученные доходы идут на повышение стоимости полиса.

unit of account — счётная единица: ден. единица, используемая в расчётах, бухг. учёте (не обязательно имеет физ. воплощение).

unit of contract = unit of trading.

unit of currency = monetary unit.

unit of trading — единица торговли (контракта): число акций или др. фин. инструментов, сумма (валюты, депозита) в основе одного срочного биржевого или опционного контракта — стандартный размер сделки.

unit share investment trust (USIT) — разновидность паевого инвестиционного фонда с двумя видами паёв — "ПРАЙМ" и "СКОР" — на основе одного вида акций (США); напр., покупатель пая "ПРАЙМ" получает дивиденд и прирост стоимости акции до определённого уровня, пая "СКОР" — прирост стоимости сверх фикс. уровня; позволяет одним инвесторам максимизировать доходность инвестиций, другим — прирост капитала; см. special claim on residual equity (SCORE); prescribed right to income and maximum equity (PRIME).

unit trust (fund) — паевой трест (фонд): учреждение, вкладывающее средства преимущественно в ценные бумаги; ресурсы паевых фондов (равные инвестициям) складываются из стандартных паёв, которые продаются небольшим инвесторам (свободно выкупаются обратно по более низкой цене); дивиденды и проценты, полученные по инвестициям, делятся в расчёте на количество паёв; первый фонд был основан в Великобритании в 1929 г. (в настоящее время насчитывается свыше 400 таких фондов).

Unit Trust Association (UTA) — Ассоциация паевых фондов (Великобритания).

unit value — стоимость единицы: результат деления ценового индекса на индекс объёма (суммарной стоимости роста цен на суммарное увеличение объёма).

universal bank — универсальный банк: банк, который занимается любыми видами операций; особенно характерно для ФРГ, Нидерландов и Швейцарии.

universal commercial paper — "универсальные коммерческие бумаги": "коммерческие бумаги", выпускаемые в США в иностранных валютах (фирмой Голдман Сакс).

universal life insurance — универсальное страхование жизни (применяется с 80-х годов): гибкая форма страхования, сочетающая характеристики срочного страхования жизни со сберегательной программой; владелец полиса имеет право изменять размер премии и др. условия; см. term life insurance.

universal note — "универсальная" евронота: аналог "глобальной" евроноты, но инвесторам выдаются свидетельства на предъявителя; ценная бумага на предъявителя, но не печатается в физ. форме; см. global note.

universal variable life insurance — универсальное страхование жизни, в котором часть ежегодной премии инвестируется в фин. активы; см. universal life insurance; variable life insurance.

unleveraged program — программа покупки собственности товариществом с ограниченной ответственностью, финансируемая менее чем на 50% за счёт заёмных средств (США); см. leveraged program.

unlimited (order) = market order.

unlimited company — частная компания с неограниченной ответственностью акционеров (владельцев) по её обязательствам; см. limited; limited liability; private limited company.

unlimited corporate member (UCM) — корпорационный член биржи с неограниченной ответственностью (Великобритания): членом биржи является корпорация, но для защиты интересов инвесторов её руководители несут неограниченную ответственность; см. limited corporate member.

unlimited risk — неограниченный риск; напр., по фьючерсному контракту риск покупателя заранее не ограничен (могут понадобиться дополнительные взносы); см. limited risk.

unlimited tax bonds — муниципальные облигации, обеспеченные обязательством взимания неограниченных налогов для их погашения (США).

unlisted securities = unquoted securities.

Unlisted Securities Market (USM) — рынок некотируемых ценых бумаг при Лондонской фондовой бирже (с менее строгими требованиями к размеру активов компании, объёму эмиссии, сроку существования); создан в 1980 г.; условия: на рынок выбрасывается не менее 10% акций, компания существует не менее 3 лет, постепенно публикуется вся необходимая информация.

unlisted stock (USA) = unquoted securities.

unlisted trading — торговля на бирже некотируемыми ценными бумагами; в США бирже для этого необходимо подать заявление в Комиссию по ценным бумагам и биржам.

unloading — "сброс" на рынок фин. инструментов, валюты (в т. ч. по низкой цене) в связи с необходимостью получения средств для покрытия обязательств, манипулирования конъюнктурой или ограничения убытков.

unmatched book — несовпадение активов и пассивов банка по срокам (обычно по евродепозитным операциям).

unpaid dividend — объявленный, но не выплаченный дивиденд.

unpublished reserves = hidden reserves.
unqualified audit = complete audit.
unquoted securities — ценные бумаги (акции и облигации), которые не котируются на основной бирже; такими бумагами торгуют на биржевом рынке со сниженными требованиями или на внебиржевом рынке.
unrealized profit/loss = paper profit/loss.
unregistered stock = letter bond.
unrequited — неоплаченный, некомпенсированный.
unrequited exports — непродуктивный экспорт: часть экспортной выручки государства, расходуемая не на импорт, а на оплату процентов по кредитам и прибыли нерезидентов по капиталовложениям в данной стране.
unsecured credit — бланковый, необеспеченный кредит.
unsecured creditor — необеспеченный кредитор: кредитор, чьи требования оплачиваются после обеспеченных кредиторов (кредит имеет обеспечение), уплаты налогов, зарплаты (в случае ликвидации компании).
unsecured debentures = unsecured loan stock.
unsecured loan stocks (ULSs) — необеспеченные облигации компании.
unsolicited bidding — "непрошенные" заявки: подача заявок членами евронотного аукциона без приглашения на определенные суммы (сроки).
untransferable — не передающийся, без права передачи.
unwinding — завершение операции: закрытие позиции (в т. ч. обратной операцией).
up front payment — плата вперед: взимание комиссионных при заключении сделки.
upset price — минимальная цена на аукционе.
upsidedown reverse pricing — обратная система ценообразования облигаций: купон увеличивается с падением рыночных ставок (текущая ставка вычитается из оговоренного ориентира).
upside potential — потенциал повышательного движения цены по прогнозу.
upstairs — "наверху" (о сделке с ценными бумагами, заключенной не в торговом зале биржи или в конкуренции с др. участниками рынка, а в офисе брокера, который нашел и продавца, и покупателя); см. on floor; off floor.
upstream guarantee — гарантия "против течения": гарантия дочерней компании по обязательствам материнской.
upstreaming — чрезмерное изъятие у дочерней компании наличных средств в пользу материнской (в виде дивидендов, комиссий, кредитов).
upsurge = upswing.
upswing — подъем (цен, конъюнктуры, деловой активности).
up tick (plus tick) — "плюс тик" (США): обозначение последней по времени биржевой сделки с конкретными ценными бумагами по цене выше цены предыдущей сделки; цена такой сделки высвечивается на экране дисплея с плюсом; см. down tick; zero plus tick; tick; uptrend; zero minus tick.
uptrend — повышательная тенденция движения цены: в техн. анализе после начала подъема наблюдается некоторое снижение цены (не достигает прежнего уровня), а затем подъем продолжается; см. downtrend.
Uruguay Round — Уругвайский раунд многосторонних торговых переговоров под эгидой Генерального соглашения о тарифах и торговле (ГАТТ); начался в 1987 г. в Уругвае.
usance — 1) срок переводного векселя (без учета льготных дней); 2) процентная ставка по кредиту.
usance bill — вексель с фикс. сроком.
useful life — полезный срок: период, в течение которого экономически целесообразно использовать какой-либо актив.
US-style option = American option.
US Treasury securities — ценные бумаги казначейства США: обязательства правительства, продаваемые для финансирования гос. расходов; выпускаются в обращающейся и необращающейся форме; обращающиеся бумаги включают казначейские векселя (13, 26, 52 недели, номинал 10 тыс. долл. и выше) и казначейские облигации (номинал свыше 1 тыс. долл.), которые могут быть среднесрочными (1—10 лет) или долгосрочными (свыше 10 лет).
usurer — ростовщик; см. usury.
usury — ростовщичество, взимание по кредитам необоснованно высоких процентных ставок; в прошлом также любые проценты, взимаемые за кредит.
usury laws — законы против ростовщичества: законы, определяющие максимальный уровень процентной ставки, которые могут взимать кредитные институты (в Великобритании существовали с XVI в. и были отменены в 1854 г.).
utility average — индекс акций 15 коммунальных предприятий Доу Джонса.
utility revenue bond — муниципальная облигация, выпущенная для финансирования строительства систем коммунального обеспечения и погашаемая за счет доходов от них.

V

VA (Veterans' Addministration) — guaranteed mortgage — ипотека, гарантированная Ветеранской администрацией (США).
valid — действительный, действующий, имеющий силу.
valid for one day (today) — приказ клиента брокеру о совершении сделки, действительный в течение одного дня (сегодняшнего); = day order.
valid until cancelled — приказ клиента брокеру о совершении сделки, действительный до отмены или исполнения.
valuation — оценка стоимости, стоимость акции, инвестиционного портфеля.
valuation reserve (account) — переоценочный ре-

зерв (счет): средства, выделенные на покрытие изменений в оценке активов компании.

value — ценность, стоимость, цена, сумма.

value added — добавленная стоимость: разность между продажами отрасли, компании за определенный период и издержками на материалы, компоненты, услуги (кроме рабочей силы, платы за земли) за тот же период; другой способ подсчета — суммирование всех доходов, созданных отраслью за определенный период (зарплаты, процентов, дивидендов, прибыли в распоряжении компаний); суммарная добавленная стоимость всей экономики равна валовому внутреннему продукту.

value-added tax (VAT) — налог на добавленную стоимость: форма налогообложения добавленной в ходе производства стоимости продукта; налог добавляется к цене продукции и перекладывается на потребителей; вырученную сумму производитель сдает государству за вычетом налога, включенного в цены купленных им материалов и компонентов; впервые введен во Франции в 1954 г.; применяется в ЕЭС и др. странах (в Великобритании — с 1973 г.).

value adjustment — переоценка актива баланса в соответствии с его текущей стоимостью.

value broker — дисконтный брокер, который взимает комиссию в виде процента от общей стоимости сделки; такого брокера выгодно использовать в маленьких сделках; см. share broker.

value date — дата валютирования: 1) дата поставки валюты (в конверсионной операции), срочного депозита, ценной бумаги; на условиях "спот" валюта поставляется на 2-й рабочий день, а на еврооблигационном рынке — на 7-й календарный день (не считая праздников); 2) дата, с которой депозит или др. кредитно-фин. инструмент начинает приносить проценты или поступает в распоряжение нового владельца.

valued policy — страховой полис на фикс. сумму (при выплате компенсации не имеет значения стоимость объекта страхования).

valueless securities — ценные бумаги, потерявшие большую часть или всю стоимость и по которым нет рынка; иногда ими торгуют в качестве предметов коллекционирования.

value spot — сделка с расчетом (поставкой средств) на 2-й рабочий день после ее заключения.

Vancouver Stock Exchange (VSE) — Фондовая биржа Ванкувера (вал. и золотые опционы).

variable annuity — плавающая рента (США): полис страхования жизни, регулярные взносы по которому инвестируются в ценные бумаги; стоимость полиса в момент использования зависит от стоимости портфеля бумаг.

variable coupon renewable (VCR) note — возобновляемая бумага с плавающим купоном: долгосрочная ценная бумага, которая приносит более высокий процент, чем по казначейским векселям, но приравнивается к краткосрочным фин. инструментам, т. к. может быть продана или возобновлена один раз в 3 месяца.

variable interest rate — плавающая процентная ставка.

variable life insurance — разновидность страхования жизни, в котором часть фикс. ежегодной премии инвестируется в фин. активы.

variable margin call = variation margin.

variable rate = variable interest rate.

variable rate mortgage (VRM) — ипотека с плавающей ставкой; = adjustable rate mortgage.

variable rate stocks — брит. правительственные облигации с плавающей ставкой (впервые выпущены в 1977 г.).

variable rate preferred stock = adjustable rate preferred stocks.

variable redemption bond — облигация с изменяющейся основной суммой; = Heaven and Hell bond.

variable Kurs — изменяющийся курс (нем.): система постоянной котировки цен на фондовых биржах ФРГ — цены по сделкам с наиболее важными ценными бумагами могут фиксироваться маклерами в течение всей торговой сессии (с 11 час. 30 мин. до 13 час. 30 мин.); см. Einheitskurs.

variance — разница, отклонение.

variation margin — вариационная маржа: дополнительный гарантийный депозит в срочной биржевой торговле (по результатам движения цен в течение дня); в случае благоприятного движения цен может выплачиваться обратно.

vault — хранилище: большой сейф или сейфовая комната банка (для хранения ценностей).

vault cash — наличность в сейфах (США): наличные деньги в банках.

V-bottom — фигура движения цен (в техн. анализе) в форме лат. буквы V: термин, используемый для обозначения резкого падения цены с последующим резким подъемом; см. V- top.

vehicle currency — ведущая валюта, в которой совершаются сделки и рассчитываются курсы между др. валютами ("кросс-курсы"); до конца 50-х годов такой валютой был фунт стерлингов, в настоящее время — доллар США.

velocity of money circulation — скорость обращения денег: среднее число оборотов, совершаемое ден. единицей в течение года; обычно рассчитывается как отношение ВНП к одному из ден. агрегатов.

vendor — продавец, поставщик.

vendor consideration — акции компании — покупателя предприятия, которые получают продавцы (владельцы) этого предприятия (поглощение оплачивается акциями).

vendor placing — выпуск новых акций для финансирования поглощения; новые акции (до 50% капитала) выпускаются для передачи акционерам поглощаемой компании; эмиссия организуется банком или брокером.

venture — 1) коммерческое предприятие; 2) рискованное начинание, спекуляция.

venture capital — "рисковый" капитал: капитал, вкладываемый в проекты с повышенным уровнем риска (в основном в новые компании в наукоемких отраслях) или просто акции (т.к. по ним нет фикс. дохода).

venture capitalist — "рисковый" капиталист: специализированная компания или банк, занимающиеся "рисковыми" капиталовложениями.

venture capital limited partnership — товарищество "рискового" капитала с ограниченной ответственностью (США): инвестиционный фонд, вкладывающий капиталы в создание новых компаний.

venture nurturing — "выкармливание" нового предприятия: "рисковые" инвестиции с предоставлением управленческой помощи; см. venture capital; hands-on.

venturespeak — жаргон, принятый среди специалистов "рискового" финансирования.

Vereeniging vool de Effectenhandel — Ассоциация для торговли ценными бумагами (создана в 1876 г.): частная корпорация, руководящая деятельностью Фондовой биржи Амстердама.

verification — проверка, контроль: подтверждение подлинности.

vertical bear put spread — стратегия опционной торговли с ограниченным риском и потенциалом прибыли: покупка опциона "пут" и одновременная продажа такого же опциона по более низкой цене.

vertical bull call spread — стратегия опционной торговли с ограниченным риском и потенциалом прибыли: покупка опциона "колл" и одновременная продажа такого же опциона по более высокой цене.

vertical cap — вертикальный "кэп": фикс. максимум процентной ставки для защиты от повышения ставок по займу до определенного уровня (т. е. устанавливается предел, до которого действует защита); см. cap 1.

vertical disintegration — вертикальная дезинтеграция: осуществление определенных фаз производства продукции специализированными фирмами, выступающими поставщиками крупных компаний.

vertical integration (merger) — вертикальная интеграция: слияние компаний, специализирующихся на разных фазах производства и реализации одного и того же продукта с целью сокращения издержек и повышения прибыльности.

vertical line charting — построение графика движения конъюнктуры (в техн. анализе) с помощью вертикальных линий: высшая и низшая цены в течение дня соединяются вертикальной линией, а цена закрытия отмечается короткой горизонтальной линией.

vertical segmentation of equity market — вертикальная сегментация фин. рынка: появление параллельно бирже рынков ценных бумаг разных классов, а также внебиржевого рынка.

vertical spread — вертикальный спред: опционная стратегия, заключающаяся в одновременной купле и продаже одинакового числа опционов одного типа с разными ценами и одинаковой датой исполнения; см. bull spread.

vesting — 1) передача настоящему владельцу ценных бумаг или др. имущества, находившегося у номинального владельца; 2) наделение правами, полномочиями; 3) права, которые сотрудник компании приобретает по мере увеличения срока его службы (пенсионные права, участие в прибылях); в США все права предоставляются в течение 5 — 7 лет.

V-formation = V-bottom.

viable — жизнеспособный (напр., о государстве, способном выполнять свои международные обязательства).

virement — право (полномочие) перераспределения бюджетных средств между статьями расходов.

virgin bond — "девственная" облигация; = back bond.

Visa — "Виза": 1) международное объединение банков, созданное для совершенствования расчетов дорожными чеками и кредитными карточками; платежные средства банков — членов системы принимаются в любой стране; 2) кредитная карточка группы "Виза".

visible balance of trade = balance of trade.

visibles — "видимые" статьи платежного баланса: торговля товарами в отличие от торговли услугами; см. balance of trade.

visible suply — "видимое" предложение: 1) наличный запас товаров; 2) в США — вновь выпущенные муниципальные облигации, поступающие на рынок в течение 30 дней со времени эмиссии.

void — недействительный, не имеющий силы.

voidable contract — контракт, который может быть аннулирован любой стороной в силу определенных причин (мошенничества, некомпетентности и т. д.).

volatile market — неустойчивый рынок: рынок с быстро изменяющимися ценами.

volatility — неустойчивость цен: показатель неустойчивости конъюнктуры (для курса акции относительно всего рынка — коэффициент "бета"); см. Beta coefficient.

volume (vol) — объем; оборот; величина; большое количество.

volume business — массовый бизнес: банковские услуги, предлагаемые широкому кругу клиентов и в значительной степени стандартизированные.

volume of trade — объем торговли (оборот): число фьючерских или опционных контрактов, проданных за определенный промежуток времени.

voluntary accumulation plan — программа, по которой акционер взаимного фонда приобретает его акции в течение определенного времени путем регулярных взносов; см. constant dollar plan.

voluntary bankruptcy — добровольное банкротство (США): юр. процедура, следующая за подачей неплатежеспособным должником заявления в суд; банки, страховые компании, строительные и ссудные ассоциации, железные дороги не имеют права на такое банкротство.

voluntary export restraints (VERs) — добровольные ограничения экспорта одного или ряда товаров (обычно в связи с двусторонним соглашением между государствами).

voluntary liquidation — добровольная ликвидация (компании): юр. процедура прекращения деятельности компании по ее просьбе (в связи со слиянием и реже неплатежеспособностью); см. dissolution.

voluntary reserves — добровольные резервы (не требуемые по уставу компании или законодательству).

voluntary termination — добровольное завершение: ликвидация свопа, опционного или иного контакта по взаимному согласию сторон (с той или иной формой компенсации).

vostro account — счет "востро" ("ваш" счет): счет инобанка в банке-резиденте в местной валюте или валюте третьей страны (напр., счет Ллойдс бэнк во Внешэкономбанке СССР в Москве в долларах); см. nostro account.

voting right — право голоса: право голоса в решении вопросов управления компанией, которое дает обладание акцией.

voting right share — акция, дающая право на большее число голосов при голосовании (с обычным номиналом или они имеют больше голосов при меньшем номинале).

voting share = voting right share.

voting stock (USA) = voting right share.

voting trust — "голосующий" трест: трастовая компания, которой несколько фирм передают свои акции в обмен на трастовые сертификаты; попечители получают полный контроль за данной группой компаний; такая форма объединения была распространена в США в XIX в., и после 1892 г. в основном была заменена на холдинговые компании; см. holding company.

voting trust certificate (VTC) — сертификат участия в "голосующем" тресте; см. voting trust.

voucher — расписка; оправдательный документ; гарантия.

voyage policy — рейсовый полис: страховой полис, покрывающий конкретную перевозку груза.

Vreneli — Врeнели: швейцарская золотая монета в 20 или 10 франков (объект торговли в тезаврационных целях).

V-top — фигура движения цен (в техн. анализе) в форме перевернутой лат. буквы V: термин, используемый для обозначения резкого подъема цены с последующим падением; см. V-bottom.

vulture fund — "фонд-хищник" (США): фирма, вкладывающая средства в недвижимость при ухудшении конъюнктуры в надежде на ее улучшение.

W

wagering contract — контракт-пари: контракт на определенную сумму между двумя сторонами относительно события, в наступлении которого стороны не имеют личного интереса; в Великобритании с 1845 г. не имеет юр. силы.

waiters — обслуживающий персонал в униформах на Лондонской фондовой бирже (букв.: "официанты", т. к. исторически торговля ценными бумагами началась в кофейнях).

waiting period — период ожидания (США): 20 дней, которые должны пройти между обращением в Комиссию по ценным бумагам и биржам за регистрацией займа и предложением бумаг на рынке, — период изучения представленных документов.

waiver — добровольный отказ от законного права.

walks — чеки, которые подлежат оплате банками, не являющимися членами Лондонской клиринговой палаты.

wall (go to the) — банкротство (обанкротиться).

wallflower — ценная бумага-аутсайдер: ценная бумага, которая непопулярна среди инвесторов.

Wall Street — "Уолл стрит" (США): 1) деловой центр США (по названию улицы в Нью-Йорке, где находится несколько фондовых и товарных бирж, множество банков, инвестиционных и брокерских компаний); 2) Нью-Йоркская фондовая биржа; 3) инвестиционное сообщество; фондовый рынок.

Wall Street Crash (1929) — крах "Уолл Стрита" 1929 г.: катастрофическое падение курсов ценных бумаг на Нью-Йоркской фондовой бирже в октябре 1929 г., ознаменовавшее мировой кризис и начало Великой депрессии (1929—1933 гг.).

Wall Street Journal (WSJ) — "Уолл стрит джорнал": ведущая ежедневная деловая газета США.

wanted for cash — объявление на ленте биржевого тикера о том, что брокер готов купить определенные ценные бумаги за наличные в тот же день.

war babies (brides) — "дети" ("невесты") войны: ценные бумаги компаний, производящих оружие.

warehousing — складирование: 1) складирование свопов: банк набирает портфель свопов, т.е. заключает соглашение за свой счет ради прибыли и стремится произвести взаимную компенсацию сделок для снижения риска; 2) практика согласованной скупки несколькими инвесторами акций компании для получения контроля над ней.

war loan — военный заем: в Великобритании — правительственные облигации, выпущенные в период первой мировой войны (в 1917 г.) с намерением погасить их после 1952 г., в настоящее время рассматриваются в качестве бессрочных фин. инструментов.

warrant (WT) — варрант: право купить или продать фикс. сумму фин. инструментов в течение некоторого периода; см. warrants.

warrant exercise — использование облигационного варранта.

warrant issue — облигационный заем с варрантами.

warrants (WTs) — варранты: условие облигационного займа в форме ценных бумаг, дающих право на покупку дополнительных облигаций или акций заемщика по фикс. цене; могут самостоятельно обращаться на рынке.

warrants into negotiable government securities (WINGS) — еврооблигации с варрантами на приобретение гос. облигаций США (сокращение дает акроним "крылья").

Washington Agreement — Вашингтонское соглашение: соглашение 1945 г., по которому США предоставили Великобритании кредит в сумме 3750 млн. долл. из 2% годовых с погашением в течение 50 лет после 1952 г.; по соглашению также погашались брит. долги времен первой мировой войны и прекращалось действие ленд-лиза, предусматривалось введение обратимости фунта стерлинга к июлю 1947 г.

Washington Currency Agreement = Smithsonian agreement.

wash sale — купля ценной бумаги и ее продажа через очень короткое время (либо одновременно) для получения прибыли (США).

wasting asset — "истощимый" актив: активы типа месторождений, рудников, которые со временем истощаются и ликвидируются.

watch list — список ценных бумаг, за которыми ведется наблюдение (напр., в связи с ожидаемым выпуском ценных бумаг или поглощением).

watered stock — "разводненный" капитал: 1) пакет акций, который при сохранении номинальной стоимости имеет меньший удельный вес в акционерном капитале ввиду дополнительных выпусков акций; 2) акции, представляющие собой право собственности на активы с завышенной стоимостью; см. watering of stock.

watering of stock — "разводнение" акционерного капитала (выпуск акций в сумме, не соответствующей активам и потенциалу компании); см. overcapitalization.

way — "путь": "направление" биржевой сделки, т. е. покупка или продажа.

waybill (WB) — путевой лист: документ с описанием груза при перевозке автомобильным или железнодорожным транспортом; не является контрактом и не может обращаться.

ways and means advances — краткосрочные ссуды Банка Англии правительству (в консолидированный фонд); представляют собой часть "плавающего" долга; см. floating debt; Consolidated Fund.

weak currency — "слабая" валюта; см. soft currency.

weak market — "слабый" рынок: рынок, характеризующийся преобладанием продавцов и понижением цен.

wedding warrants — "брачные" варранты; harmless warrants.

wedge — "клин": термин, используемый в техн. анализе для обозначения движения цен, образующего на графике фигуру треугольника с острым углом — серия подъемов и падений цены с постепенным уменьшением амплитуды; в отличие от обычного треугольника низшие точки падения цены не находятся на горизонтальной линии, а имеют тенденцию повышаться или снижаться; см. triangle.

weekly return — еженедельный отчет: статистические данные, публикуемые каждую неделю (напр., баланс Банка Англии).

weighting — взвешивание компонентов фондового или вал. индекса по степени значимости; веса акций в индексе обычно определяются размером капитализации, валют — удельным весом страны в товарообороте.

Werner Plan — план Вернера: план комитета под руководством М. Вернера, предусматривающий экон. и вал. интеграцию ЕЭС к 1978 — 1980 гг. (включая общую валюту или фиксацию паритетов нац. валют).

W-formation — "форма дубль-в"; = double bottom.

when issued (when, as and if issued) (WI) — "когда и если будет выпущен": обозначение сделки с ценными бумагами, выпуск которых разрешен, но не осуществлен; сделка будет считаться действительной в случае эмиссии (США; в Великобритании сделки могут заключаться только после допуска бумаг к котировке).

whip-sawed — "жертва продольной пилы": лицо, понесшее двойной убыток — при покупке по наивысшей цене и продаже по наинизшей.

white knight — "белый рыцарь": компания, которая делает предложение о поглощении фирмы, уже являющейся объектом попытки несогласованного поглощения; второе предложение часто согласовано с поглощаемой фирмой (по аналогии с "белым" рыцарем, спасающим даму).

White Plan — план Уайта, выдвинутый США на Бреттон-Вудской конференции в 1944 г. (по имени представителя Министерства финансов США).

White's rating — рейтинг Уайта (США): рейтинг фирмы Уайт для муниципальных облигаций; основывается больше на рыночных факторах, чем на анализе платежеспособности.

white sheets — "белые листки" (США): список региональных акций и облигаций и их ежедневные котировки на внебиржевом рынке.

white squire — "белый сквайр": "белый рыцарь", покупающий не контрольный, а меньший пакет акций; см. white knight.

white-washing = laundering.

Whiz kids (of Wall Street) — "кудесники", "золотые мальчики" ("Уолл стрита"): лучшие выпускники университетов США, нанятые банками и брокерами для проведения операций на фондовом рынке (с помощью ЭВМ и др. техн. методов).

whole life insurance — страхование жизни вплоть до смерти владельца полиса; владелец полиса платит ежегодную премию, размер которой не повышается с возрастом.

whole loan — "целая ссуда": на вторичном рынке ипотек инвестиции в конкретное ипотечное обязательство, а не в сертификат участия в пуле ипотек.

wholesale business — оптовый бизнес: 1) = volume business; 2) операции на оптовых фин. рынках.

wholesale market = inside market.

wholesale bank — оптовый банк: банк, специализирующийся на крупных операциях.

wholesale banking — оптовый банковский бизнес: крупные операции между банками и др. кредитно-фин. институтами (в отличие от розничного бизнеса — обслуживания клиентуры); см. retail bank.

wholesaler — оптовый торговец: банк, брокер, дилер, который имеет дело с др. кредитно-фин. институтами, а не с клиентурой, розничными инвесторами.

WHOOPS (Washington Public Power Supply System) — "УУПС": разг. название гос. системы энергоснабжения штата Вашингтон (США); в середине 80-х годов система оказалась неплатежеспособной по муниципальным облигациям на миллиарды долларов (абсолютный рекорд в истории США).

wide monetary base = monetary base; M0.

wide opening — "широкое открытие": необычайно большой разрыв между ценами продавца и покупателя при открытии биржи.

widow-and-orphan stocks — "акции вдов и сирот": акции, которые приносят высокий доход и несут незначительный риск.

width of the band — ширина пределов взаимного колебания валют в курсовом механизме ЕВС.

wildcat scheme — рискованное предприятие.

Williams Act — Закон Вильямса (США, 1968 г.): федеральный закон о предложении скупки ценных бумаг (поглощении); требует представить информацию об условиях и целях предполагаемого поглощения.

Wilson Report — доклад Вильсона (Великобритания): доклад комитета по пересмотру функционирования фин. учреждений под руководством бывшего премьер-министра Г. Вильсона, подготовленный в 1980 г.; доклад привлек внимание к росту роли институтов долгосрочного кредита и финансированию промышленных инвестиций, особенно мелких фирм.

windbill = accomodation bill.

windfall profit — непредвиденная (случайная) прибыль.

windfall profits tax — налог на внезапные и незаработанные доходы; в США в 1980 г. такой налог был введен на прибыли нефтяных компаний в связи с ростом цены на нефть.

winding-up = dissolution.

windmill = accomodation bill.

window — "окно": 1) кратковременное улучшение рыночной конъюнктуры; 2) = discount window; 3) окно кассы, кассовый отдел.

window dressing — "украшение витрины": 1) операции или бухг. уловки для приведения баланса в соответствие с установленными требованиями на дату представления отчетности регулирующим органам; 2) операции в конце квартала или фин. года, призванные улучшить характеристики инвестиционного портфеля перед передачей информации клиентам или акционерам.

window settlement — "расчет у окна": расчет по сделке с ценными бумагами путем их доставки продавцом кассиру покупателя и получения наличных денег.

window warrant — "оконный" варрант: варрант, используемый только в определенные дни или периоды времени.

winner — "победитель": акция с повышающейся ценой.

Winnipeg Commodity Exchange (WCE) — Товарная биржа Виннипега (золотые и зерновые фьючерсы; основана в 1867 г.).

wire house — биржевая розничная брокерская фирма, имеющая частные линии связи со своими отделениями и др. компаниями (США); = commission house.

wire room — операционный отдел брокерской фирмы, принимающий приказы клиентов по линиям связи.

wire transfer — система электронной связи, используемая для совершения платежей и передачи информации.

withholding — 1) = freeriding 1; 2) изъятие, вычет (налога, платежей).

withholding tax (W/Tax) — налог путем вычетов: 1) налог на процентный доход и дивиденды, выплачиваемые нерезидентам; многие страны заключили соглашения о ликвидации двойного налогообложения и уплата такого налога зачитывается при определении общей суммы налогов; 2) любой налог, взимаемый у источника путем вычета налоговых сумм из поступлений налогоплательщика; = tax at source.

without — "без др. стороны": цена предлагаемой сделки (вторая сторона не найдена) в отличие от реализованной операции.

without commitment = without recourse.

without our liability = without recourse.

without protest — "без протеста": надпись на векселе (оговорка), которую заемщик или гарант делают для защиты держателя бумаги от ее опротестования.

without recourse — без оборота, без обязательства (о переходе векселей из рук в руки без принятия обязательства об их погашении при наступлении срока).

with particular average (wpa) — разновидность полиса в мор. страховании, покрывающего частичную потерю в связи с мор. рисками; см. free of particular average.

with put = bond with put; put bond.

working assets — оборотные (текущие) активы: все активы компании за вычетом фикс. активов, напр. наличность, долги, запасы сырья и готовой продукции.

working balances — "рабочие" остатки на счетах: средства для обеспечения повседневной деятельности.

working capital — оборотный капитал: капитал, который имеет компания после покрытия текущих обязательств — разница между текущими активами и пассивами (чистые текущие активы).

working capital credit — кредит для подкрепления оборотного капитала заемщика (также сезонный или "промежуточный" кредит); см. seasonal loan; bridge financing.

working control — фактический контроль: пакет

акций, достаточный для контроля за деятельностью предприятия (в современных условиях часто значительно меньше 51%).

working interest — прямое участие в товариществе с неограниченной ответственностью (работа в товариществе, а не только взнос средств).

World Bank — Мировой (Всемирный) банк: Международный банк реконструкции и развития (МБРР); = International Bank for Reconstruction and Development.

World Bank group — группа Мирового банка — МБРР, МФК и МАР; см. International Bank for Reconstruction and Development; International Finance Corporation; International Development Association.

worthless securities = valueless securities.

Wozchod Handelsbank — Восход Хандельсбанк: коммерческий банк с советским капиталом, существовавший в Цюрихе в 1966—1985 гг. (переформлен в отделение Внешэкономбанка СССР вследствие крупных потерь).

wraparound mortgage = second mortgage.

wrinkle — "морщина": фин. инновация, привлекающая внимание инвесторов, необычное явление на фин. рынке.

writ — письменное предписание суда что-либо сделать.

write-down — частичное списание (напр., стоимости актива вследствие амортизации).

write-off — списание: в бухг. учете закрытие счета и отнесение остатка долга в дебет счета прибылей и убытков — полное списание актива.

write-offs — списанные кредиты и др. активы (по причине невозможности возвращения).

writer — 1) продавец опциона; 2) = underwriter 2.

writing — продажа опциона.

writing a reverse — заключение противоположной сделки своп на кредитном рынке; = mirror swap.

writing cash-secured puts — продажа опционов "пут" с депонированием наличными цены исполнения на счете у брокера.

writing naked — продажа опциона без владения соответствующим фин. инструментом, лежащим в основе опционного контракта.

written-down value — стоимость актива за вычетом амортизации.

X

X — 1) десять долларов (жарг.); 2) = ex interest.

Y

Yankee bonds — облигации "Янки" (США): долларовые облигации, выпущенные иностранцами на американском внутреннем рынке.

Yankee CDs — депозитные сертификаты "Янки" (США): долларовые сертификаты, выпущенные иностранными банками на американском внутреннем рынке.

Yankee non dollar bonds — недолларовые облигации "Янки" (США): облигации в иностранной валюте, выпущенные нерезидентами на американском внутреннем рынке.

yard — 1) сумма (банкнота) в 1000 долл.; 2) сумма в 1 млрд. (жарг. вал. дилеров).

year — 1 доллар (банкнота).

yearling bonds — облигации со сроком 1 год, выпускаемые местными властями и гос. организациями (Великобритания); эмитируются еженедельно через банки; термин может также обозначать облигации со сроками до 5 лет.

year-on-year = year-over-year.

year-over-year — в годовом исчислении, в течение года (о темпах роста).

year's high — наиболее высокий в течение года (о цене фин. инструмента).

year's low — наиболее низкий в течение года (о цене фин. инструмента).

yen bond — иеновая облигация (Япония): 1) облигация, деноминированная в иенах; 2) облигация в иенах, выпущенная или находящаяся вне Японии.

Yellow Book = Admission of Securities to Listing.

yellow sheets — "желтые листки" (США): ежедневная публикация с информацией о ценах облигаций корпораций на внебиржевом рынке и о брокерах, поддерживающих рынок по конкретным бумагам.

yield (YLD) — доход по ценным бумагам, выраженный в форме процентной ставки; в общем виде определяется как годовой доход в процентном отношении к рыночной цене актива (годовой доход равен дивиденду или сумме процентов); позволяет сравнивать реальную доходность ценных бумаг, цены которых колеблются, с уровнем рыночных ставок и принимать верные инвестиционные решения; см. flat yield; redemption yield.

yield advantage — преимущество в доходности: положительная разница в доходности между конвертируемой облигацией и обыкновенной акцией того же эмитента.

yield curve — кривая доходности: графическое изображение изменения во времени доходности фин. инструментов с фикс. ставкой; в нормальных условиях наблюдается резкий рост доходности в период от 3 месяцев до 2 лет, а затем кривая становится более плавной.

yield curve adjustable note (YCAN) — облигация "быка": облигация с "обратной" процентной ставкой, величина которой равна разнице между оговоренным ориентиром и рыночными ставками (при снижении рыночных ставок купон растет, при повышении — уменьшается); = bull floater.

yield curve trading = play (ing) the yield curve.

yield differential — разница в доходности между фин. инструментами с разными сроками.

yield equivalence — равенство в доходности: процентная ставка, при которой доходность не облагаемой налогом ценной бумаги равна доходности облагаемой налогом бумаги.

yield gap — разница (разрыв) в доходности: напр., в Великобритании разрыв в средней доходности обыкновенных акций и правительственных облигаций (доходность первых почти всегда выше); см. reverse yield gap.

yield paper = junk bonds.

yield spread — разница в доходности различных типов ценных бумаг (США).

yield swap — своп доходности: облигационный своп для повышения доходности.

yield to average life — доходность облигации, рассчитанная относительно среднего срока погашения (в случае погашения облигаций равными партиями в течение всего срока займа).

yield to call (YTC) — доходность облигации, рассчитанная относительно первой возможной даты погашения (до истечения всего срока).

yield to maturity (YTM) = redemption yield.

York-Antwerp rules (Y/A) — Йорк-Антверпенские правила мор. страхования (международный кодекс, унифицирующий мор. страхование); впервые приняты на конференции в Антверпене в 1887 г.

yours — "ваше", "я продаю": выражение согласия на продажу той или иной валюты по предложенному курсу (жарг. вал. дилеров); см. mine.

yo-yo stock — ценная бумага с крайне неустойчивым курсом.

Z

Z account — счет "Зед" (Великобритания): счет, открываемый Банком Англии крупным участникам рынка брит. гос. облигаций для ускорения регистрации сделок (т. е. для поддержки ликвидности рынка).

zaibatsu — "дзайбацу" (яп.): конгломераты, большие холдинги, контролирующие многочисленные компании в разных отраслях в Японии.

zaiteku (zaitech) — "зайтеку" ("зайтек"): вал.-кредитные и фин. операции торгово-промышленных корпораций, не связанные с их основной деятельностью и совершаемые ради прибыли (яп.).

Z certificates — сертификаты "Зед" (Великобритания): сертификаты, выпускаемые Банком Англии для ускорения сделок и расчетов учетных домов с краткосрочными облигациями; принимаются в обеспечение кредитов.

zero-base budgeting (ZBB) — бюджеты с нулевой базой: бюджетный метод, при котором требуется обосновывать все расходы, а не только превышение уровня прошлого года (от нуля, а не от достигнутого).

zero-bracket amount (ZBA) — минимальная сумма, не облагаемая налогом; зависит от статуса налогоплательщика (глава семьи, семья, одиночка и т. д.).

zero convertible bond — конвертируемая облигация с нулевым купоном; = zero coupon convertible security.

zero coupon bonds (ZR) — облигации с нулевыми купонами: ценные бумаги без выплаты процентов; выпускаются и обращаются по типу векселей с дисконтом к номиналу (впервые выпущены в США в 1981 г.); могут выпускаться конкретными заемщиками (в т. ч. муниципалитетами) или базироваться на гос. облигациях.

zero coupon certificates of deposit (CDs) — депозитные сертификаты с нулевым купоном (с выплатой процентов при погашении).

zero coupon convertible security — конвертируемая ценная бумага с нулевым купоном: 1) облигация с нулевым купоном и опционом конверсии в акции эмитента; 2) облигация с нулевым купоном (обычно муниципальная) и с опционом конверсии в процентную облигацию.

zero coupon debentures = zero coupon bonds.

zero coupon eurosterling bearer or registered accruing securities (ZEBRAS) — евростерлинговые облигации с нулевыми купонами ("Зебры").

zero coupon swap — нулевокупонный своп: процентный своп, предусматривающий периодические платежи одной стороны и одноразовый платеж другой (по фикс. ставке) при завершении срока соглашения.

zero downtick = zero minus tick.

zero minus tick — "ноль минус тик": обозначение последней по времени биржевой сделки по цене, равной цене предыдущей сделки, которая была ниже своей предшественницы; напр., при последовательном совершении операций по ценам 52, 51, 51 долл. последняя сделка будет называться "ноль минус тик"; см. tick; up tick; down tick; zero plus tick.

zero mortgage — ипотека с нулевым купоном (с выплатой процентов при погашении).

zero plus tick — "ноль плюс тик": обозначение последней по времени биржевой сделки по цене, равной цене предыдущей сделки, которая была выше своей предшественницы; напр., при последовательном совершении операций по ценам 51, 52, 52 долл. последняя сделка будет называться "ноль плюс тик"; см. up tick; down tick; tick; zero minus tick.

zero-premium option — опцион с нулевой премией: комбинация купли и продажи опционных контрактов, в которых премии равны и взаимозачитываются.

zeros = zero coupon bonds.

zero up tick = zero plus tick.

Zivnostenská Banka — Живностенска банка: чехо-словацкий специализированный банк для вал. обслуживания населения и др. международных операций (основан в 1868 г. в Праге; имеет отделение в Лондоне).

Z-score model — разработанная при участии Банка Англии модель, позволяющая на основе отчетности выявлять компании, которым грозят фин. трудности (Великобритания).

ПРИЛОЖЕНИЕ

Аббревиатуры, условные обозначения и акронимы

A

AASE — Australian Associated Stock Exchanges
A/B — Aktiebolaget
ABA — American Bankers' Association
ABECOR — Associated Banks' of Europe Corporation
ABEDA — Arab Bank for Economic Development of Africa
ABS — automated bond system; asset-backed security
A/c — account; current account 2
ACC — Agricultural Credit Corporation; account; acceptance
Acct — account; accountant
ACE — AIBD, CEDEL, Euroclear; Amex Commodities Exchange
ACH — automated clearing house
ACT — Association of Corporate Treasurers; advance corporation tax
ACU — Asian Currency Unit
a/d — after date
A-D — advance-decline
ADB — Asian Development Bank
ADF — Asian Development Fund
Adj — adjustment
Adm — administration; administrator; admission
ADR — American depositary receipt
Adv — advance
Ad val — ad valorem
AE — account executive
AFBD — Association of Futures Brokers and Dealers
AFDB — African Development Bank
AFDF — African Development Fund
Afft — affidavit
AFIC — Association française des investisseurs en capital risqué
Ag — agent
Agcy — agency
AGEFI — Agence économique et financière
AGM — annual general meeting
Agt — agent
AHC — Accepting Houses Committee
AIBD — Association of International Bond Dealers
AIBOR — Amsterdam interbank offered rate
AIMS — Amsterdam Interprofessional Market System
AIRS — Australian Interest Rate Swaps
AITC — Association of Investment Trust Companies
AKA — Ausfuhrkredit-Gesellschaft
AKV — Deutsche Auslands Kassenverein Aktiengesellschaft
AMA — asset management account
Amex — American Stock Exchange
AMF — Arab Monetary Fund
AML — adjustable mortgage loan
AMOS — Amex Options Switching System
AMU — Asian Monetary Unit
Annuit — annuitant
Anny — annuity
AON — all-or-none
APACS — Association for Payment Clearing Services
APR — annual percentage rate
Arb — arbitrageur
Arcru — Arab Currency-Related Unit
ARIEL — Automated Real-Time Investments Exchange
ARM — adjustable rate mortgage

ARPS — adjustable rate preferred stocks
ARRO — adjustable rate refunding operation
A/s — after sight
ASAP — as soon as possible
ASAS — American Shares Amsterdam System; Amsterdam Security Account System
ASC — all savers certificate
ASE — American Stock Exchange
ASL — Admission of Securities to Listing
ATM — automated teller machine (automatic telling machine)
ATS — automatic transfer service
Av — average
AWB — airwaybill

B

back — backwardation
BACS — Bankers' Automated Clearing Service
Bal — balance
BAN — bond anticipation note
Barg — bargain
BBA — British Bankers' Association
BBAIRS — BBA Interest Rate Swaps
BC — bank clearing
BD — bank draft; bills discounted; broker-dealer; bought down
bd — brought up to date
BE — Bank of England; bill of exchange
BECS — bearer eurodollar collateralized securities
BEHA — British Export Houses Association
BENELUX — Belgium, Netherlands, Luxembourg
BERI index — Business Environment Risk Information Index
BES — Business Expansion Scheme
BET — book entry transfer
BEU — BENELUX Economic Union
BF — Banque de France; British funds; bought forward
BIBOR — Bahrein/Bruxelles interbank offered rate
BIFFEX — Baltic International Freight Futures Exchange
BIFU — Banking, Insurance and Finance Union
BIS — Bank for International Settlements
BK — backwardation; bank
Bkg — banking
Bkrp — bankrupt
B/L — bill of lading
BN — banknote
Bnkg — banking
BO — buyer's option; branch office; brought over
BoC — Bank of China
BoE — Bank of England
BONUS — borrowers' option for notes and underwritten stand-by
BOR — balance of payments
BOT — balance of trade; bought of trustees
B/p — bills payable
B/r — bills receivable
BS — balance sheet; bill of sale
BTN — Brussels Tariff Nomenclature
Bw — bid wanted

C

C — cent; currency; contra
C/a — current account; capital account; credit account
CAC — Compagnie des agents de change
CAD — cash-against-documents

CAES — Computer Assisted Execution System
CAF — cost, assurance and freight
CAMEL — capital adequacy, asset quality, management quality, earnings, liquidity
C&D — collected and delivered
C&F — cost and freight
C&I — cost and insurance
CAP — Common Agricultural Policy
CAPM — capital asset pricing model
CAPS — convertible adjustable preferred stocks
CARDs — certificates for amortizing revolving debt
CARs — certificates for automobile receivables
CATS — certificates of accrual on Treasury securities; Computer Assisted Trading System
CBD — cash before delivery
CBK — checkbook
CBOE — Chicago Board Options Exchange
CBOT — Chicago Board of Trade
CBT — Chicago Board of Trade
CC — chamber of commerce; credit card; compte courant
CCC — Commodity Credit Corporation
CCUs — capital currency units
CD — certificate of deposit; carried down
C.div — cum dividend
C$ — constant dollars
CDR — continental depositary receipt
CEA — Council of Economic Advisers
CEDEL S.A. — Centrale de livraison de valeurs mobilières
CEIB — Central-European International Bank
Centrobank — Centro-Internationale Handelsbank
CEO — Chief Executive Officer
Cert — certificate
Certif — certificate
CF — certificate; carried forward
CFA-Franc — Franc de la Communauté financière Africaine; Franc de la coopération en Afrique Centrale
CFF — cooperative financing facility
Cfi — cost, freight and insurance
CFO — Chief Financial Officer
CFP — certified financial planner
CFP-Franc — Franc des comptoirs Français du Pacifique
CFTC — Commodity Futures Trading Commission
CGBR — central government borrowing requirement
Cgo — contango
CH — clearing house
CHAPS — Clearing House Automated Payment System
CHIPS — Clearing House Interbank Payments System
Chq — cheque
CI — consular invoice
CIA — compagnia
Cie — compagnie
CIF — corporate income fund; cost, insurance, freight
CIF&C — cost, insurance, freight and commission
CIP — freight, carriage and insurance paid
CITIC — China International Trust and Investment Corporation
Ck — check
CLCB — Committee of London Clearing Bankers
Cld — called (bonds)
CMA — cash management account
CME — Chicago Mercantile Exchange
CMEA — Council for Mutual Economic Assistance
CMO — collateralized mortgage obligation
CMV — current market value
CN — credit note
CNS — continuous net settlement

CO — cash order; certificate of origin
Co. — company
COB — Commission des operations de Bourse
COC — certificate of origin and consignment
COCOM — Coordinating Committee for East — West Trade Policy
COD — cash on delivery; collect on delivery
COFACE — Compagnie française d'assurance pour le commerce exterieur
COLA — cost of living adjustment
Collat — collateral
COLTS — continuously-offered-long-term securities
COMECON — Council for Mutual Economic Assistance
COMEX — Commodity Exchange
Com/I — commercial invoice
Con — consolidated
Consob — Commissione Nazionale per la societa e la Borsa
Co-op — co-operative
Corp — corporation
Coy — company
CP — commercial paper
CPA — certified public accountant
CPI — consumer price index
Cpn — coupon
Cr — current rate
CRCE — Chicago Rice and Cotton Exchange
CRUF — collateralized RUF
CSCE — Coffee, Sugar & Cocoa Exchange
CSE — Cincinnati Stock Exchange
CSI — Council of the Securities Industry
CSVLI — cash surrender value of life insurance
CT — carat; credit; cent
CTP — continuous tender panel
CTT — capital transfer tax
Cum — cumulative
cum div — cum dividend
Cum pref — cumulative preference
CUSIP — Committee on Uniform Securities Identification Procedures
Cvs — convertible securities
C/V — certificate of value
C/VO — certificate of value and origin
C'vr — cover
cy — currency

D

d — denarii; penny
DA — deposit account; days after acceptance
D/A — documents against acceptance
DAC — delivery against cost
DAF — delivered at frontier
D&B — Dun and Bradstreet
DATES — daily adjustable tax-exempt securities
DD — deep discount
DCE — domestic credit expansion
DDP — delivered duty paid
DE — double entry
dely — delivery
DIDC — Depository Institutions Deregulation Committee
DIPS — dollar interest payment securities
Dis — discount; at a discount
DISC — domestic sales corporation
Disct — discount
Div — dividend

DJIA — Dow Jones Industrial Average
DJTA — Dow Jones Transportation Average
DJUA — Dow Jones Utility Average
DK — don't know
DN — debit note
DNR — do not reduce
D/o — delivery order
DOTS — Designated Order Turnaround System
DOW — Dow Jones Industrial Average
D/P — documents against payment
DPI — disposable personal income
DR — deposit receipt; debtor; drawer
DS — debenture stock; days after sight
DTC — Depositary Trust Company
DTI — Department of Trade and Industry
DUNS — Data Universal Numbering System (Dun's number)
DVP — delivery versus payment
Dy — delivery

E

EAGLE — Enhanced Artificial Gold-Linked Eurobond
E&OE — errors and omissions excepted
EB — early bargains
EBA — ECU Banking Association
EBIC — European Banks' International Company S.A.
EBIT — earnings before interest and taxes
EBRD — European Bank for Reconstruction and Development
EC — Eurocheque
ECGD — Export Credit Guarantee Department
ECI — Equity Capital for Industry
ECM — European Common Market
ECP — Euro-commercial paper
ECU — European Currency Unit
EDC — Export Development Corporation
EDSP — exchange delivery settlement price
EDD — estimated delivery date
EEC — European Economic Community
EFL — external financing limit
EFMC — European Fund for Monetary Cooperation
EFP — exchange for physicals
EFTA — European Free Trade Association
EFTPOS — electronic funds transfer at point of sale
EFTS — electronic fund transfer system
EGM — extraordinary general meeting
EIB — European Investment Bank
EID — Export Insurance Division
EKN — Export Kreditnamden
EMA — European Monetary Agreement
EMGF — Emerging Markets Growth Fund
EMH — efficient market hypothesis
EMP — end-of-month payment
EMS — European Monetary System
EOE — European Options Exchange
EOM — end of month
EPD — excess profits duty
EPIC — electronic price information computer
EPR — earnings price ratio
EPS — earnings per share
EPT — excess profits tax
EPU — European Payments Union
ERA — exchange rate agreement

ERG — Export Risikogarantie
ERISA — Employee Retirement Income Security Act
ERM — exchange rate mechanism
ERTA — Economic Recovery Tax Act
ESF — Exchange Stabilization Fund
ESOP — Employee Stock Ownership Plan
ETLT — equal to or less than
EUA — European Unit of Account
EURCO — European Composite Currency Unit
Eurobank — Banque commerciale pour l'Europe du Nord
EuroMTN — Euro medium-term note
EVCA — European Venture Capital Association
ex cap — ex capitalization
Exch. — exchange
ex cp — ex coupon
ex div — ex dividend
Eximbank — Export-Import Bank
Extra — exporter tender risk avoidance

F

F — flat: without interest
FA — free alongside
Faa — free of all average
Fac — facsimile
Fannie Mae — Federal National Mortgage Association; FNMA certificate
FAS — free alongside ship
FASB — Financial Accounting Standards Board
FASCONS — fixed term agreements of short term call options on Netherlands securities
FAT — fixed asset transfer
Fax — facsimile
FCI — Finance Corporation for Industry; Factors Chain International
FCIA — Foreign Credit Insurance Association
FCM — futures commission merchant
Fco — franco
FCR — forwarders certificate of receipt
FCUA — Federal Credit Union Administration
Fd — forward
FDIC — Federal Deposit Insurance Corporation
FECOM — Fond Européen pour Coopération Monétaire
Fed — Federal Reserve System
FEI — Far Eastern Index
FESE — Far Eastern Stock Exchange
FET — Federal Excise Tax
FFB — Federal Financing Bank
FFCS — Federal Farm Credit System
FFI — Finance for Industry
FFIEC — Federal Financial Institutions Examination Council
FGA — free of general average
FHA — Federal Housing Administration; Finance Houses Association; Farmers Home Administration
FHLBB — Federal Home Loan Bank Board
FHLMC — Federal Home Loan Mortgage Corporation
FI — fire insurance
FIA — Futures Industry Association
FIBOR — Frankfurt interbank offered rate
FIBV — Fédération internationale des Bourses de valeurs
FICB — Federal intermediate credit bank
Fid — fiduciary
FIFO — first in, first out
FIGS — futures income and growth security
FIMBRA — Financial Intermediaries, Managers and Brokers Regulatory Association
Fin — financial

Fin. div — final dividend
FINEX — Financial Instruments Exchange
FIO — free in and out
FIPS — foreign interest payment securities
FIRSTS — floating interest rate short tranche securities
FIT — Federal Income Tax; free of income tax
FLB — Federal land bank
FNMA — Federal National Mortgage Association
FOB — free on board
FOC — free of charge
FOCUS — Financial and Operational Combined Uniform Single
FOK — fill-or-kill
FOMC — Federal Open Market Committee
FOQ — free on quay
FOR — free on rail/road
forex — foreign exchange; foreign exchange transactions
Forex-Club — Association cambiste internationale
FOS — free on steamer
FOT — free of tax; free on truck
Fotra — free of all taxes to residents abroad
FOX — forward with optional exit
FP — floating policy; fully paid
FPA — free of particular average
FRA — Federal Reserve Act; forward rate agreement
FRABBA — Forward Rate Agreement British Bankers' Association
FRB — Federal reserve bank; Federal Reserve Board
FRC — free container
FRCD — floating rate certificate of deposit
FRCMO — floating rate CMO
FRD — Federal Reserve District
Freddie Mac — Federal Home Loan Mortgage Corporation; FHLMC certificate
FREIT — finite life real estate investment trust
FRN — floating rate note
FRO — forward reversing option
FROLIC — floating rate optional level instalment credit
FRS — Federal Reserve System
Frt/ppd — freight prepaid
FS — final settlement
FSA — forward spread agreement
FSLIC — Federal Savings and Loan Insurance Corporation
FSO — Fund for Special Operations
FT — Financial Times
FTA — Financiële Termijnmarkt Amsterdam; Financial Times Actuaries All Share Index
FTC — Federal Trade Commission
FTO — Financial Times Industrial Ordinary Shares Index; foreign trade organization
FT-SE — Financial Times — Stock Exchange Index
FVO — for valuation only
Fwd — forward
Fx — foreign exchange; foreign exchange transactions
FY — fiscal year; financial year
FYA — for your attention
FYI — for your information

G

G — guinea
G-5 — Group of Five
G-7 — Group of Seven
G-10 — Group of Ten
G-20 — Group of Twenty
G/a — general average
GAAP — generally accepted accounting principles

GAAS — generally accepted auditing standards
GAB — General Arrangement to Borrow
GAI — guaranteed annual income
GAINS — growth and income securities
Garkrebo — Garantie und Kredit Bank für den Osten
GATT — General Agreement on Tariffs and Trade
GDP — gross domestic product
Ge — gilt-edged
GEM — growing equity mortgage
GEMMA — Gilt-Edged Market Makers Association
Ges — Gesellschaft
Ginnie Mae — Government National Mortgage Association
GM — General Manager
GMAC — General Motors Acceptance Corporation
GmbH — Gesellschaft mit beschrankter Haftung
GNMA — Government National Mortgage Association
GNP — gross national product
GO — general obligation bond
GPM — graduated payment mortgage
GRIP — guaranteed recovery of investment principal
GTC — good till cancelled
Gtd — guaranteed
GTM — good this month
GTW — good this week

H

h — hundred
HELIBOR — Helsinki interbank offered rate
H/F — held for
HIBOR — Hong Kong interbank offered rate
HKSE — Hong Kong Stock Exchange
HOMES — Home Owner Mortgage Eurosecurities
HQ — headquarters
HSI — Hang Seng Index

I

IBEC — International Bank for Economic Cooperation
IBFs — International Banking Facilities
IBRD — International Bank for Reconstruction and Development
ICB — International Correspondent Banker
ICCH — International Commodities Clearing House
ICFC — Industrial and Commercial Finance Corporation
ICON — index currency option note
IDA — International Development Association
IDB — Inter-American Development Bank; industrial development bond
IDCA — International Development Cooperation Agency
IDs — international dealers
IEPA — Intra-European Payments Agreement
IET — Interest Equalization Tax
IFC — International Finance Corporation
IFIs — international financial institutions
IHA — Issuing Houses Association
IIB — International Investment Bank
III (3I) — Investors in Industry
I/L — import licence
IMF — International Monetary Fund
IMM — International Monetary Market
IMRO — Investment Managers Regulation Organization
inc. — incorporated
Ind — index

inst. — instant
INSTINET — Institutional Networks Corporation
Int — interest
Inter — intermediate
INTEX — International Futures Exchange
IOC — immediate-or-cancel order
IOU — I owe you
IPD — interest, profits and dividends
IPMA — International Primary Market Association
IPO — initial public offering
IRA — individual retirement account
IRC — interest rate cap
IRG — interest rate guarantee
IRR — internal rate of return
IRS — Internal Revenue Service
ISE — International Stock Exchange
ISDA — International Swap Dealers Association
ISO — International Standardization Organization
IT — income tax
ITC — international trading certificate; investment tax credit
ITS — Inter-Market Trading System

J

JA — joint account
Jeep — graduated payment mortgage
JR — junior

K

KCBT — Kansas City Board of Trade
KD — knocked-down
KNI — Kam Ngan Index
KfW — Kreditanstalt für Wiederaufbau
KYC — know your customer rules

L

L — listed
L/A — letter of authority; letter of advice
LAUTRO — Life Assurance and Unit Trust Regulatory Organisation
LAW — lean against the wind
LBO — leveraged buy-out
L/C — letter of credit
LCE — London Commodity Exchange
LCM — limited corporate member
LDC — less developed country
LDMA — London Discount Market Association
L/I — letter of intent
LIBID — London interbank bid rate
LIBO — London interbank offered rate
LIBOR — London interbank offered rate
LICOM — London interbank currency options market
LIFFE — London International Financial Futures Exchange
LIFO — last in, first out
LILO — last in, last out
LIMEAN — London interbank mean rate
LIP — life insurance policy
LIRC — low interest rate countries (scheme)
LME — London Metal Exchange
LP — limited partnership
LSE — London Stock Exchange

Ltd. — limited
LUXIBOR — Luxembourg interbank offered rate
LYON — liquid yield option note

M

MACE — MidAmerica Commodity Exchange
M&A — mergers and acquisitions
M&L — matched and lost
mart — market
MATIF — Marché à terme d'instruments financiers
max — maximum
MBIA — Municipal Bond Insurance Association
MBSs — mortgage-backed securities
MC — marginal credit
M-CatS — municipal certificates of accrual on tax-exempt securities
MCT — mainstream corporation tax
MDB — multilateral development bank
ME — Montreal Stock Exchange
MECS — marketable eurodollar collateralized securities
Merc — (Chicago) Mercantile Exchange
MESA — Mutual ECU Settlement Account
MFN — most-favoured-nation
MGE — Minneapolis Grain Exchange
MIB — indice Borsa Valori di Milano
MIG — Moody's investment grade
min — minimum
MINI — mortgage intermediary note issue
MIT — market-if-touched; municipal investment trust
Mkt — market
MLR — Minimum Lending Rate
MMC — money market certificate
MMDA — money market deposit account
MMF — money market fund
MMI — Major Market Index
MMMF — money market mutual fund
MMP — money market preferred stock
MNB — Moscow Narodny Bank
MO — money order
MOF — multi-option facility
MOFF — multi-option funding facility
Mort — mortgage
MPA — multiple placing agency
MPDS — Market Price Display Service
MSB — mutual savings bank
MSE — MidWest Stock Exchange
MTFS — Medium-Term Financial Strategy
MTNs — medium-term notes
MTTN — multi tranche tap note
MU — monetary unit
MYRA — multiyear rescheduling agreement

N

NA — national association
NAIC — National Association of Investment Clubs
NASD — National Association of Securities Dealers
NASDAQ — National Association of Securities Dealers Automated Quotations
NASDIM — National Association of Securities Dealers and Investment Managers
NAV — net asset value
NC — no charge

NCM — Nederlandsche Credietverzekering Maatschappij
NCUA — National Credit Union Administration
NCV — no commercial value
nd — no date; not dated
NDJA — Nikkei—Dow Jones Average
NEMS — National Exchange Market System
NF — no funds
NFA — National Futures Association
NH — not-held
NICs — newly industrialized countries
NIF — note issuance facility
NIP — normal investment practice
NIT — negative income tax
NL — no load
NMS — National Market System
N/O — no orders
NOL — net operating loss
NOPEC — non-oil producing and exporting countries
NOW — negotiable order of withdrawal
NP — no profit; notes payable; net proceeds
NPV — no-par-value; net present value
NR — not rated; no risk
NSBA — National Small Business Association
NSCC — National Securities Clearing Corporation
NSF — not sufficient funds
NSTS — National Securities Trading System
NTU — normal trading unit
numis — numismatics
NV — Naamloze Vennootschap
NYBOR — New York interbank offered rate
NYCE — New York Cotton Exchange
NYCSCE — New York Coffee, Sugar and Cocoa Exchange
NYFE — New York Futures Exchange
NYME(X) — New York Mercantile Exchange
NYSE — New York Stock Exchange

O

O/A — on account
OAPEC — Organization of Arab Petroleum Exporting Countries
OARS — Opening Automated Report Service
OB — or better
OBU — off-shore banking unit
OCC — office of Comptroller of the Currency; Options Clearing Corporation
O/D — overdraft; overdrawn; on demand
OECD — Organization for Economic Cooperation and Development
OEEC — Organization for European Economic Cooperation
OFT — Office of Fair Trading
OGL — open general licence
OMB — Office of Management and Budget
O/O — order of
OPD — opening delayed
OPEC — Organization of Petroleum Exporting Countries
OPIC — Overseas Private Investment Corporation
OPM — options pricing model; other people's money
Ord — ordinary share
O/S — on sale; out of stock
OTC — over-the-counter
OW — offer wanted

OZ — ounce
OZ T — ounce troy

P

P — put option
PA — power of attorney; public accountant; particular average
P/A — private account
P.A. — per annum
PAC — put and call
P&L account — profit and loss account
P&P — postage and packing
PAYE — pay-as-you-earn
PBC — People's Bank of China
PC — participation certificate; petty cash
PD — paid; port dues
P/D — post-dated
P/E — price/earnings
PEFCO — Private Export Funding Corporation
PER — price/earnings ratio
PF — preferred stock
PFD — preferred stock
PHLX — Philadelphia Stock Exchange
PIBOR — Paris interbank offered rate
PIN — personal identification number
PIP — performance indexed paper
PL — price list
P/L — profit and loss
PLC — public limited company
PM — premium
PN — promissory note; project note
POD — pay on delivery
POR — pay on return
POS — point of sale system
POSB — post office savings bank
POSS — point-of-sale system
PPD — prepaid
PPP — purchasing power parity
PPS — prior preferred stock
PR — public relations; preferred stock
Prem — premium
PRIME — prescribed right to income and maximum equity
PRONED — Promotion of Non-Executive Directors
prop — proprietor
PSA — Public Securities Association
PSBR — public sector borrowing requirement
PSE — Pasific Stock Exchange
PSL — private sector liquidity
Pt — platinum
Pte — private
Pty — proprietary company
PU — public utilities
Pur — purchase
PUF — prime underwriting facility
PVR — profit/volume ratio
PWLB — Public Works Loan Board
PX — please exchange

Q

QB — qualified buyers
QI — quarterly index

QR — quarter
QT — questioned trade
Q-tip — qualified terminable interest property
Qtr — quarter
Quot — quotation

R

R4 — Registered Representative Rapid Response System
RAFT — revolving acceptance facility by tender
RAM — reverse annuity mortgage
RAN — revenue anticipation note
R&D — research and development
RCMM — registered competitive market maker
RCPC — regional check processing centre
Rcpt — receipt
RD — refer to drawer
RE — with reference to
Red — redemption
REIT — real estate investment trust
Regd — registered
Rem — remittance/remitted
REPO — sale and repurchase agreement
RIE — recognized investment exchange
ROC — return on capital
ROE — return on equity
ROI — return on investment
Ro/Ro — roll on/roll off
ROS — return on sales
RP — sale and repurchase agreement
RPI — retail price index
RRP — reverse repurchase agreement
RSUs — remote service units
RT — royalty trust
RUF — revolving underwriting facility

S

S — stock dividend; split; shilling; semi-annual interest payments
SA — societe anonyme; Sociedad Anonima; societa anonima
SAA — special arbitrage account
SACE — Sezione specifiche per l'assicurazione del credito all'esportazione
SAGITTAIRE — Systeme de compensation électronique de la Banque de France
Sallie Mae — Student Loan Marketing Association
S&FA — shipping and forwarding agents
S.&h.e. — Saturdays, holidays excepted
S&L — savings and loan association; sale and lease-back
S&P — Standard and Poor's Corporation
S&P 500 — Standard and Poor's (Composite) 500 Index
SAM — shared appreciation mortgage
SAMA — Saudi Arabia Monetary Agency
SAYE — save-as-you-earn
SB — savings bond; short bill; savings bank
SBA — Small Business Administration
SBIC — small business investment company
SCORE — special claim on residual equity
SCOUT — shared currency option under tender
SD — sight draft; standard deduction; shillings, pence
SDBL — sight draft, bill of lading attached
SDR — Special Drawing Rights
SDS — sundries
SE — Stock Exchange; shareholders' equity

SE&O — salve errore et omissione
SEAQ — stock exchange automated quotation
SEC — Securities and Exchange Commission
Secs — securities
SEDOL — Stock Exchange Daily Official List
SEGA — Schweizerische Effekten-Giro AG
SEOYB — Stock Exchange Official Year Book
SEP — simplified employee pension
SEPON — Stock Exchange Pool Nominees
SESI — Stock Exchange of Singapore Index
SF — sinking fund
SFF — Supplementary Financing Facility
SG&A — selling, general and administrative expenses
Sh — shilling
shex — Saturdays, holidays excepted
shinc — Saterdays, Sundays, holidays included
SIA — Securities Industry Association
SIAC — Securities Industry Automation Corporation
SIB — Securities and Investment Board
SIBOR — Singapore interbank offered rate
SICOVAM — Société interprofessionelle pour la compensation des valeurs mobilières
SIMEX — Singapore International Monetary Exchange
SIPA — Securities Investor Protection Act 1970
SIPC — Securities Investor Protection Corporation
SITC — Standard International Trade Classification
Sl — sold
sld — sold
SLMA — Student Loan Marketing Association
SLO — stop-limit order; stop-loss order
SML — securities market line
SN — stock number; securities number; shipping note
Snafu — situation normal, all fouled up
SNB — Swiss National Bank
SNIF — short-term NIF
SO — seller's option
SOFE — Sweden Options and Futures Exchange
SOFFEX — Swiss Options and Financial Futures Exchange
SOP — stock ownership plan; standard operations procedures
Sov — sovereign
SP — stop payment; supra protest
SPA — sole placing agency
SpA — società per azioni
SPDA — singe premium deffered annuity
SPINS — Standard and Poor's 500 indexed subordinated notes
SPQR — small profits, quick returns
SPRL — société de personnes à responsabilité limitée
Sr — senior
SRL — Societa a Responsabilita Limitata
SROs — self regulatory organizations
SSC — small saver certificate
STAGS — sterling transferable accruing government securities
STARs — securities transferred and repackaged
STB — special tax bond
St.Ex. — Stock Exchange
STF — stock transfer form
Stg — sterling
STIBOR — Stockholm interbank offered rate
STII — Straits Times Industrial Index

STP — specialized tender panel
STRIPES — securities transferred and repackaged into pound equivalent securities
STRIPS — separate trading of registered interest and principal of securities
SWIFT — Society for World-Wide Interbank Financical Telecommunications

T

T — Treasury
TA — trade acceptance; transfer agent
TABs — tax anticipation bills
TALISMAN — Transfer Accounting, Lodgement for Investors, Stock Management for Jobbers
T.&F. — travel and entertainment
TANs — tax anticipation notes
TB — Treasury bill
TBL — through bill of lading
TBT — TALISMAN bought transfer
TC — traveller's check; till cancelled
TD — time deposit
TFE — Toronto Futures Exchange
Thro B/L — through bill of lading
TIGRs (TIGERs) — Treasury investment (investors) growth receipts
TIP — to insure promptness
TLF — transferable loan facility
TLO — total loss only
tm — trade mark
TMO — telegraphic money order
TO — telegraphic (money) order
TOPIC — Teletext Output of Price Information by Computer
TQ — tel quel
Trans — transaction
Treas — treasurer
Tree — trustee
Trf — transfer
TRUF — transferable RUF
TSA — the Securities Association
TSE — Tokyo Stock Exchange; Toronto Stock Exchange
TST — TALISMAN sold transfer
TT — telegraphic transfer
TTC — tender to contract

U

U/A — underwriting account
UCC — Uniform Commercial Code
UCM — unlimited corporate member
UCPDC — Uniform Customs and Practices for Documentary Credits
UIT — unit investment trust
ULS — unsecured loan stock
ult. — ultimo
UNCTAD — United Nations Conference on Trade and Development
UPC — Uniform Practice Code
USCC — United States Chamber of Commerce
USIT — unit share investment trust
USM — Unlisted Securities Market
UTA — Unit Trust Association
UW — underwriter

V

VA — Veterans' Administration
VAT — value-added tax
VCR — variable coupon renewable

VD — volume deleted
Veep — vice-president
VERs — voluntary export restraints
VIP — very important person
vol — volume
VP — vice-president
VRM — variable rate mortgage
VSE — Vancouver Stock Exchange
VTC — voting trust certificate

W

WB — waybill
WCE — Winnipeg Commodity Exchange
WHOOPS — Washington Public Power Supply System
WI — when issued
WINGS — warrants into negotiable government securities
wpa — with particular average
WR — warehouse receipt
WSJ — Wall Street Journal
WT — warrant
W/Tax — withholding tax
WW — with warrants

X

X — ex interest
XA — ex all
XC — ex capitalization; ex coupon
X.cp. — ex coupon
XD — ex dividend
X-Dis — ex distribution
X.div — ex dividend
XI — ex interest
X.int — ex interest
XN — ex new
X.pr. — ex privileges
XR — ex rights
XW — ex warrants

Y

Y — yard; year
Y/A — York-Antwerp rules
YCAN — yield curve adjustable note
YLD — yield
ytc — yield to call
YTM — yield to maturity

Z

Z — zero
ZBA — zero-bracket amount
ZBB — zero-based budgeting
ZEBRAS — zero coupon eurosterling bearer or registered accruing securities
ZR — zero coupon bonds

Справочное издание

Федоров Борис Григорьевич

**АНГЛО-РУССКИЙ
ТОЛКОВЫЙ СЛОВАРЬ
ВАЛЮТНО-КРЕДИТНЫХ
ТЕРМИНОВ**

Зав. редакцией *Е.А. Хмелинина*
Редактор *Л.А. Чистякова*
Мл. редакторы *О.А. Михалина, Е.Д. Редченко*
Худож. редактор *Ю.И. Артюхов*
Оформление художника *Э.А. Смирнова*
Ред. изд. системы *Т.А. Козлова*
Техн. редактор *Т.М. Кудинова*
Корректоры *М.М. Виноградова, Т.М. Иванова*

Набрано в ГИВЦ
Репродуцируемый оригинал-макет изготовлен
в издательстве "Финансы и статистика"
Л.И. Корниловой

ИБ 2601

Подписано в печать 23.10.91. Формат 70 x 100 1/16.
Бум. офсетная. Гарнитура Таймс. Печать офсетная.
Усл. п. л. 19, 5. Усл.кр.-отт. 19.5. Уч.-изд.л. 33,84.
Тираж 30 000 экз. Заказ 10. Цена договорная.

Издательство "Финансы и статистика",
101000, Москва, ул. Чернышевского, 7.

Отпечатано в типографии им. Е.Котлякова
издательства "Финансы и статистика"
195273, Санкт-Петербург, ул. Руставели, 13.